"博学而笃志，切问而近思。"
(《论语》)

博晓古今，可立一家之说；
学贯中西，或成经国之才。

主编简介

李斌，博士，副教授，华中科技大学公共管理学院硕士研究生导师，国家注册房地产估价师，国家注册土地估价师。长期从事房地产研究，承担或作为主要参加人进行过多项国家自然科学基金、国家十五科技攻关及省市科研项目，获省市级科技进步奖2次。同时兼任武汉市房地产市场预警预报领导小组成员，湖北省资产评估协会常务理事，武汉市估价师学会常务理事、专家组成员，武汉市土地招投标评定委员会专家，湖北省司法鉴定人协会土地与房地产评估专业委员会委员。目前公开发表相关科技论文30余篇，著书2本。

21世纪工程管理系列

物业管理
——理论与实务
（第二版）

李 斌 主编

复旦大学出版社

内容提要

《物业管理——理论与实务》第二版根据《中华人民共和国物权法》、《物业管理条例（修订版）》、《业主大会和业主委员会指导规则》、《最高人民法院关于审理物业服务纠纷案件具体应用法律若干问题的解释》、《最高人民法院关于审理建筑物区分所有权纠纷案件具体应用法律若干问题的解释》、《住宅专项维修资金管理办法》、《物业服务定价成本监审办法（试行）》、《保安服务管理条例》等进行了相关的调整、补充和完善。吸纳了"低炭经济"、"物业承接查验办法"的新思想，增加了物权和建筑物区分所有权理论、低碳物业及其管理、专项维修资金管理、农村住宅物业管理等相关内容。调整了部分概念的描述，适当精炼了第一版的内容，以反映近几年世界先进科技对物业服务行业的影响以及行业发展中新近归纳的理念和规律。

本书的适用对象为普通高等院校经济管理，尤其是土地资源管理类师生。同时也可供相关行业从业人员参考使用。

FOREWORD 前言

近年来,我国物业管理作为一个新兴的服务行业,得到了长足发展。有关的法律法规逐步完善,物业管理市场主体的监管和服务职能不断强化,公平竞争的物业管理市场环境得以营造,业主大会和业主委员会行为有章可循,住宅专项维修资金管理进一步规范,业主与物业服务企业之间的和谐关系和物业管理纠纷调处机制得到高度重视。随着物业管理扩面提质,行业经济发展方式逐步转变,物业管理在和谐社会建设、经济发展、促进就业方面将发挥着越来越重要的作用。

《物业管理——理论与实务》第二版根据《中华人民共和国物权法》、《物业管理条例》修订版、《业主大会和业主委员会指导规则》、《最高人民法院关于审理物业服务纠纷案件具体应用法律若干问题的解释》、《最高人民法院关于审理建筑物区分所有权纠纷案件具体应用法律若干问题的解释》、《住宅专项维修资金管理办法》、《物业服务定价成本监审办法(试行)》、《保安服务管理条例》等进行了相关的调整、补充和完善。吸纳了"低碳经济"、"物业承接查验办法"的新思想,增加了物权和建筑物区分所有权理论、低碳物业及其管理、专项维修资金管理、农村住宅物业管理等相关内容。调整了部分概念的描述,适当精炼了第一版的内容,以反映近几年世界先进科技对物业服务行业的影响以及行业发展中新近归纳的理念和规律。

全书由李斌负责组织修编和统稿,华中科技大学的李斌、孙峻博士,湖北工业大学的李进涛博士,湖北大学的姜虹老师承担了第一版自己编写部分的修编工作,华中农业大学的周晓熙博士修编了第五章和第十章。在修编过程中,参阅了大量的相关文献,修编者从业内人士的真知灼见中深受启发,本书的再版也凝集了各位同仁多年实践的辛勤汗水和冥思苦想的灵光闪现。同时,得到了复旦大学出版社的大力支持和帮助,在此深表感谢之情。

编　者

2012 年 8 月

CONTENTS 目录

第一章　物业管理概述 …………………………………………………………… 1
　学习目标 ……………………………………………………………………………… 1
　第一节　物业与物业管理 …………………………………………………………… 1
　　一、物业 …………………………………………………………………………… 1
　　二、物业管理 ……………………………………………………………………… 5
　第二节　物业管理产生与发展 ……………………………………………………… 15
　　一、物业管理的起源 ……………………………………………………………… 15
　　二、我国物业管理的发展 ………………………………………………………… 16
　　三、可资借鉴的先进国家与地区物业管理的发展状况 ………………………… 20
　第三节　物业管理目标与原则 ……………………………………………………… 25
　　一、物业管理的目标 ……………………………………………………………… 25
　　二、物业管理的基本原则 ………………………………………………………… 26
　第四节　物业管理的基本内容与环节 ……………………………………………… 28
　　一、物业管理的基本内容 ………………………………………………………… 28
　　二、物业管理的主要环节 ………………………………………………………… 35
　第五节　物业管理的发展展望 ……………………………………………………… 40
　　一、设施管理的发展 ……………………………………………………………… 41
　　二、智能建筑物业管理 …………………………………………………………… 42
　本章小结 ……………………………………………………………………………… 48
　关键词 ………………………………………………………………………………… 48
　复习思考题 …………………………………………………………………………… 48

第二章　物业管理基本理论 ……………………………………………………… 50
　学习目标 ……………………………………………………………………………… 50

第一节　现代产权理论 ··· 50
一、产权的定义与特征 ··· 51
二、产权理论的主要观点 ··· 53
三、物权理论 ··· 55

第二节　委托-代理理论 ··· 60
一、委托-代理的含义 ··· 61
二、物业管理的委托-代理关系 ··· 62
三、物业管理的委托-代理问题 ··· 63
四、物业管理委托-代理问题的解决 ··· 64

第三节　公共选择理论 ··· 66
一、公共选择基本理论 ··· 66
二、物业管理中的公共选择 ··· 67

第四节　社区理论 ··· 69
一、社区的概念 ··· 69
二、社区的要素和功能 ··· 70
三、和谐社区建设 ··· 72
四、社区管理与物业管理 ··· 75

第五节　项目管理理论 ··· 76
一、项目管理概述 ··· 76
二、物业管理与项目管理的联系 ··· 79
三、运用项目管理方法指导物业管理 ··· 80

第六节　可持续发展与低碳经济理论 ··· 83
一、可持续发展的概念 ··· 83
二、物业管理可持续发展的必要性 ··· 84
三、物业管理可持续发展的对策 ··· 84
四、低碳经济与低碳物业管理 ··· 87

第七节　城市管理理论 ··· 91
一、城市管理的含义 ··· 91
二、城市管理的理论流派 ··· 92
三、现代城市管理的特点 ··· 92
四、现代城市管理的目标系统 ··· 94
五、物业管理与城市管理 ··· 94

本章小结 ··· 98
关键词 ··· 98
复习思考题 ··· 98

第三章　物业管理法律制度 ··· 100

学习目标 …… 100
第一节　物业管理法律制度概述 …… 100
　　一、我国物业管理的立法 …… 100
　　二、物业管理法律关系 …… 104
第二节　业主与业主大会 …… 107
　　一、业主的权利与义务 …… 107
　　二、业主大会的职责及其运行机制 …… 108
　　三、业主委员会的职责及其运行机制 …… 111
　　四、管理规约 …… 113
第三节　物业管理服务 …… 114
　　一、物业服务企业资质管理 …… 115
　　二、物业服务合同 …… 116
　　三、物业服务收费 …… 118
第四节　物业的使用与维护 …… 120
　　一、住宅共用部位、共用设施设备的使用与管理 …… 120
　　二、物业专项维修资金制度 …… 121
第五节　法律责任 …… 122
　　一、法律责任的概念与种类 …… 122
　　二、物业管理民事法律责任 …… 122
　　三、物业管理刑事法律责任 …… 123
　　四、物业管理行政法律责任 …… 123
本章小结 …… 125
关键词 …… 125
复习思考题 …… 125

第四章　物业管理市场与物业管理委托 …… 127

学习目标 …… 127
第一节　物业管理市场的概念与特征 …… 128
　　一、物业管理市场的概念 …… 128
　　二、物业管理市场的特征 …… 130
第二节　物业管理市场的结构体系 …… 131
　　一、按交易对象划分的物业管理市场 …… 131
　　二、按交易层次划分的物业管理市场 …… 131
第三节　物业管理市场的运行机制与供求分析 …… 133
　　一、物业管理市场的运行机制 …… 133
　　二、物业管理市场的供求分析 …… 135
第四节　物业管理委托 …… 137

一、物业管理委托的含义 ……………………………………………… 137
　　二、物业管理委托主体 ………………………………………………… 138
　　三、物业管理委托类型 ………………………………………………… 138
　　四、物业管理委托的内容 ……………………………………………… 139
　　五、物业管理委托的方式 ……………………………………………… 140
　第五节　物业管理招标投标概述 …………………………………………… 141
　　一、物业管理招标投标概念 …………………………………………… 141
　　二、物业管理招标投标的原则和作用 ………………………………… 142
　　三、物业管理招标投标的方式 ………………………………………… 143
　第六节　物业管理招标投标程序 …………………………………………… 144
　　一、物业管理招标程序 ………………………………………………… 144
　　二、物业管理投标程序 ………………………………………………… 146
　　三、物业管理开标、评标和中标 ……………………………………… 148
　第七节　物业管理招标投标文件的编制 …………………………………… 150
　　一、物业管理招标文件的编制 ………………………………………… 150
　　二、物业管理投标文件的编制 ………………………………………… 159
　本章小结 ……………………………………………………………………… 162
　关键词 ………………………………………………………………………… 163
　复习思考题 …………………………………………………………………… 163

第五章　前期物业管理 …………………………………………………… 164
　学习目标 ……………………………………………………………………… 164
　第一节　前期物业管理概述 ………………………………………………… 164
　　一、前期物业管理的概念、特点及必要性 …………………………… 164
　　二、前期物业管理需要注意的问题 …………………………………… 166
　　三、前期物业服务合同与前期物业管理服务协议 …………………… 168
　　四、前期物业管理与早期介入 ………………………………………… 170
　　五、前期物业管理的主要内容 ………………………………………… 171
　第二节　物业的接管验收 …………………………………………………… 173
　　一、物业接管验收的定义 ……………………………………………… 173
　　二、物业接管验收制度 ………………………………………………… 174
　　三、物业接管验收的条件及应提交的材料 …………………………… 175
　　四、物业接管验收的程序 ……………………………………………… 176
　　五、物业接管验收的标准与内容 ……………………………………… 176
　　六、关于物业接管验收的新问题 ……………………………………… 179
　第三节　入伙与装修管理 …………………………………………………… 179
　　一、入伙的含义 ………………………………………………………… 179

二、入伙管理的有关手续文件 ………………………………………… 180
　　三、装修管理 …………………………………………………………… 183
第四节　物业档案资料的管理 …………………………………………… 185
　　一、物业档案资料的含义与作用 ……………………………………… 185
　　二、物业档案管理的主要环节 ………………………………………… 186
本章小结 …………………………………………………………………… 188
关键词 ……………………………………………………………………… 188
复习思考题 ………………………………………………………………… 189

第六章　房屋维修管理 …………………………………………………… 190

学习目标 …………………………………………………………………… 190
第一节　房屋维修管理概述 ……………………………………………… 190
　　一、房屋的基本功能与损坏原因 ……………………………………… 190
　　二、房屋维修与维修管理 ……………………………………………… 192
　　三、物业服务企业房屋维修管理的内容 ……………………………… 194
　　四、房屋维修责任的划分 ……………………………………………… 196
第二节　房屋完损等级评定与危房鉴定 ………………………………… 197
　　一、房屋完损等级评定 ………………………………………………… 197
　　二、危房鉴定与管理 …………………………………………………… 200
第三节　房屋维修工程 …………………………………………………… 202
　　一、房屋维修工程的分类 ……………………………………………… 202
　　二、房屋维修的标准 …………………………………………………… 204
第四节　房屋的日常养护 ………………………………………………… 207
　　一、房屋日常养护的含义 ……………………………………………… 207
　　二、房屋日常养护的类型 ……………………………………………… 208
　　三、房屋日常养护的内容 ……………………………………………… 210
　　四、房屋日常养护的考核指标 ………………………………………… 215
本章小结 …………………………………………………………………… 216
关键词 ……………………………………………………………………… 216
复习思考题 ………………………………………………………………… 217

第七章　物业设备管理 …………………………………………………… 218

学习目标 …………………………………………………………………… 218
第一节　物业设备管理概述 ……………………………………………… 218
　　一、物业设备管理的含义 ……………………………………………… 218
　　二、物业设备的构成与分类 …………………………………………… 220
　　三、物业设备管理的基本内容与要求 ………………………………… 222

第二节　给排水设备的管理与维修 ………………………… 229
　　一、给排水设备设施的管理内容 ………………………… 229
　　二、给排水设备管理机构构成及职责 …………………… 230
　　三、给排水设备设施管理范围的界定 …………………… 231
　　四、给排水设备的验收与检查 …………………………… 231
　　五、给排水设备的运行管理 ……………………………… 232
　　六、给排水设备维修保养管理 …………………………… 233
第三节　供电设备的管理与维修 …………………………… 234
　　一、供电设备管理的内容 ………………………………… 234
　　二、供电设备管理范围的界定 …………………………… 234
　　三、物业电气设备的接管验收 …………………………… 235
　　四、供电设备的安全管理 ………………………………… 236
　　五、供电设备设施的运行管理 …………………………… 238
　　六、供电设备设施的维修管理 …………………………… 240
　　七、避雷设施的管理 ……………………………………… 241
第四节　供暖设备管理 ……………………………………… 242
　　一、供暖设备管理综述 …………………………………… 242
　　二、供暖锅炉房的接管及其管理 ………………………… 243
　　三、供暖管网的接管及其管理 …………………………… 245
　　四、供暖设备运行中异常情况的处理 …………………… 245
　　五、供暖用户管理 ………………………………………… 247
第五节　电梯设备管理 ……………………………………… 247
　　一、电梯的接管验收 ……………………………………… 248
　　二、电梯的运行管理 ……………………………………… 248
　　三、电梯的安全管理 ……………………………………… 250
　　四、电梯的维修管理 ……………………………………… 252
本章小结 ……………………………………………………… 253
关键词 ………………………………………………………… 253
复习思考题 …………………………………………………… 254

第八章　物业服务综合管理 ……………………………… 255

学习目标 ……………………………………………………… 255
第一节　物业服务综合管理概述 …………………………… 255
　　一、物业服务综合管理的概念 …………………………… 255
　　二、物业服务综合管理的内容 …………………………… 257
第二节　物业环境与安全管理 ……………………………… 259
　　一、物业环境管理 ………………………………………… 260

二、物业安全管理 ………………………………………………… 270
本章小结 ……………………………………………………………… 275
关键词 ………………………………………………………………… 275
复习思考题 …………………………………………………………… 275

第九章　物业管理的资金管理 ……………………………………… 277

学习目标 ……………………………………………………………… 277
第一节　物业管理的资金管理概述 ………………………………… 277
　　一、物业管理中的资金类型 ……………………………………… 277
　　二、物业管理资金的筹措 ………………………………………… 278
　　三、物业管理资金的使用原则 …………………………………… 280
第二节　物业服务费的构成与测算 ………………………………… 281
　　一、物业服务费的含义 …………………………………………… 281
　　二、物业服务费的收费原则 ……………………………………… 281
　　三、物业服务费的定价形式和计费方式 ………………………… 282
　　四、物业服务费的构成 …………………………………………… 284
　　五、物业服务费的测算 …………………………………………… 285
第三节　住宅专项维修资金的交存、使用与管理 ………………… 293
　　一、住宅专项维修资金的交存 …………………………………… 293
　　二、住宅专项维修资金的使用与监督管理 ……………………… 295
第四节　物业服务企业的财务管理 ………………………………… 298
　　一、物业服务企业财务管理的含义与内容 ……………………… 298
　　二、有关物业服务企业财务管理的规定 ………………………… 299
　　三、《财务管理规定》的适用范围 ……………………………… 300
　　四、代管基金的概念及管理 ……………………………………… 300
　　五、成本和费用 …………………………………………………… 301
　　六、营业收入及利润 ……………………………………………… 302
本章小结 ……………………………………………………………… 305
关键词 ………………………………………………………………… 305
复习思考题 …………………………………………………………… 305

第十章　分类型物业管理 …………………………………………… 307

学习目标 ……………………………………………………………… 307
第一节　住宅小区的物业管理 ……………………………………… 307
　　一、住宅小区的含义、特点及功能 ……………………………… 307
　　二、住宅小区物业管理的服务特点 ……………………………… 309
　　三、住宅小区物业管理的内容 …………………………………… 310

四、住宅小区的低碳物业管理 ······················· 312
　　五、农村住宅物业管理的特殊性及其发展 ················ 313
　第二节　写字楼物业管理 ··························· 315
　　一、写字楼的含义、分类及特点 ····················· 315
　　二、写字楼物业管理的服务特点 ····················· 317
　　三、写字楼物业管理的内容 ······················· 318
　第三节　商业物业管理 ···························· 319
　　一、商业物业的含义、分类及特点 ···················· 319
　　二、商业物业管理的特点 ························ 321
　　三、商业物业管理的内容 ························ 322
　本章小结 ·································· 323
　关键词 ··································· 323
　复习思考题 ································· 324

第十一章　物业管理资源经营 ························ 325
　学习目标 ·································· 325
　第一节　物业管理资源的内涵 ························ 325
　　一、物业管理资源经营的原则 ······················ 326
　　二、物业管理资源经营的类别 ······················ 326
　第二节　物业服务企业资源的经营 ······················ 327
　　一、物业服务企业的资源 ························ 327
　　二、物业管理技术服务 ························· 328
　　三、物业管理品牌资源经营 ······················· 330
　　四、物业管理人力资源经营 ······················· 333
　　五、物业管理信息资源的经营 ······················ 334
　第三节　物业资源经营 ···························· 337
　　一、物业资源经营的理解 ························ 337
　　二、物业资源的经营原则及途径 ····················· 338
　　三、停车场的服务经营 ························· 339
　　四、会所经营 ····························· 340
　　五、社区广告经营 ··························· 341
　　六、其他物业资源的经营 ························ 341
　　七、物业资源经营的注意事项 ······················ 342
　第四节　业主资源经营 ···························· 343
　　一、业主资源 ····························· 343
　　二、业主资源经营的方式 ························ 344
　　三、社区商业经营 ··························· 345

四、物业的租赁和代售 ………………………………………… 348
　　五、业主的动产及无形资产资源的经营 ………………………… 353
第五节　物业管理文化资源经营 …………………………………… 353
　　一、物业管理文化资源经营程序与方法 ………………………… 354
　　二、物业管理教育培训资源的经营 ……………………………… 355
　　三、物业管理媒体经营 …………………………………………… 356
第六节　物业服务企业资本经营 …………………………………… 357
　　一、物业服务企业理财 …………………………………………… 358
　　二、物业管理资金经营 …………………………………………… 366
　　三、物业服务企业扩张 …………………………………………… 366
本章小结 ……………………………………………………………… 369
关键词 ………………………………………………………………… 369
复习思考题 …………………………………………………………… 370

参考文献 …………………………………………………………… 371

第一章 物业管理概述

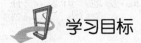学习目标

学习本章后,你应该能够:
1. 了解物业与物业管理的基本含义、国内外物业管理产生和发展过程。
2. 掌握物业管理的基本内容和环节,解释物业管理的目标和原则。
3. 分析物业管理的发展趋势。

第一节 物业与物业管理

一、物业

"物业"一词古已有之,系中国之"国粹",非"外来语"。汉语中的"物"、"业"二字是多义词。"物"主要有两种含义:一是指存在体,即由自然生成或人工形成、占有一定空间、可被人感触的有形体和客观存在体;二是指"我"之外的人、物或环境,即特定主体以外的周围客体。"业"也主要有两种含义:一是指人们所从事劳动的社会政治经济部门或需付出劳动的岗位,如工业、就业;二是指归属于一主体所有的体力劳动和智力劳动的成果,即财产,如家业。宋朝李纲的奏章中有"在京有物业者,仍令各进家财以助国用,事平,旋行给还"之议;元朝石子章《竹坞听琴·楔子》中有"这一纸文书将我那家私里外田产物业,你都与我记者"之文;中国近代史资料丛刊《辛亥革命·洪全福起义档案》中亦有"教堂教民物业"之称谓。

当今物业管理中之通行的"物业"概念则译自英语 property 或 estate,由中国香港地区传入中国大陆的沿海和内地。国内这两个英文概念有时存在着误用的现象,因此有必要对此作一个辨析。

property 一词的意思为财产或财产权,既包括有形财产、财产权,如土地、房屋、货

物、金钱等；也包括无形财产、财产权，如版权、专利权等。根据词典解释，property 为财产、资产、所有物，所有权，不动产、（一处）房地产，性质、特性之义。当它与其他词组合时，可以表明特定的事物。如"real property"意为真实存在的不动财产或不动财产权（包括土地、房屋建筑及其设备、设施）；也有人将其翻译成房地产、房地产权，这里的"产"是指财产，而不是指产业。在特定的范围内，如在不动财产范围内，省掉 real，只提 property，则皆知是指不动财产，简译为不动产。

estate 意为财产、资产、遗产、状态、土地、不动产、庄园、种植园、地区、时期、阶段、阶层、身份、地位。虽然它有财产的含义，但有两点与 property 不同：一是它侧重于有形财产的含义，如 real estate 仅指不动产或房地产；二是有"产业"的含义，而产业是创造物质财富，追求利润的生产物资产品或提供服务的集合体。因此，房地产开发，往往用"real estate development"，而不用"property development"。

（一）物业的含义

物业（property）是一个广义的范畴，是物业管理的物质对象。物业是指房屋及其附属设备、配套设施和相关场地。中国香港地区业界对物业的界定是：物业是单元性的房地产。物业既可指单元性的地产，也可指单元性的建筑物。物业有大小之别，它可以根据区域空间作相对分割，既可以是一套房，亦可以是一栋楼宇，整个住宅小区中的某住宅单位可作为一物业，办公楼宇、商业大厦、酒店、厂房仓库也可被称为物业。物业的所有权人即为业主，业主既是房屋的所有权人，也是与房屋相配套的设备、设施的所有权人和相关的土地使用权人；业主既可以是个人、集体，也可以是国家；业主既是业主个体自治法律关系的基本主体，又是业主团体自治法律关系的构成主体。

综合以上分析，物业管理中的物业包含以下几层含义。

（1）已开始建设或已建成。"已开始建设"和"已建成"是物业管理的前提。已建成的物业是经过法定竣工验收程序验收合格并对物业的权益归属已从法律上给予了确定。已开始建设的物业，物业管理可以介入。已建成并具有使用功能的物业是物业管理的主要方面。

（2）相对集中在一定范围内。既可以是建筑群，如住宅小区、工业小区，也可以是单体建筑，如一幢住宅楼、写字楼、商业大厦、综合大楼、宾馆酒店、停车场、厂房、仓库等。

（3）各类房屋。房屋是供居住或非居住的建筑物本体，是指能够遮风避雨并供人们居住、工作娱乐、储藏物品、纪念和进行其他活动的空间场所。各类房屋既包括住宅类房屋，如居民楼、公寓、别墅，也包括非住宅类房屋，如工业厂房、仓库、商业中心、商店、饭店、宾馆、酒店、写字楼、教学楼、医院、体育馆、办公楼、车站、码头等；既包括建筑物自用部位，也包括其共用部位。

（4）附属设备。包括自用设备和共用设备。自用设备指由建筑物内部业主自用的门窗、卫生洁具以及通向总管道的供水、排水、燃气管道和电线等设备；共用设备指建筑物内部全体业主共同使用的供水、排水、落水管道及照明灯具、垃圾通道、电视天线、水箱、水泵、电梯、邮政信箱、避雷装置、消防器具等设备。

（5）配套设施。是指物业管理区域内业主共有共用的设施，如水塔、锅炉房、配电室、化粪池、小区内道路、绿地、停车场库、照明管道、排水管道等设施。

（6）相关场地。指物业所占用的场地和与物业价值不可分割的相邻场地、庭院等。

（7）已确定业主权益。物业应有明确的所有权人，物业处在一定建设用地范围内，并确定业主权益，有特定四至界限。按所有权性质，物业可以划分为私有产权物业和公有产权物业。

对于公民合法的私有财产，我国《宪法》已有明确的保护条款，其第十一条规定，国家保护个体经济、私有经济的合法的权利和利益。第十三条规定，国家保护公民的合法的收入、储蓄、房屋及其他合法财产的所有权。同时，国家依照法律规定保护公民的私有财产继承权。我国《物权法》第六条规定，不动产物权的设立、变更、转让和消灭，应当依照法律规定登记。动产物权的设立和转让，应当依照法律规定交付。第七十条规定，业主对建筑物内的住宅、经营性用房等专有部分享有所有权，对专有部分以外的共有部分享有共有和共同管理的权利。由此可见，业主的地位通过依法登记后得到正式确立，或基于与原所有权人之间的商品房买卖民事法律行为，已经合法占有建筑物专有部分，但尚未依法办理所有权登记的人，可以认定为业主。私密的公民活动空间不是物业管理的重点对象，但可以应业主的要求，享受物业管理的特约服务；专有部分以外的共有部分是物业管理的重点对象；在物业管理过程中，不得损害业主的权利。

（二）物业的性质

世界上每个事物都有自己的属性，物业与其他事物一样，也有自己独特的性质。分析和把握物业的属性，对于我们了解物业和物业管理的本质，掌握物业管理运作规律，搞好物业管理有着重要意义。

1. 物业的自然属性

物业的自然属性又称物业的物理性质，是指与物业的物质实体或物理形态相联系的性质，其自然属性主要有以下几点。

（1）二元性。物业多为土地与建筑物的统一体，兼有土地与建筑物两方面的物质内容和自然属性。不同的物业，其二元组成的比重也有所不同。从实物形态而言，城市中的物业建筑面积与土地面积的比值一般高于乡村的比值。在经济、文化和商业中心的该指标比值高于重工业基地的该指标比值。物业的二元性是其他任何商品都不具备的，它决定了物业必然兼有土地与建筑物两者特有的各种性质。

（2）有限性。俗话说：我们只有一个地球。这表明了大自然留给人类可供利用的土地空间具有一定的限度。物业的有限性是由土地的有限性决定的。土地的自然供给有限，用作兴建建筑物的优良建筑地段更有限，人类只能在有限的土地上开发建设。由于现代建筑物技术要求高、耗资大，因此物业的数量还受制于社会经济力量和技术水平。

（3）差异性和多样性。有一个古希腊的哲人曾经说过：人不能两次踏进同一条河流。它说明了世界处于不断的变化之中。实际上，人们也难以发现两宗完全相同的物业。这一是由土地的差异性决定的。土地的区位、条件不同，形成了物业的多样性；二是由建筑的差异性决定的。每一建筑物的功能、自然条件、技术经济条件各不相同，都是单件产品，它们在类别、品种、规格、结构、式样、外观以及年代等方面，都会存在某种差异之处。即使建筑设计可以标准化，但建筑的地基和基础不可能一致，施工的时间和位置也不同，使用折旧的程度也会有差异。

（4）固定性。物业的固定性主要是指物业空间位置上的不可移动性。人们无法将某一物业从偏远区位移动到商业中心，无法将我国西部重庆的土地移到东部的上海。

（5）耐久性。土地具有不可毁灭性，而建筑物虽然可能灭失，或逐渐损耗，直到丧失物理寿命，但其寿命也不是一两年的时间，而是几十年乃至几百年时间。所以，物业既可以一次性出售，也可以通过出租的方式零星出售，或边流通边消费；其价值可以一次收回，也可以在较长时期中逐步回收。

（6）配套性。是指物业以其各种配套设施满足人们各种需要的特性。没有配套设施的物业不能满足人们的各种需要，人们的各种需求从客观上决定了物业的配套性。物业配套越齐全，其功能发挥就越充分。

2. 物业的经济属性

（1）稀缺性。物业的稀缺是指物业的供给难以满足人类的需求。它一方面表现为土地资源供应的绝对稀缺；另一方面表现为建筑资源供应的相对稀缺。

（2）商品性。物业作为一种商品，具有商品的属性。物业的商品性是由物业的稀缺性、使用价值和市场的有效需求决定的。它具有几方面的实质性内容：物业的交换价值通过市场交易活动得以实现，物业的买卖、租赁、抵押，土地使用权的出让与转让，都是体现物业商品性的具体方式；物业的开发、经营、修缮、管理都是商品经济活动，必须遵从物业市场的客观规律。

（3）保值、增值性。土地资源的有限性、人口的不断增长和社会经济水平的不断提高，导致了完全产权的物业从长远的角度具有了保值、增值性。增值是一种长期的趋势，而不是直线式的运动。从某一时期来看，物业的价格可能有升有降、上下波动；但从长期来看，它无疑呈现出在波动中上扬、螺旋式上升的趋势。

（4）易受政策的调控性。物业的固定性导致了难以回避其所在地区的宏、中、微观政策对它的影响。并且，物业的稀缺性，物业对国计民生、社会稳定的重要性又导致各级政府对物业市场调控的重视。具体表现在：一是土地政策从宏观上来调控各类物业建设的数量、比例、高度，各物业群的容积率、建筑密度、布局等；二是物业建设相关的法律、法规、规章、政策以及市容环境保护、绿化、治安管理等有关法规条例的作用；三是物业管理条例办法等的约束；四是与物业占有、使用、收益、处分有关的政策影响。

（5）交易的契据性。购置一宗房地产不像购置其他商品一样可以将商品带走，购入物业就意味着购入一宗房地产物权，带走的是房地产交易的契约，是一些文书。物业的所有权不仅是一项单项权利，而且是一个权利束，拥有多项权能，如占有、使用、限制使用、买卖、租售、抵押等，形成一个完整的、抽象的权利体系。在这一权利体系中，各种权利可以采用不同形式进行组合，也可以相互分离，单独行使、享有。显然，物业所有权比其他商品财产权的结构更为复杂，交易中物业交易的契约条文更显得重要。

3. 物业与房地产、不动产的区分

"物业"、"房地产"、"不动产"三个概念在业界常常使用，并一般不加区别地加以使用,由此可见此三者概念之间的密切联系。

房地产是泛指建筑、土地以及附属定着物。既可以是宏观面上的建筑、土地及其定着物,也可以是一个具体的建筑、土地及其定着物。从法律意义上说,房地产本质上是指以土地和房屋作为物质存在形态的财产及其权益,是指寓含于房地产实体中的各种经济利益以及由此而形成的各种权利,如所有权、使用权、租赁权、抵押权等。

"不动产"一词译自英语 real estate 或 real property。在英语中,real estate 具体是指土地及附着在土地上的人工建筑;real property 具体是指 real estate 及其附带的各种权益。房地产由于其位置固定,不可移动,通常又被称为不动产。它与"房地产"概念是同一语义的两种不同表述,一般没有本质区别,只是两个概念的侧重点稍有不同,"房地产"倾向于表明这种财产是以房屋和土地作为物质载体,而"不动产"侧重于表明这种财产具有不可移动这一独特属性,但两者所指乃同一对象。

从以上的分析可以看出,虽然"物业"、"房地产"、"不动产"三个概念本质相同,但表述的侧重点不完全相同,主要区别在以下几方面。

(1) 称谓领域不同。就一般情况而言,"不动产"是民法惯常使用的词汇,"房地产"则是经济法和行政法及商事实务中较常用的称谓,而"物业"仅仅是房地产领域中单元性的房地产概念的别称。不动产在土地研究和土地经济管理领域使用较频繁,房地产和物业的概念在建设管理领域使用频率较高。

(2) 适用范围不同。"房地产"与"物业"在某些方面可通用,但"物业"一般多指一个单项的"房地产"单位,如单项的房产、地产,或一个独立的公司,如"物业服务企业";而"房地产"除了可以指一宗具体的物业以外,还可以指一个国家、地区或城市所拥有的房产和地产。因此,从宏观的角度来看,一般只用"房地产"而非"物业",如"房地产业"不可以"物业"代替。

(3) 概念外延不同。一般而言,"房地产"概念的外延是包括房地产的投资开发、建造、销售、售后服务等整个过程。"物业"有时也可用来指某项具体的房地产,然而,它主要是指房地产的交易、售后服务与管理这一使用消费阶段。

二、物业管理

管理是由一人或多人来协调其他人的活动,以便收到个人单独活动所不能收到的效果。为实施美国的阿波罗登月计划,几万名科学家、几千家企业聚集在一起进行研究、设计和制造,任何个人都无法全面掌握这样巨大的项目所需要的知识,更谈不上具体地实现这项计划。即使像建造住房这种相对来说比较简单的工作,单凭个人去做也仅能局限在一个很小的规模上,而且要花费相当长的时间才有可能完成。总之,组织活动扩大了人类的能力范围。然而,要真正收到这种集体劳动的效果,必须有个先决条件,即集体成员的活动必须协调一致。类似于物理学中布朗运动的活动方式,是无法收到这种效果的。为此,就需要一种专门的活动,这种活动就是管理。

管理一词从不同的角度,有不同的定义,而不同的定义,又反映管理性质的不同侧面。一般认为管理是通过计划、组织、领导、控制和协调人力、物力和财力资源,以期更好地达成组织目标的过程。这个定义有三层含义。

第一层含义：管理采用的措施是计划、组织、领导、控制和协调这五项基本活动。这五项活动又被称为管理的五大基本职能。所谓职能是指人、事物或机构应有的作用。每个管理者工作时都是在执行这些职能的一个或几个。

计划职能需要根据对将来趋势的预测结果建立目标，然后要制订各种方案、政策以及达到目标的具体步骤，以保证组织目标的实现。企业的长期发展计划以及各种作业计划都是计划的典型例子。

组织职能一方面是指为了实施计划而建立起来的一种结构，该种结构在很大程度上决定着计划能否得以实现；另一方面是指为了实现计划目标进行的组织过程。比如，要根据某些原则进行分工与协作，要有适当的授权，要建立良好的沟通渠道等，组织对完成计划任务具有保证作用。

控制职能与计划职能紧密相关，它包括制定各种控制标准，检查工作是否按计划进行、是否符合既定的标准，如工作发生偏差要及时发出信号，然后分析偏差产生的原因，纠正偏差或制订新的计划，以确保实现组织目标。

领导职能是指管理者指挥、激励下级，以有效实现组织目标的行为。领导是一种行为或影响，是影响个人或群体在某种特定条件下向目标迈进的行为或力量。它要研究人的需要、动机和行为，要对人进行指导、训练和激励，以调动他们的工作积极性；要解决下级之间的各种矛盾；要保证各单位、各部门之间信息渠道畅通无阻等等。

协调职能是指组织领导者从实现组织的总体目标出发，依据正确的政策、原则和工作计划，运用恰当的方式方法，及时排除各种障碍，理顺各方面关系，促进组织机构正常运转和工作平衡发展的一种管理职能。

第二层含义：利用上述措施来协调人力、物力和财力方面的资源，它是第一层含义的目的。所谓协调，即是和谐。和谐一词起源于希腊文 harmonia，意即联系、匀称，是指客观事物诸方面的配合与和谐化。一个组织要有成效，必须使组织中的各个部门、各个单位，直到各个人的活动同步与和谐；组织中人力、物力和财力的配备也同样要同步、和谐，只有这样才能均衡地达到多元的组织目标。这就如同一支配合良好的乐队，尽管大家各奏各的音调，配合起来则是一首美妙的交响曲。

第三层含义：协调人力、物力和财力资源是为使整个组织活动更加富有成效，它是第二层含义的目的，也是管理活动的根本目的。

当管理的对象为物业时，其活动就构成了物业管理的活动。物业管理的涵盖面广，立足的角度不同，人们对它的理解也不同。

（一）物业管理的概念

从英文的译法角度，物业管理（property management，real estate management）可以称为"不动产管理"或"房地产管理"。也有人直接用"物业服务"或"物业经营"来替代"物业管理"，以示与传统房地产管理的区别。

从我国物业管理的实践角度，对物业管理存在着广义和狭义的两种理解。广义的物业管理，是指在物业的全寿命周期内，为提高物业的经济价值和使用价值，对各类物业实施全过程的管理,并为物业所有人(业主)和使用人提供有效周到的服务。如物业的开发、租赁、销售及售后服务,以及在使用中装修管理、修缮管理和为物业使用人的生产、经营、居住而提供的多形式、多方面的综合服务。狭义的物业管理是指专业组织或机构,受业主委托,按合同或契约,对物业管理区域内已建物业及其附属物进行维修、养护、管理及为其业主或使用人提供服务。其主要任务是楼宇的维修养护以及管理好各层的机电设备和公共设施,还包括治安保卫、环境绿化、公用设备设施维修、信息传送、环卫服务、道路养护等项目。

从物业管理应达到的目的来看,物业管理是一门掌控管理与专业综合服务的艺术,务求在建筑、科技、法制、财务及主观情绪等限制下,通过有效的市场推销和规范的日常管理,提供不断的优质运作及最佳用度的物业,以满足各业主及用户的多元需要及期望,保持并实现物业价值,满足物业客户需要的经营管理活动。

从法律的角度而言,根据2007年8月26日中国国务院修订的《物业管理条例》第二条对物业管理的定义,物业管理是指业主通过选聘物业服务企业,由业主和物业服务企业按照物业服务合同的约定,对房屋及配套的设施设备和相关场地进行维修、养护、管理,维护物业管理区域内的环境卫生和相关秩序的活动。物业服务企业,是指依法设立、具有独立法人资格、从事物业管理服务活动的企业。

对此,可以从以下五个方面来理解法律意义上的物业管理的概念。

1. 物业管理是由业主通过选聘物业服务企业的方式来实现的活动

业主对物业进行管理,一般有三种方式:其一是业主自己进行管理;其二是业主将不同的管理内容委托给不同的专业服务公司进行管理;其三是业主选聘物业服务企业进行管理。《条例》规定的物业管理是第三种方式。必须说明的是,是否选聘物业服务企业来对物业实施管理,是业主的权利。《条例》并不强制业主必须选择物业服务企业来实施物业管理,但是,如果业主通过选聘物业服务企业的方式来对物业进行管理的,则应当按照《条例》的规定来进行。

2. 物业管理活动的基础是物业服务合同

物业管理活动的实质是业主和物业服务企业就物业服务企业提供的服务为标的所进行的一项交易,它通过合同产生。物业服务合同确立了业主和物业服务企业之间被服务者和服务者的关系,明确了物业管理活动的基本内容。物业服务企业根据物业服务合同内容提供物业管理服务,业主根据物业服务合同交纳相应的物业服务费用,双方是平等的民事法律关系,具有委托性和有偿性的特征。

3. 物业管理的内容是依约定进行管理和服务

物业管理的内容主要有两方面:一是对房屋及配套的设施设备和相关场地进行维修、养护、管理;二是对物业管理区域内的环境卫生和秩序进行维护,包括物业服务企业提供的保安、保洁、绿化、交通及车辆管理等服务。除此之外,物业服务企业可以接受业主和使用人的特别委托,为其提供物业服务合同没有约定的服务项目,也可接受供水、供气、供热等公用事业等单位的委托,为其向业主代收有关费用等。

4. 单个物业管理区域具有物业服务企业的唯一性

政不可出多门,否则,多头管理必导致混乱。同样,一个物业管理区域也不能有多个管理主体,而只能成立一个业主大会,只允许一家物业服务企业从事物业管理,实施物业管理区域内的统一管理。不难想象,如果有一家以上的物业服务企业同时在同一物业管理区域内提供物业服务,那么不仅不可避免地会发生一定的冲突,而且事实上也没有此必要,即单个物业管理区域中物业服务企业的唯一性。当然,一家物业服务企业可以同时对于不同的物业管理区域实施物业管理。

5. 物业管理的属性是经营

物业管理被视为一种特殊的商品,它将分散的社会分工汇集起来统一管理,诸如房屋维修、养护、保洁、保安、绿化等。每位业主只需面对一家物业服务企业就能将所有关于房屋和居住(工作)环境的日常事宜办妥,而不必分别面对各个不同部门。业主只需按时缴纳管理费和服务费,就可以获得周到的服务,既方便业主,也便于统一管理。

如果将物业管理的手段、特点和目的纳入概念之中,并淡化具体的服务内容,那么,物业管理是指物业管理经营者受业主委托,运用现代建筑、管理与服务技术,按照委托物业服务合同,对各类物业实施社会化、专业化、市场化、企业化的管理,为业主和物业使用人提供高效、周到的服务,创造安全方便的居住和工作环境,提升物业的使用价值和经济价值。

物业管理的这一定义,有着丰富的内涵。

(1) 物业管理的管理对象是物业。这个物业是指在建或已投入使用的物业。

(2) 物业管理的服务对象是人,即业主和物业使用人。

(3) 物业管理的主要服务提供者是物业服务企业及其从业人员。物业服务企业资质等级分为一级、二级、三级,从事物业管理的人员应当按照国家有关规定,取得职业资格证书。

(4) 物业管理的主要成果是服务。物业管理所提供的是有偿的无形商品——劳务与服务,伴随着劳动的付出,改善了物业的环境物质条件。

(5) 这种劳务、服务的投入能提高物业的使用价值和效用,延长物业的使用寿命,并达到物业保值、增值的作用。

(6) 物业管理采用现代建筑、管理、服务科技手段对物业实施全方位、多功能、多层次的服务和经营。

(7) 物业管理是具有中介性质的信托服务,它接受业主委托,通过一定的委托合同或契约,规定相关各方的权利和义务。

(8) 物业管理的基本要求是统一管理和协调,既包括相对独立的物业或物业管理区域物业的统一管理和协调,也包括辖区范围内各个方面的统一管理和协调。

(9) 优质的物业管理与社区服务相结合,为业主和使用人提供物质、精神方面的服务。

物业管理作为房地产市场的消费环节,实际上是房地产开发的延续和完善,是在房地产开发经营中为完善市场机制而逐步建立起来的一种综合性经营服务方式。物业管理既是房地产经营管理的重要组成部分,又是现代化城市管理不可缺少的一环,在国际上十分流行并获得了蓬勃的发展,被人们视作现代化城市的"朝阳"产业。

（二）物业管理的必要性

好马配好鞍，高质量的物业还需优质、现代化、专业化的物业管理服务，这是目前潮流所趋，原因大致有以下几点。

1. 业主住户的需求逐步提高

在人们的需求处于较低层次时，人只求栖身之地，兴建楼宇的目的是为市民提供"遮蔽风雨的地方"。现在，"居所"除了是"栖身之地"外，更要具备各类设备及良好居住环境。例如，各座楼宇宏伟或雅致的外形设计及园艺的配合，影响着使用人的心态，有些大厦、小区还配备了适当的娱乐休闲场所。这样一来，对大厦、小区管理方面的要求增加，若非现代化、专业化的物业管理则难以胜任。

2. 楼宇兴建渐具规模

高层、多层大厦的兴建越来越多，且住宅小区、商业中心、工业中心的规模也越来越大，如大型居住小区内一般有商场街市、康乐中心、停车场、休闲花园。过去单纯、传统的管理方法难以管理好丰富多彩的物业设施设备，已不能适应业主的需要。

3. 物业设备日益先进

目前楼宇的兴建不断采用先进设备，如先进消防设备、供电系统及防盗系统，这些设备需要有专业技术知识的管理人员去使用及维修，特别是大型的商业大厦、办公楼等。

4. 物业价值望以提升

不管是自用、投资，还是投机的目的，物业得以及时维修养护、物业得到保值增值备受重视。物业管理水准已成为除房价、质量以外买家关心的主要条件之一。为配合物业销售，物业管理需协助办理入伙工作、征求买家意见、修改设计、处理遗漏工程等。

5. 生产发展得以保障

物业管理直接影响着厂商的生产管理。现在香港的大厦管理形式大致分为两大类：一是由业主立案法团直接管理；二是聘请管理公司负责。

（三）物业管理行业的特征

物业管理是一种有别于20世纪中国传统房产管理的新型的管理模式，其管理具有社会化、专业化、企业化、市场化的特点。

1. 社会化

物业管理的社会化是指由多个产权单位、业主通过业主委员会选聘一家物业服务企业，变多个产权单位、多个管理部门的多头、多家管理为物业服务企业接受委托，在授权范围内集中实施社会化管理，将分散的社会分工汇集起来统一管理。犹如为各业主找到了一个"总管家"，而对政府各职能部门来说，则犹如找到了一个"总代理"。有利于提高整个城市管理的社会化程度，以充分发挥各类物业的综合效益和整体功能，实现社会效益、经济效益、环境效益、心理效益的统一和综合改善。

物业管理社会化有两个基本含义：一是业主要到社会上去选聘物业服务企业；二是物业服务企业要到社会上寻找可以代管的物业。

2. 专业化

物业管理的专业化是指由专业物业服务企业通过合同或契约的签订，按照业主意志与要求实施专业化管理。这种管理是将有关物业的各专业管理都纳入物业服务企业的范畴之内，物业服务企业可以通过设置分专业的管理职能部门来从事相应的管理业务。随着社会的发展，社会分工渐趋于专业化，物业服务企业可以将一些专业管理以合同的方式交予相应的专业经营服务公司。例如，机电设备维修承包给有资质的设备维修企业，物业保安可以向保安公司雇聘保安人员，园林绿化可以承包给专业绿化公司，环境卫生也可以承包给保洁公司。这种转向有利于提高城市管理的专业化程度。

作为组织实施物业管理的企业，需要有专业的人员、专门的组织机构、专门的设施设备、专业的维修维护技术、专业的管理流程和技术规范要求。如果将物业管理的专项工作委托给其他组织和个人进行，物业服务企业更需要具备较高的专业资质和较高的专业水平，以有效地协调和管理各专业经营服务公司的工作。

还需注意的是，聘请物业服务企业负责管理工作并不一定保障专业化。市场上有许多物业服务企业，所提供的服务水准参差不齐，部分可能鱼目混珠，甚至不能提供基本的管理服务。因此，业主委员会必须小心选择，方可收到专业管理的效果。

3. 企业化

物业管理要走上"以业养业、自我发展"的道路，必须实行企业化管理。首先，物业服务企业应按照现代企业制度组建和运作，自主经营、独立核算、自负盈亏。它作为一个独立的法人，不是事业单位，也不具备政府行为职能。应保证政企分开、事企分开，不受任何干扰。其次，物业服务企业应依法运行，依物业管理市场运行规则参与市场竞争，依靠自己的经营能力和优质的服务在物业管理市场上立足和拓展业务，用业绩去赢得信誉。再次，物业服务企业要处理好企业与企业环境的关系，尤其要与经常交往的有关部门，如街道、居委、公安、市政、公用、邮电、交通等行政或事业性单位加强联系，以"物业"为中心，相互协调。这样就能使物业服务企业从管理上、经营上和服务上下工夫，为业主创造一个方便、安全、清静、整洁的居住和工作环境。

4. 市场化

在市场经济条件下，业主通过招投标选聘物业服务企业，物业服务企业接受委托并向业主提供服务，业主购买并消费这种服务。委托和有偿是物业管理市场化的集中体现。在这种物业管理的竞争市场中，业主有权选择物业服务企业，物业服务企业只有靠自己良好的经营和服务才能赢得业主的信任，扩大市场的占有率。

物业服务企业还可以通过多种资源经营，加强物业服务企业造血功能，为业主提供全方位、多层次、多项目的服务。

物业管理是一种与现代房地产综合开发方式相配套的综合管理，是与物业产权多元化格局相衔接的统一管理，是与建设社会主义市场经济体制相适应的社会化、专业化、企业化、市场化的管理。这种集高度统一的管理、全方位多层次的服务、市场化经营为一体的充满生机和活力的物业管理一出现，就越来越显示出其强大的生命力。

(四)物业管理活动的特点

从我国物业管理的实践,可以总结出物业管理活动自身的一些特点。

1. 全天候服务

只要接受物业管理,一年 365 天,一天 24 小时,都必须提供物业管理服务,一刻也不能停歇。

2. 无形与有形的结合

物业服务是物业服务企业向业主方提供的无形的行动或绩效,业主在消费前也许看不见、摸不着,并且不一定导致任何所有权的产生。它的成果可能与某种物质产品相关联,如改善了物业管理服务区域的环境,也可能与物业的形态变化毫无关系。

3. 生产与消费同步性

一般商品流通都有三个环节,即生产—销售—消费使用,三者循序发生。而物业服务企业在提供劳务服务的同时,广大使用人也在消费这种服务。这一特点要求物业管理的组织者对任何时间、任何情况下的具体物业管理服务活动都不可掉以轻心。

4. 不可储藏性与易逝性

物业管理服务的时间和能力不可储藏,一旦在一定的时间内不能利用,这些服务性资源就只能浪费。由不可储藏性导致的易逝性表现在两个方面:一是服务的易逝性,当物业服务能力不能得到完全使用时,公司就会发生机会损失,如使用人特约服务的减少导致相关服务能力得不到充分利用等。二是使用人对物业服务的需求在短期内表现出周期性,高峰期和低谷期差别很大,如节假日房屋设备特约服务就比平时多。

面对需求的变化和服务的不可储藏性和易逝性,管理人员有三种基本选择:稳定需求,如预约等;调整服务能力,如在高峰期雇用临时工等;让顾客等候,这会对服务过程产生消极作用。

5. 物业服务供需的不可分割性

在接受物业管理服务时,服务提供者和业主(使用人)必须亲自见面,可能是业主(使用人)前往服务地点,也可能是服务人员前往业主(使用人)所在地。对于需要提供上门的服务,如邮递和维修服务,任务分派和日程安排都十分重要。

6. 业主导向性

一方面,物业服务的内容由业主导向。物业服务企业将自己的服务作为一种特殊的商品向接受服务的对象进行出售,业主根据自身的需要采购物业服务。一是采购基本服务,由物业服务合同约定;二是采购专项和特约服务。另一方面,物业服务质量的好坏直接影响到业主的认可度,也就是说物业服务企业将自己的"商品"卖出后资金是否能够收回,"商品"的质量至关重要。

7. 差异性

在物业规范化管理的同时,物业管理服务因人、因地、因时而异,寻求差异化服务。差异化服务是对业主需求差异性的响应,体现了对顾客需求差异的尊重。一个小区入住的业主来自社会各界,无论从思想上还是生活需求上都存在着差异性。因此,物业服务企业应研究不同业主的需要,提供个性化、差异化的服务。

(五)物业管理的职能与地位

搞好物业管理不仅是物业服务企业的职责,而且需要业主、使用人、业主委员会与物业服务企业的密切配合。

1. 物业管理的五种职能

物业管理可以分为决策与计划、组织、指挥、控制、协调五种职能。

(1) 决策与计划职能。

决策是指对物业管理目前和长远的目标以及实现此目标有关的一些重大问题所作出的选择和决定,如业主委员会的组建、物业管理区域总体管理的方向、物业服务企业的发展方向、物业服务企业合作伙伴的选择等。这些问题解决不好,就会给物业管理工作带来很大的麻烦。有了正确的决策以后,就需要把决策的目标具体化,变成一定时期内物业管理的行动纲领。

计划就是对行动的预先设计,它是在决策目标的指导下,以预测工作为基础,对实现目标的途径作出具体安排的一项活动。决策与计划是物业管理的首要职能,应由业主委员会和物业服务企业共同执行,物业服务企业要充分发挥其主动性。忽视这一职能,必然会使物业管理陷于混乱。

(2) 组织职能。

组织就是根据已确定的计划和提高管理效率的原则,把物业管理的各个要素、各个环节和各个方面,从分工协作上、从上下左右的关系上、从时间和空间的联系上都合理地组织起来,形成一个有机结合的系统。系统中包括人、财、物、环境等要素配置合理,最大限度地发挥其作用。物业管理的组织职能主要由物业服务企业执行。物业服务企业必须合理确定企业内部的管理体制,包括管理机构的设置、职权的划分和岗位责任制的建立,以发挥各环节、各部门的主动性。从一定意义上讲,组织水平的高低,直接决定物业管理活动效益的大小。

(3) 领导职能。

领导职能是指根据计划,物业管理者指挥、激励企业员工,有效实现物业管理目标的行为。由于物业管理活动十分复杂,涉及面广,如果没有科学的指挥,物业管理系统就不可能正常运转,物业管理活动也不可能达到预期的效果,所以指挥职能是保证物业管理活动顺利进行必不可少的条件。要实现科学的指挥,就必须在调查研究的基础上,分析物业管理活动的全过程,掌握物业的状况和业主的需求,以取得指挥的主动权。

激励就是激发人的动机,诱发人的行为,使其发挥内在潜力,为实现既定目标而努力的过程。在物业管理中,靠劳务去服务人,人是最活跃的因素。如果人的积极性发挥不充分,物业管理的效率和质量就无从谈起,物业管理的活力也难以得到保障,物业管理的绩效也难以得到提高[①]。

(4) 控制职能。

控制是要确保所有组织活动与组织目标和计划相一致的管理活动。物业管理的控

---

① 物业管理工作绩效与激励的关系公式:绩效 $= f(能力 \times 激励)$。

制就是物业管理在执行计划过程中,必须控制、监督计划的执行情况,把实际情况与原定目标、计划、规章制度进行对比,找出差异,分析原因,采取必要的对策,以推动物业管理服务活动有效进行。控制职能要求建立、健全各项规章制度,包括管理规约、业主委员会章程、住户手册、物业服务企业岗位责任制、物业管理主要活动的规范化流程等;也要求建立周密高效的管理信息系统;还要求及时核实管理活动的成效,做好各方面的考核,并及时反馈,从而使控制与监督有充分的依据。

(5) 协调职能。

协调就是使物业管理区域内外各方面的活动之间建立起良好的协作配合关系,不至于发生矛盾,以有效地实现物业管理的决策计划目标。协调包括纵向协调与横向协调、内部协调与外部协调。纵向协调就是协调物业管理领导指挥系统与各职能部门之间的活动和关系;横向协调就是协调同级各部门之间的活动和关系;内部协调即协调物业管理区内部上下左右各方面的活动和关系;外部协调则是协调物业管理与社会各有关方面的活动和关系,包括街道、公安、交通、环保、卫生、市政、园林、教育、城管、公用事业、商业及文化娱乐等部门。对物业管理来说,纵向协调、横向协调、内部协调的关键在于全体业主和物业服务企业全体员工能清楚地了解物业管理的目标、方针、决策计划和规章制度;而外部协调则需要社会各方面的通力配合及法律法规的健全。

上述职能是物业管理系统的有机组成部分。通过决策和计划职能,可以明确物业管理的目标与方向;通过组织职能,可以建立实现目标的手段;通过领导职能,可以建立正常的物业管理秩序,提高工作效率,增进团队的凝集力;通过控制职能,可以检查计划的实施情况,及时修正偏差;通过协调职能,可以及时解决物业管理内外部的矛盾,实现物业管理目标。

2. 物业管理的地位和作用

对物业实施市场化、专业化的管理,能最大限度地实现物业的社会效益、经济效益和环境效益的统一,提高业主的满意度。

(1) 促进住宅与房地产业可持续发展。

随着我国经济体制改革的推进,房地产经济的体制改革也在向纵深发展。我国房地产市场化、住房自有化或者自用化程度逐步提高。各类住房分幢、分套出售,大厦分层、分单元出售后形成了一个住宅区内或一幢高层建筑里有着几个、几十个甚至几百个多元产权的毗邻关系。原有的按产权、按部门分散管理的办法,以及用计划包干的维修管理办法已不能适应市场经济发展的需要,客观现实要求有与之相适应的市场化物业管理新模式来代替传统的、非市场取向的房屋管理模式。

就整个房地产业而言,在经过了房地产开发建设速度大幅增长以后,增量房和存量房的有效管理已经引起了社会各界的重视,如何管理好、利用好已建成的物业成了社会普遍关心的问题,物业管理可以有力地促进房地产业的可持续发展。

(2) 提供人们生活和工作所需的便捷服务。

随着社会的进步,人们的生产和生活节奏不断加快,工作的效率不断提高,人们对生活、休闲、娱乐的质量要求也逐步提升。这就迫切需要物业服务企业根据业主和住户的要求,提供综合性的服务,如保险、法律建议、建立良好的公共关系、减低设施故障的次数、提供安全、整洁及健康的环境等,以方便居民的生活。

第一,建立良好的公共关系。

加强与各政府有关部门的联络与沟通,及早得知有关影响物业的事件或政府决定;在遇到需要支援的时候,快速找到能提供协助的单位;并且在管理人员的调停下,帮助排解各业主间之纠纷,形成睦邻关系。

第二,减低设施故障的次数。

加强物业设施设备的管理及保养,减少意外故障的发生率。

第三,缩短服务中断的时间。

物业内各种设施因定期保养及长远维修计划可暂停使用,保养和维修可安排在非使用高峰期进行,控制或减短物业设施设备中断服务的时间。

第四,营造安全及健康的环境。

及时处理垃圾,保持物业的清洁,实施有效的保安等服务,可减少对住户安全及健康的威胁,保障各业主及用户在一个安全及健康的环境中生活和工作。

第五,减低营运及维修支出。

通过专业的物业管理可将意外及突发事件的发生次数减至最少,减少不适时及急修等情况发生。同时,可通过有组织的采购,降低物业管理营运及维修支出。

第六,购买足够保险有备无患。

根据业主需要,参考专业意见,为物业购买足够的保险如劳工保险、水险、火险、第三者意外险及专业责任险等,作为风险管理的最后安全网,使业主免于巨额的意外损失。

第七,提供法律建议。

可以根据业主及使用人的需求,由专业管理人士提供力所能及的法律建议,使业主不致触犯法律而不自知。

物业服务企业还可以应业主和使用人的要求,提供室内装修、搬家、美容美发、代购商品、代购保险等便民服务。

(3) 延长物业使用寿命,有利于物业保值增值,维护业主财产权益。

优质物业与优质管理是不可分割的,维持优良的管理,对物业形象、知名度、物业寿命及价值都会产生正面影响。

第一,延长物业使用寿命。

良好的物业管理可以使物业处于完好的状态并使之正常运行,损坏的部件可以得到及时更换或修理,令损耗减至最低,各种设施设备及物业结构等的寿命得以延长。相反,若无良好的保养,损坏的部分会加剧整体设施及结构的衰坏,缩短物业的寿命。

第二,提升物业价值。

管理良好的物业,一方面可以让业主满意,物业外貌常用长新,其物业形象及服务质量等可获得市场的较高评价,还能受到房地产需求者的青睐,其价值亦会得以保持或提升;另一方面,可以通过基本、专项和特色服务,适当改善和提高物业的使用功能,提高物业的适应性,进而推动物业升值。

第三,提升租值。

管理的好坏,对租值的影响较对物业价值更为直接,由于使用人直接受到物业管理质量的影响,他们对物业使用的态度直接影响物业的价值高低。假使他们对物业有信心,自然愿意付出更高租值,进而提高物业的投资效益。

(4) 创造优美、安全、舒适、和谐的人居环境。

从宏观而言,现代化的城市需要高质量的管理服务。运作良好的大厦设施,有助于工作效率的提高;称心如意的居住环境,有助于人际关系的调和。住宅社会学研究表明,良好的环境不仅能减少烦恼、焦虑、矛盾、摩擦,乃至某些危害社会的不轨行为,还会形成互助、互谅的社会风气,促进人们的身心健康。这一切是和谐社会建设和城市发展所必须具备的前提条件。物业管理正是顺应了这一要求而产生和发展起来的。

从微观而言,物业管理为业主创造一个整洁、舒适、安全、宁静、优雅的工作和生活环境,既可充分发挥物业的功能,又能充分保障业主的合法权益,增加业主的睦邻意识,创造相互尊重、和乐共处的群居关系。

因此,高质量的物业管理既可以改变城市风貌、改善人们的工作和生活环境,又能提高人们的精神文明素质和现代化城市意识,对树立城市形象、改善人居环境起到积极的推动作用。

(5) 优化投资的软硬条件,营造工作和居住佳园。

一方面,只有安居才能乐业,任何一个投资商,无任是外省市的投资者,还是来中国大陆的外商一般都十分关注如何为自己安排一个方便、高效的工作和居住环境,并且投资商进入事业发展期后,就有了为自己公司和工作人员购置业务和居住用房的需要。中国大陆的物业管理最初正是从对外商、外籍人员在中国大陆的产业和侨汇房的管理发展起来的。另一方面,温馨、和谐的物业环境陶冶人们的情操,营造雅致的人居氛围,促进人们守法诚信,有利于改善物业管理区投资和生产的软条件。由此可见,良好的物业管理是改善投资和工作条件的必要措施,有利于推动物业管理方法和模式创新。

第二节 物业管理产生与发展

一、物业管理的起源

物业管理是社会经济发展到一定水平的必然产物。传统意义上的物业管理起源于19世纪60年代的英国。由于工业革命的发展,大量农村人口涌入工业城市,引起了对城市房屋需求的增加,但对其缺乏管理导致了诸如房屋破损严重、居住环境日趋恶化等社会问题。当时,英国有一位名叫奥克维娅·希尔(Octavia Hill)的女士迫不得已为其名下出租的物业制定了一套规范租户行为的管理办法,出乎意料地收到了良好效果,当地人士纷纷效仿。这可以说是世界上最早的"物业管理"。

真正现代意义上的物业管理形成于19世纪末20世纪初的美国。当时美国的经济发展进入垄断资本主义时期,官僚垄断资本和金融托拉斯的跨国经营,在积聚巨额财富的同时,带动大规模的国内民工潮、国际移民潮等,使得美国城市人口急剧膨胀。但当时美国政府出于环境保护等方面考虑,对城市土地使用面积有严格的控制,加之当时建筑新材料、新技术、新结构的出现,特别是垂直升降电梯的发明使用,使高层大厦的建造蓬勃兴起,摩天大楼蔚为壮观,对高层建筑楼体及设备的维修维护、消防、保洁等各方面的要求大大提高,加之摩天大楼的业主通常也不是一个或几个人,由谁负责管理大楼也成了难题。于是,一种适应这种客观要求的、提供统一的专业化管理和系列服务的物业管理服务机构便应运而生,它标志着现代物业管理的诞生。

现代物业管理诞生的另一个标志是物业管理行业组织的成立。1908年,由芝加哥摩天大楼的所有者乔治·A·霍尔特发起成立了世界上第一个物业管理组织——芝加哥建筑物管理人员组织(Chicago Building Managers Organization,CBMO),旨在共同交流、探讨解决高层大厦管理中遇到的一些问题。此后,在CBMO推动下,美国第一个全国性的业主组织——"建筑物业主组织"(Building Owners Organization,BOO)也宣告成立。在这两个组织的基础上,又成立了"建筑物业主与管理人员协会"(Building Owners and Managers Association,BOMA),业主和管理者在一个协会中有利于彼此加深了解、相互沟通与协作。后来类似的组织也出现在加拿大、英国、日本等国,BOMA亦更名为"国际建筑物业主与管理人员协会"(Building Owners and Managers Association International,BOMAI)。为加强对物业管理从业人员的专业教育培训和职业资格管理,1933年成立了美国物业管理学会 IREM (Institute of Real Estate Management)。

由此可见,物业管理的兴起,成为现代化城市的朝阳产业,具有三方面因素。

(1) 城市化的发展。城市人口密度的加大,社会文明程度的提高,来自不同地区、阶层的人员活动于同一空间,一栋建筑或一个小区多业主和使用人的状况使物业管理成为必要。

(2) 社会分工。所有权与管理权的分离加速物业管理的发展。社会分工的细化有力地推动了现代物业管理的发展。

(3) 专业化的发展。房屋建筑材料、建筑工艺不断更新,房屋附属设备和配套设施逐步精密化,非专业人员难以有效地维护物业。

时至今日,美、英等国的物业管理作为一个固定行业,整体水平居世界一流。除了传统意义上的楼宇维修、养护、清洁、保安外,物业管理的内容已延展到工程咨询和监理、物业功能布局和划分、市场行情调查和预测、目标客户群认定、物业租售推广代理、通讯及旅行安排、智能系统化服务、专门性社会保障服务等全方位服务。在普遍推行物业管理的同时,各国也相应成立了一些学术组织,如英国皇家物业管理学会,其会员遍布世界各地。

二、我国物业管理的发展

(一) 1949年前我国的物业管理

20世纪20年代初到解放前夕,是中国房地产和物业管理的萌芽阶段。在此期间,我国的上海、天津、武汉、广州等城市大量出现一些八九层高的建筑物。以上海为例,此间出现了28座10层以上的高层建筑,形成了当时上海风格各异的建筑群,如外滩的建筑群、南京路及淮海路的商业街、幽静的西区住宅群等,上海也因此获得"万国建筑博览"的美誉。那时,因房地产交易、使用等的需要,产生了代理经租、清洁卫生、住宅装修、服务管理等经营服务性的专业公司,初具当今专业化、企业化物业管理的雏形。

(二)1949年至1981年期间我国的物业管理

1949年新中国成立后,特别是1956年完成资本主义工商业的社会主义改造后,城市房屋绝大部分转为公有,城市住宅建设资金和建设管理基本上由政府或相应的单位负责,自管住宅建成后由单位进行福利分配,直管公房由政府设立的管理机构(通常为房管局下设的房管所)统一管理。这样,房地产这一生产、生活要素就几乎没有像其他商品一样进入流通领域,物业的市场经营活动也随之停止,房屋维修、养护管理的职责主要由其使用单位或房管所来承担,并象征性地收取少量房租。

在计划经济体制下形成的房管模式,具有相对程度的垄断性、行政性、福利性。其经营管理的主要对象是国有公房,它在城市建设管理中起到了极其重要的作用,是对公房管理模式进行的大胆探索。

随着市场经济的迅速发展及城市土地有偿、有限期使用制度的确立,住房制度改革、旧城改造步伐的逐步深入,公有住房面积大比例下降,公房年租金收入大幅减少,房管模式的弊端也日益显现。房管所由于长期代表政府从事福利型的房管工作,普遍缺乏竞争意识和市场观念,存在着关系不顺,政企不分,效率低下,机制落后,人员老化,退休职工多、包袱重;生产资料锐减,房管所经营领域逐年缩小;房租低,房管部门的管理费、房屋修缮经费严重不足,房管职工"歇业"或隐形失业现象严重,房屋正常的维修难以得到保证,服务质量日益下降等问题。

(三)1981年后我国现代物业管理的发展

1981年3月10日我国大陆第一家物业服务企业在深圳成立,宣告我国大陆物业管理开始步入了市场化、专业化、社会化的发展阶段。这一时期的物业管理伴随着我国大陆改革开放的进程一路同行,经过四个阶段的迅速发展,并逐步规范,成为了城市管理的一部分,对城市的进步和发展以及人民生活水平的提高都起到了积极作用。

第一阶段:1981年3月至1989年9月。

这一时期是我国现代物业管理的探索和起步阶段。1981年3月10日,我国第一家物业服务企业——深圳市物业管理公司成立,拉开了我国现代物业管理的帷幕,标志着我国现代物业管理的诞生。这一阶段,我国的物业管理作为一个新生事物,探索着适合中国国情的物业管理模式,还继承着传统物业管理的一些办法,采用半政半企的方式进行运营。正如任何一个新生事物的诞生一样都有一段时间的摸索和徘徊过程,在现代物业管理行业出生成长的幼年时期,它就是政府部门的房管所,政府供给人、财、物。所谓的物业服务企业只不过是一项修电、搞卫生、看门等简单保姆性质的琐碎工作,并且只是象征性地收取少量费用,谈不上什么技术,也没有什么详细的制度和条例等规定约束,较粗放、较散漫,那时候人们意识里的物业管理就是一个家政服务性质的公司,社会认可程度低。

1989年9月建设部在大庆市召开了第一届全国住宅小区管理工作会议,总结推广各地探索积累的管理经验,部署有关住宅小区管理规章和标准的文件起草工作,拉开了全国统一在小区实施现代物业管理的序幕,也标志着我国现代物业管理工作的全面启动。

第二阶段:1989年9月至1994年3月。

在经历了几年的探索之后,《中华人民共和国城市居民委员会组织法》(1989年12月26日第七届全国人民代表大会常务委员会第十一次会议通过)出台,我国大陆沿海地区率先启动,如深圳市住宅管理部门高度重视物业管理的发展,在较短的时间内,就出现了如万科、中海、长城、福田、万厦、金地、华侨城、国贸等相对规范的物业服务企业,也由此创下许多中国物业管理行业的新模式、新思路,极大地促进了物业管理行业的持续快速发展。优化服务、科学管理,社会化、专业化、一体化、经营型的行业发展框架和方向初步确定,得到了社会各界的逐步认可和肯定。物业管理行业也从幕后走向台前,逐步从迷茫走向成熟,物业服务企业如雨后春笋般涌现,实现了规模化扩张。原来由政府部门主管的一个小部门,逐步发展成为房地产开发公司的子公司、独立专业的物业服务企业等,一系列新的运作模式也应运而生,如万科"齐抓共管"模式的提出、金地"人性化"理念的倡导、中海"白毛巾检验保洁效果"的做法。

借鉴国外和香港、深圳等地的经验,我国部分省市物业管理行业实行了招投标选聘物业服务企业、物业管理人员培训上岗等制度。1993年6月我国大陆首家物业管理协会——深圳市物业管理协会成立,随之其他地方的物业管理协会也相继成立。

第三阶段:1994年3月至2003年5月。

这是我国物业管理快速发展的阶段。以建设部33号令《城市新建住宅小区管理办法》的颁布和实施为标志,它是第一部全国性的物业管理方面的法规,该法规明确规定住宅小区应推行社会化、专业化的管理模式,由物业服务企业统一实施专业化管理。这一阶段,物业管理立法明显加快,尤其是1999年建设部召开全国物业管理工作会议以后,各地方性法规层出不穷,1994年6月18日,深圳市颁布了国内第一部物业管理地方法规——《深圳经济特区住宅区物业管理条例》,开创了物业管理地方立法之先河。它以法规的形式明确了"企业化、专业化、一体化"的物业管理模式,改管理单位终身制为由业主选择的有合同期限的聘用制。同时,物业管理概念开始深入人心,为大众所接受,物业管理人员队伍也迅速壮大。2000年10月在北京成立了中国物业管理协会,加强了全国行业性自律组织的建设。

虽然如此,全国性物管法规仍旧滞后于实践、物管队伍的壮大以及加入WTO的机遇,带来了物管市场竞争的加剧、经营风险的加大。

(1)法规滞后导致物业服务企业风险增大。

虽然深圳、上海、成都、广东等地纷纷出台了一系列相关的法规条例,但只是一些原则性框架,对行业的定位没有作出明确规定,对物业管理的职责和权利界定不清,没有明确收入微薄的物业服务企业需要承担何种经营风险。

例1-1 业内人士至今仍记忆犹新的21世纪初厦门某住宅小区停车场丢车索赔案,由于没有明确的法律支持,收5元的停车费,却要承担50万—60万的风险,苦心经营了多年的成果随之化为泡影,这是何等痛苦和悲哀!发生在深圳笔架山庄别墅区的人命案再一次给我们敲响了警钟,由于事件发生在小区内,加上是空置房,事主一纸诉状将物业管理单位告上法庭,法院由于没有相关的法规支持,故一审判决物业服务企业赔偿20万元补偿金,而且人命案已经过去了3年多,深圳物管行业为此曾联名全市的物管企业上诉到人大、政府、政协等各部门,也因此迫使人大加强物业管理法规的修改和完善。

(2) 物业管理市场竞争激烈。

由于物业管理以服务为生存之本,入行门槛较低,使一些有一定经济积累的人士纷纷看好,都接二连三地注册了物业服务企业,一时间仿佛物业管理成了赚钱最快的行业。因此,一方面造成了物业服务企业成倍增长的"喜人局面",不论是房地产开发企业,还是单纯的物业服务企业,以及政府的机关事务管理中心、住宅局、居委会等,都转眼间有了或成了物管公司,数量日益增多,而现有物业却十分有限,形成僧多粥少的局面,相互竞争自然加大;另一方面造成了企业之间的恶性竞争,一些物管企业随意提出诸如"免×年管理费"、"为业主委员会委员免管理费、停车费"等违背常理的"庄严承诺",虽然各地多次强调通过招投标方式确定物业管理单位,但没有具体详尽的法规、条例作为依据,加上现有的法规、条例在执行过程中存在这样那样的不足和缺陷,更难以保证招投标的客观、公正、公平,从而使行业内部混乱无序、杂乱无章、鱼龙混杂、黑白难分。

(3) 海外物管机构大举进驻。

随着经济全球化、贸易一体化的格局逐步形成,香港、澳门、台湾地区以及国外一些很有实力的物业管理机构纷纷进驻中国大陆物业管理市场,物业管理服务市场竞争更加激烈。在深圳市住宅局的统计资料中发现,深圳的"洋管家"管理着全市85%以上的高档写字楼等相对赢利的物业项目,其中有全球最大的物业管理机构第一太平戴维斯国际物业顾问公司,英国威尔斯,德国杜斯曼,日本第一建筑服务株式会社,荷兰管家、世邦威理仕,美国怡高等等。它们不仅在全国各地设立自己的分支机构,而且从事着专业的物业管理顾问服务和清洁服务等相关经营项目,并以其卓越的物业管理服务优势和先进的管理模式,不断吞噬着中国大陆的物业管理服务项目,竞争的趋势不言而喻。

第四阶段:2003年5月至今。

这是中国大陆物业管理市场化、法制化、规范化、规模化的发展时期。这一时期在法制化、规范化方面有两项里程碑事件:一是2003年5月28日国务院第九次常务会议通过了《物业管理条例》(国务院令第379号),2007年8月26日,以规范物业管理活动、维护业主和物业服务企业的合法权益、改善人民群众的生活和工作环境为宗旨,修订了《物业管理条例》(国务院令第504号)。二是为了维护国家基本经济制度、维护社会主义市场经济秩序、明确物的归属、发挥物的效用、保护权利人的物权,经十届全国人大五次会议审议,《中华人民共和国物权法》于 2007 年 3 月 16 日通过。

根据以上法律法规,国家相关部委出台了一系列规章。建设部发布了《前期物业管理招标投标管理暂行办法》(2003 年 6 月 26 日建住房[2003]130 号)、《业主大会和业主委员会指导规则》(2009 年 12 月 1 日建房[2009]274 号)、《物业服务企业资质管理办法》(2004 年 3 月 17 日第 125 号,2007 年 11 月 26 日根据《建设部关于修改〈物业管理企业资质管理办法〉的决定》修正)。

除此以外,为进一步规范物业服务收费行为、提高物业服务收费透明度、维护业主和物业服务企业的合法权益,2004 年 7 月 19 日,国家发展改革委、建设部印发了《物业服务收费明码标价规定》。为了规范物业管理行为、提高物业管理专业管理人员素质、维护房屋所有权人及使用人的利益,2005 年 11 月 16 日,人事部、建设部出台了《物业管理师制度暂行规定》、《物业管理师资格考试实施办法》和《物业管理师资格认定考试办法》。为提高政府制定物业服务收费的科学性、合理核定物业服务定价成本,2007 年 9 月 10 日,国家发展改革委、建设部制定了《物业服务定价成本监审办法(试行)》。为了加强对住宅专项维修资金的管理,保障住宅共用部位、共用设施设备的维修和正常使用,维护住宅专项维修资金所有者的合法权益,2007 年 12 月 4 日,建设部、财政部颁发了《住宅专项维修资金管理办法》。为正确审理建筑物区分所有权和物业服务纠纷案件,《最高人民法院关于审理建筑物区分所有权纠纷案件具体应用法律若干问题的解释》和《最高人民法院关于审理物业服务纠纷案件具体应用法律若干问题的解释》于 2009 年 10 月 1 日起施行。

随着中国大陆物业管理市场培育步伐的加快,物业管理招投标项目明显增多,各项配套政策进一步完善。物业管理服务不仅注重于"量"的发展,更重视"质"的发展。中国物业管理将进一步在市场化、规模化、标准化和品牌化的方向发展。

三、可资借鉴的先进国家与地区物业管理的发展状况

(一)美国物业管理的机构及其职责

1. 管理机构

美国的物业管理分为三个层次:一是政府机构的宏观管理;二是行业自律,美国的行业自律组织,如 IREM,BOMA 和 IFMA 等,对行业行为规范的作用极大;三是物业管理服务机构或业主对物业具体的管理活动。

美国各级政府机构中,都设有房产管理局并拥有一批高素质的专业人员,其职责是制定房地产法规并监督检查。

附属于国家地产协会(National Association of Realtors)的物业管理学会(Institute of Real Estate Management,IREM),总部设在芝加哥,有 100 多个地方分会,是负责培训、物业管理师资格管理的组织。IREM 根据专业培训、资格考试、能力测评、工作经验和职业道德五个方面认证标准对从事物业管理的专业人员颁发两种资格证书:居住物业管理经理(ARM)和注册物业管理经理(CPM)。IREM 的会员遍布全球,并已着手进行相关国际标准的制定工作。

除此之外，具有一定规模和全国影响的物业管理组织还有 IFMA 和 BOMA。IFMA（国际设施管理协会）主要负责对物业设施的管理，BOMA 搭建了业主与物业管理人员沟通的桥梁，并开设教育性专题讲座和课程，帮助物业管理人员优化知识结构、培养职业道德。

联邦政府设有公共房屋管理委员会，下设 34 个代理机构，监督着 166 个房屋项目。其中最大的代理机构是纽约城市房管会，管理着 15.6 万个住房单元。

对于私人持有物业的管理，既可以由私人业主自己管理，也可以委托专业物业服务企业进行管理。对于政府持有物业的管理则由政府专设的机构进行管理。

在美国，成立物业服务企业手续比较简单，只要具备申请资格、符合法定条件，任何人都可以申请相关营业执照。有的州规定取得执照的物业服务企业必须每 4 年接受 45 小时的专业课程培训教育，方可被认为主体合格。不仅对物业服务企业，而且对具体人员均有一定要求，如有的管理岗位必须取得相应的专业证书，管理人员必须持有大学毕业证书、有 5 年以上的物业管理经验等。

物业服务企业通常委派房产经理负责日常管理，房产经理为该物业管理负责人，职责主要是制定管理计划、制定保养计划、编制预算、负责租金收取和营销活动等，并组织各职能部门实施。房产经理负责下的管理机构一般设有管理与维修部、财会部、能源管理部、治安保卫部等职能部门。

2. 管理计划

制定管理计划是实现业主经营目标的第一步，也是房产经理重要工作之一。管理计划包括以下内容。

（1）对该房地产所处地区进行区域分析。分析所在区域的经济结构、人口及收入状况、交通状况等；了解可能吸引到的买主或租户的类型，以及他们愿意支付的价格水平或租金水平；分析市场变化趋势及对所经营房产的影响。

（2）对房产本身的个别分析。应全面了解该建筑物的物质条件和折旧程度，了解可供出售或出租的面积和单元数量，熟悉其管理的建筑物中设施的种类、数量和运行情况，掌握客户的构成等；制定出维修保养计划，包括日常例行的维修保养工作，如一般性的清洁工作、各种装置零配件的更换。

（3）确定合理的租金水平及营销方案。这是美国物业管理的营销特色，房产经理的业绩在一定程度上反映到其所管理物业的租金水平，他需要懂得招揽顾客等各种促销手段。

（4）为业主提供房屋使用和修理的建议。提出保持目前房产用途的理由，以及对房产的修复、改善或变换用途提出意见、建议，供业主参考。

（5）合理编制预算。编制预算的目的是为了控制费用支出，以保证有足够的收入来支付各种费用。如营业费用及固定资产重置，抵押贷款的分期偿还和房产税等，预算中，租金收入根据以往的租金数据和对未来市场趋势进行分析研究后得出。支出主要包括两大部分：一是固定费用；二是可控费用，这部分费用由房产经理控制。

（6）配备工程技术人员专门负责设备的检测及修理。房产经理的这些管理职责则由各职能部门来实施。

3. 管理职责

管理职责主要包括以下内容。

（1）管理与维修部：主要负责房产经营管理与房屋维修，包括租赁管理、房屋档案管理、人事管理、设备检修及系统管理。

（2）财会部：负责编制预算计划、会计出纳、经济核算以及工作人员工资奖金的发放工作。

（3）能源管理部：负责冷暖气供应以及动力设备和给排水系统的维修和管理。

（4）治安保卫部：负责安全保卫工作，包括消防安全、防盗、防窃、秩序维护和地区交通管理工作。

此外，还有清洁绿化等部门。但物业服务企业往往会把这些工作承包给其他专业公司承担。

总之，美国的物业管理者受业主的委托行使管理权，其目的是使业主的物业能够保值增值，并为承租人创造一个安全舒适的环境和提供优质满意的服务。

（二）意大利的物业管理

意大利是一个经济发达的国家，国民住房的私有化程度相当高，一般家庭都有自己的私房，其中70%—80%是城市公寓楼。在这些公寓楼里，实行物业"共同管理制度"，即大楼的户主开会讨论整座大楼的管理办法。讨论结果提交会计师协会，会计师协会根据户主意愿，委派一名管理员负责这座楼宇的各项事务。倘若户主们同意，便可签订合约，规定双方的义务和责任，特别是管理员的任职年限、权利、义务及报酬等。

物业管理员的职责包括三大类：一是管理物业管理费用；二是房屋的维修；三是协调邻里关系。管理员要对每年的各类费用做出预算，并且召开户主大会讨论通过，然后由门房或管理员按月或按季收取。意大利政府对房屋的维修非常重视，如果在规定期限内维修工作不能完成，管理员必须承担法律责任或接受处罚。日常的小修、小补等小工程由管理员和户主代表一起负责联系实施，年底根据凭证向户主大会公布。邻里间的摩擦，由物业管理员出面迅速化解，避免大冲突。

意大利这种"互助会"式的物业管理，通过有效的法律手段，明确管理员责任，且其责、权、利兼而有之，管理员的报酬则由各户分担，保证了物业的安宁、舒适、卫生，备受各方欢迎。

（三）法国的物业管理

法国的物业公司在房地产开发商售出第一套商品房前开始介入。业主入住后，物业公司开始运作，从此物业公司将以经理人的形式对业主大会负责，不折不扣地执行业主大会的决议。

业主们入住三个月后，物业公司以召集人的身份向所有业主发函，通知召开业主大会。如业主因故不能出席，则可指定他人与会代其行使投票权，但必须事先向物业公司邮寄授权书，指明某人在该次业主大会上全权代表他的利益。业主大会既是物业管理监督会，又是左邻右舍相互认识、增进感情的交流会。正常情况下，业主大会每年举行一次。

按照法国物业管理法规，业主大会的第一项议程是选举业主大会主席和副主席，主席和副主席必须是业主，其人选的产生往往是热心业主毛遂自荐，并由全体与会者举手通过。第二项议程通常是物业公司主管介绍情况，并向大会提交物业服务合同及下年度物业预算。其内容大体可分为三部分：一是前一段时间物业开支；二是房屋维护中存在的问题及业主们就相关问题提出的书面建议或申请；三是物业公司在未来年度内的开支计划。第三项议程是业主们自由发表言论。可以要求增删某项物业设施，也可对物业管理问题提出合理化建议，甚至可以要求更换物业管理负责人。第四项议程是表决。表决内容包括是否同意物业公司的述职报告、是否接受物业管理服务合同、是否同意下年度物业管理预算、是否批准需要追加预算的新工程等。与会业主以举手的方式进行表决，物业公司记录表决结果并执行有关决议。所需表决问题分三个层次，并有物业管理法规明确规定其评判标准：一般问题，如增加小型维修项目，只需超过与会业主"千分之一"[①]数的简单多数即可通过；重大问题，如批准物业管理服务合同及预算，需要投票赞同者的"千分之一"数超过大楼总"千分之一"数的一半方可通过；特别重大问题，如大量增加年度预算，则需投票赞同者数超过大楼总"千分之一"数的三分之二方可通过。业主大会的第五项议程往往是选举几名业主组成"业主委员会"，这些委员将代表所有业主的利益，定期或不定期与物业公司沟通，提出意见或建议。"业主委员会"成员的工作都是义务性质的，不收取报酬，但他们在金额不高的项目上有决定权，物业公司须执行"业主委员会"的决定。

业主大会结束后，物业公司以邮寄文件的形式向所有业主传达会议结果，其中包括那些因故错过会议的业主。

更换业主不满意的物业公司的条件有两个：一是更换物业公司的决定必须在一年一度的业主大会上做出，而且投票赞成的"千分之一"数必须超过大楼总"千分之一"数的一半；二是"业主委员会"必须事先与大部分业主联系，并提前选择好下一家物业公司。

业主大会在确定物业管理方面的主要决策以后，日常的物业管理则完全交由物业公司处理。其业务包括物业主体维修、电梯维护、楼道清洁、设置门卫、倾倒垃圾、缴纳有关税款、代表业主向保险公司索取赔偿等，其范围几乎包括与住房有关的各个方面。

法国大部分物业公司并不靠收取管理费赚钱，因为在政府部门严格审查下，管理费大多被作为工资支付给公司员工。物业公司真正的收入渠道有以下两条。

(1) 投资。由于大部分物业公司兼管多座大楼，它们所收取的大修基金以及每季度初收取的物业管理费总额惊人，这笔钱通常被投入到收益不高但风险也很小的领域，以保证物业公司有一笔稳定的收入。

(2) 房屋租赁中介。许多业主买房只是投资的一种手段，他们通常将房屋简单装修并委托物业公司将其租出去，物业公司则每月提取固定的手续费作为物业公司的合

---

① "千分之一"是法国物业管理界引入的概念。物业公司通常把房屋的居住权分为1万份，也就是说房屋居住面积总和是1万个"千分之一"，楼内各个房间以居住面积为基础，根据楼层和朝向不同，确定拥有的"千分之一"数。

法经营收入。

(四)英国的物业管理

英国房屋的类型决定了物业管理的类型。一般来讲,非住宅如商业楼宇管理的重点是房屋及其设备设施管理,包括设备的日常运行、维修和改造等。物业管理服务内容和标准通过物业管理委托合同约定,管理费用大多采用佣金制。

而住宅的物业管理模式因住宅的类型不同而不同,英国大部分人住在独立式别墅里,别墅之间的道路、绿地及各种市政管线、设施均由政府部门维护管理,业主需每年缴纳物业税(council tax)。业主房屋本身的维修管理,则由业主自行选择物业服务企业来负责。由于英国的水、电维修的人工费非常贵,业主自己往往也承担一些小型维修的工作。由于英国独立式别墅互不相连,维修及管理服务都非常简单,社区关系也非常简单,很少会产生邻里纠纷和共同事务的处理。

除了独立式别墅外,还有少量的人住在高层楼房里,这些住宅区规模都比较小,一般都是一栋楼为一个物业管理区域。这类楼房一般由私人开发商建设,物业管理分为前期物业管理和正常期物业管理。前期物业管理由开发商选定的一家物业服务企业负责,开发商在出售房屋时,会制定一个公约,公约中明确物业公司的名称,物业服务的内容、标准和服务收费,包括建设单位、物业服务企业和业主三方各自的权利和义务关系,购房人要对此予以认可。业主入住以后,可以成立业主委员会,业主委员会对开发商选择的物业服务企业不满意的,可以解聘,自行选择满意的物业公司。

物业管理的重大事务由业主大会讨论决定,如对楼宇公共部位的维修问题,到底该不该修、如何修。若全体业主达不成一致意见,则任何一个业主都可以向政府主管部门申请政府裁决,政府主管部门接受申请后,可以实地勘察,认为存在安全隐患必须维修的房屋,会责令全体业主限期达成一致意见,达不成一致意见的,政府部门会组织专业单位维修,维修费用由全体业主分摊,并在维修费用的基础上加收30%,作为政府的收入,此举在于督促业主自行达成一致意见。

住宅区的物业管理收费一般采用包干制,每年是一个固定的数目,包括清洁、保安、房屋维修等服务成本以及物业公司的酬金。账目须向业主公开,业主也可随时随地到税务部门查询。对于小规模的楼宇,业主可不选择一个公司,而是直接选择一个房屋经理,负责管理房屋事务,以节约业主的物业管理费用。

(五)中国香港的物业管理

中国香港的物业管理源自英国,发展于香港。20世纪60年代,香港经济起飞,在人口急剧增长、基础设施落后、住房十分紧张的情况下,香港政府开始修建公共屋村,一些社会人士则成立了一些非营利团体,如"香港房屋协会",新建一些廉价房屋以缓解中下层市民的居住问题。为管理这些屋村,政府和团体开始从英国引进物业管理人才、管理理论与方法。1966年,英国特许屋宇经理学会香港分会[Chartered Institute of Housing(Hong Kong Branch,现更名为亚太分会)]根据香港社团法例成立。1988年,香港房屋经理学会(Hong Kong Institute of Housing)按照香港公司法例以有限公司注册,并于1997年按照香港房屋经理学会法例正式成立为注册法团。此外,香港目前还有地产行政学会、物业管理公司协会等专业团体。这四个团体还以松散联合的形式组成了香港"不动产服务联盟"。

现在香港的物业管理主要有三种类型:公房、私房和其他房型的管理。其他房型主要包括老年人住宅、学校、商场和政府部门用房。对物业管理人员的资质没有"上岗证"之类的强制要求,物业服务企业在招聘人员时会要求应聘人员具有专业资格,有的必须是相关物业协会的会员,私人物业公司必须是专业会员才能具备物业管理的招投标权利。

香港的物业管理的发展比内地早,有比较完善的法律管理条例。《房屋条例》(1997年制定,2007年修订)界定了香港房屋委员会的设立和职能,并就相关的目的制定了条文。《建筑物管理条例》(前称为1970年制定的《多层大厦(业主立案法团)条例》,1993年5月修订后改名)的主要目标为方便私人大厦业主成立法团、对法团的管理委员会施加管制、制定大厦管理措施、界定土地审裁处的权限、授权法团为建筑物进行翻修及改善工程。在法律之下,业主与物业管理服务方可以订立法律文件《管理公约》。管理者为有效执行管理及方便小业主和住户理解也可编定一些规定,如业主守则、用户消防手册、停车场使用守则、内装修规则等。有的物业服务企业还与小区业主自行签订了物业管理手册。一旦发生纠纷,根据双方的约定处理;一旦遇上不交物业管理费的事件,物业公司可到港府相关部门登记在案,相关部门就会限制该房出售,物业公司可以对不交物业管理费的住宅进行公开拍卖;物业公司也可以上法院投诉,向法院提供证据,获取法院的罚款判决。

第三节 物业管理目标与原则

一、物业管理的目标

物业管理的目标是满足业主需求,保证和发挥物业的使用功能,维护业主和物业管理者的合法权益,创造整洁、文明、安全、舒适的生活和工作环境,实现物业的保值增值,提升物业利用效益,提高城市的现代文明程度。

以上目标可以从三个角度进行诠释。

1. 物的角度

从物的角度而言,实现物业的保值增值。

房地产作为不动产,是一个国家最主要的自然经济资源和财富载体,是一个家庭最主要或最重要的财富之一。因此,许多国家将物业的保值增值作为物业管理的最终目的或首要目标,同时,这也是业主委托物业服务企业实行统一有效管理的初衷。

具体目标:提供服务以达至最佳财务效益,如低成本、高租值及高楼价;提供服务以保障各业主及用户可以无间断地享用物业;重视物业管理的服务性质,提供所需的增值服务。

2. 人的角度

从人的角度而言，以人为本，以业主的利益及多元化需求为依归，开展全方位、多层次、高效率、高质量的管理服务工作，为广大业主和物业使用人创造优美的生活和工作环境。

3. 社会的角度

从社会的角度而言，城市的基础是社区，每个社区又由众多的居住小区和物业群组成。良好的物业管理，可以促进社区管理和社会的和谐稳定，提高城市管理的水平和现代文明程度。

二、物业管理的基本原则

物业管理的基本原则是物业管理活动中应注意的要点、应遵循的基本准则，任何一项物业管理活动都应遵循、任何一个物业管理机构和人员都要掌握，以便把握物业管理的重心，提升执行力，应付千变万化的现实环境。

综合物业管理的定义及目标，可以归纳出以下十个基本原则。

1. 以业主和物业使用人为本

坚持以业主和物业使用人为本的原则，就是坚持"以人为本"的理念和"以顾客为关注焦点"思想的体现。物业管理机构依存于业主，业主有权选聘物业服务企业，物业管理的各项服务费标准也要经过业主委员会同意。因此，物业管理机构应当理解业主当前和未来的需求，满足业主要求并争取超越业主的期望。

此处的业主不能仅仅理解为所管物业的业主，还应包括物业使用人、来访的顾客、业主和使用人的家属及亲朋好友，以及潜在的物业管理消费者。同时，还要认识到业主和物业使用人是动态变化的对象，其需求也呈现一种动态特征。因此，物业管理机构应适应业主和物业使用人需求的变化，调整经营策略和措施，满足业主和物业使用人不断增长的需求和期望。

2. 合法守法

业主和使用人的要求千差万别，物业服务企业应克服一切困难满足业主的合法要求；有些业主和使用人的要求超出了合理合法的范畴，执行时就应注意及确保合法守法的原则。

3. 安全环保

任何业主和管理单位都不希望有意外发生，造成生命的伤亡和财产的损失，所以，一切行为及工程等都应以安全为先，进度上保证安全、投资上保证安全，以免发生意外，造成损失，影响物业声誉。至于环保方面，既关乎日常生活健康，也是可持续发展的要求。

4. 权责分明，量入为出

在物业管理区域内，业主、业主大会、业主委员会、物业服务企业的权利与责任应当非常明确。物业服务企业内部各部门、各人员的权利与责任也要明确。只有权责分清，才能做到人人有事做、事事有人管,才有利于提高管理水平和服务质量,让业主安居乐业。

现阶段我国大部分的物业服务企业都是向顾客收取物业管理费以作企业营运资金。所以,在理财方面,应加强成本管理,量入为出,以免出现入不敷支的状况。否则,会使物业服务企业与业主间的信任关系产生裂痕,从而破坏双方合作互信的基础。

物业服务企业开展有偿服务和多种资源经营所产生的收益,应本着"谁享用,谁受益,谁负担"的原则,由享用人、受益人分担。

5. 尊重业主权利

物业的产权是物业管理权的基础,业主是物业的主人,对物业享有所有权。众多业主可以成立业主委员会,业主和业主委员会是物业管理权的权利主体和核心。物业管理服务,要紧贴业主和使用人的需求脉搏,以服务为本,不断提供适量及多元化的增值服务,以加强与业主的沟通联系,让物业服务企业所提供物业管理配套服务成为各业主及使用人生活中不可或缺的一部分。

6. 公平竞争

良好的市场经济实行公平竞争。在选聘物业服务企业时,应坚持招投标制度,招标公开、过程公开、评标标准公开、揭标公开,谁中标就由谁管理。同样,物业服务企业在选择专业服务公司时,也应采用市场公平竞争的机制,这样既可以降低管理成本,也可以提高服务质量。

7. 专业服务

物业服务企业在作决定或行动时,应以专业知识作为决定及考量的依据,一切的物业管理行为必须有其专业依据。物业公司可根据需要聘请专业人士,或根据物业管理服务合同的约定,通过签订合同的办法,将一些本公司难以胜任的专业性强的项目分包给其他具有实力的专业公司,如物业服务企业可以聘请专营公司承担机电设备、清洁卫生、园林绿化、工程维修等专项服务,绿化可分包给园林绿化公司,电梯维修可分包给电梯公司,但不得将物业管理的整体责任以承包、租赁或其他方式转让给其他单位或个人。物业服务企业主要进行组织、协调与管理。这种做法有两个好处:

(1) 可确保提供的管理服务符合专业水准;

(2) 根据专业知识及守则而行,可将风险及刑责减至最低。

8. 合理使用

在多层和高层建筑内,一个业主对房屋的使用往往会对其他业主产生影响。如一家装置了一台大功率家庭空调设备,它的使用就会影响左邻右舍的宁静。因此,物业服务企业应从小区的公共利益出发,禁止危害小区公共利益和物业合理使用的行为发生,如禁止擅自改变房屋的结构和建筑立面;禁止擅自凿、拆、搭、占房屋的内外承重墙、梁、柱、楼板、阳台、天台、屋面及通道;禁止擅自占用或损坏公共楼梯、扶栏、走道、地下室、平台、外墙、屋面等;禁止擅自移动或损坏共用设施、设备;禁止违反有关规定堆放易燃、易爆、剧毒、放射性物品,排放有毒有害物质,发出超标噪声;禁止侵占或损坏道路、绿地、花卉树木、艺术景观及文体休闲设施;禁止违反有关规定饲养家禽、家畜及宠物等。

9. 提升环境品质

随着人民生活水平的改善，人们对物业的要求也越来越高，已不单是将物业作为基本的生存资料和生产资料，而是既将物业作为生存资料和生产资料，又将物业作为发展资料和享受资料。如对住宅的要求已经从有房住、住得下转向住得好。所谓住得好，不仅是房屋面积宽敞、功能配套、布局满意，而且还要有良好的外部环境、良好的管理服务，以利于人们消除疲劳，充分享受生活的乐趣。

10. 坚持职业操守

基于互信与尊重，业主将物业的管理及营运资金交托给管理人员。而从事管理的人，也必须努力保持职业操守，以维持和增强业主的信任及行业的声誉。

第四节 物业管理的基本内容与环节

一、物业管理的基本内容

物业管理属于第三产业中的服务行业，具体的管理服务内容和范围相当广泛，呈现多层次、全方位、系列化的态势。专业化、社会化、市场化的物业管理是一种综合经营型管理服务，融管理、经营于服务之中，是现代物业管理的突出特征。按服务性质和提供服务的方式，物业管理的内容可分为常规性的公共服务、针对性的专项服务、委托性的特约服务、经营性服务，及社会性管理与服务。前三大类为物业管理的主要基本内容，后两项为物业管理的拓展性服务内容。

（一）常规性的公共服务

公共服务是物业管理服务区域内所有使用人都能享受到的服务。常规性的公共服务是物业服务企业面向所有业主、物业使用人提供的最基本的、公共性的管理与服务，其具体内容通常在物业服务合同中约定，主要包括：房屋建筑主体的管理及住宅装修的日常监督；房屋设备、设施的管理；环境卫生的管理；绿化管理；配合公安和消防部门做好住宅区内公共秩序维护和安全防范工作；车辆交通管理；公众代办性质的服务。目的是为了保证物业的完好与正常使用，满足全体业主、使用人共同的基本需求，维持人们正常生活、工作秩序和物业良好的环境。

以住宅小区的物业管理为例，常规性的公共服务大致包括以下内容。

1. 房屋基础管理服务

该项工作是物业管理的基础，主要是建立物业管理对象的基本信息、办理有关手续、建立相应的管理制度。具体包括：

（1）建立房屋资料档案和住户档案，及时进行补充、更新、整理；

（2）房屋结构、设备与建筑外观方面的信息；

（3）小区共用部位、共用设施设备信息；

(4) 房屋使用管理服务(包括办理进住、退房手续服务等);

(5) 建立完善的物业管理方案和质量管理、财务管理、档案管理等制度;

(6) 建筑内外的标志、广告等的管理,小区主出入口设小区平面示意图,主要路口设有路标。

2. 房屋装修管理服务

该项工作主要是对非共用部位的房屋装修进行咨询、指导、监管,对房屋进行维修养护管理,以保持房屋完好及正常使用。具体包括:

(1) 建立装修管理服务制度;

(2) 使用人报修的接待、处理、回复,房屋零修、小修的安排实施;

(3) 使用人装修前,查验业主装修方案,收取装修押金,告知业主装修注意事项;

(4) 使用人装修期间,对装修现场进行巡视与检查,对防火、装修垃圾清运、装修人员进出、装修是否有违反方案的情况(改动建筑外观、结构、管道等)等进行监管;

(5) 使用人装修结束后,进行检查,办理退还押金等手续;

(6) 调解因使用人装修引发的邻里纠纷等;

(7) 维护房屋结构与外观完整与完好;

(8) 房屋老化、损坏的检查,组织相关的评定、鉴定与修复;

(9) 对房屋共用部位进行日常管理和养护,巡查房屋单元门、楼梯通道以及其他共用部位的门窗、玻璃等,并及时养护;

(10) 定期检查房屋共用部位的使用状况,需要维修的,及时组织维修;

(11) 劝阻、制止、纠正违反规划的私搭乱建、擅自改变房屋用途等行为。

3. 房屋设备、设施管理服务

该项工作的目的是保障物业管理服务区域内各种共用设施设备的正常运行而进行的维修养护管理和服务工作。具体包括:

(1) 小区内所有共用设施、设备图纸、资料档案的建立与管理;

(2) 对共用设施设备定期组织巡查,需要维修养护时,及时组织维修养护或者更新改造,包括区内围墙、护栏、建筑小品、露天桌椅的维修养护;

(3) 设备房保持整洁、通风,无跑、冒、滴、漏和鼠害现象;

(4) 区内道路、公共管沟等设施的管理维护,保证小区道路平整,主要道路及停车场交通标志齐全、规范;

(5) 供水、排水、排污、供电、供暖、制冷、电梯、通讯、网络、电视、照明、消防、安防监控和化粪池等各类设施设备的运行管理与维修养护;

(6) 对容易危及人身安全的设施设备设立明显警示标志、建立防范措施,对可能发生的各种突发设备故障有应急方案,发生停水、断电、电梯困人等故障事故的应急处理。

4. 环境卫生管理服务

主要任务是维护保持小区的宁静、舒适、整洁、优美。具体包括:

(1) 配置完善的垃圾箱、果皮箱、垃圾中转站等小区内环境卫生设施;

(2) 及时收集、清运垃圾,及时对室外垃圾筒、果皮箱和垃圾屋等进行清洁消毒,对小

区内楼道梯级、车棚、马路、草地、天面、雨棚、平台、公共场地、会所、管理处的清扫、清洁;

（3）保持区内道路、停车场、绿地、大厅、电梯厅、楼道、广场和公共活动场所等的卫生,保持活动场地平整,定期对室外沙井、化粪池、雨污水井及管道等进行清理疏通,清理楼道、天面、平台、雨棚内的杂物,及时清除道路积水、积雪;

（4）抹擦清洁楼道（墙面）、扶手、门窗、电子防盗门、信报箱、路灯、楼道灯、楼道卡管、灯具,清洁楼宇墙身、幕墙、宣传栏、雕塑、喷水池、排风口等;

（5）劝阻、纠正、制止区内乱抛、乱丢、乱放、乱倒、乱贴、乱画、乱涂行为;

（6）进行饲养家畜、家禽、宠物的指引与管理;

（7）防治噪声、空气、水质、固体污染,消除区内污染源;

（8）根据当地实际情况定期进行消毒和灭虫除害,按政府有关规定向服务范围内喷洒、投放灭鼠药、消毒剂、除虫剂,做好区内防疫除害灭菌等工作;

（9）二次供水水箱按规定清洗,定时巡查,水质符合卫生要求;

（10）做好对区内经营商户的清洁卫生管理检查,制止乱设摊点、广告牌;

（11）对公共卫生等突发事件有应急预案;

（12）做好以上相关工作的通知、宣传、意见收集与反馈。

5. 绿化管理服务

该项工作的目的是绿化、美化物业环境,营造一个绿树成荫的生活空间,做好绿化的日常养管。具体包括:

（1）配置物业管理区域公共绿地、庭院绿地和道路两侧绿地及花坛、树木、建筑小品;

（2）公共绿地的整理、维护,包括对花草树木定期施肥、浇水、防病治虫、中耕除草、培土等,并进行及时的修枝整形、补栽补种;

（3）劝阻、纠正、制止破坏、践踏和随意损害、占用绿地的行为。

6. 安全秩序管理服务

为了维护物业管理服务区域内人们正常的工作、生活秩序,保证广大业主的人身、财产安全而提供的管理服务,可以采用"技保"、"人保"和"物保"三种途径,工作内容主要包括物业管理服务区域内的治安防范、消防管理和车辆交通管理三大方面。

（1）治安防范工作。安全需要是人类的基本需要,物业管理服务企业应当协助做好物业管理区域内的安全防范工作。发生安全事故时,物业服务企业在采取应急措施的同时,应当及时向有关行政管理部门报告,协助做好救助工作。其具体工作可细分为:建立与完善安全监控系统;配合公安机关对物业及其管辖区域进行秩序维护和安全保卫工作,做好值班、站岗、巡逻、监控工作,防火、防盗、防事故;人员、物品进出的查验、登记;对进出小区的装修、家政等劳务人员实行临时出入证管理;可疑情况或安全隐患的及时处理与报告;在危及人身、财产安全处设置标志并采取防范措施;用户投诉或求援的接受、处理与救助;发生治安案件、刑事案件等的应急处理及报告;进行违章纠正和文明礼貌、社会道德教育。

（2）消防管理工作。"火灾猛于虎",为防火灾于未然,消防管理工作必须引起物业管理工作者的高度重视。其具体工作可细分为:贯彻国家和当地政府消防工作法令,健全消防组织,制定严密的区内消防制度,落实消防责任制;定期巡检维护各种消防设施、设备、器材,保持防火通道畅通,做好节假日重大活动的全面检查,整改解决有关问题;进行防火防灾宣传教育;检查、控制区内火灾隐患和危险因素,纠正消防违章;做好平时的管理训练、演习,发生火灾及时报警、灭火、疏散、救助;对火灾等突发事件有应急预案。

(3) 车辆交通管理服务。主要是对物业管理区内交通和车辆的管理,内容包括交通秩序的管理和车辆停放的管理与服务,其具体工作可细分为:进行合理的交通组织规划,完善有关硬件设施,合理划分车位;对进出小区的车辆实施证、卡管理,合理调度,标示清晰,引导车辆有序通行、停放,制止、纠正违章行车、停车,保证行车、停车有序;对服务区道路和停车场的停放车辆进行巡视查看,保证车辆安全,发现漏油、漏水,未关车窗、车门,或是车未上锁时,即刻通知车主,并记录在案;严格限制大型客、货车以及载有易燃易爆、剧毒、放射性等危险品的车辆进入小区。

7. 文化、娱乐服务

(1) 定期组织开展健康有益的物业管理区域文化、娱乐活动;

(2) 创造条件,积极配合、支持并参与物业管理区域文化建设;

(3) 美化环境,促进居民邻里团结互助,尊老爱幼,文明居住。

8. 其他惠及全体业主、使用人的服务

内容略。

(二) 针对性的专项服务

针对性的专项服务是物业服务企业为改善和提高业主、使用人的工作和生活条件,满足部分业主、使用人的需要而提供的各项服务。其特点是物业管理单位事先设立服务项目,并公布服务内容与质量、收费标准,业主、使用人需要某项服务时,可向物业管理单位提出需求,双方按服务内容协商服务质量和收费标准。专项服务实质上是一种代理业务,性质上属于物业经营服务。专项服务涉及千家万户,涉及日常生活的方方面面,内容比较繁杂。物业服务企业应根据所管辖物业的基本情况和使用人需求以及自身的能力,开展全方位、多层次的专项服务,并不断加以扩充和拓展。专项服务的内容主要有日常生活类,商业服务类,文化、教育、卫生、体育类,金融服务类,社会福利类,经纪代理中介服务等。

1. 日常生活类

日常生活类是指为广大使用人提供的日常生活中衣食住行等方面的各种家政、家务服务,如提供室内清扫、维修、装修等服务,代缴水电费、煤气费、电话费等。

2. 商业服务类

商业服务类是指为开展多种经营活动而提供的各种商业经营服务项目,包括各商业服务网点的开设与管理。

3. 文化、教育、卫生、体育类

此类是指在文化、教育、卫生、体育等方面开展的各项服务活动,包括各类相关设施的建立与管理以及各项活动的开展。

4. 金融、经纪代理中介服务类

它们是指具有相关金融知识的员工为业主办理保险等金融业务,或接受业主委托,开展各类经纪代理中介服务。例如,代办各类保险,代理市场营销、租赁,进行房地产估价与公证及其他中介代理工作。当然,在有些中介代理工作中,根据国家的要求,相关人员和机构应具有相应的资质。

5. 社会福利类

社会福利类是指物业服务企业提供的带有社会福利性质的各项服务工作,如照顾孤寡老人、拥军优属等。这类服务一般以"低偿"或"无偿"的方式提供,也可以与社会公益性团体合作,或与机关、学校、企事业单位联系开展此项活动。这项活动的成本未经广大业主的同意不得由业主分摊。

（三）委托性的特约服务

委托性的特约服务是指物业服务企业为了满足业主、使用人的个别需求,受其委托而提供的服务。通常是指在物业服务合同中未约定、物业服务企业在专项服务中也未设立,而业主、使用人又有该方面需求的服务。此时,物业服务企业应在可能的情况下尽量满足其需求,提供特约服务。特约服务实际上是专项服务的补充和完善,当有较多的业主和使用人有某种服务需求时,物业服务企业可以将此项特约服务纳入专项服务。该项服务并非必须存在,物业服务企业有权决定是否提供。常见的特约服务项目有：

（1）代订代送牛奶、书报；
（2）送病人就医、喂药、医疗看护；
（3）代请钟点工、保姆、家教、家庭护理员,代做家政服务；
（4）代接代送儿童入托、入园及上、下学等；
（5）代购、代送车、船、机票与物品；
（6）代洗车辆；
（7）代住户设计小花园,绿化阳台,更换花卉盆景等；
（8）代办各类商务及业主、使用人委托的其他服务项目。

这类服务项目一般是协商定价,也是以微利和轻利标准收费。

（四）经营性服务

除了少量的无偿服务项目,物业服务企业提供的所有服务项目都具有经营性,这里的经营性服务是指物业服务企业为了扩大企业收入来源、推动企业壮大发展而积极开展的物业管理基本服务以外的、延伸性的、面向社会的多种经营服务。包括：

（1）开餐饮企业、办收费农贸市场；
（2）利用区内空地或道路夜间空闲开辟日夜收费停车场(需得到业主大会和相关业主的同意,并依法办理手续)；
（3）养花、种苗出售；
（4）理发美容、洗衣、熨衣店和商店；
（5）开办维修公司、装修装饰公司、车辆及各类生活用品的维修服务公司、绿化公司、清洁公司等经济实体,开展旅游、健身、商业、娱乐业等经营活动；
（6）从事房地产经租、信托、中介、咨询和评估、物业管理咨询等；
（7）材料物资销售、废品回收、商业用房经营及无形资产转让；

(8) 其他多种经营服务项目。

在物业管理区域内改变公共建筑及其共用设施用途，占用公共道路、场地，对共用部位、共用设备设施进行经营的，应当提请业主大会讨论决定同意后，才能办理相关手续。所得收益，用于物业管理区域内物业共用部位、共用设施设备的维修、养护，剩余部分按照业主大会的决定使用；经营性服务不得损害业主的权益，餐饮、娱乐等经营项目除遵守法律、法规以及管理规约外，应当经有利害关系的业主同意。

（五）社会性管理与服务

在新时期，物业服务企业除了受业主之托管理好物业的运行保养、做好其他各项服务之外，还要顺应城市管理方式与服务的变革，承担一定的社会管理服务职责。

就具体工作而言，物业服务企业必然要和各级政府、政法、公安、民政、医疗等部门发生联系，协助开展工作，传达新的政策和法令，接受有关方面的指导与监督。譬如协助做好物业管理区域内的安全防范工作；协助做好救助工作；协助做好社区突发事件的防范与应急处理（如协助控制 SARS、H1N1 流感之类的传染病等）；协助有关部门开展预防接种、全民选举、人口普查、常住人口统计、计划生育等。总之，随着市场经济的发展、社会的转型、政府职能的转变，物业服务企业不可避免地要以某些方式参与社会管理服务的基层组织与实施等相关工作。

上述几大类服务具有相互促进、相互补充的内在有机联系。常规性的公共服务、针对性的专项服务和委托性的特约服务构成物业管理的基本内容。物业服务企业应坚持以人为本、以业主为中心，首先做好常规性的公共服务，这是物业服务企业的立身之本，必须做好；同时，物业服务企业也要根据自身能力和业主的需求，确定针对性的专项服务、委托性的特约服务中的具体服务项目与内容；另外，物业服务企业还应采取灵活多样的经营机制和服务方式开展经营性服务；最后，物业服务企业还应明确自己的社会职责，主动配合政府开展社会性服务。

附1　普通住宅小区物业管理服务一级标准（试行）

项　目	内　容　与　标　准
基本要求	1. 服务与被服务双方签订规范的物业服务合同，双方权利、义务关系明确。 2. 承接项目时，对住宅小区共用部位、共用设施设备进行认真查验，验收手续齐全。 3. 管理人员、专业操作人员按照国家有关规定取得物业管理职业资格证书或者岗位证书。 4. 有完善的物业管理方案，质量管理、财务管理、档案管理等制度健全。 5. 管理服务人员统一着装、佩戴标志，行为规范，服务主动、热情。 6. 设有服务接待中心，公示24小时服务电话。急修半小时内，其他报修按双方约定时间到达现场，有完整的报修、维修和回访记录。 7. 根据业主需求，提供物业服务合同之外的特约服务和代办服务的，公示服务项目与收费价目。 8. 按有关规定和合同约定公布物业服务费用或者物业服务资金的收支情况。 9. 按合同约定规范使用住房专项维修资金。 10. 每年至少1次征询业主对物业服务的意见，满意率80%以上

续 表

项目	内 容 与 标 准
房屋管理	1. 对房屋共用部位进行日常管理和维修养护,检修记录和保养记录齐全。 2. 根据房屋实际使用年限,定期检查房屋共用部位的使用状况,需要维修,属于小修范围的,及时组织修复;属于大、中修范围的,及时编制维修计划和住房专项维修资金使用计划,向业主大会或者业主委员会提出报告与建议,根据业主大会的决定,组织维修。 3. 每日巡查 1 次小区房屋单元门、楼梯通道以及其他共用部位的门窗、玻璃等,做好巡查记录,并及时维修养护。 4. 按照住宅装饰装修管理有关规定和管理规约(临时管理规约)要求,建立完善的住宅装饰装修管理制度。装修前,依规定审核业主(使用人)的装修方案,告知装修人有关装饰装修的禁止行为和注意事项。每日巡查 1 次装修施工现场,发现影响房屋外观、危及房屋结构安全及拆改共用管线等损害公共利益现象的,及时劝阻并报告业主委员会和有关主管部门。 5. 对违反规划私搭乱建和擅自改变房屋用途的行为及时劝阻,并报告业主委员会和有关主管部门。 6. 小区主出入口设有小区平面示意图,主要路口设有路标。各组团、栋及单元(门)、户和公共配套设施、场地有明显标志
共用设施设备维修养护	1. 对共用设施设备进行日常管理和维修养护(依法应由专业部门负责的除外)。 2. 建立共用设施设备档案(设备台账),设施设备的运行、检查、维修、保养等记录齐全。 3. 设施设备标志齐全、规范,责任人明确;操作维护人员严格执行设施设备操作规程及保养规范;设施设备运行正常。 4. 对共用设施设备定期组织巡查,做好巡查记录,需要维修,属于小修范围的,及时组织修复;属于大、中修范围或者需要更新改造的,及时编制维修、更新改造计划和住房专项维修资金使用计划,向业主大会或业主委员会提出报告与建议,根据业主大会的决定,组织维修或者更新改造。 5. 载人电梯全天 24 小时正常运行。 6. 消防设施设备完好,可随时启用;消防通道畅通。 7. 设备房保持整洁、通风,无跑、冒、滴、漏及鼠害现象。 8. 小区道路平整,主要道路及停车场交通标志齐全、规范。 9. 路灯、楼道灯完好率不低于 95%。 10. 容易危及人身安全的设施设备有明显警示标志和防范措施,对可能发生的各种突发设备故障有应急方案
协助维持公共秩序	1. 小区主出入口全天 24 小时站岗值勤。 2. 对重点区域、重点部位每 1 小时至少巡查 1 次;配有安全监控设施的,实施 24 小时监控。 3. 对进出小区的车辆实施证、卡管理,引导车辆有序通行、停放。 4. 对进出小区的装修、家政等劳务人员实行临时出入证管理。 5. 对火灾、治安、公共卫生等突发事件有应急预案,事发时及时报告业主委员会和有关部门,并协助采取相应措施
保洁服务	1. 高层按层、多层按幢设置垃圾筒,每日清运 2 次;垃圾袋装化,保持垃圾筒清洁、无异味。 2. 合理设置果壳箱或者垃圾筒,每日清运 2 次。 3. 小区道路、广场、停车场、绿地等每日清扫 2 次;电梯厅、楼道每日清扫 2 次,每周拖洗 1 次;一层共用大厅每日拖洗 1 次;楼梯扶手每日擦洗 1 次;共用部位玻璃每周清洁 1 次;路灯、楼道灯每月清洁 1 次。及时清除道路积水、积雪。 4. 共用雨、污水管道每年疏通 1 次;雨、污水井每月检查 1 次,视检查情况及时清掏;化粪池每月检查 1 次,每半年清掏 1 次,发现异常及时清掏。 5. 二次供水水箱按规定清洗,定时巡查,水质符合卫生要求。 6. 根据当地实际情况定期进行消毒和灭虫除害

续 表

项目	内容与标准
绿化养护管理	1. 有专业人员实施绿化养护管理。 2. 草坪生长良好,及时修剪和补栽补种,无杂草、杂物。 3. 花卉、绿篱、树木应根据其品种和生长情况,及时修剪整形,保持观赏效果。 4. 定期组织浇灌、施肥和松土,做好防涝、防冻。 5. 定期喷洒药物,预防病虫害

二、物业管理的主要环节

物业管理是房地产开发的延续与完善,是一个复杂、完整的系统工程。这一工程从物业的规划设计开始到物业建成投入使用后管理工作的正常运行,由若干环节组成。依据委托物业服务企业的时间,可以将物业管理分为前期管理和后期管理。前期管理主要是指在业主、业主大会选聘物业服务企业之前,由建设单位选聘物业服务企业实施的物业管理。《物业管理条例》第三章对前期物业管理进行了规定。后期管理是业主大会成立之后的物业管理。前期管理和后期管理的区分改变了中国大陆长期存在的"谁开发,谁管理"的自建自管的状况。

根据物业管理工作的特点,按照先后顺序,物业管理的基本环节有:物业管理的早期介入,制定物业管理方案,选聘物业服务企业;前期物业管理准备;物业的验收与接管;入住期管理服务;档案资料的建立与更新;日常管理和维修养护;拆迁改造管理服务。

(一)早期介入,制定方案,选聘企业

房地产开发项目确定后,物业前期管理阶段,国家鼓励房地产开发与物业管理相分离。《物业管理条例》规定,建设单位应当通过招投标的方式选聘具有相应资质的物业服务企业;投标人少于3个或者住宅规模较小的,经物业所在地的区、县人民政府房地产行政主管部门批准,可以采用协议方式选聘具有相应资质的物业服务企业,其规模标准由省、自治区、直辖市人民政府房地产行政主管部门确定。

所谓物业管理的早期介入,是指物业服务企业在接管物业以前的各个阶段(项目决策、可行性研究、规划设计、施工建设、竣工销售等阶段)就参与介入,从物业管理运作的角度,对物业的规划布局、平面设计、立面设计、材料选用、设备选型、配套设施、管线布置、施工质量、竣工验收、房屋租赁经营等多方面提供有益的建设性意见,协助房地产开发商严把使用功能关、规划设计关、建设配套关和施工质量关,以详细了解物业情况,为投入使用后的物业管理创造条件,避免信息不对称现象发生。

早期介入并不是整个物业服务企业的介入,而是物业服务企业的主要负责人和主要技术人员的介入,或者邀请社会上的物业管理专家参加,听取他们的意见。

按物业服务企业介入房地产开发建设过程的时间点,可将早期介入分为决策设计期介入、施工期介入、竣工销售期介入，或超前介入、中期介入、晚期介入。

物业管理具体应该在什么时候开始介入？一开始人们对此没有明确的认识，许多项目都是在建成以后尾工期才引入物业管理，但这往往会导致一系列问题，如房型不佳，缺管理用房，泊车位不足，电梯容量不够，空调、排油烟机位置未考虑或预留位置不适用，管线布局不合理，安全防范技术设备缺少等。没有早期介入难免会产生物业配套不完善、布局设计不合理、质量不过关、资料欠缺等问题。总结实践经验后，人们越来越清晰认识到物业服务企业最好在项目决策期开始介入，参与物业策划、规划设计和建设，充分利用自己的专业经验，从业主、使用人及物业管理的角度提出意见和建议，以便物业建成后能满足业主、使用人的要求，方便物业管理。

物业管理早期介入的具体工作内容因物业开发建设的阶段不同而不同，具体为：

1. 项目决策阶段

该阶段主要是在项目功能档次定位、价格定位、客户群定位，潜在业主的构成及其消费水平，周边物业管理服务内容、标准、收费、业主满意度等概况，项目建成后的物业管理服务内容、标准及成本、利润测算等方面提供参考建议，减少物业开发建设决策的盲目性和主观随意性。

2. 规划建筑设计阶段

该阶段主要是根据功能档次要求确定物业布局、建筑造型、材料选用、设备选型、配套设施、管线布置、室内外环境等。

物业服务企业人员因为长期与物业和业主打交道，因此，他们与房地产开发人员相比，具有以下优势：一是对物业设计细节问题的发现与处理有着特殊的敏感性和应变力；二是设计改进意见或建议更易贴近业主们的实际需求；三是更能直接地把以往物业管理中所发现的"先天不足"的问题反映出来，以防患于未然。

具体有以下几个方面可以发挥物业管理人员的特长：在物业的规划布局方面，综合考虑物业总体布局，考虑空地、绿化用地开发与利用，公共活动场所与道路循环系统，对物业商业网点和文化、体育、教育、娱乐设施的合理配比和选址布局提出意见与建议；在物业建筑设计方面，反映物业的平面设计、立面设计、房型功能构想与匹配比例，电水气等供应容量设计，供电、供水、污水处理、电话、网络、有线电视、安防监控等的管线铺设，内外装修标准，建筑预留位置及孔洞大小是否满足潜在业主的需要；从今后物业养护、维修管理的角度，对设备层、建筑材料的选用，设备设施的性能特点、使用效果，养护、维修乃至更换的成本费用给出意见与建议；从今后物业日常管理和安全卫生秩序管理的角度，对中央监控室、管理用房、大门等的设置与标准，对人流通道、车辆进出和停放、秩序维护、消防等人防、技防措施，对垃圾容器及堆放、清运点的设置等提出意见与建议。

3. 施工安装阶段

该阶段的主要工作内容是对隐蔽工程、机电设备安装调试、管道线路的敷设等施工安装工程进行检查，熟悉情况，收集资料，提出整改意见，督促落实。

4. 竣工验收销售阶段

新建物业经过土木施工和设备安装之后，达到了设计文件规定的要求，具备了使用条件,则称之为竣工。竣工之后,施工单位需要向建设单位办理交付手续,需要验收委员会对竣工项目进行查验,工程合格后办理工程验收手续,把物业移交给建设单位,该交接过程称为验收。商品房销售包括商品房现售和商品房预售。商品房现售是指房地产开发企业将竣工验收合格的商品房出售给买受人,并由买受人支付房价款的行为。商品房预售是指房地产开发企业将正在建设中的商品房预先出售给买受人,并由买受人支付定金或者房价款的行为。

该阶段物业管理主要工作内容是严格执行竣工验收制度,按分户验收的要求进行物业承接查验,完善物业档案资料,为接管验收做准备;制定并公示物业管理方案,即根据物业类型、功能等客体条件以及业主群体特征、需求等主体条件来规划物业消费水平,确定物业管理的档次;确定相应的管理服务内容标准和收费标准;进行年度物业管理费用收支预算;制定临时管理规约;为购房者提供物业管理方面的咨询;将重要的物业管理事项约定在房屋交易合同中。

这种早期介入为发展商提供各方面的咨询意见,增强监督力度。目的是确保物业的设计方案合理、施工质量可靠,为营运期物业管理奠定良好的基础。

(二) 前期物业管理准备

一旦选聘了物业服务企业,签订了前期物业服务合同,物业管理就进入了前期准备阶段。该阶段具体的工作包括物业管理内部机构的设立、物业管理人员的选聘与培训、制定系列管理制度及完善管理服务条件。

1. 物业管理内部机构的设立

机构和岗位的设置应根据接管物业的用途、面积、档次、管理服务内容与方式以及企业的发展战略灵活设置,设置的原则是使企业的人力、物力、财力资源得到优化高效的配置,建立一个以最少的人力资源而能达到最高运营效率和最佳经济效益的组织。

2. 物业管理人员的选聘与培训

物业管理是一项平凡、琐碎又辛苦的工作,从事物业管理的人员需具有勤奋不懈的敬业精神,具有和蔼的工作态度,善于与人交往,能正确反映业主的需求,具有较强的表达能力,具备一定的管理或技术技能,不怕脏、不怕累。

选聘的人员一般有三种类型:管理类人员;工程技术类人员;操作类(维修养护、保安、清洁、绿化等)人员。其中,选聘的管理类人员应当按照国家有关规定,取得职业资格证书。电梯、锅炉、配电等特殊工种应取得政府主管部门的资格认定才能上岗。选聘的其他人员应依据职责由富有经验的专业人员分别进行(专业技能、礼仪礼貌、文明值勤、行为作风等)培训,做好上岗安排。

3. 制定系列管理制度

没有规矩,不成方圆。必要的规章制度是物业管理顺利运行的保证。该阶段物业服务企业应以国家的法律、法规和当地政府有关行政管理部门颁布的相关文件为依据,结合接管物业的实际制定一些必要的、适用的管理制度和管理细则。主要有管理规约,用户(住户)手册,管理机构的职责,各类人员的岗位责任制,操作程序和服务规范,物业各区域内管理规定等。这既是物业管理走向规范化、程序化、科学化、法制化道路的重要前提,也是实施和规范物业管理行为的当务之急。

制定完整的物业管理规章制度,一方面,有助于建立物业管理的监督机制,有利于发挥为业主服务的行业职能,更好地履行以创造优美、舒适、安全的家居和工作环境为宗旨的社会责任;另一方面,界定物业权利主体的权责内容,规范物业管理中权益相关者的行为,提高物业管理服务的整体水平。

4. 完善管理服务条件

安排好物业管理办公用房、员工宿舍,及时采购管理服务用物资装备等,奠定好完善的执勤、服务、办公条件。

(三) 承接查验

物业服务企业通过承接查验程序,将发现的质量、使用功能等问题向开发商提出,并监督开发商返修。这不仅能够有效地防止将来可能发生的物业使用和管理纠纷,而且物业服务企业可根据掌握的检查和验收资料,有针对性地制订预防性的管理措施和维修计划。

物业的承接查验既包括新建物业的承接查验,也包括原有物业的承接查验;既应当对物业共用部位和共用设施设备进行检查验收,也可应要求进行分户验收检查。

新建物业的承接查验是物业服务企业承接建设单位移交的新建物业时进行的检查和验收,是在竣工验收基础上进行的再验收。物业服务企业的承接验收不同于竣工验收,两者的性质不同、参与主体不同、内容不同、重点不同。

承接检查验收一旦完成,即由开发商或建设单位向物业服务企业办理物业交接手续,标志着物业正式进入使用阶段,物业管理全面启动。在承接验收操作过程中,物业服务企业应与房地产开发商就管理服务内容、标准、期限,保修责任的委托与实施,遗留收尾工程,空置房经租或看管等代为办理事项,管理服务费构成及补偿办法,管理用房、经营用房的提供使用及收益分配,物业及相关资料的承接验收等,进行协商以达成一致,并对人力、物力等自身条件和接盘运作、盈亏风险作出科学测算,据此制订接管方案。

原有物业的承接查验通常发生在业主将原有物业委托给物业服务企业管理之际,或发生在原有物业改聘物业服务企业之时。在这两种情况下,原有物业承接查验的完成都标志着新的物业管理工作的全面开始。

无论是新建物业的承接查验,还是原有物业的承接查验,均要依照国家建设部制定的《房屋接管验收标准》、物业承接查验办法和当地的有关接管验收规定,做好正式管理前的承接检查验收。要对物业主体结构是否安全、使用功能是否满足要求等进行再检验,对公共配套设备、设施的配备、安装、运行状况进行验收交接。这一过程要在查明物业的全面状况的基础上办理书面移交手续,明确交接日期,对物业及配套管理办公用房、经营用房、各种产权和技术资料进行全面移交,并就接管过程中发现的工程、设备、配套质量等问题及物业保修期的保修事项与开发商签订包修、保修合同。该阶段需要移交的档案资料有:规划图、地下管网竣工图,各类房屋清单,单体施工图、建筑竣工图,设备竣工图及合格证或保修书等。同时,在这一步后期,还要做好各类标牌、标识的设计制作,准备入住资料(管理规约等),建立与居委会、派出所等单位和部门的外部联系,建立与社会协作单位的联络,构筑物业综合服务网络,为正式的全面管理服务做好准备。

（四）用户入住期管理服务

用户入住是指业主或物业使用者的迁入。用户入住发生在物业使用期的全过程,但大量的用户入住集中在物业交付使用的最初一段时间内。这一环节的最大特点是物业服务企业与服务对象的首次全面接触。

为了能有一个良好的开端,留下美好的"第一印象",物业服务企业应做好以下几项主要工作。

1. 做好物业的清洁工作

即在施工单位撤出新建成的楼宇后,选用合适的、没有腐蚀作用的清洁剂对物业的里里外外、上上下下、前前后后做一次彻底的清理清洗,以让业主和使用人进入时能接收到一个干净整洁的物业空间,建立起良好的第一印象。

2. 为业主办理入住手续

配合发展商,向业主或使用人发出"入伙通知书";带业主实地验收物业,查验房屋建筑、设备质量,查对房型、装修、设施配备、外部环境等是否与合同相符,若有问题,由业主在验收单上写明具体存在的问题,提出问题的整改意见,其后根据开发商和物业公司的约定,对问题进行整改,发放钥匙,交接业主名下物业;向业主或使用人发放《用户手册》,使他们了解物业概况,熟悉各项管理制度,如车辆停放管理,装修搬迁管理,物业保修的责任范围、标准、期限等方面的规定,以及楼层权力归属、公用设施设备的合理使用等,以便业主、使用人能正确把握自己的行为;约定代为装修、添置或更换自用设备或设施等事宜;协助业主办理电话、煤气等开通手续;对住户进行有关小区物业管理的宣传、培训并提供各类咨询服务和办事指引;根据有关规定或双方约定向业主或使用人筹集专项维修资金,预收物业服务费或租金。

3. 装修搬迁管理

装修管理的主要工作是大力宣传装修规定,让业主明晓装修不得损坏房屋承重结构、建筑物外墙面貌,不得擅自占用共用部位、移动或损坏共用设施和设备,不得排放有毒、有害物质和噪声超标,不得随意堆放、倾倒、抛扔建筑垃圾,认真遵守用火用电规定,履行防火职责等;审核装修设计图纸,进行装修申报审批;加强装修施工过程的监督管理,发现违约行为及时劝阻并督促其改正,做好装修验收等,尤其要在装修前和装修后做好卫生间、厨房的渗漏水检验工作。

搬迁管理的主要工作是合理安排搬迁时间,对搬迁人员、车辆、物品的进行必要引导、检查。

（五）档案资料的建立

物业档案资料以及业主和使用人的资料是进行相关调查统计、发通知、提供服务的基础信息。从早期介入到后期管理,档案资料的建立贯穿于物业管理的全过程。这里讲的档案资料有两种：一种是物业档案资料，主要包括物业的各种设计和竣工图纸，位置、编号等；另一种是业主和物业使用人的资料，主要包括业主（使用人）姓名、家庭人员情况、工作单位、联系电话或地址、各项费用的缴交情况、房屋的装修等情况。

物业档案资料是对前期建设开发成果的记录，是以后实施物业管理时对工程维修、配套、改造必不可少的依据，也是更换物业管理单位时必须移交的内容之一。现代建筑工程随着科学技术的发展和使用需求的提高，楼宇设备设施以及埋入地下和建筑体内部的管、线越来越多，越来越复杂，越来越高科技化和专业化，因此查找故障，进行维修，物业档案资料不可或缺。

物业档案资料的建立有收集、整理、归档、利用四个环节。收集的关键是尽可能完整，即在时间上包括从规划设计到工程竣工及后期整改的全部工程技术维修资料，空间上是从地下到楼顶、从主体到配套、从建筑到环境的方方面面；整理的重点是去伪存真；归档就是按照资料本身的内在规律和联系进行科学的分类与保存；分类可按每一建筑分类，如设计图、施工图、竣工图、改造图、设备图等，也可按系统项目分类，如配电系统、供水排水系统、消防系统、空调系统等。

（六）召开业主大会，通过管理规约

对同一个物业管理区域内的新建物业而言，在同一物业管理区域内，已交付的专有部分面积超过建筑物总面积50%时，业主应当在物业所在地的区、县人民政府房地产行政主管部门或者街道办事处、乡镇人民政府的指导和协助下成立业主大会，选举产生业主委员会，并制定和通过有关管理规约和业主大会议事规则。但是，只有一个业主的，或者业主人数较少且经全体业主同意，不成立业主大会的，由业主共同履行业主大会、业主委员会职责。

（七）正常期管理服务

正常期管理服务，即指依据物业服务合同，按照物业管理内容、职责和管理服务标准，提供专业化、全方位的优质管理与服务，使物业管理纳入科学化、规范化、制度化的轨道。

（八）拆迁改造管理服务

即指全程物业管理的最后阶段，针对生命周期已结束的物业，所进行的拆迁代理与环境保护方面的管理工作。

第五节　物业管理的发展展望

经济的全球化带来了物业管理的全球化。从全球范围来看，物业管理的发展依各国的具体国情而有所不同。一些独立式住宅居多的发达国家，其物业管理多侧重于经租房产、收益性物业的管理,特别是以财产托管的方式进行的物业管理,而一些多层及高层住宅较多、城市人口密集、聚集程度较高的发展中国家和地区,其物业管理则会侧重于住宅区的管理。然而,无论各国的差异如何,其基本的发展方向是物业管理市场化水平的提高以及设施管理、智能管理等技术的开发、推广应用。

一、设施管理的发展

随着经济全球化趋势的逐渐形成,城市化进程的加快,产业经济向知识经济发展,城市的可持续发展成了人们普遍关注的问题。人们对生活质量、工作环境和效用的要求越来越高。那种用"property management"命名的,以房屋保值、增值为唯一目标的物业管理模式,已无法满足智能建筑、绿色建筑、健康住宅、生态社区的专业化管理以及建立高效、安全、健康、舒适的人居环境的服务要求。

20世纪70年代,美国根据本国经济和城市的发展情况,开始了对facility management(简称FM,设施管理)的研究工作。1979年,世界上第一个设施管理机构——美国密歇根州的Ann Arbor Facility Management Association首先成立,1980年又创建了全美"国家设施管理协会",并于1982年更名为国际设施管理协会(International Facility Management Association,IFMA)。从此,"设施管理"这一术语从北美传遍世界各地。

设施管理传到中国,首先从香港地区开始,1992年国际设施管理协会在香港设立分部,2000年又成立了香港设施管理学会(HKIFM)。中国经济的高速稳定发展,城市化、市场化进程的加快,引起了国际设施管理业界的关注。香港以得天独厚的地理优势捷足先登,自2003年3月开始,香港设施管理学会先后在广州、上海、北京等大城市主办了各种类型的设施管理研讨会。2004年8月,国际设施管理协会派出三位最高级别的官员出席在北京召开的"医院设施管理"研讨会,并颁发了在中国大陆第一张"会员资格证"。2009年6月,中国第一届亚太设施管理国际峰会在北京举办,自此设施管理在中国开始推广。

有关设施管理的定义,最具权威性的IFMA描述如下:"所谓'设施管理',就是在工作场所、人和组织的安排中,融入工商管理、建筑学、行为科学和工程科学的原则建立一种设施的质量管理的行业规范。"目标是确保整个建筑物及其相关环境内的设施、设备能够充分发挥其应有功效。同时,国际设施管理协会(IFMA)的专家认为,设施是一个整体,它不但涉及建筑物的管理,还包含了建筑物的运作中会影响到其使用者的所有层面。因此,机场、医院、院校、商厦、酒店、会所、厂房、住宅、体育馆、博物馆、公园及各类公共、公用设施等均属设施。完善上述各类设施的管理的目的,就是协助企业有效地提高效益,改善运作效率,加强顾客服务,提供有系统性之维修改善工作,增加有关设施之生命周期,以达物业增值之目的。香港陈佐坚先生在他的关于《设施管理在中国》的报告中,认为"设施管理是一种包含多种学科,综合人、地方、过程及科技,以确保建造环境功能的专门职业"。英国设施管理学会(BIFM)的描述是:"设施管理就是像对待核心业务一样对物业和业务支持服务进行专业化管理。设施管理牵涉到业务中的战略、战术和营运这三个层面,其所有活动都以客户核心业务的需求和要求为基础。"HKFMA 也对设施管理作了如下定义:"设施管理是综合人、过程及物业的优点以达到长期策略性目标的过程。所以,设施管理是藉科学与艺术的管理架构,来管理由实行到策略性阶层的综合过程,用以加强公司的竞争力。"

综合以上说法,不难找到设施管理的主要涵义和特色:

(1) 设施管理是以最新的科学技术为依托,以营造高效率的环境为手段,以物业增值、提高企业的营运能力为目的;

(2) 设施管理包含了多种学科的科学原则,涉及经济学、管理学、工程学、行为科学以及现代信息技术和控制技术等各个领域;

(3) 设施管理是一项综合性的工作,是一个机构的人员、工作及地点的融合,并是一项长期、策略性的策划工作;

(4) 设施管理提供的是多元化的专业服务,是从客户的需求出发,为客户的生产活动、工作活动提供一种全方位、全过程支持服务;

(5) 设施管理要求人们对物业设施进行综合计划、经营、维护,并将物业寿命期内的质量、成本、效率及环境意识等要求贯穿于全部业务之中;

(6) 设施管理不是简单地对建筑物和设施设备进行维护管理,而是对设施生命周期、能耗以及环境的监控,以最大限度满足使用者的要求,保证业务空间高品质的生活和提高投资效益。

根据 IFMA 的分类,设施管理主要服务内容可以概括为:策略性长期规划和年度计划;财务预测及管理;公司不动产的获得及其处理;建筑及设备的规划设计、室内外空间规划及运用管理;设施和设备在生命周期中的运行与维护管理;建筑的改造更新和设备的功能提升;保安、电信及行政服务;设施支援机能和服务;能源和生态管理;高新科技运用及质量管理。

近年来,设施管理在西方迅速发展,大多设施管理公司既提供综合的、集成的服务,又提供单一的、专业化的服务,包括选址咨询、项目管理、人员培训、办公服务、安全防护、环境维护、空间管理、设施设备资产管理等。大量的私人机构、教育学府及政府部门引入专业设施管理公司,以更有效地管理其下的物业设施及非核心业务,并取得了成功。

目前,中国设施管理行业的发展,还处在以住宅小区为对象的物业管理初级阶段,对于大型公共和商业设施的管理,还停留在运行层面操作和维护管理,对设施管理、物业资产管理还在不断探索,国际专业化管理之路任重而道远。

二、智能建筑物业管理

(一) 智能建筑的兴起

智能建筑起源于 20 世纪 80 年代初期的美国。虽然智能(intelligent)一词在 20 世纪 70 年代末期已开始使用,但这个词的广泛使用却是在 1984 年 1 月美国康涅狄格州的 Hartford 建立世界第一幢智能大厦之后。这幢大厦是由一座旧金融大楼改造而成,定名为"都市大厦",大厦高38层,总建筑面积达10万多平方米。大厦配有语言通讯、文字处理、电子邮件、市场行情信息、科学计算和情报资料检索等服务,实现自动化综合管理,楼内的空调、供水、排水、防盗、供配电系统等均实现电脑控制。

自20世纪80年代起,美国一直处于智能建筑建设的领先地位。这一方面是因为美国的信息技术发展相对较快;另一方面还因为美国较早地开放了信息技术市场,允许房地产开发商和业主经营智能建筑内的通讯系统。

美国诞生智能建筑之后,西欧与日本也不甘落后。日本派出专家到美国详尽考察,并制定了智能设备、智能建筑、智能家庭到智能城市的发展计划,成立了"建设省国家智能建筑专家委员会"和"日本智能建筑研究会"。1985年8月在东京青山建成了日本第一座智能大厦——"本田青山大厦"。

西欧发展智能建筑基本与日本同步。1986—1989年间,伦敦的中心商务区进行了二战之后最大规模的改造。由于英国是大西洋两岸的交汇点,因此大批金融企业特别是保险业企业纷纷在伦敦设立机构,带动了对智能化办公楼宇的需求。但由于智能化办公楼工作效率的提高,加剧了当时处于经济衰退中的西欧失业状况,进而导致对智能楼宇需求的下降。到1992年,伦敦就有110万平方米的办公楼空置。

此外,20世纪80年代到90年代间亚太地区经济活跃,新加坡、中国台北、中国香港、首尔、雅加达、吉隆坡和曼谷等大城市陆续建起一批高标准的智能化大楼。如中国香港的汇丰银行总部大楼就是46层、高179米的智能化大楼。新加坡投巨资进行研究,计划将新加坡建成"智能城市花园"。韩国准备将其半岛建成"智能半岛"。而泰国的智能化大楼普及率领先世界,80年代泰国新建的大楼60%为智能化大楼。印度于1995年下半年起在加尔各答附近的盐湖建立一个方圆40英亩(1英亩=4 046.86平方米)的亚洲第一智能城。整个项目由两幢22层的联体式建筑组成,另有1 200套命名为"智能屋"的居民住房,每套住房都有一个全球性的网络终端,其宗旨是"只需按一下按键就可得到世界级的支持系统"。

(二)智能建筑的定义

智能建筑的产生,是人类科学技术和生产力发展的必然结果。但是,由于世界各国政治经济发展、文化背景、价值观念的巨大差距,对智能建筑的表达不尽相同。此外,当今科学技术高速发展,大量的高科技成果运用于智能建筑,使得智能建筑从形式到内容不断地扩充和更新,难以用一段文字来非常准确地界定智能建筑的含义。

尽管如此,国际上还是有一些权威部门对此提出了自己的见解。新加坡政府在智能大厦手册内规定,一幢智能建筑必须具备下列条件:先进的自动化控制系统,该系统能够通过中央控制室对温度、湿度、灯光、保安、消防及各类设备进行调节和控制,为用户提供舒适、安全的环境;良好的内部通信网络设施,使各类数据、语音、图像在大楼内快速、通畅地传播;提供足够的对外通信设施。

位于美国华盛顿的智能建筑研究所将智能建筑定义为:通过对建筑物的四要素,即结构、系统、服务、管理及其内在联系的优化设计,提供一个投资合理又拥有高效率的优雅舒适、便利快捷、高度安全的工作环境。

中国2007年7月实施的《智能建筑设计标准》(GB/T 50314—2006)把智能建筑(intelligent building, IB)定义为：以建筑物为平台，兼备信息设施系统、信息化应用系统、建筑设备管理系统、公共安全系统等，集结构、系统、服务、管理及其优化组合为一体，向人们提供安全、高效、便捷、节能、环保、健康的建筑环境。

智能建筑应有一套智能化集成系统(intelligented integration system, IIS)，它将信息设施、公共安全、建筑设备管理、信息化应用等不同功能的建筑智能化系统，通过统一的信息平台实现集成，以形成具有信息汇集、资源共享及优化管理等综合功能的系统。

信息设施系统(information technology system infrastructure, ITSI)是为确保建筑物与外部信息通信网的互联及信息畅通，对语音、数据、图像和多媒体等各类信息予以接收、交换、传输、存储、检索和显示等进行综合处理的多种类信息设备系统加以组合，提供实现建筑物业务及管理等应用功能的信息通信基础设施。公共安全系统(public security system, PSS)是为维护公共安全，综合运用现代科学技术，以应对危害社会安全的各类突发事件而构建的技术防范系统或保障体系。建筑设备管理系统(building management system, BMS)是对建筑设备监控系统和公共安全系统等实施综合管理的系统。信息化应用系统(information technology application system, ITAS)是以建筑物信息设施系统和建筑设备管理系统等为基础，为满足建筑物各类业务和管理功能的多种类信息设备与应用软件组合而成的系统。

具有办公功能的智能建筑与传统建筑相比，突出的是通信自动化(CAS)、办公自动化(OAS)和楼宇设备自动化(BAS)三个方面，被称为"3A"。

1. 通信自动化

利用终端设备(除一般的电话机外，还有传真机、数字终端设备、个人计算机、数据库设备、主计算机等)进行文件传送，数据的传输、收集、处理，信息的存储、检索等工作。利用具有电脑话务员服务功能的程控交换机、公共广播传呼系统等，存储外来语音和通过信箱密码提取留言的语音信箱，存储和提取文件、传真、电传等的电子信息，并完成自动应答的声讯服务。还可以通过可视电话、电视会议系统、卫星通信、共用天线电视系统等专用终端或微机终端开展视讯办公服务。

2. 办公自动化

办公自动化系统由数据处理系统、通信系统、事务系统三个系统组成。数据处理系统有个人计算机、办公计算机和终端：个人计算机进行重复计算或统计制表处理；办公计算机进行票据、报表处理和制成管理资料；终端与中央计算机联机。通信系统有传真机、多功能电话和内部交换机。事务系统则有文字处理机、图像文件信息装置、多功能复印机。

3. 楼宇设备自动化

楼宇设备自动化包括以下部分。

(1) 自动消防系统。有自动与手动灭火、防排烟、通信报警、避难等与火灾相关的设备、设施：消防中心设有显示屏和控制台，显示屏包括火灾自动报警受信盘、紧急电话指示、自动喷洒水指示、消防水泵启停指示、自动喷洒水泵启停指示、气体灭火系统工作指示、消防电梯指示及其他如航空障碍灯、疏散标志灯、应急电源等指示，控制台包括紧急广播、紧急电话、防火门关闭、排烟门开闭、紧急疏散口打开、空调闸栅开闭等。

（2）保安监控系统。一般同楼宇设备管理系统联网，由雷达、超声波、红外线装置的传感器触发报警信号、自动打印和监控电视跟踪录像系统组成。

（3）设施设备管理系统。对各种机电设备进行远程管理和控制，对电梯、空调、给排水、供电、变配电、照明、电梯、消防、闭路电视、广播音响、通信、防盗等进行全面监控，对设施设备原始数据进行远程采集、分类、运算、存储、检索、制表。

（4）空气调节自动化。通过计算机控制，使空调区域保持设定的参数精度和在合适范围内使空调减少能耗，并使空调设备得到及时维护管理，并安全运行。

（5）电力、供水、供热、供暖系统。通过计算机控制，按照区域需要提供水、电、热、暖，在合适范围内节源减排。

（6）停车场管理系统。

表1-1中列示了楼宇设备自动化各子系统。

表1-1 楼宇设备自动化子系统

环境能源管理系统	电力照明系统	电力需求控制；功率因素改变控制；变压器台数控制；发动机负荷控制；停电复电控制； 昼光利用照明控制；调光照明控制
	空调卫生系统	新风取入、新风供冷控制；冷热源机器台数控制、CO_2浓度控制；冷热负荷预测控制；蓄热、热回收、隔热控制；预冷热运行最优化控制；太阳能集热控制；着热槽管理； 排水、节水控制
	输送系统	电梯群管理；自动扶梯管理；停车场自动管理；自动搬迁机器管理；自动计量仪器管理
安防管理系统	防灾系统	火灾联动控制；防烟、排烟控制；引导灯控制；消防控制；非常时间对应控制；停电时间对应控制；防漏电、防煤气泄漏控制
	防范系统	入退楼、入退室管理；远程监视；各种传感器警报管理；时间表控制；闭路电视管理； 自动防范设备管理
	数据系统	存取控制；IC卡管理；指纹、声音管理；暗号、暗证指令管理；空间传送
楼宇管理系统	计量系统	能源计量与节能诊断；租金管理；运行、操作数据采集和分析评价；系统异常诊断；报警信息记录采集
	保护系统	机器维护时间表管理；机器劣化诊断；故障预知诊断；数据生成；自动清扫管理；设备更新计划管理

智能办公建筑通过集成系统将办公自动化（OAS）、楼宇设备自动化（BAS）及通信自动化（CAS）等系统集成，统一运作，提高智能建筑的系统性能，高效率地适应用户的需要。

智能建筑的标准还有一种为"5A"说。"5A"是在"3A"的楼宇自动化中分解出安保自动化（security automation，SA）和消防自动化（fire automation，FA）。

（三）智慧物业管理区

智慧物业管理区是结合自动控制与通信技术的物业管理区域。由于物业管理区导入了环境感知与设备自动控制的功能，就如同身体的感知与动作，能够侦测物业内外各种不同的事件，并透过自动控制，适时地根据不同的情境做出反应。有别于一般传统的物业，智慧物业管理区能更适切地满足业主的需求，并增加物业使用年限。目前，通信技术发展相当成熟，无线或有线感测网络技术发展较快，但过去极少应用在物业管理区域。而发展智慧物业管理区最重要的便是整合这些异质领域的技术，改善物业管理区的软、硬件环境，为业主服务。

随着通信技术和控制技术的完善，应用物联网的先进理念，结合语音技术和计算机互联网，构造一个"智慧物业管理区"成为现实。需要服务的业主或物业使用人根据自己的需求，安装相应的联络设备，动动手指拨个电话，或者点下鼠标，就可以随时随地找到服务提供商，获取有偿、低偿、无偿的家政、饮食、旅游、游艺、精神慰藉等服务。智慧物业管理区的业主，足不出户就能享受吃穿住用、心理抚慰等多项上门服务。

中国北京广安门内街道应用物联网建设智慧社区，解决了过去通信设备落后、信息传达不通畅给业主带来的诸多不便，业主享受到了上门服务。不久的将来，智能停车引导、远程自行车防盗等多种高科技服务功能会陆续走进物业管理区。

（四）智能建筑物业管理特征

智能建筑物业管理是应用信息与自动化技术，将智能建筑系统与智能物业管理系统集成于一体，具有集成性、交互性、动态性的智能物业管理模式，为大厦和住宅小区的业主和使用人提供全面、高效、完善、多样的服务。

可将智能建筑物业管理形象地描述为：

智能建筑物业管理 ＝ 建筑智能设计＋优质施工＋智能建筑设施设备系统＋
　　　　　　　　　智能物业管理系统

智能建筑物业管理借助于智能建筑的自动化监控与信息处理能力，提升物业管理的网络化、信息化和自动化水平。它的主要特征表现在以下几个方面。

1. 网络化特征

传统的物业管理是自成体系的独立管理模式，也可称之为"信息孤岛"。物业管理的信息传递，采用派送表格人工填写、公告栏、广播等方式。

智能物业管理是通过网络来实现物业管理信息的传递和交互。在大厦和住宅小区内建立宽频 Intranet 内联网，并实现与 Internet 的链接。物业服务企业可以通过网络来发送物业管理通知，业主和使用人也可以通过网络实现物业保修、管理投诉及查询物业收费等有关信息。同时，一个物业服务企业也可以通过网络实现对多个异地物业楼盘的远程管理，提高效率、优化管理、降低运作费用。

2. 信息化特征

传统物业管理的信息采集是静态的、单向的、独立的，同时采集到的信息和数据实时性很差,大多是历史数据。信息的采集指向是单方向的,或者是广播式的;所采集的信息独立且不具有相关性,也很难实现信息的共享。物业管理信息库的建立通常采用人工方式进行,信息的利用和管理效率都很低。

智能建筑物业管理应用现代信息技术,具有集成性、交互性和动态性。

(1)集成性。智能物业管理的信息化建立在网络集成、系统集成和数据库集成的一体化信息系统集成平台上。

(2)交互性。实现人(管理员)与物(设备)、人(管理员)与人(业主与使用人)之间的信息交互和沟通。充分体现了现代管理的理念,即管理无时不在、管理无所不在。同时,管理是双向、参与式的,管理者(物业服务企业)和被管理者(房产、设备、业主与使用人)共同参与管理。

(3)动态性。体现在信息采集的自动化、实时性和可靠性等方面。

信息采集的自动化:与物业管理相关的数据库大多可以自动生成,例如,机电设备运行与维修数据库、三表数据与收费数据库、小区公共与家庭安全报警管理数据库,甚至应用IC卡管理数据库可以自动生成有关房产与业主和使用人资料数据库。

信息采集的实时性:实时获取、监控机电设备运行和故障报警信息,综合安全报警信息、火灾报警信息和三表远程抄送数据,有利于物业管理对突发事件的处理和事件现场形势的控制管理。

信息采集的可靠性:智能物业管理的实时监控信息由系统提供,可避免人为抄写和传递过程中的误差,大大提高采集数据的可靠性。

3. 人才的知识型特征

智能化的设备需要高素质的员工来管理。由于物业管理是个新兴行业,专业人才严重匮乏。目前的从业人员大多具有一定应会技能却缺乏应知的知识,而刚走出校园的人虽具有一定知识,却缺乏应会技能。因此,需要把两者有机地结合起来。物业管理必须要重视对具有高新技术素质、高度敬业精神及职业道德的人才的吸纳和培养,建立健全员工的激励机制。

随着人们生活水平的提高、智能化物业的增多,对物业使用与管理服务的要求也必然越来越高,高素质的员工(精通机械设备、电子、信息技术、现代管理、营销、公共关系、社区文化品位塑造等)、高技术的数字装备(自动消防、安防装置、集成的设备自动化系统和集中管理监控系统、物业管理信息系统等)必不可少。任何一个行业的领先高效、价值创造都必须依赖知识、科技含量与创新。研究和应用网络化、信息化、智能化的物业管理新技术、新工具、新方法,创新服务方式,招聘、培训高素质、高技能的人才,是全面提升管理服务层次、节约服务成本、提高服务效率、发挥高科技物业应有效果、最大限度地满足业主使用人需求的必然趋势。

在践行可持续发展理念的当今世界,建筑向节能、绿色、智能化方向发展。中国制定并执行了严格的建筑节能设计标准,推广新型墙体材料和节能产品。同时,积极改善人居环境,开发绿色建筑和智能建筑技术,不断提高建筑性能和质量。这要求物业管理行业与时俱进,大力推行绿色环保、节能、智能型物业管理。

另一方面,物业管理中融入一定社区管理职能的新趋势正在显现。并且,随着专业化物业公司的大量涌现,物业管理的市场竞争将日趋激烈,兼并重组,选优汰劣,扬长避短,资源整合的结果必然会涌现出一些规模大、质量高、信誉好、品牌佳的集团化物业服务企业在物业管理市场上占主导地位。同市场经济条件下其他任何竞争性行业一样,物业管理走上规模化、集团化经营和塑造品牌之路会成为一种必然趋势。

本章小结

本章是本书的开篇一章,在剖析了物业和物业管理的基本概念、特点和构成要素的基础上,阐述了物业管理的职能与地位,介绍了物业管理的基本内容和环节。通过对国内外物业管理产生和发展路径的分析,将物业管理过程中应注意的要点归纳为物业管理的目标与原则,并探讨了设施管理的发展和智能建筑物业管理的基本思想,以帮助辨识出物业管理今后的发展趋势。本章不仅让读者能掌握物业管理的一些基础知识,而且对全书的内容形成一个轮廓印象。

关键词

物业　物业管理　基本内容　环节　目标　原则　发展趋势

复习思考题

1. 选择正确答案(下列各题中至少有一个是正确的)

(1) 物业服务企业依据(　　)的合同约定进行管理和服务。

(A) 社区居委会与物业服务企业　　　(B) 使用人与物业服务企业

(C) 业主委员会与物业服务企业　　　(D) 业主与物业服务企业

(2) 社会化、专业化的物业管理有(　　)等基本类型。

(A) 委托服务型　　　　　　　　　(B) 租赁经营型

(C) 以上A和B　　　　　　　　　(D) 委托代管型和自管型

(3) 住宅小区应逐步推行社会化、专业化的管理模式。由(　　)统一实施专业化管理。

(A) 业主委员会　　　　　　　　　(B) 开发商

(C) 物业服务企业　　　　　　　　(D) 住宅小区管理委员会(管委会)

(4) 物业管理的基本环节,包括物业管理前期介入、物业的验收与接管、迎接住户入住、物业管理人员培训、制定物业管理规章制度、(　　)等。

(A) 设立物业管理组织机构　　　　(B) 建立物业管理档案

(C) 提供管理服务　　　　　　　　　(D) 以上 A,B 和 C
2. 物业管理活动的特征是什么？
3. 分析物业管理各内容间的联系。
4. 物业管理中应注意的关键要点是什么？
5. 结合信息化、城市化、全球化的世界发展趋势，阐述如何改进现行的物业管理工作。
6. 在低碳经济时代即将到来之际，物业服务企业应采取什么对策？

第二章 物业管理基本理论

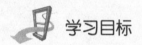 学习目标

学习本章后,你应该能够:
1. 了解产权、委托-代理、公共选择、社区、项目管理、低碳经济和可持续发展的基本含义。
2. 解释物业管理中的公共选择行为、产权有效运行的条件、建筑物区分所有权、物业管理的委托-代理问题、社区管理与物业管理的区别和联系、物业管理中的项目管理模式。
3. 分析产权理论、委托-代理理论、公共选择理论、社区理论、项目管理理论、城市管理理论、低碳经济和可持续发展观对物业管理的指导意义。

物业管理是物业服务企业受业主的委托对其所拥有产权的物业进行的管理。在物业管理活动中,涉及自然科学和人文学科的许多理论知识和经验技巧,其中主要的物业管理基本理论涉及法学、经济学、管理学、社会学等领域及其交叉领域的一些相关原理,包括产权与物权理论、委托-代理理论、选择理论、业主自治理论、社区理论、城市管理理论、项目管理理论、低碳经济和可持续发展理论等。通过对这些基本理论的探究,有利于加深对物业管理的理解,指导物业管理的活动。反过来,又可丰富和完善这些理论知识。

第一节 现代产权理论

随着科学技术的进步,建筑物不断向立体化高空方向发展,城市建筑容积率不断提高,单位建设用地的人口密度随之增高,由此导致生活在同一栋建筑物内的区分所有权人唇齿相依、祸福与共之感更强。由于业主(物业使用人)生活习惯不尽相同,对环境质

量的要求不尽一致,在物业使用、维修养护方面,难以取得一致的意见。怎样管理产权多元化的物业,如何界定业主、租户以及物业服务企业之间的责权利关系,乃至与公共管理部门之间的关系,这都是现代物业管理面临的现实问题,这些都需要依据产权与物权理论来指导。

产权的客体是财产,表现为一个权利束,包括物权、债权、股权和知识产权等各类财产权。产权是一种制度安排,根据财产的类别有不同的产权界定方式,其中包括对财产的归属、使用、收益等的界定。而物权的客体是物,物的性质和种类不同,决定着不同的物权主体权利范围。罗马法中物大于财产,法国民法中物等于财产,德国法中物小于财产。我国物权法中的物通常是指有体物或者有形物,不包括精神产品等无体物或者无形物。由此可见,我国的物是财产中的一类。物权是一种财产权,是产权的一个核心问题。

一、产权的定义与特征

(一)产权的定义

产权是财产权利的简称,它的英文名词叫 property rights。不同的产权经济学者对产权的定义有着不同的解释,大致归纳为以下几种类型。

1. 将产权等同于财产所有权

《牛津法律大辞典》表述为,产权亦称财产所有权,所有权是指存在于任何客体之中或之上的完全权利,它包括广泛的因财产而发生的权利束,如占有权、使用权、出借权、转让权、收益权、消费权和其他与财产有关的权利。所有权是产权的法律基础,包括四方面的权利:① 资产的事实上控制权,即占有权;② 使用属于自身资产的权利和在一定条件下使用他人资产的权利,统称使用权;③ 从资产中获得收益的权利,包括从自己所有的资产上取得收益和租用他人资产并从中获得收益的权利,即收益权;④ 变化资产的形式和本质的权利,即处置权,包括全部让渡或部分让渡资产的交易权。

2. 产权是形成人们对资产的权威制度方式

持该观点的学者中较有影响的代表为阿尔钦。他明确指出:产权是授予特别个人某种权威的办法,利用这种权威,可从不被禁止的使用方式中选择任意一种使用方式。显然,这里不仅把产权作为一种权利,而且强调产权是一种制度规则,是一系列旨在保障人们对资产的排他性权威的制度规则,是形成并确认人们对资产权利的方式。阿尔钦特别分析了作为人们对资产权威方式的产权形成,考察了这种产权发生的两条基本途径:一是在国家强制实施下,保障人们对资产拥有权威的制度形式;二是通过市场竞争形成的人们对资产能够拥有权威的社会强制机制。由此可以将产权理解为由政府强制和市场强制所形成的两方面相互统一的权利。在当代西方产权理论研究中,这种产权定义被称为阿尔钦"产权范式"。

3. 将产权归纳为由于物质而发生的人与人之间的社会关系

持该观点的学者认为:产权不是指人与物之间的关系,而是指由物的存在和使用所引起的人们之间相互认可的行为关系,它是一系列用来确定每个人相对于稀缺资源使用时的地位及其经济、社会关系,是人与人之间的关系,这是产权的本质。

4. 产权是解释某种功能的社会经济工具

持该观点的学者认为:产权是一种社会工具,其重要性在于事实上它能帮助一个人形成他与其他人进行交易的合理预期,产权包括一个人或者他人受益或受损的权利。产权的一个主要功能是引导人们实现将外部性较大地内在化的激励。在这里,把产权视为一种多方面权利集合的权利束,从功能上分解这一权利束,分别从受益受损、外在性内在化、交易的合理预期等方面定义产权的作用,并进一步把产权归结为一种协调人们关系的社会工具。

西方学者关于产权的定义尽管存在种种差异,但具有以下三个共同点:

(1) 产权是一种排他性的权利,并且可以进行平等交易;

(2) 产权是由物的存在及其使用所引起的人们之间行为关系的基本规则;

(3) 产权不是单一的,而是一组权利束,包括占有权、使用权、收益权、处置权等权利。

(二) 产权的特征

一般来说,产权具有如下三个基本特征。

1. 可分解性

可分解性是指产权可以分解。可把产权区分为使用、收益、处分等诸权,但这仍然是初步的分解,其实,每一种权利还可分解得更为具体和细致。产权的可分解性意味着在同一产权结构内并存着多种权利,每一种权利只能在规定的范围内行使,超出这个范围,就要受到其他权利的约束和限制,或者对其他权利造成损害。

2. 排他性

排他性是指在特定财产制度下产权主体只能有一个,是甲的就不能够是乙的。如果甲以外的任何人(包括乙,不管乙是自然人还是法人)要强行进入或干扰甲的权利领域而未得到甲的许可,就要受到有关法律制裁。产权的排他性实际上就是产权的独占性或垄断性。需要指出的是,产权的排他件与产权明晰有关。如果产权不明晰或产权界定不明晰,就很难区别产权的排他性。

3. 可让渡性

可让渡性又叫可交易性或可转让性,是指产权可以在不同主体之间的转让。从产权经济学角度而言,交易实质上不是物品的位移,而是产权的让渡。产权让渡包括两层含义:一是全部权利的永久性让渡,包括所有权在内。不过,这种性质的让渡只是所有交易活动的一个部分。二是部分权利在一定时期内的让渡。如土地所有者不是将土地卖给别人,而是将土地的使用权以及相关的用益权在一定时期内让渡给别人,到期后收回土地或重签合约。

(三) 产权的功能

所谓产权功能,是指产权在社会经济运行中所显示出来的作用。产权的基本功能主要表现在以下四个方面。

1. 激励功能

产权与激励和经济行为之间存在密切的内在联系。产权会影响激励和经济行为，这是产权的一个基本功能。

2. 约束功能

约束是一种反面的激励，约束与激励相辅相成。因为产权关系既是一种利益关系，又是一种责任关系。从利益关系说是一种激励，从责任关系说则是一种约束。在界定产权时，不仅要明确当事人的利益，而且要明确当事人的责任，明确应该做什么、不应该做什么，以及侵权或越权的后果或所要付出的代价。如此一来，产权主体或当事人就会自我约束。这是内部约束。另外还有外部约束，即外部监督，比如机构或股东对经理的监督。通过外部监督，可以强化内部的自我约束，使当事人遵守产权边界和产权规则，有助于提高产权运行的效率。

3. 外部性内部化功能

外部性内部化是将外部性较大地转化为内在激励。只有当内在化的所得大于内在化的成本时，才有利于外部性内部化。一般而言，外部性问题只有在非完全竞争的条件下才会存在。现实世界是非完全竞争的，因而存在着大量的外部性问题。所以产权的一个重要功能就是在收益大于成本的前提下，尽量将外部性内部化。

4. 资源配置功能

资源配置功能是指产权安排或产权结构驱动资源配置状态改变或影响资源配置的调节。具体表现在以下几个方面。

（1）相对于无产权或产权不明晰状况而言，设置产权是对资源的一种配置，它能减少资源浪费，提高经济效率。

（2）产权的变动会同时改变资源的配置状况，比如，将公有荒地的产权界定为个人，并规定10年之内对这片荒地的产权不征税，那么10年之后，这片荒地将成为富饶之地。

（3）产权结构影响甚至决定资源配置的调节机制。高度集中的产权结构决定资源配置的计划调节，而分散多元的产权结构则决定资源配置的市场调节。

二、产权理论的主要观点

在传统经济学中，经济学家们感兴趣的不是组织内部的安排，而是市场现状如何、如何发展、生产要素如何配置及生产出来的产品如何销售，而对企业内部组织结构和交易活动不感兴趣。其理论局限性主要表现在以下两个方面：第一，传统的微观经济学，无论是"局部均衡"理论还是"一般均衡"理论，都把企业目标简化为"利润最大化"。在这种前提下，企业被假定成了一个"黑箱"。至于企业为何存在、其边界是什么等问题都不是传统经济学研究的对象。第二，传统的新古典经济学假定交易费用为零。由于企业被假定为事先存在，并且它被视为一个生产函数，市场关系由供求曲线表示，所以，无论是市场交易还是企业内部交易，都假定为瞬间完成，即交易活动不稀缺，交易不计代价，市场机制可自由运行，而无须支付任何代价。而事实上，市场机制运行是有代价的。

比如，举行谈判、草拟合同、进行监督、解决争端等，这些交易活动都需要支付一定的费用。它们的存在隐含了市场之外可供选择的协调方式本身也具有代价的问题。为什么市场机制的运行有代价？为什么没有适当的制度，任何意义上的市场经济都不可能运行？传统经济学都无法解答。

要解决上述问题，必须另辟蹊径。现代产权理论（或产权经济学）就是在这种历史背景下产生的。科斯最早认识到传统经济学的弊端，率先进行这方面的研究。

科斯对于现代西方产权理论最重要的贡献在于他首先提出了"交易费用"概念；提出了传统经济学分析的资源配置有效的条件——交易成本为零、产权界区明确、交易自愿等在现实中难以具备，总会存在社会成本，那么经济学的首要任务就是尽可能降低社会成本，要从产权结构上选择多种制度方式，依据成本原则来确定制度结构。科斯提出了三种资源配置方式：企业制度、市场制度、政府管制方式。

在科斯理论的基础上，现代产权理论产生了突飞猛进的发展，形成了较完整的理论体系和观点。

（一）主要研究内容

产权理论就是以交易费用为媒介，研究产权制度运行（包括产权界定、产权安排等）的一般规律，通过产权规则解决人与人之间的利益冲突，达到资源有效配置，促进经济增长。

一般而言，传统的微观经济学是关于价格和交换的基本理论，它把消费和生产理论当作分析中心，而把制度当作外生变量排除在经济学研究之外。因此，经济理论的三大传统柱石是天赋要素、技术和偏好。由于产权经济学家的努力，制度被视为经济理论的第四大柱石。土地、劳动和资本这些生产要素，只有产生了合理的产权制度才能发挥应有的功能。

产权理论的主要内容有四个方面：一是交易费用理论；二是产权的"生产效率"；三是产权制度的效率比较；四是产权制度的演进。

交易费用理论是现代西方产权理论的基本核心范畴，是整个产权理论的基础。交易费用是分析和评价产权制度优劣以及在其影响下资源配置效率优劣的基本依据。

所谓交易费用，是指在经济制度的运行过程中，进行交易的当事人所投入的时间、精力，支付的信息费用和其他有关交易的一切开支。交易费用具体包括下列内容。

（1）收集和传递有关商品和劳务的价格分布和质量的信息费用；寻找潜在的买者和卖者，获得与他们的行为有关的各种信息费用。

（2）当价格可以商议时，为确定买者和卖者的真实要价而进行的讨价还价费用。

（3）起草、讨论、确定交易合同的费用。

（4）监督合同履行的费用。

（5）履行合同的费用（不包括执行合同本身而发生的生产成本）；在一方未履行合同因而造成另一方损失时，后者提出起诉，要求赔偿的费用。

（6）保护双方权益，防止第三方侵权，比如防止剽窃、侵犯专利权的费用。

（7）其他上述不曾列入的有关交易活动的费用支出。

正因为交易费用是社会财富和资源的损失,所以应通过产权界定和制度选择来降低交易费用,提高经济效率。

(二) 三个代表性分支

该理论形成了三个具有代表性的分支:一是以威廉姆森为代表的交易费用学派;二是以德姆塞茨为代表的产权学派;三是以张五常为代表、强调产权与交易费用密不可分的综合派。

1. 以威廉姆森为代表的交易费用学派

威廉姆森在交易费用理论方面影响最大的专著是1975年出版的《市场与等级结构》和1985年的《资本主义的经济制度》。威氏对交易费用经济学最显著的贡献有二:一是把资产专用性和相关的机会主义等作为决定交易费用的主要因素;二是提出了企业内部的科层结构,尤其是M型假说。

2. 以德姆塞茨为代表的产权学派

德姆塞茨的主要产权理论代表作是《关于产权的理论》、《生产、信息费用与经济组织》(与阿尔钦合著)等。他认为,产权是使自己或他人受益或受损的权利,产权的主要功能就是引导人们在更大程度上将外部性内在化。德姆塞茨和阿尔钦还分析了企业的性质和企业的内部结构。他们认为,企业的本质是一种合约结构。企业之所以会产生,主要是由于单个的私产所有者为了更好地发挥他们的比较优势,必须进行合作生产,合作生产的总产出要大于他们分别进行生产所得出的产出之和,每个参与合作生产的人的报酬比他们分别生产时所获得的报酬更高。其重要贡献在于:提出了企业的权利结构是由团队组织构成的。团队组织带来的产权效率应大于单个私有产权主体的效率,类似于 1+1>2 的道理。

3. 以张五常为代表的综合派

张五常在产权理论方面的主要代表作有《分成租佃论》(1969)、《企业的合约性质》(1983)和《卖桔者言》(1988)。张五常对产权的主要贡献有二:一是改进和发展了企业理论。他认为,企业并非为取代市场而设立,而仅仅是用要素市场取代产品市场,或者说是"一种合约取代另一种合约"。对这两种合约安排的选择取决于对代替物定价所节约的交易费用是否能弥补由相应的信息不足而造成的损失。二是用实证分析方法进行人类行为的经济学解释。

可以说,西方产权理论一般都按张五常这种综合派的观点分析产权问题。不同的是,有些学者更倾向于交易费用,而有些学者则更侧重于产权结构和资源配置效率。

三、物权理论

《中华人民共和国物权法》(2007年)(简称《物权法》)第二条规定,物权是指权利人依法对特定的物享有直接支配和排他的权利,包括所有权、用益物权和担保物权。它基本概括了物权体系的基本内容。

(一) 物权体系

物权的内涵是整个物权理论体系的基石,它包括两层含义:一为对物的直接支配,并享受其利益;二为排他的保护绝对性。

物权的特征,是指物权本身所具有的、区别于其他民事权利的显著特点。

(1) 直接支配性。物权人可依自己的意思直接支配标的物。

(2) 排他性。物权的排他性是指在同一标的物上,不能同时并存两个或者两个以上性质两立的物权。

(3) 可转让性。物权的可转让性即物权的流动性,指物权作为一种纯粹的财产权利可以在市场上流通。

(4) 公示性。物权的变动必须以一种能为外界认知的方式予以明示。

(5) 绝对性。物权人完全可以按照自己的意愿行使权利,权利主体之外的任何人对此都必须予以承认和尊重。

物权的效力,是指法律赋予物权的强制性作用力,它反映着法律保障物权人能够对标的物进行支配并排除他人干涉的程度和范围。具有排他效力、优先效力、追及效力和物上请求权。

物权分为物权主体、物权客体和物权内容三个要素。物权主体指的是享有或者拥有某一类型物权的所有权或他物权的人。在我国,根据权利主体性质的不同,可以分为国家、集体、法人和自然人四种。物权客体是指除人身以外的,能够为人力所支配的,具有独立性,能满足人类社会生活需要的有体物。物权内容指的是物权人能够享有的权利,也称为物权的权能。物权的权能分为实际利用权和价值取得权:实际利用权指一切控制、利用物本体的权利;价值取得权指对物处分的权利。物权内容指权利主体和义务主体所享有的对其财产的占有、使用、收益和处分的权利和应承担的义务。

物权体系大致由所有权、用益物权、担保物权和占有构成。所有权又称为自物权,是所有权人对自己的不动产或者动产,依法享有占有、使用、收益和处分的权利,是反映所有人依法对物的完全绝对排他归属性权利的一级物权,在任何一国的法律制度中,所有权都是核心性的权利类型。用益物权、担保物权总称为他物权。用益物权是对他人所有的不动产或者动产,依法享有占有、使用和收益的权利。担保物权是在债务人不履行到期债务或者发生当事人约定的实现担保物权的情形,依法享有就担保财产优先受偿的权利。占有指对物进行控制的事实状态,由于占有不是权利,因此也被称为"类物权"。所有权理论、他物权理论和占有理论是物权体系的重要组成部分。

(二) 物权变动理论

物权变动,称为物权的得失变更,包括物权的发生、物权的变更和物权的消灭。

1. 物权的发生

物权的发生指的是特定物的物权归属于特定权利主体的事实状态。物权的发生也称为物权的取得,包括原始取得和继受取得。原始取得称为物权的固有取得或物权的绝对发生,非依他人既存的权利而取得物权。继受取得指的是基于他人既存的权利而取得物权。一般而言,如因买卖、赠与、设定行为而取得物权等,大都属于继受取得。权利人不得将大于其所有的权利让与他人。存在于标的物上的一切负担继续存在,转由取得人承受。

2. 物权的变更

从狭义上来说,指的是客体和内容的变更。客体变更是指标的物在量上有所增加或者减少,如所有权的客体因部分毁损灭失而减少;内容的变更指物权的权利有所扩张或者限缩,如抵押权所担保金额由20万元变为10万元。

3. 物权的消灭

物权的消灭,亦称为物权的丧失,是指某一物权因一定的法律事实而不复存在。可分为物权的绝对消灭和相对消灭。绝对消灭,指物权的标的物本体灭失,如洪水将房屋彻底冲毁;相对消灭,指权利本体并没有灭失,而物权离开其原权利主体,与另一主体相结合,归属于另一新的权利主体,如商品买卖。

在物权的变动中应遵循物权公示、公信原则,即物权公示原则和物权公信原则。物权公示原则指的是物权的各种变动必须采取法律许可的方式向社会予以展开,以获得社会的承认和法律保护的原则。物权公信原则指的是一旦当事人变更物权时依据法律的规定进行了公示,则即使公示方法表现出来的物权不存在或存在瑕疵,但对于信赖该物权的存在并已进行了物权交易的人,法律仍然承认其具有与真实的物权相同的法律效果,以保护交易安全。

(三)建筑物区分所有权

建筑物区分所有权是一种重要的物权。

1. 建筑物区分所有权的内涵界定

《物权法》第七十条规定:"业主对建筑物内的住宅、经营性用房等专有部分享有所有权,对专有部分以外的共有部分享有共有和共同管理的权利。"建筑物区分所有权是指一栋房屋按其本身结构分为各个独立单元,每一个单元均可成为一个相对独立的所有权客体,但区分为各个单元的房屋,仍然构成一个整体,而且每一单元房屋及其使用都离不开整个房屋共用设施支撑的一种所有权形式。其由区分所有建筑物专有部分所有权、共用部分持份权以及因共同关系所发生的成员权所构成。

区分所有人享有的专有部分的所有权中有一重要的内容是相邻权,它不仅仅包括了通风采光权、清洁空气权等,还包括相邻的业主之间应当照顾对方的生活的安宁和宁静。相邻权不仅界定建筑物内业主之间关系,还界定整个住宅小区设施设备和业主之间的关系,如小区内的道路是否允许非业主通行等问题。有关相邻权的问题在实际中经常发生,因此应当将相邻权作为一项单独的权利在建筑物区分所有权中加以规定,以区分所有人与区分所有相邻关系中的法律权利和义务。

建筑物区分所有权具有以下特征。

(1) 集合性。建筑物区分所有权是由建筑物区分所有人对专有部分的所有权、建筑物区分所有人对共有部分的持份权(其中又包括共同使用权和专有使用权)以及建筑物区分所有人的成员权等权利组成的复合性权利。各个权利相互之间具有互动关系。

(2) 专有部分主导性。在各项权利中,专有部分的所有权居于主导地位,即其他权利都由专有部分的所有权决定。《物权法》规定:"业主对其建筑物专有部分享有占有、使用、收益和处分的权利。业主行使权利不得危及建筑物的安全,不得损害其他业主的合法权益。"这表明专有权居于建筑物区分所有权的核心地位。

(3) 内容多样性与复杂性。建筑物区分所有权系由专有部分所有权、共有部分持份权及成员权所构成。专有部分由自己独自占有、使用、收益、处分,任何人不得干涉。共有部分如共有的墙体、楼梯等共同使用、共同所有。权利人在特定的管理团体之中与其他权利人形成特殊的权利、义务关系,享有成员权。这三方面的权利相互影响,交织在一起,呈现出了建筑物区分所有权在内容上的多样性与复杂性。

(4) 主体特定性和身份多重性。物权的特定主体扮演着多重角色:一是建筑物专有部分的所有权人,可以对其专有部分进行占有、使用、收益和处分,当然这些权能也受到其他建筑物专有部分所有权人的制约。二是建筑物共有部分的持份权人,既可以对全体区分所有人在生活中必须使用的共有财产进行使用,还可以对依据法律规定和区分所有人之间的共同约定,由其专有使用的共有财产进行排他的、独占性的使用。三是建筑物区分所有权人组织的成员,享有相应的成员权,可以对涉及全体建筑物区分所有人的重要事项进行表决、参与建筑物管理规则的制定、选举管理者、解除管理者、请求就重要事项召开会议讨论、请求停止违反共同利益的行为等。当然区分所有人除享有上述权利外,作为团体成员还应遵守团体协议、章程规定,承担接受管理者管理等义务。

2. 建筑物区分所有权的性质

建筑物区分所有权为一种物权——不动产物权。中国台湾学者戴东雄明确指出:"区分所有权为一独立不动产所有权概念。但其较一般不动产受较多限制。"

建筑物区分所有权虽然有不动产所有权的性质,而且与共同所有权类似,但其明显跟传统民法上的共有不同。在传统民法上认为一物一权,就其共有制度而言,每个共有人只能享有价值上的份额,而不能对某一特定的物享有物权。相对于现代区分所有来说,传统的共有制度存在两个缺陷:第一,共有关系的形成需要共同购买、合建或其他形成共同共有意思,这对于高楼来说,会因人多关系复杂很难满足各个意思主体的利益而成为不可能。第二,由于每个人不享有独立的权利,共有人之间必然存在相互牵制,每个人对其份额的处分要受其他共有人意思左右。

建筑物区分所有权为一种特殊的所有权形式,其特殊性就在于它类似于共有,又不同于共有。第一,传统的共有理论无法应对建筑物区分所有的现实。在传统的共有理论中,分按份共有和共同共有,而上文已经指出该两种共有形式都适应不了建筑物区分所有的实务。建筑物区分所有既强调整体的按份共有性质,又强调区分所有部分的专有性和共有部分的共用性,是一种特殊形式。第二,从按份共有来看,建筑物区分所有的共有不存在优先权,而传统的民法理论中按份共有则享有优先权。第三,在区分所有建筑物的共有中,所有权、持份权、成员权三位一体,不能将自己的份额分出或者单独转让。建筑物区分所有的共有部分,既不能将其解为按份共有,按份共有可以分割,也不能将其解为共同共有,共同共有关系可以终止,当终止时要分割共有财产。区分所有建筑物中的共有部分,只为共有,不能要求分割,且这部分共有关系须永久维持,直至该建筑物消失或完全归一人所有时,才与区分所有关系一起灭失。

《物权法》第七十二条规定:"业主对建筑物专有部分以外的共有部分享有权利,承担义务,不得放弃权利不履行义务。"第二款又规定:"业主转让建筑物内的住宅、经营性用房,其对共有部分享有的共有和共同管理的权利一并转让。"由此可见,建筑物区分所有权的共有关系具有永久不可分割性。

因此,建筑物区分所有权应当以对专有部分的专有权为基础,由此结合区分所有建筑物的特征,使建筑物区分所有权人同时拥有共同部分持份权、享有成员权。

3. 建筑物区分所有权的内容

根据建筑物区分所有权的含义,它的内容可分为三个部分。

(1) 专有部分所有权。

专有部分所有权是指建筑物区分所有权人对专有部分享有的自由使用、收益和处分的权利。要明确专有所有权,则应先理解专有部分的范围。建筑物的专有部分指在构造上能够明确区分的、具有排他性且可以独立使用登记的建筑物构成部分。

建筑区划内符合下列条件的房屋,以及车位、摊位等特定空间,应当认定为专有部分:

① 具有构造上的独立性,能够明确区分;

② 具有利用上的独立性,可以排他使用;

③ 能够登记成为特定业主所有权的客体;

④ 规划上专属于特定房屋,且建设单位销售时已经根据规划列入该特定房屋买卖合同中的露台等,应当认定为专有部分的组成部分。

(2) 共有部分所有权。

共有部分所有权也称共有部分持份权,是指建筑物区分所有人依照法律或管理规约的规定对区分所有建筑物的共用部分所享有的占有、使用及收益的权利。建筑物的共有部分是指建筑物及其附属物中除专有部分之外的由全体或部分区分所有人共同使用的其他部分,其中,全体区分所有人的共用部分主要有电梯、楼梯、走廊、地下室等;部分区分所有人的共用部分主要有各单元的楼梯、各楼层之间的楼板等。

它具有以下特点。

① 共有权的主体人数众多。

② 区分所有人所享有的共有权与其对专有部分所享有的单独所有权密切联系。

③ 共有权的客体范围较广泛。一般来说包括:建筑物的基础、承重结构、外墙、屋顶等基本结构部分;建筑物的公共部分及附属物,如通道、楼梯、大堂等公共通行部分,消防、公共照明等附属设施、设备,避难层、设备层或者设备间等结构部分等;建筑区划内的土地,依法由业主共同享有建设用地使用权,但属于业主专有的整栋建筑物的规划占地或者城镇公共道路、绿化用地除外;其他不属于业主专有部分,也不属于市政公用部分或者其他权利人所有的场所及设施等。

④ 建筑物区分所有人所享有的共有权是一种新型的特殊的所有权形式。

(3) 成员权。

成员权是一种资格,它是与专有部分的所有权联系在一起的,任何人取得了专有部分所有权,自然取得了团体成员权,如果转让了专有部分所有权,其团体成员权利则随之丧失,并由受让人取得成员资格。

按现行法律法规,对下列事项由拥有成员权的业主共同决定:制定和修改业主大会议事规则;制定和修改建筑物及其附属设施的管理规约;选举业主委员会或者更换业主委员会成员;可以自行管理建筑物及其附属设施,也可以委托物业服务企业或者其他管理人管理,选聘和解聘物业服务企业或者其他管理人,对建设单位聘请的物业服务企业或者其他管理人,业主有权依法更换;筹集和使用建筑物及其附属设施的维修资金,建筑物及其附属设施的维修资金,属于业主共有;改建、重建建筑物及其附属设施;有关共有和共同管理权利的其他重大事项。

业主在物业管理活动中,享有下列权利:业主按照物业服务合同的约定,接受物业服务企业提供的服务;提议召开业主大会会议,并就物业管理的有关事项提出建议;提出制定和修改管理规约、业主大会议事规则的建议;参加业主大会会议,行使投票权;选举业主委员会成员,并享有被选举权;监督业主委员会的工作;监督物业服务企业履行物业服务合同;对物业共用部位、共用设施设备和相关场地使用情况享有知情权和监督权;监督物业共用部位、共用设施设备专项维修资金(以下简称专项维修资金)的管理和使用以及法律、法规规定的其他权利。

业主在物业管理活动中,履行下列义务:遵守法律、法规以及管理规约、业主大会议事规则;遵守物业管理区域内物业共用部位和共用设施设备的使用、公共秩序和环境卫生的维护等方面的规章制度;执行业主大会的决定和业主大会授权业主委员会作出的决定,业主大会或者业主委员会的决定,对业主具有约束力;按照国家有关规定交纳专项维修资金;按时交纳物业服务费用;法律、法规规定的其他义务。

业主不得违反法律、法规以及管理规约,将住宅改变为经营性用房。业主将住宅改变为经营性用房的,除遵守法律、法规以及管理规约外,应当经有利害关系的业主同意;业主大会和业主委员会,对任意弃置垃圾、排放污染物或者噪声、违反规定饲养动物、违章搭建、侵占通道、拒付物业费等损害他人合法权益的行为,有权依照法律、法规以及管理规约,要求行为人停止侵害、消除危险、排除妨害、赔偿损失;业主对侵害自己合法权益的行为,可以依法向人民法院提起诉讼。业主大会或者业主委员会作出的决定侵害业主合法权益的,受侵害的业主可以请求人民法院予以撤销。

第二节 委托-代理理论

物业服务合同是广大业主选举出来的业主委员会与业主大会选聘的物业服务企业之间签订的、委托物业服务企业对物业进行综合管理的法律文件,是物业服务企业接受业主或业主委员会的聘任和委托提供物业服务,业主支付服务费用的书面协议,是确定业主和物业服务企业之间权利和义务的基本法律依据。

它与一般委托合同存在如下差异:物业服务合同双方当事人不能随时随意解除合

同;物业管理的管理服务是一种专业化、技术化的综合性有偿服务;业主、业主大会及业主委员会有知情权、监督权,而没有直接指挥权;一个物业管理区域的业主大会,可以委托一个物业服务企业实施物业管理;物管活动产生的法律后果应根据物业服务合同明确规定,双方当事人各自分别承担。

在物业管理的服务内容中,不仅有对全体业主共有部分物业的管理,还涉及对业主个体相关财产的保管,以及对共有物业设备设施的购买、更换等。因而物业服务合同中的性质比较复杂,涉及保管、租赁、承揽、委托等法律关系。

虽然物业服务合同不完全是一般的委托合同,而且业主还可以自己来管理自己的物业。但由于建筑技术的发展,社会分工的细化,对物业管理的专业要求越来越高,这使得业主们开始寻找代理人进行自己没有能力或者不愿进行的物业管理活动,物业管理活动的委托-代理关系也由此而产生。

一、委托-代理的含义

委托是指受托人以委托人的名义为委托人办理委托事务的活动。委托人可以支付报酬,也可不付报酬,关键在于委托方信任与受托方承诺处理。委托关系之所以能够成立,是因为受托人能够解决委托人在生产、生活中自己不能解决或处理不好的事务。

代理是代表他人从事某项活动。根据我国《民法通则》第63条规定,代理是指"代理人在代理权限内,以被代理人的名义实施民事法律行为,由此产生的民事权利和义务直接由被代理人承受的一种民事关系"。代理在法律活动中具有以下四个特征。

(1) 代理活动必须是具有法律意义的行为,行为符合合同的约定和国家的法律法规的要求。

(2) 代理人以被代理人的名义实施民事法律行为。

(3) 代理人在代理权限内实施代理行为。

(4) 被代理人对代理行为承担民事责任。

代理作为一种独立的法律制度,是商品经济发展的结果。在古罗马尚无代理关系,但随着商品交换的发展,代理制度逐步产生和发展起来。改革开放以来,中国也逐步提出和完善了代理的法律制度。

在代理关系中,主体有代理人、被代理人和相对人。代理人以被代理人的名义与相对人发生民事行为关系时,代理人与被代理人之间的代理关系才能实现。物业管理实践中,有一种代理关系可以认为代理人为物业服务企业,被代理人为业主或业主委员会,相对人则为专业公司,如房屋维修公司、设备维修公司、绿化公司、清洁公司等。物业服务企业与各专业公司签订各种合同,以满足被代理人的需求。

《民法通则》第64条规定:"代理包括委托代理、法定代理和指定代理。"物业管理是一种委托代理。区别于其他代理,委托代理是指代理人在被代理人的委托和授权之下产生的代理行为,委托方处于主体地位,由双方共同根据市场规则形成委托-代理关系。由于在该代理活动中,仅凭被代理人一方授权表示,代理人就取得代理权,故委托代理又称为意定代理。

从委托方的组成来看,委托代理有两种情况。

第一,单独代理。是指由一个业主授权的代理,如单个业主委托物业服务企业。

第二,共同代理。是指由两人以上业主授权的代理,如目前多个业主委托业主委员会选聘物业服务企业的代理。

委托代理可以是书面形式、也可以是口头形式,具体情况依《中华人民共和国合同法》等法律规章规定而论。中国的《物业管理条例》规定:业主委员会应当与业主大会选聘的物业服务企业订立书面的物业服务合同。值得注意的是,委托-代理关系是在法律情景中的有效行为。它在得到法律保护的同时,操作过程也必须有法律认定,即明确被代理人将自己拥有的某种权力暂时、有条件地让渡给代理人,同时以委托合同作为代理行为的依据。没有法律依据的委托-代理关系容易产生纠纷。在现代法律中,委托-代理关系受法律保护。

二、物业管理的委托-代理关系

现实生活中,由于物业的不可分割性(指物质实体的不可分割)、整体性和产权的多元化的特点,众多业主自己直接进行物业管理,或各自寻找物业管理者来管理物业的公共区域,皆会带来一些弊端。由代理人来完成多业主区域物业管理方面的工作就成了一条可供选择的重要途径。

物业管理的委托-代理关系是指业主为了使自己名下的物业能正常使用、保值升值,需要在市场中寻找合适的"代理人",将其物业的管理权委托给代理人行使。当物业服务企业通过委托合同获得该物业的管理权时,业主和管理者之间的委托-代理关系即告成立。

在物业管理中,业主与管理者构成一对委托-代理关系。物业公司凭委托合同获得该物业的管理权,成为代理人。整个行为是物业公司依照国家有关法律法规、按照合同或契约行使管理权,业主和物业公司之间是建立在法律和经济平等基础上的契约关系。

根据委托-代理的分类,物业管理的委托-代理关系有两种情况,即多元产权的委托-代理和单一产权的委托-代理。

1. 多元产权委托-代理模式(委托服务型物业管理)

这种委托-代理方式可用图2-1表示。

业主 ⇄(委托/代理) 业主委员会 ⇄(委托/代理) 管理单位(如物业服务企业) ⇄(委托/代理) 单位员工(或相关专业公司)

图2-1 多元产权委托-代理模式

2. 单一产权委托-代理模式(自主经营型物业管理)

这种委托-代理方式可用图2-2表示。

业主 ⇄(委托/代理) 管理单位(如物业服务企业) ⇄(委托/代理) 单位员工(相关专业公司)

图2-2 单一产权委托-代理模式

在实际过程中,不管是多元产权委托-代理还是单一产权委托-代理,业主与物业服务企业的合约关系都是由若干个连续性的合约构成的。业主是最初的委托人,业主委员会或物业服务企业构成中间合约环节,物业公司员工或相关专业公司是最终代理人。代理关系实现的效率如何,主要看处于此合约关系环节中的最初委托人与最后代理人这两个节点。最初委托人是委托-代理关系产生的源起。其监督与激励决定代理水平;同样,最终代理人的工作水平,也决定了物业管理的有效程度。

三、物业管理的委托-代理问题

与一次性的交易合约不同,物业服务合同目标的实现包含了一个很长的持续期。在这一期间,存在着三个层次的决定关系:第一个层次是委托-代理关系的制度设计,决定了双方的权利与义务;第二个层次是委托人所采取的监督和激励的有效性,决定着代理人行为实现委托人要求的状况;第三个层次是最终代理人的敬业精神和工作努力水平,也决定着物业管理效率。因此,可以得出影响管理效率和效益的几个主要环节。

1. 产权利益

在委托-代理关系中,对代理人进行监督或激励的原动力来自初始委托人对产权利益的追求,包括业主在自用时对使用效益的追求,在经营时对租金收益的追求或在转让时对价值的追求。

在物业管理中,委托人可以是一个业主,也可以是多元产权所构成的利益共同体。作为利益共同体,成员越多、规模越大,每个委托人分享的份额就越小,多元产权主体"搭便车"的倾向就越严重。于是,委托人监督的积极性下降。

2. 监督距离

在物业管理中,业主对物业服务企业的监督环节较为复杂。首先,物业管理服务是针对各类物业和环境的专业性服务,对服务质量的评价和判断具有较大的不确定性,相应地,代理人较委托人处于更强的信息优势;其次,物业管理的委托-代理,是由若干个连续性的合约组成的,包括初始委托人(众多业主)—业主委员会—物业服务企业—最终代理人(公司员工),其中存在着因产权性质而异、为数不等的中间层,因而每个中间层则同时具有代理人与委托人的双重身份。可见,从初始委托人到最终代理人有相当长的"监督距离",而监督距离越长、中间层越多,监督积极性就越小。可供借鉴的《北京市物业管理办法》(2010年10月1日起施行)规定:"业主可以以幢、单元、楼层为单位,共同决定本单位范围内的物业管理事项,事项范围和决定程序由业主大会议事规则规定或者物业管理区域内全体业主共同决定。"

3. 激励手段

激励是持续激发人的动机的心理过程。通过激励,在某种内部和外部刺激的影响下,使人始终维持在一个兴奋状态中。激发人的动机的心理过程模式可以表示为:需要引起动机、动机引起行为、行为指向一定的目标。即人的行为都是由动机支配的,而动机则是由需要所引起,人的行为都是在某种动机的策动下为了达到某个目标而有目的地活动。

心理学的一般规律,同样适用于物业管理。物业服务企业最大的需要是通过提供自己的管理服务,获得企业的最大利益。只有在可以获取最大利益的"动机"驱使下,物业服务企业(代理人)才能不断提高自己的努力水平。委托人要刺激代理人的工作动机,自己也才能获得最大的产权利益。对于那些管理较好的物业服务企业,通过合约期满后的续约、再聘用等方法给予激励,这在心理学上被称为"正强化"。

正强化的另一面是负强化。这是激励中采用的另一种手段。物业管理中的负强化就是要有一种"替代威胁",即代理人如果管理服务不好,委托人可解雇或改换代理人。

4. 行为能力

在合约关系中,委托方与代理方必须具备谈判和履约能力。委托方的重要职责是统一业主意见。因此,在选举业主委员会的过程中务必做到两点:一是严格挑选条件适合的业主委员会成员;二是充分调动业主委员会各成员的积极性。在这方面,不光要充分利用业主对自身利益的追求,还应辅以相应的激励措施,如信任、尊重并赋予相应的权力。

代理方应履行维护业主工作和生活秩序的职责,并有权力对越轨者采取相应的制止措施,因此,自律性的管理规约、业主委员会的支持以及健全的法律法规成为推动物业管理行业健康发展的重要条件。

四、物业管理委托-代理问题的解决

任何单位、任何个人(业主)采用委托代理的最终目的可归为一句话:寻求自身利益最大化或损失最小化。在物业管理实现效益过程中,委托人的监督、激励和最终代理人(单位员工)的努力决定着物业管理实际成效。根据现实物业管理的情况,要提高物业管理水平与质量,就要解决物业权益保障、委托人与受托人之间利益分配以及激励受托人等方面问题。

1. 业主权力问题

物业管理权从物业财产权派生而来。在物业管理的委托-代理关系中,代理人的管理权(含中间层的转委托权)来自委托人,而初始委托人的权利依据物业产权。

在以产权利益为纽带的较大"共同体"内,个别或少数业主不能代表业主总体。为形成一致行动,就得采取某种个人意见加总的制度,即通过选举产生代表业主利益的业主委员会。但选举产生的业主委员会因为成立不规范,在目前未能充分发挥其业主自治执行机构的权力,许多业主缺乏对于业主委员会重要性的认识,存在"搭便车"心理,对业主代表大会消极对待,不积极参与,造成业主委员会先天不足。所以需要在法律上确立其"法人社团"的地位,从而保证其有效运行,最大限度地代表广大业主的利益,并行使委托人权利。

2. 市场成分问题

业主或业主委员会以"委托人"的身份到市场上寻找"代理人",这样必然会出现许多具有浓厚市场特征的行为——相互寻觅、讨价还价、签订合约以解决摩擦和分歧等。

实际上,由于物业特性,导致物业管理必须先行进入。开发企业要事先组建或聘请管理单位,购房人得向物业管理单位领取钥匙,还得在一份由管理单位拟定的、以接受管理为主的文书上签字。这一过程明显地表现出业主接受管理的被动地位。

能否把这种颠倒的关系摆正?从理论上讲,可行。这里的关键问题是,由谁来组建第一届业主委员会?实际操作中,组织者往往是先行进入的物业管理单位,此类做法的逻辑不清。可供借鉴的《重庆市物业管理条例》(2009年10月1日起施行)规定:"占物业管理区域内业主总人数百分之二十以上的业主书面要求召开首次业主大会会议的,物业所在地街道办事处(乡镇人民政府)应当组织召开。"《北京市物业管理办法》(2010年10月1日起施行)规定:"占总人数5%以上或者专有部分占建筑物总面积5%以上的业主也可以自行向物业所在地街道办事处、乡镇人民政府提出书面申请成立业主大会。"

除此之外,在市场方面,形成"替代威胁"的环境是必要的。只要存在有相互竞争的代理人,这个威胁就会有效,才会有效地通过市场机制合理分配委托人与受托人之间的利益。

3. 激励机制问题

在物业管理的实际运作中,基于以下原因,使委托人在与代理人打交道时始终处于劣势。

(1) 最终代理人是实际操作者(其中间层的代理人也比委托人更靠近实际),且多半要"先行进入",往往代理人比委托人拥有更多的信息,能掌握委托人难以知晓的大量"私人信息",从而形成信息占有上的不对称。

(2) 作为初始委托人总代表的业主委员会较之作为最终代理人总代表的管理单位,其组织结构松散,从而导致谈判努力上的不对称。

(3) 委托人提出的服务要求有许多定性表示,而代理人的索取却可以划一,定量为预算总额,从而出现履约考核上的不对称。

为改变或防止物业管理中委托-代理关系某种倒置现象的出现,业主需要引入激励机制,让代理人积极采取行动以最大限度地使委托人的物业增值保值,将双方关系扭转到合理的地位上。这种激励主要表现为委托代理双方使合同谈判最优化以及委托人对代理人进行定期业绩评价这两种形式。

合同谈判最优化的激励作用在于它具有"你不干,有别人干"的替代威胁。在具备相应市场环境的条件下,重要的是确定对双方都有利、都愿意接受的合同内容。委托人与代理人应当对物业管理事项、服务质量、服务费用、双方的权利和义务、专项维修资金的管理与使用、物业管理用房、合同期限、违约责任等内容进行约定。其中的物业管理事项主要是指物业服务企业应当提供的服务内容。一般而言,物业管理的事项包括:

(1) 物业共用部位以及共用设备的使用管理、维修和更新,如公共道路的保养,电梯、车位、机电设备的维护与管理等;

(2) 物业管理区域内公共设施的使用、管理、维修和更新,如小区的文化、体育设施的保养、维修；

(3) 公共环境卫生服务，如公共场所的绿化；

(4) 安全防卫服务，包括进出管理、消防管理、交通管理、秩序维持等；

(5) 物业档案资料保管；

(6) 特别委托的物业服务事项。

在合同内容基本确定后，委托人才能有备无患地进入谈判和选择阶段。值得注意的是，信息的不对称性，将使委托人在搜集资料、权衡判断方面遇到不少困难。合同越详尽，监督越有效。市场竞争越充分，委托人与受托人的权益分配越公平。

定期业绩评价的激励作用在于可借助它来实行一种代理人报酬与业绩挂钩的制度。对多数行业而言，出资者对经营者业绩考核的主要指标是盈利水平。而物业管理的许多业绩内容只能以定性指标来表示，难以考核。解决的办法之一，是多元或定性指标的分值化，使分值的加总基本上能反映出物业管理单位的服务业绩。即用"综合评分"的值来替代利润指标，以比较物业服务企业业绩的优劣。

第三节　公共选择理论

一、公共选择基本理论

公共选择理论(public choice theory)主要研究集体(如一个群体、一个委员会、一个国家)如何进行选择、作出集体决策。

(一) 非市场决策下的公共选择

在现实生活中，人们总是要做出这样或者那样的选择。个人有个人生活问题的选择，如决定早餐吃什么；家庭中有事关所有或部分家庭成员的问题的选择，如这几个月家庭几个成员的收入如何分配并使用；社会有其社会问题需要决策，如社会中各个不同的群体收入水平不等的情况下，怎样决定社会的税收水平，等等。人们通过各种选择和决策影响自己，影响他人。决策和选择的内容不同，划分的标准不同，就会有不同的分类。按决策的制定者分类，可以分为个人决策和集体决策；按决策的制定过程分类，可以分为简单决策和多程序决策；按决策的制定环境分类，可以分为市场决策和非市场决策。公共选择理论可以定义为研究非市场决策的理论，是对政府和集体决策过程的经济分析。公共选择理论的重心不在于价值判断，而在于一个集体为什么选择了这个，而不是那个。公共选择理论是用经济学工具揭示了公共产品的供应和分配的集体决策过程。

公共选择理论的切入口是将决策环境划分为市场环境和非市场环境，采用经济学工具分析集体选择和政治现象(见图2-3)。

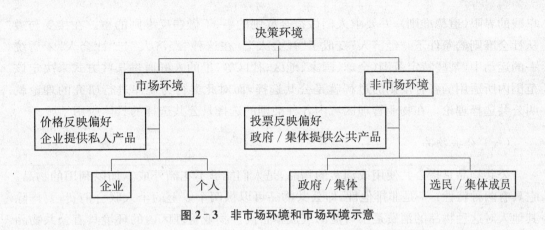

图 2-3 非市场环境和市场环境示意

（二）公共选择理论的基本观点

公共选择理论引入西方经济学中"经济人"的假设,对政治体制、政府行为和集体选择进行分析。在传统的西方经济学中,政府与厂商、消费者具有性质完全不同的行为。"经济人"的假设只属于厂商和消费者,只有他们才是利己的、理性的,追求利益最大化的"人",在私利及贪欲的驱使下,对经济生活中作出最有利于个人的判断和设计,而政府则超出这一狭隘的个人利益,追求公众的利益,以其公正与准确超乎众人,以其公正与准确赢得公众的信任和支持。因此,公正与准确是政府固有的一种天赋。公共选择理论认为,政府官员、集体决策者与厂商和消费者一样,不可能仅仅因为从经济市场转入政治市场之后就由自私自利者转变成为大公无私者,他们也是具有理性和私利的"经济人",也具有自己的动机、愿望和偏好,同样关心自己在政治活动中的成本和收益,同样追求自己利益的最大化,在政治市场上会对不同的决策规则和集体制度作出最有利于自己的反应(即公共选择问题)。这个利益不一定完全是经济利益,也有政治利益、社会利益等。

掌握公共资源的政府官员/集体决策者将个人偏好转化为社会决策机制或程序,再通过直接方式或者指定代表的间接方式,显示公民对广义公共物品的数量和质量的偏好。在此过程中,在选民/集体成员和国家/集体之间就必须插入一个媒介——选举制度。但是,由于所采用的规则不同,影响选民/集体成员、政治家或政党/集体组织的有关行为的成本——收益也不同,因而会表现出不同的"需求"结构。而且,不论以何种方式作出公共选择,最终实施社会决策的是官僚/集体决策者和官僚机构/集体组织,其最终的决策也就很难体现公共利益的最优化。而特殊利益集团、官僚和立法官员/集体决策者追求私利的行为,一方面导致过多的、有利于小团体的公共物品供给;另一方面导致寻租行为,抬高公共物品的实际成本,浪费社会资源。

二、物业管理中的公共选择

人适应群居,群居的人构成了人类社会,而社会由一系列准则、习惯来维系。这些准则表明了正当或不正当的界限(伦理准则)、合法或不合法的界限(司法准则)、高尚与卑贱的界限(道德准则),并要求人们做符合准则的事、不做违反准则的事。在接受与遵从社会准则的条件下,"经济人"变成了"社会人"。在这种"经济人"与"社会人"矛盾统一的运动中,某些特定范围(全球、国家、地区、社区等)里的人群通过某些方式来决定该范围内所适用的各种准则的过程就是公共选择,而对此类行为规律进行研究的理论就叫公共选择理论。在物业管理区域内各种准则的选择是公共选择的具体应用领域。

(一)公共物品

公共物品是指公共使用或消费的物品,是人们能够不花额外成本加以利用的物品。它具有两种特性:一是非排他性,即公共物品可以供两个以上的个人联合消费,要排除其他人对这种物品的消费是不可能的或成本很高。物业管理区内的环境具有公共物品的排他性,优美良好的环境建设需要费用,但非投资者却同样可以受益。二是非竞争性。即在给定的生产水平下,为另一个消费者提供这一物品所带来的边际成本为零。表现为一个人对某种物品的消费不减少或不影响其他人对这种物品的消费。物业管理区里的花草不因看的人多而不美,路灯不因获益的人多而增加费用。

公共物品不限于物质产品(如花草、路灯、卫生、道路等),一些由物业公司提供的非物质产品和服务也是公共物品,如规章、邻里关系、治安状况,以及建立选择、聘任、监督物业公司服务质量的体制也被视为公共物品。对于居民来说,公共物品的供给是必要的。供给公共物品需要成本,这些成本需要物业管理区居民共同分担。但是,公共物品一旦提供出来,又无法排除没有承担费用的居民进行消费。这就出现了"逃票乘车"问题(free rider problem)。由于不管消费者是否对公共物品支付了费用,都可以对其进行消费,于是消费者获得了一种刺激,总希望别人贡献的足够多,以便把公共物品生产出来。"逃票乘车"的直接结果就是:公共物品不能像私人物品那样通过市场有效率地供给,而需要通过集体选择来决定公共物品的提供以及每个成员为公共物品的供给所必须承担的份额。

(二)公共选择

作为生活在物业管理区域内的业主都在追求自身利益的最大化,或者说追求自我价值的实现,例如有的业主在家里喜欢把音响放得特别大;有的业主通宵达旦地打麻将;有的业主喜欢在家里阳台养狗;有的业主利用底层房子开餐馆等等。这些业主在追求自我需要时,必然要受到他人利益的限制。在这种相互限制进而不得不相互妥协的作用下,形成了某些"聚合体"的共同利益。这种属于共同利益的愿望表达和权利确认,通常都采取"公共决策"的方式来实现。但事无巨细都诉诸利害相关人的投票却不经济。于是,就出现了一种叫"代议制"的民主形式,进而产生了"公共机构"。

针对物业管理领域,其表现为:

(1)业主委员会需要由业主大会选出,业主委员会是物业管理区域的"公共机构";

(2)物业管理的规章或收支,需经业主大会或业主委员会表决通过,表决执行少数服从多数的原则;

(3)任何业主都必须接受规约和合同的约束,若有违反就得承担相应的责任。

物业服务企业接受业主委员会委托,签订以管理规约为依据、体现业主集体意志的委托合同,明确规定物业服务企业的权利和义务。物业服务企业的管理权利来源于业主委员会的委托,而后者又受托于全体区分所有权人。逻辑上,承担者应遵从委托人的意志。在实务中,管理规约是管理的依据,是物业服务企业进行管理活动的手段。

（三）公共机构

公共选择来自公共机构的决定,来自大家商议的某些规则、达成的共识,这样的公共机构具有以下明显的特征。

1. 决策的权威性

由公共机构做出的决策、决定、裁决,大家必须遵守,必须服从。就物业管理而言,业主委员会(公共机构)作出的有关规则、决定、决议代表全体业主利益,应具有权威性;每个业主都应该自觉遵守与维护。

2. 成员的代表性

公共机构成员必须经过选举产生,其决定能够代表大家,具有代表性。这个公共机构的组成人员不是随便指定,而是需大家推荐,并经过全体成员选举产生。就物业管理而言,其业主委员会(公共机构)必须由参加业主大会的全体业主通过程序化规定选举产生,这样才能具有代表性。

3. 表决的多数性

"公共机构"作出的决定必须执行少数服从多数的原则以保证"公共机构"决定的公正性。就物业管理而言,业主委员会(公共机构)作出一个决定时必须由业主代表大会(闭会期间由业主委员会)投票来决定,一般事项决策遵循"双过半"原则,即经专有部分占建筑物总面积过半数的业主且占总人数过半数的业主同意即可得出决议。重大事项决策遵循"双三分之二"原则,即经专有部分占建筑物总面积三分之二以上的业主且占总人数三分之二以上的业主同意。

第四节 社区理论

作为社会学基本概念的"社区"源自英文 community,其含义是共同体和亲密的伙伴。社区是社会经济发展的必然产物,随着社会的发展,社区在人类生活中的作用越来越大,关于社区的研究也就随之产生。社区研究起源于西欧,发展于美国,而后影响到中国。它不仅为社区建设和发展提供了重要的依据,而且也为研究现代城市物业管理提供了坚实的理论基础。

一、社区的概念

长期以来,社会学家们从不同的角度对社区有着不同的认识。据著名的美籍华裔社会学家杨庆教授1981年的统计,自藤尼斯最初提出社区概念并确立社区定义以来,在各种社会学的文献中,对社区一词共有140多种定义。但在他们的定义中,都不约而同地触及人口、地域、心理素质与人际互动关系等构成社区的基本要素及其内在联系。因此,如果撇开某种特定的研究角度,从构成社区的客观要素出发,社区可以界定为:社区是由生活在一定的地域范围内拥有某种互动关系、地方特征的生活方式和共同的文化心理,且彼此依存的社会群体和社会组织所形成的社会生活共同体。按照空间特征来划分,社区可分为法定社区、自然社区、专能社区。按照生产生活方式来划分,社区可分为城市社区、小城镇社区、农村社区等类。社区在城市一般指街道或小区,农村则指乡、镇或自然村。

二、社区的要素和功能

(一)社区的要素

根据社区的定义,我们可以看出社区主要由以下几方面的要素构成。

1. 地域要素

社区是地域性的社会,必须占有一定地域,它是人们从事社会活动的区域。正是由于考虑到地域空间因素,社区研究才与社会学的其他研究区分开来。没有地域要素,社区就不可能存在。

2. 人口要素

没有人群,社区就没有了对象和主体。人口是社区构成的第二大要素,主要包括三方面的内容:人口的数量、构成和分布。

3. 区位要素

相对于地域要素来说,区位是指社区内部的人口及其活动的空间分布。在社区内部,人口及其活动的空间分布是有规律的,某些活动往往集中于社区的某一特定部位,逐渐出现了活动与生活设施的空间分布特征,而在社区内形成了不同区域,如自发形成的菜市场、集市、体育运动场、文化娱乐场所等。

4. 结构要素

社区的结构要素是指社区内的各种社会群体和组织相互之间的关系。在社区的地域范围内存在着诸多的社会群体和组织,包括家庭、邻里业主委员会、居民委员会、政府职能部门的派出机构、党政机关、学校、医院、生产部门、商业服务部门以及社区居民自发组织起来的各类社会团体等。城市社区内群体和组织的多样化以及各部分之间关系的复杂化,增加了社区承担的职能,促使社区管理的手段和形式多样化。

5. 社会心理要素

当人们生活于一定的社区之中时,人们总是通过血缘、业缘、地缘等关系,与社区中相互联系又有区别的个体结成种种不同的社会关系。在人与人的互动关系中,以及社区群体与社区个体之间的互动关系中,社区的性质和规模对社区成员的心理和行为产生极大的影响,反过来社区的个体心理因素也对社区的变化发展和社区主体的行为方式产生巨大的影响。

（二）社区的功能

虽然社区的经济结构、组织结构和区位结构不同，其特定功能也不同。但其一般性功能在现代社区中，发挥着越来越重要的功能。

1. 稳定功能

社区是人们参与社会生产生活和政治生活的主要场所。如果社区在管理和服务上跟不上，势必对人们的正常生产、生活和心理造成不良影响，从而有可能滋生不利于社会稳定的各种因素。现代城市社区恰恰是通过良好、完整的社区管理和服务，为社区中的个人、家庭和组织提供了方便、有序和稳定的发展环境，而社区的稳定必然会带来整个社会的稳定。

2. 维系功能

社区的维系功能是指社区作为联系社会的桥梁，可以以一定的社会关系为纽带，将社区居民组织起来，统一、协调社区成员的行为及思想。现代社区管理的新体制和新机制，使政企、政事分离，由社区充当政府和个人、家庭和组织居民之间的中介，在政府的指导下，具体管理社区事务，完善社区服务，加强社区的安全和保障；社区中各类发展协调组织，如社区事务协调委员会、社区单位联席会议、在职联席会议等，也为社会和政府间建立了一个可靠的缓冲带，使政府和居民之间能及时、有效地沟通信息，加强理解，减少矛盾冲突。

3. 整合功能

社区由居民组成，居民的经历和观念千差万别。将这些居民有机地组织起来，形成生活共同体，以使个人在不脱离共同体的情况下获得最大的发展和收益，这就是社会整合。在社区中，人们共享同一的生产生活环境、服务设施等，也就有共同的利益；同时，每一个居民又有各自相对独立的环境、特殊的服务需求，因而有特殊的利益。通过社区工作，改善生活环境，完善服务设施，有利于实现社区中的共同利益。而有针对性地加强特殊服务，能够满足居民特殊需求，维护他们的个人利益。这样，社区工作在协调与调整社会利益的同时，实现社会整合。

4. 凝聚功能

社区凝聚的基本职能就是培养社区成员的社区意识，提高社区成员对社区的认同感和参与社区活动的积极性与主动性，从而进一步强化社区的社会心理要素。社区的凝聚功能的发挥是在社区整合与服务功能发挥的基础上，通过社区教育和社区活动来实现。

社区所具有的整合与服务功能，必然使社区成员之间产生各种联系，从而造成社区成员之间的互动。而这种互动又往往是通过各类社区活动来体现的，如各种形式的精神文化活动、系列公益性和福利性的志愿者活动、娱乐与健身活动等，这些活动所形成的社区成员之间互动关系，产生了居民一致认同的价值观念、行为方式和社区意识，而各类社区活动对社区成员多样化需求的满足，又大大激发了社区成员参与社区活动的积极性和热情。使每个社区成员在享有社区发展成果的同时，也承担着参与社区发展的义务，在社区形成文明、高尚的交往方式和人际关系，强化了社区成员的认同感和归属感。

5. 服务功能

社区服务功能是指社区通过基础性和福利性照顾,来满足社区居民的日常生产生活需求。我国的社区服务主要是面向社区居民的便民服务,面向老年人、儿童、残疾人、社会贫困户、优抚对象的社会救助和福利服务,面向社会单位的社会化服务,面向下岗职工的再就业服务和社会保障服务。目前,我国社区已经普遍建立起社区服务中心,如卫生保健、职业介绍、图书展览、家政服务、救助中心等各类服务机构,对社区居民提供优抚、家政、治安、就业、文化等各方面的服务活动。同时,社区的各种志愿者服务队,充分利用社区的人力资源优势,发挥其技术特长,为社区居民解决生活中遇到的各种疑难问题,也是社区服务功能的一大重要表现。随着社区的发展,社区服务的内容、服务方式将不断丰富和完善。

三、和谐社区建设

和谐社会是人与人、人与社会、人与自然界之间及各个子系统、要素之间处于相互促进、良性运行、和谐共存、共同发展的社会,是社会系统中各个部分、各种要素良性运行和协调发展的社会。构建和谐社会,必须加强社区建设。

(一)和谐社区建设的基本内涵

俗话说,"远亲不如近邻",一个友好的"近邻",能解"燃眉之急"。守望相助、邻里相帮是人们对和谐社区的期盼。

和谐社区是指通过社区与政府、企业、社会,社区与环境,社区与居民的良性互动、协调发展,实现居民自治、管理有序、服务完善、治安良好、环境优美、文明祥和的社区,形成人人关心、人人参与、人人支持、人人热爱、人人享有的安全、团结、幸福、和谐的大家园。其内涵可以从以下几个角度进行理解。

1. 主体和谐

和谐社区是以人为本的社区,其最终目的就是让居民心情舒畅、身体健康、生活幸福。每个社区居民作为社区的基本细胞,是建设和谐社区的主体,每一个"细胞"的身心健康、安全祥和、全面发展、其权利得到重视和保护、其个性和创造性得到充分的尊重,社区主体才能和谐,才能有助于培养良好的社区居民关系,才能形成广泛参与的社区建设局面。

2. 人际和谐

和谐社区是社区居民和睦相处、友爱互助的社区,社区内各个方面的利益都能够得到充分照顾,社区成员个体之间、单位之间、部门之间按照公平、公开、公正的原则竞争,形成人与人之间彼此平等、相互尊重、相互信任、相互帮助、融洽和谐的局面。

3. 秩序和谐

和谐社区是管理民主、安宁祥和的社区。建设社区的过程是居民归属感和责任感的培育过程,其关键是发展基层民主、推进社区居民自治,调动社区内各种力量共同维护社区的约定和秩序。在此意义上讲,和谐社区同时也是一个负责任的社区,各个不同的主体承担相应的责任,社区内"三种法人"(机关、社会团体、企业)积极与社区居民共驻共建,资源共享、优势互补、形成合力,从而实现社区与政府、社区与企业、社区与社会、社区与自然、社区与居民之间良性互动,共同营造社区的和谐安宁。

4. 生态和谐

和谐社区应该是人与自然长期协调相处的社区。和谐是一种状态,是事物按照规律协调运转达到的状态。和谐社区关注"民生"、"民居"、"民安"、"民需",要求创造以人为本、充溢着优雅浪漫气质的人性化生活空间,以达到自然、人文、功能、建筑、园林的高度融合,做到建设与发展和谐、人文与自然和谐,最终实现人与自然生态、人与环境、人与城市的和谐发展、和谐统一。

(二)和谐社区建设的基本原则

1. 以人为本,服务大众原则

社区的所有工作都要以社区居民的需求为导向,以社区居民的参与为动力,以社区居民的满意程度为准则,以求社区居民在社区发展中得到实惠,在参与和谐社区的建设中实现自身的发展。

2. 围绕大局,协调发展原则

和谐社区建设要有利于经济、社会与自然的协调发展和可持续发展,有利于激发基层社会的创造活力。

3. 夯实基础,与时俱进原则

和谐社区建设是一项系统工程,既要目标坚实,又不可能一蹴而就,要从实际出发,合理规划,分类指导,一步一个脚印,打牢基础,巩固成果。根据社区居民共同需求的变化发展,与时俱进,及时采取相应的措施和办法,推动和谐社区建设不断向新的台阶迈进。

4. 整合资源,共建共享原则

充分调动社区内机关、学校、部队、社会团体和企事业单位参与和谐社区建设的积极性,最大限度地实现社区资源的共有和共享,努力营造出共驻社区、共建社区的良好氛围。

5. 注重公平,兼顾效率原则

只有公平,社会才能和谐,社区中居民差距、特别是收入差距不能拉得过大,超过了警戒线就可能使社会走向失衡。但是,绝对的公平是没有的,适当有些差距,是社会有活力、有创造力、有效率的表现。

6. 发扬民主,健全法制原则

民主的第一个目标是要居民获得权力,保障社区居民的正当权益。第二个目标是防止权力滥用。

(三)和谐社区建设的主要内容

1. 以文化为载体,促人际和谐

加强社区文化建设,创建学习型社区、学习型家庭;在社区中开展评选好家庭、邻居节等,举办大型文体活动,开展社区新风尚创建活动。在共同的文化活动中增强归属感、认同感、亲情感,整合好社区中不同群体居民的利益关系,化解矛盾、促进交流、消除隔阂,增进了解与信任,形成健康科学、文明向上的社区生产生活方式,促进社区内家庭和睦、邻里关系融洽,实现社区和谐。

2. 以自治为方向,促管理和谐

以推进社区自治管理运行机制为重点推进社区自我管理、自我服务、自我约束。在有序管理的前提下,积极探索建立社区各方民主参与、合作共事的社区运作机制和议事协商机构,加快建立小区议事委员会、业主委员会。创新社区中介组织形式,按照维权类、服务类、娱乐类等对中介组织进行分类管理,不断提高社区自治和协助管理基层社会事务的能力和水平。

3. 以服务为重点,促愿景和谐

以满足社区各方面利益需求为基点关注民情、关心民生、关怀弱势。着力建立社区服务的组织网络、社会保障和救助网络、再就业工程网络、便民服务网络。加强社区干部队伍、社区工作者队伍和社区服务志愿者队伍建设,调动各方服务社区的积极性。

落实与社区居民切身利益相关的社区就业、医疗、低保、救助等公共服务工作。不断拓宽服务领域,开展各种专业化、社会化的便民服务,特别是面向老年人、残疾人、社区贫困户、优抚对象开展社会救助和福利服务。面向驻社区单位开展托幼、托老、快餐、职业培训、家电维修等社会化服务。面向社区居民开展家政、法律咨询、计划生育、房屋中介、婚介、礼仪等便民利民服务。

4. 以建设为支撑,促环境和谐

以社区环境持续改进为基础推进人居适宜、人城和谐。要立足于现代居住的高要求和高起点,打造精品社区、品牌住宅小区,不断优化社区结构功能,营造优美、温馨和舒适的社区环境。

强化社区城市常态管理,完善管理体制和目标管理责任制,认真解决社区内的违章建设、出摊占道、"城市牛皮癣"等顽症。积极探索推行社区环卫作业等公益事业市场化动作模式和有效途径,不断提高社区环境和设施的管理水平,努力巩固和谐社区的物质基础,切实让居民享受高层次的文明、高质量的生活,从而促进社区居民与人文环境和自然环境协调发展。

5. 以稳定为关键,促安定和谐

全力抓好社会稳定工作,以社区家园安宁祥和为目标,致力化解矛盾。正确处理社区内部矛盾是建设和谐社区的必然要求。要深入开展社区矛盾纠纷排查,畅通信访、信息渠道,从群众最急最盼的事情抓起,尽力帮助群众解决生产生活中的实际困难,从源头上消除影响稳定的因素。加强社区人民调解、司法调解、行政调解工作,增强化解矛盾纠纷的合力。

深化社会治安综合治理,完善社区整体联动防范工程,实施四级网格化管理模式、集贸市场治安防范模式、基层门卫院落治安防范模式、治安重点部位防范模式和外来人口管理"以外管外"模式,营造良好社区治安环境。

四、社区管理与物业管理

社区管理主要是指一定的社区内部各种机构、团体或组织,为了维持社区的正常秩序,促进社区的发展和繁荣,满足社区居民物质和文化活动等特定需要而进行的一系列自我管理或行政管理活动。城市社区管理存在着两种典型范式:一种是社区充分自治的弱政府、强社会范式;另一种是政府包揽一切的强政府、弱社会范式。我国过去的城市社区管理实行了强政府、弱社会范式,但其弊端已显。需借鉴弱政府、强社会范式中合理的价值内核,转变政府职能和工作作风,构筑社区自治体系,发挥社会中介组织作用,建立起政府宏观调控机制与社会自治机制相结合、政府管理职能与社会自治功能互补的新型社区治理结构。

在引入物业管理机制之后,城市的社区管理已由原本街道等基层组织负责的单行政路线,转变为基层组织管理与专业化物业管理相结合运作的社区管理模式。

物业管理与社区管理在职能上和方法上有类似之处,但在权属关系上却不一样。物业管理可以是企业化行为,而社区管理却是公共管理行为,我国现阶段由街道牵头介入使之成为带有行政性质的政府行为。因此,从这个角度看,两者的关系是社区服务需要物业管理,物业管理必须服从社区管理。

(一)物业管理与社区管理的联系

在以人为本、全面发展的共同目标下,物业管理与社区管理存在着以下联系。

1. 指导思想一致

都以物质文明、精神文明、生态文明、政治文明建设为重点,以物业管理区域和社区为载体。按照一定的规范,通过管理和服务,开展丰富多彩的活动,推动社会发展与进步。

2. 物业管理和社区管理目标一致

都要以人为本,为人们提供适宜的生活、工作、学习空间。物业管理完善物业及其周边环境,为人们创造良好环境,社区建设则侧重于调解人际关系,为人们提供和谐的空间。

3. 物业管理服从于社区管理

社区管理是一个系统,是由相互作用的若干要素按一定方式组成的统一整体。在这个统一整体中包含着文教卫生管理、计划生育管理、老龄人口管理、流动人口管理以及指导物业管理等。物业管理离不开社区管理,必须服从于社区管理。

4. 物业管理和社区管理互为影响

物业管理为社区居民创造安全、整洁、舒适、优美、方便的生活和工作环境,有利于人们的生存、发展和享受,并使人们的思想、精神、道德得以升华。社区管理则通过物业管理等多种途径来建设一个"社会安定、经济繁荣、教育普及、环境洁美、生活方便、文化体育生活健康丰富"的文明社区,培养良好的社区环境和社区参与意识,为物业管理的正常开展打下基础。

(二)物业管理与社区管理的区别

1. 管理的主体不同

社区管理的主体是政府指导下由社区成员参加的社区管理委员会,是由社区范围内的政府组织、企事业单位、社团组织和居民等多方参与、共同管理的新型社区组织。物业管理的主体是业主以及接受业主委托的专业化物业服务企业。

2. 性质特点不同

社区管理是政府管理与社会自治相结合对社区社会生活的管理,是围绕"人的社会生活"而实施的管理。它既有纵向关系性质,又有横向关系性质,具有公益性。物业管理则是社会化、专业化管理,它是在业主或业主委员会的委托下,围绕"人的住用环境"而实施的管理,具有劳务交换性质,具有明显的市场性。

3. 管理的内容不同

社区管理与物业管理在管理内容上均具有综合性,但综合性的内涵不同。社区管理立足于社区事务管理,它的内容不仅包括对整个社区建设与发展的规划与组织,而且包括社区范围内具体事务的专项管理。如计划生育、婚姻家庭、卫生保健、商业网点、科技教育、安置就业、扶贫帮困、老龄工作等等。物业管理的内容则是围绕"人的住用环境",以物业保值增值为核心而进行的专业化管理与服务,如各类房屋建筑及附属设备设施的维修养护、物业环境的治安保卫、消防管理、清扫保洁、污染防治、绿化管理、停车场管理以及相关的家庭生活服务等。

4. 运行方式不同

社区管理主要以公共管理、互助管理的运行方式来实施管理。街道办事处与社区有关单位组织的关系,是一种纵向的协调与被协调、指导与被指导、监督与被监督的关系。社区有关单位组织之间,则是横向的互助关系、协作关系、相互支持与配合的关系。而物业管理主要以业主自治管理与专业化物业管理相结合的运行方式,即按"共管式"、市场化运作方式实施管理。例如,成立业主委员会选聘物业服务企业,签订委托管理服务合同,由物业服务企业实施综合服务和有偿服务等。

第五节 项目管理理论

独特性与一次性是项目的显著特征,物业管理中特定服务具有项目特征。采用项目管理理论和方法来进行物业管理,将会使物业管理更上一层楼。

一、项目管理概述

项目管理是管理的一个分支,由于一个工程项目往往包含了许多子任务,在不同的阶段又有不同阶段性的子任务,而这些子任务又由许多单位来承担完成,管理对象较复杂。近十年来,已引起了人们的普遍重视。

(一)项目的定义

所谓项目是指具有独特的过程,有开始和结束日期,由一系列相互协调和受控的活动组成。过程的实施是为了达到规定的目标,包括满足时间、费用和资源等约束条件。一般的项目都具有独特性、一次性、具有生命周期、具有一定约束条件等特征。项目往往具有独特的组织形式,这种组织形式通常是以合同为纽带的。

项目有狭义和广义之分。所谓狭义的项目通常是指目前流传最广的工程项目;而广义的项目可以理解为所有的一次性事业,如工程建设项目、产品开发项目、科研项目、社会项目等。从全寿命的角度而言,物业管理是建设项目的一个部分。图2-4是一个建设项目管理的全过程。

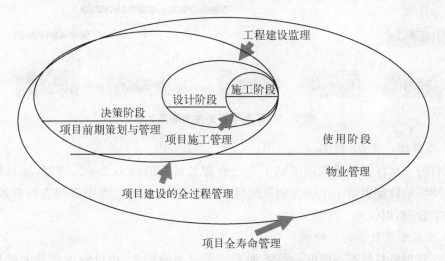

图2-4 业主方和代表业主利益的工程项目管理示意

每个项目都有其生命期,生命期结束也就意味着该项目的完结和其项目管理的结束。不同的项目,其寿命期各不相同,但一般的项目寿命期均可分为四个阶段,即项目概念阶段、项目设计阶段、项目实施阶段、项目运行阶段,在这四个阶段中参与项目的各个企业活动如图2-5(以一个工程建设项目为例)所示。

(二)项目管理

项目管理是通过计划、组织、协调、领导和控制等职能,设计和保持一种良好的环境,使项目参加者在项目组织中高效率地完成既定的项目任务。它是在一定约束条件下,以高效率地实现项目业主需求为目的,以项目经理个人负责制为基础,以项目为独立经济核算单位,并按照项目内在规律,进行有效的计划、组织、协调、控制的系统管理活动。

从上述的内容可以看出,项目管理有以下几个特征。

1. 项目管理的条件约束

对项目的条件约束往往集中在时间和资金两个方面。

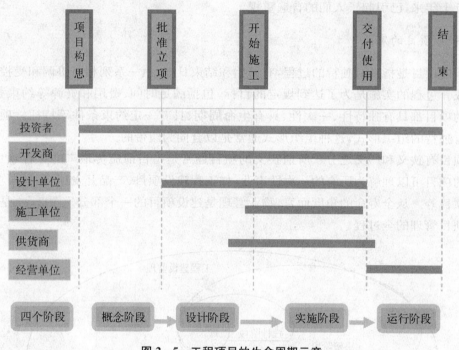

图 2-5　工程项目的生命周期示意

2. 项目的一次性

项目的一次性是项目管理区别于企业管理最显著的标志之一。同时,项目管理的一次性特征给管理者带来了较大的风险性,它要求项目实施过程中必须进行有效的、严密的科学管理,以保证一次性成功。

3. 项目管理目标的明确性

项目管理的目标都是时间、成本、质量三者完美的结合,项目管理实质上就是目标管理。

4. 项目经理负责制

对一个项目的设置和明确,项目经理显得非常重要,项目经理根据预定的目标在管理工作中进行有效的控制,以确保其达到最理想的状态。为了使管理工作顺利地进行,项目经理必须明确其职权(人事权、财权、技术决策权、进度计划控制权等),以保证项目管理的成功。

(三) 项目管理的工作内容

为了实现项目管理目标必须对项目进行全过程、多方面的管理。考虑的角度不同,对项目管理工作内容的描述也不同。

(1) 按照管理职能,项目管理就是通过计划、组织、协调、领导和控制等,设计和保持一种良好的环境,使项目参加者在项目组织中高效率地完成既定的项目任务。

(2) 按照一般管理工作过程,项目管理可以分为对项目的预测、决策、计划、控制等工作(见图 2-6)。

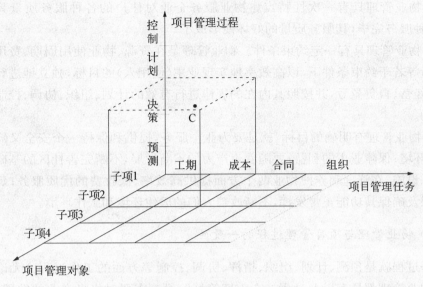

图 2-6 项目管理的系统结构

(3) 按照系统工程方法,项目管理可分为确定目标、制订方案、实施方案、跟踪检查、反馈等工作。

(4) 按项目实施过程,项目管理工作可分为目标设计、系统分析、计划管理、组织管理、信息管理、实施控制、维护保养、营运工作等。

(5) 按照项目管理工作的任务,又可分为成本(投资)管理、进度管理、质量管理、安全管理、组织和信息管理、合同管理等工作。

另外,由于工程项目的特殊性,风险是各级、各职能部门都要考虑到的问题。因此,项目管理必须涉及风险管理,它包括风险识别,及风险计划、评估和控制。

通常一个完整的项目管理系统应该将项目的各职能工作、各参加单位、各项活动、各个阶段融合成一个完整有序的整体,按这些管理工作的任务设置职能机构。

二、物业管理与项目管理的联系

从宗旨而言,物业管理服务的宗旨是通过为业主提供安全、舒适、整洁、快速的服务,提供优美、整洁、方便、安全、文明的工作和生活环境。一个服务项目是一个过程,该过程可以划分为许多互相依赖的子项目,以一种有序的、循序渐进的方法来实施。从全寿命周期的角度而言,物业管理是建设项目管理的一部分,应遵循项目管理的规律提高物业管理水平。

(一) 物业管理与项目管理特征的一致性

物业管理要投入大量的人力、物力、财力,其目的是要尽可能延长物业的使用寿命,并且使其服务满足住户要求,这符合项目管理的内涵。

物业管理具有项目管理的特征。

（1）物业管理具有一次性特点。物业服务企业对住户的各种服务质量具有一次性，即各种服务完毕，其服务质量的好坏便形成了。

（2）物业管理具有一定约束条件。物业管理是在资源、物业使用周期、费用要求和服务质量等若干约束条件下，以高效率地实现业主（使用人）的目标，独立地进行经济核算，自主经营、自负盈亏，并按照其内在的规律进行有效的计划、组织、协调、控制的系统管理活动。

（3）物业管理有明确的目标，就是要为业主服务，提供和保持一个安全又舒适的工作、生活环境；保障业主的利益；要随着生产力的不断发展，不断完善社区的基础公用设施与康乐设施，在管理和养护物业两个方面提供高效率、低收费的优质服务；延长物业使用年限及确保其功能正常发挥，不断改善人们的居住环境和工作环境。

（二）物业管理与项目管理过程的一致性

管理过程就是预测、计划、组织、指挥、协调、控制等方面的工作过程。无论项目管理还是物业管理都具有以上过程。在前期筹划阶段都需要对将来企业的发展方向、项目成功的衡量尺度作出详细而周密的预测和计划，以便为今后进行的管理提供一个衡量的依据。在实施过程中，要将各种资源与组织安排到工作现场，对工作中的各项应立即决策的问题及时提供指令，并应保证其顺利执行；同时对工作中各项活动进行协调和控制，确保实际操作的工作与原定计划目标相一致。

（三）物业管理与项目管理目标的一致性

作为项目管理本身来说，其目标就是要将有限的时间、费用等方面的资源充分有效地利用，平衡项目范围、时间、成本、风险和质量等多种相互矛盾的要求，满足项目关系人的各种需要和期望，满足其他特定的要求。作为物业管理来说。其目标也是对物业投入有限的人力、物力，力争为业主（使用人）提供一个安全、舒适的生活、工作环境，提供优质的服务，并使物业尽量延长使用寿命、确保其功能正常发挥。可以认为物业管理目标就是用有限的资源，通过管理工作达到一个较高的质量要求，使得物业保值增值。因此，两者目标有高度的一致性。

通过以上分析可知：虽然物业管理的工作内容多种多样，但从总体上来看仍可以作为一个项目。每一个物业服务企业在接受业主委托、按照制定好的物业管理合约开展服务时，其最终目标是为业主提供一个环境优美、生活方便、安全舒适的居住环境，使物业保值增值。这符合项目管理的基本要求，可以运用项目管理的理论来指导物业管理。

三、运用项目管理方法指导物业管理

我国物业管理由于起步较晚，其管理方法、管理模式都不够完善。而项目管理，就是一种典型的现代管理模式。实行项目管理，可以促使物业服务企业改变管理结构不合理的状况，引入竞争机制，实行以经济手段为主，法制手段、行政手段相结合的管理模式。利用项目管理理论来指导物业管理,是物业服务企业发展的一种必然途径。

(一)物业管理中的项目管理组织模式

项目管理的组织模式主要有寄生型、独立型、直线型和矩阵型等几种形式,前两种模式较多应用于简单的项目之中,而后两种模式多用于中、大型复杂项目。物业管理由于牵涉的关系、利益较多,面对的环境较复杂,所以其实行的项目管理组织模式往往是直线型或矩阵型模式。

1. 直线型模式

一般而言,物业服务企业成立之初,人员和内部事务较少、管理项目和规模相对较小,多会采用直线型管理模式来实施管理。直线型管理模式采用金字塔形组织架构,组织架构一般以树形图表示,塔尖部分是企业的高层管理者,中间部分是职能管理层和督导层,塔基部分为基层员工和一线服务人员。这既体现了管理层级关系,也体现了数量关系。

这种线性职能管理模式采取以控制为目的的集权管理运行机制,其优势表现为:企业决策逐级汇报、逐级审批,办事流程严谨、规范;各级人员权限、职责依规定行使;强调专业化的劳动;各个等级严格分工,形成一条严格的等级指挥链,公司领导意识能够深入贯彻到基层;企业的执行力和风险预防能力较强。其劣势表现为:以简单职能或以业务类别来划分部门等单一的管理方式无法适合多元、复杂的市场环境;重复性工作对知识型员工难以产生激励作用;层层繁琐冗长的行政指挥链和等级森严的职级弱化了员工之间的协助和资源整合;不同部门、项目的分兵作战削弱了企业的反应速度,企业管理较刚性,缺乏柔性。

随着物业服务企业的业务规模扩大,管理项目和面积将持续增加,企业的内部事务、服务对象、员工人数、服务内容、管理幅度、信息线路、客户需求也随之同步增长。直线型管理模式与企业的快速发展必然出现或爆发冲突。矩阵式管理模式恰好能够弥补企业进行单一职能划分带来的不足,把各种人力资源和组织的优势充分发挥出来。

2. 矩阵型模式

矩阵型组织模式就是把多种元素按横向、纵列组成一个矩阵,由纵横两种系列组成方形机构:一种是职能部门;另一种是为完成某一任务而组成的项目机构。确立项目(业务群)体系为主、职能体系为辅的决策支持系统,职能部门要为项目提供服务、支持和指导,纵横系列交叉就组成了矩阵结构模式。

矩阵式组织机构的最大优点是通过跨职能部门的设立,强化彼此间信息的流通,更加灵活、有效地协调各项业务的发展。有利于在项目或业务之间灵活地使用人力、设备等资源,使组织能够适应不断变化的市场要求,提高企业的快速反应机制,高效地实现企业的工作目标。其次,它通过横向联系和纵向联系的管理,平衡企业运营中分权化与集权化问题,使各个业务管理部门之间相互协调和相互监督。

企业高层领导者的主要职责是维持职能经理与产品经理之间的权力平衡。实际上就是强调财务、市场、销售、人事等企业管理职能的适度分权。高层领导者必须愿意进行决策委托,鼓励职能经理和业务经理直接接触,共同解决问题,这将有助于信息共享和协调。这种结构也给员工提供了获得职能和一般管理两方面的技能。

其劣势表现为项目负责人的责任大于权力，因为参加项目的人员都来自不同部门，隶属关系仍在原部门，所以项目负责人对其管理困难，没有足够的激励手段与惩治手段；项目组成人员容易产生临时观念。

（二）物业项目管理

物业项目管理是指利用项目管理的理念及工具最大化实现物业管理过程中相关方的服务要求、利润要求、文化要求等。

实际上物业管理之所以能够运用项目管理的某些工具是由于物业管理具有较为明显的阶段性及程序性。从宏观来看，物业项目管理区分为前期介入阶段、入伙阶段、运行管理阶段。从微观来看，每个阶段都是由若干流程组成的。因此，在上述阶段和流程中可以考虑引入现代项目管理的手段，进而实现在资源约束的条件下更为科学的物业项目管理理论。借鉴项目管理的精髓，可将物业项目阶段及流程管理过程中关键的要素抽象为以下四点。

1. 服务范围

服务范围（scope）也称为工作范围，是指为了实现项目目标必须完成的所有工作。在项目管理中一般是通过界定交付物和交付物标准来定义工作范围。对于物业管理来讲，工作范围也即服务范围，是根据国家或地方法规要求、行业标准、公司目标、收费标准四方面综合得到的。服务范围必须要让执行者清楚地知道完成哪些工作就可以达到项目的目标或者说完成哪些工作项目就可以结束了，它一般包括为谁提供服务、提供服务的内容是什么、服务标准是什么、如何检测及衡量等内容。

2. 服务时间

在项目管理中，与项目时间（time）相关的因素可用进度计划描述，进度计划不仅说明了完成项目工作范围内所有工作需要的时间，也规定了每个活动的具体开始和完成日期。在物业管理中很多服务的实现都是以时间作为衡量标准，如区域保洁频次、保安巡逻间隔、服务时间、维修时间、维保间隔频次、检查频次等，采用项目管理中进度计划的方式可以使涉及时间的服务项目更为清晰和易于操作。

3. 成本控制

成本（cost）控制指完成项目需要的所有投入款项，包括人力成本、原材料费用、设备租金、分包费用、咨询费用、保险费用等，项目的总成本以预算为基础，项目结束时的最终成本应控制在预算内。特别值得注意的是，在物业项目中人力成本比例很大，工作量一般以人均管理面积来确定，而人均管理面积又因不同项目，而有较大差异。因此，在编制物业管理项目预算时，应综合考虑各方面因素，一般来讲，以下几点应予以着重注意。

（1）项目收益目标。项目的收益目标往往决定了物业管理项目的人工成本总额，按照国内现行的物业管理法规，物业管理项目的运作采取两种形式：包干制和酬金制。在包干制下，收益目标与人工成本总额紧密负相关；但在酬金制下，两者的相关性较弱。

（2）管理费标准与管理面积。人工成本所占比例与管理面积基本上呈反方向变化，而与收费标准、项目类型关联性较弱，按常理来推论，面积增大后，单位人工的工作饱和度会增大，进而提高了人员使用效率，人工成本占管理费的比例自然会有所降低。

（3）服务标准。服务标准是物业管理项目成本的最直接影响因素，人员、设备、工具、软件等的配备均与服务标准紧密联系。

（4）物业所属地域。地域因素往往影响着物业管理的成本，沿海地区、大型城市与偏远地区、中小城市的成本自然不同。

4．质量控制

质量（quality）控制是指项目满足明确或隐含需求的程度，一般通过界定工作范围中的交付物标准来明确定义这些标准。在物业项目管理中对于交付物质量的认定可通过以下两种途径进行。

（1）通过对过程的明确要求确定质量。规定过程应该遵循的规范和标准，并提供这些过程得以有效执行的证据，就可以保证交付物的质量，如楼层的清洁标准、区域保安的巡逻要求、工程技术人员的操作规程等。

（2）通过业主和使用人的反馈确定质量。在物业服务过程中，有时，无法通过过程或规程的控制来严格保证交付物的质量，甚至在某些特殊情况下，虽然可以按照规程进行过程控制，但仍不能保证交付物的质量，此时，物业服务行业交付物质量的唯一评判者，也是根本的认定人就是客户，如物业的客户服务工作，可以规定从业人员的服务用语、仪表仪态、处理流程等。

总之，在物业项目阶段和流程管理中，把握服务范围、服务时间、质量控制与成本控制是物业管理成功的关键所在，将形成的成功经验逐步固化在物业服务之中更是物业管理持续成功的基本源泉。

第六节　可持续发展与低碳经济理论

一、可持续发展的概念

20世纪60年代以来，全球生态环境遭到严重破坏，"环境危机"成为威胁人类生存、制约经济发展和影响社会稳定的直接因素。1987年，联合国环境与发展委员会在《我们共同的未来》的报告中首次提出"可持续发展"这一概念，其基本定义是"既满足当代人的需求，又不危及后代人满足其需求的发展"。现在，"可持续发展"的思想理念已深入到人类社会生产生活的各个方面，并在世界范围内兴起了可持续发展的社会变革运动。

可持续发展强调首要的、根本的问题是发展，离开了发展，原地踏步，可持续就无意义可言。在发展的基础上强调可持续性，即发展不该是一种"涸泽而渔"、"一锤子买卖"式的发展。可持续发展能力可描述为："一个特定系统在规定目标和预设阶段内可以成功地将其发展度、协调度、持续度稳定地约束在可持续发展阈值内的概率。"美国的汉森和约纳斯也有相似的定义,他们将可持续能力直接解释为:"一个系统达到可持续状态的水平。"

二、物业管理可持续发展的必要性

物业管理涉及千家万户,与人民群众生产生活息息相关。探索物业管理可持续发展之路,是国内外业界人士共同的愿景。

1. 有利于建立以消费者为主导的物业管理市场

随着物业市场的逐步完善,消费者通过招投标来选择自己信得过的物业服务企业。谁的管理水平高、服务质量好、社会信誉好、收费合理,就选聘谁,从而形成以消费者为主导的良性竞争的物业管理市场。只有这样,消费者的利益才能得到真正的保证。

2. 有利于物业管理行业担负起社会责任

物业管理的主要任务是通过对物的管理、对人的服务,为业主、使用人创造优美整洁、文明安全、舒适方便的生活、生产和工作环境,使物业发挥最大的效益。因此,物业管理的可持续发展,一是可提高物业管理专业化、社会化、现代化水平,确保物业功能的正常发挥并延长物业的使用年限,促进物业保值、增值;二是改善城镇面貌和管理水平,增强城镇的吸纳力,加快城镇化的进程;三是有利于承担促进就业和保障民生的社会责任,促进社区和谐发展。

3. 有利于转变行业经济发展方式

物业服务企业要改变物业管理劳动密集型和简单服务提供者的状态,要加快步入创新驱动、改善服务质量的发展轨道,以品牌、标准、服务和效益为重点,转变经营服务理念,开创可持续发展的商业模式,实现向技术型和服务组织者的转变,以不断提升物业服务的市场竞争力和品牌影响力。同时,可通过拓展资产经营与产业链条的延伸,逐步提升行业的赢利能力,提高行业创造的产值在国民经济中的比重,促进物业管理行业可持续发展。

三、物业管理可持续发展的对策

可持续发展是一种状态,而这种状态取决于三个因素,即发展度、协调度、持续度。

(一)物业管理可持续发展的发展度

发展度以财富的增长、需求的满足为基本识别准绳,它是可持续发展的"动力表征"。对于物业管理而言,有以下几项决定发展度的理念。

1. 以人为本

人是物业服务的主客体,可持续发展的中心就是要满足人的需要,包括生存需要、发展需要和享受需要。以人为本,就是指以人的生存和发展作为最高价值目标,它是物业管理服务的核心和灵魂,是物业管理可持续发展的根本保证。一方面要加快推进物业管理人才队伍建设,建立健全多元化的创新人才培养机制;另一方面要充分满足业主多元化的消费需求。

2. 扩面提质

挖掘和扩大物业服务的消费量，提升物业服务的品质。一方面要通过不断改进服务态度和提升服务质量，巩固在管项目并逐步扩大物业管理的覆盖面；另一方面，面对业主日益增长的物质和文化需求，物业服务企业应突破传统的思维定势，充分利用掌握巨大客户资源、管理庞大不动产的优势，开展"一业为主、多种经营"，向业主提供特约服务，挖掘与物业管理关联的各类消费支出。

3. 质价相符

物业服务企业是有偿出售智力和劳务的经营型企业，它在提供每项服务的同时也在耗费资源。如果服务成本高于价格，企业必亏。这就要求在推出任何一项物业服务或管理制度之前，按价值工程规律衡量其可行性，不断探索物业管理服务收费的合理标准，按"物有所值"的准则，实现服务与收费的合理等价。

4. 市场导向

细分物业管理市场，定位物业服务方向，提高企业的知名度并协调好企业与相关组织的关系，为企业的发展提供良好的外部环境。

5. 品牌战略

物业服务企业战略的本质是塑造出不易模仿的企业核心专长，从而确保物业企业的长远发展。品牌战略是将品牌作为核心竞争力，以获取优势和效益的战略。包括品牌化决策、品牌模式选择、品牌识别界定、品牌延伸规划、品牌管理规划与品牌远景设立六个方面的内容。

6. 专业服务

并非所有的管理项目都要采用一体化管理模式，四面出击，战线拉得过长，也许意味着更大的风险。现阶段，专业化发展已成为一些中小企业的选择。如一些高尚住宅、酒店式公寓的管理要求与普通物业管理有较大的差距，一些公司可以专业从事高档物业的管理，而另一些公司可以专业从事普通物业的管理，也可将其中的专项业务交给专业公司等。

7. 资源整合

企业的发展壮大需要大量的资源储备，资源包括自然资源、人力资源、资金资源、信息资源等。任何一个企业，其资源总是有限。重要的是对有利于企业发展的各种资源进行有效培育，对内外资源进行充分合理整合，以"人尽其用，物尽其才"，只有这样，企业的可持续发展才能具备资源优势。

8. 节能减排

在日常管理中科学调整物业设施设备的运行方式和运行参数，延长设施设备的使用寿命，提高能源效率，降低设备运行成本；主动排查高能耗及不符合环保要求的设施设备，创造条件积极推进节能减排改造。通过设备改造、强化管理、引进新技术、利用再生资源等多种措施降低能耗和服务成本，实现社会、物业服务企业与业主的共赢。

（二）物业管理可持续发展的协调度

协调度以社会环境与经济发展之间的平衡为基本识别准绳。协调度构成了可持续能力的"公正表征",是可持续能力不断优化的调节者。

任何一个系统的发展都离不开子系统之间、系统与其他系统之间的协调。一般来说,需要协调的关系有:物质、精神与生态的关系,效率和公平的关系,竞争和规范的关系,创新和继承的关系。物业管理的发展亦然。而协调上述关系就需要采用企业文化战略。

1. 建立契约文化观念和诚信文化观念

市场经济本质上是一种法制经济。依法、依约管理物业是协调企业之间竞争合作关系、企业与消费者之间服务与被服务关系的必由之道。

2. 文化具有引导性和感召力

法律与规章制度是一种原则,而文化是一种精神。企业文化环境对于员工的改造力量虽然无形,却是巨大的,它有助于协调企业内部关系,建立稳定的富有力量的团队。过去偏重于强调制度的外在力量,忽视了文化的引导性、感召力和以此带来的人对环境的归属感。

3. 文化是创新和继承的纽带

文化具有的吸纳、改造功能,可使物业服务企业不断获得新思想和灵感。同时,文化的稳定性又足以将企业最内核的精神予以保留和延续。

(三)物业管理可持续发展的持续度

持续度以服务价值的代际非减为基本识别准绳。持续度构成了可持续能力的"稳定表征",是可持续能力不断维系的促进剂。

抽象的表述背后是一个非常浅显的道理:在规模不断扩大、经济利益不断增大的同时,经济效益之外的价值不能反而递减。物业管理常将追求社会效益、环境效益、经济效益的统一作为目标,但事实上,真正做到有难度。其本质是一个索取和回馈的关系问题,即在从社会、环境中获得经济效益的同时,还需要考虑回馈社会和环境。一方面,物业服务企业和业主不能从环境和社会中索取过度或者只索取不回馈。另一方面,回馈给社会和环境的必须是无害并且有益的。这样的战略可称为绿色战略,或低碳战略。它可以表现为以下的几个方面。

(1) 不断进行物业管理新技术的研发,降低社会成本和环境成本,促进经营方式从粗放式向集约式的转变,减少资源的浪费。

(2) 不断用专业又富个性化的服务满足业主的需求,提高服务档次和水平,提高业主生活品质。

(3) 在服务中不断引导业主或使用人采取健康、科学的生活方式,培育管理辖区内的公共意识和操守。

(4) 升华企业的责任,让物业服务企业在单纯的商业氛围中,参与更多的有利于社会发展和生态环境改善的公益活动。

综上所述,物业管理可持续发展,取决于物业管理发展的发展度、协调度、持续度,而这三度又通过一系列的战略来实现。这些战略相互促进、相辅相成,虽可以根据不同的发展阶段有所侧重,但不能有所偏废。

四、低碳经济与低碳物业管理

低碳经济和低碳物业是一个在国际和国内都比较新的理念,其基础是要求建立低碳能源系统、低碳技术体系和低碳产业结构,建立与低碳发展相适应的生产方式、生活模式,以及鼓励低碳发展的相关政策、法律体系和市场机制。

向低碳经济转型已经成为世界经济发展的大趋势,城市能否建成宜人居住的城市,很大程度上取决于在低碳经济时代来临时的应对调整能力。因此,转轨到"低碳经济"运行模式上,开发低碳物业,建成低碳小区是人类可持续发展的必然选择。

(一) 低碳经济的概念

为应对世界气候变化,世界气象组织(WMO)和联合国环境署(UNEP)于1988年创建了联合国政府间气候变化专门委员会(IPCC)。2007年IPCC发表了第4份全球气候评估报告,指出气候变暖已是"毫无争议"的事实,人为活动"很可能"是导致气候变暖的主要原因,此"很可能"表示90%以上的可能性。根据预测,未来100年全球变暖的趋势还会进一步加剧,而且会对自然系统和社会经济产生更为显著的负面影响。

对于全球变暖,科学家已经基本达成共识:最近50年来气温的上升主要是由于二氧化碳等温室气体增加造成的。工业革命开始前,大气中二氧化碳浓度基本维持在280 ppm(1 ppm为百万分之一,即10^{-6})左右,现在已经上升到380 ppm左右。根据全球气温上升2℃的极限目标,到2050年,大气中的二氧化碳浓度不能超过450 ppm,但即使2050年未达到这个浓度,全球平均气温增幅仍有50%的机会高于2℃。二氧化碳是最主要的温室气体,此外还有甲烷、一氧化二氮等。人类在生产、生活中,向大气中排放的二氧化碳增多,导致大气中二氧化碳浓度不断增加。太阳光(短波辐射)可自由达到地球表面,但大气中的二氧化碳等温室气体会阻碍地面的逆辐射——长波辐射,导致热量不能正常散发,使气温上升,这就是所谓的"温室效应"。减少"碳排放"是应对气候变暖主要办法。

在此背景下,"碳足迹"、"低碳经济"、"低碳技术"、"低碳发展"、"低碳生活方式"、"低碳社会"、"低碳城市"、"低碳世界"、"全球生态村"等一系列新概念、新政策应运而生。

低碳经济涉及广泛的自然科学和人文科学领域,至今没有约定俗成的定义,通常所说的低碳经济,即以低能耗、低污染、低排放为基础的经济模式,是人类社会继农业文明、工业文明之后的生态文明发展方式。"低碳经济"(low carbon economy)概念首次在2003年英国政府发表的《我们未来的能源:创建低碳经济》一文中提出。表面上看,低碳经济是为减少"温室效应"所做的努力;但实质上,低碳经济是经济发展方式、能源消费方式、人类生活方式的一次新变革,是通过能源技术、减排技术创新和制度创新,将全方位地改造建立在化石燃料基础上的现代工业文明,转向最大限度地减少煤炭和石油等高碳能源消耗,提高能源效率和清洁能源结构,实现以低能耗、低污染为基础的生态经济和以生态文明为基础的人类生存发展观念的根本性转变。

尽管碳减排及经济增长方式的转变会触及国家利益、发展权利等一系列复杂和敏感问题，但它从各方面为人类社会发展方式的变革注入了活力。英国前首相布莱尔呐喊，英国到2050年建立低碳经济社会。联合国于2009年12月7—18日在丹麦首都哥本哈根召开了《联合国气候变化框架公约》第15次缔约方会议，达成了不具法律约束力的《哥本哈根协议》。该协议维护了《联合国气候变化框架公约》及其《京都议定书》确立的"共同但有区别的责任"原则，就发达国家实行强制减排和发展中国家采取自主减缓行动作出了安排，并就全球长期目标、资金和技术支持、透明度等焦点问题达成广泛共识。本次会议被喻为"拯救人类的最后一次机会"。而能源与经济以至价值观实行的大变革，将扬弃过去传统增长模式，而采用低碳经济模式与低碳生活方式，为人类社会迈向生态文明探索出一条新路，实现社会可持续发展。

（二）低碳物业与低碳小区

1. 低碳物业

低碳物业是指在全生命周期内最大限度地减少碳源，同时吸收消耗空气中的二氧化碳，增加碳汇，与自然环境融合共生的可持续发展的物业。低碳物业的标准，第一是舒适健康，第二是节能减排低碳，第三是高效实用，第四是经济，第五是美观。它是在低碳经济时代绿色物业、生态物业的新发展。

物业在全生命周期内减少温室气体排放源，即减排，可采用负成本的建筑节能措施。在麦肯锡公司完成的研究报告《温室气体减排的成本曲线》一文中，减碳措施的负成本从大到小分别是：照明、家用电子产品、商用建筑保温隔热、家用电器、提高电机能效、物业采暖通风与空调、农田养分管理、耕地和残留物管理、建筑隔热保温、全混合动力汽车、粉煤灰替代炉渣熟料、废弃物回收利用、垃圾填埋沼气发电、其他工业能效提高、水稻管理、第一代生物燃料、小型水力发电。从此可以看出，许多减排措施都与物业有关。

物业在全生命周期内增加温室气体吸收量，即增加碳汇，具体通过植树造林、植被恢复和林地管理等途径来实现。由此可见，绿化管理在物业管理中担负着增加碳汇重任。

低碳物业的形态紧凑、有较高的物业密度和容积率，以减少土地利用的碳排放；在大规模旧城改造的形势下，低碳物业应更多地采用回收的废旧建筑材料，更多地发展工厂化、装配式物业，减少废弃物和固体垃圾；应考虑水的循环利用，将灌溉、冲厕等用水与饮用水系统分离，减少污水过度处理过程中的能源消耗；在物业能源利用上，要实现"高效、低碳、集成"，一方面充分利用可再生能源和低品位能源；另一方面将节能作为一种无碳替代资源。同时，要重视能源规划和低碳管理。

2. 低碳小区

低碳小区是保持社会经济发展的前提下，较低水平地消耗能源、排放二氧化碳，按低碳生产和低碳消费的要求建立的资源节约型、环境友好型的物业小区；是充分体现节约资源与能源、减少环境负荷和创造健康舒适生产生活环境、与周围生态环境相协调的小区。

建设低碳小区，必须推行以下政策措施：低碳生产模式；低碳消费模式；控制高碳产业发展速度，加快经济结构调整，提高发展质量；大力开展国际合作，引进低碳技术。目前，国内外建设低碳小区的经验主要包括：节能与充分利用能源，发展新的清洁技术、清洁能源；推行可持续发展型设计和生态物业；提高室内外环境质量，建设高效的交通运输规划和水环境规划；使用低碳材料与充分利用资源，倡导资源回收利用和绿色消费。

低碳小区的建设包括以下几个方面：利用低碳能源是建设低碳小区的基本保证，清洁生产是建设低碳小区的关键环节，循环利用是建设低碳小区的有效方法，持续发展是建设低碳小区的根本方向。构建低碳物业小区有以下途径。

(1) 新能源利用。

面对即将到来的能源危机，全世界都认识到必须采取开源节流的战略，即一方面节约能源；另一方面开发新能源，如"绿色能源"，绿色能源可概述为清洁能源和再生能源。狭义地讲，绿色能源指氢能、太阳能、风能、水能、生物能、海洋能、燃料电池等可再生能源，而广义的绿色能源包括在开发利用过程中采用低污染的能源，如天然气、清洁煤和核能等。

(2) 清洁技术。

实现低碳生产，就必须实行循环经济和清洁生产。循环经济要求把经济活动组织成一个"资源—产品—再生资源"的反馈式流程，以实现在经济和社会活动的全过程中物质和能源不断循环，其特征是低开采、高利用、低排放甚至零排放。清洁生产是从资源的开采、产品的生产、产品的使用和废弃物的处置的全过程中，最大限度地提高资源利用率，最大限度地减少消耗和污染物的产生。

(3) 低碳能源规划。

小区能源消耗会直接影响到周边区域的环境，低碳能源规划除了考虑单个小区自身特点外，还应结合所在区域、城市和国家的发展战略来考量。第一要降低高碳产业的发展速度，要加快经济结构调整，提高各类企业的排放标准；第二要合理组织交通，降低交通工具的碳排放；第三按能源利用的 3D［低碳（decarburization）、低集中度（decentralization）和低负荷强度（demand reduction）］要求规划小区能源系统，满足小区物业供冷、供热、供生物质燃气、供生活热水和部分低压供电的需要。

(4) 低碳建筑。

低碳小区的一个重要组成部分是低碳建筑或绿色建筑。低碳建筑需要既能最大限度地节约资源、保护环境和减少污染，又能为人们提供健康、适用、高效的工作和生活空间。绿色建筑的建设包括：物业节能政策与法规的建立；建筑节能设计与评价技术；供热计量控制技术的研究；可再生能源等新能源和低能耗、超低能耗技术与产品在建筑中的应用等；推广建筑节能。

(5) 绿色消费。

倡导和实施一种低碳的消费模式，在维持高标准生活的同时，尽量减少使用消费能源多的产品，节省含碳产品的使用，实行可持续的消费模式。

（三）低碳物业管理

在物业管理行业，管理节能和既有物业节能改造等内容一直是研究的重点课题，这也一定是未来最重要的研究课题之一。因为，预计到2020年底中国大陆物业面积将新增近300亿平方米，全国的物业节能改造工程将带来2万亿元投资市场，如严格执行节能标准，预计到2020年中国城镇物业将达到65%的节能率，每年可节约2.6亿吨标煤，减少二氧化碳等温室气体排放846亿吨。低碳运营时代的物业管理可大有作为，有多种路径选择。

1. 增汇减排

低碳要求"节源开流"。一方面，采用节能减排的方式可以减少温室气体的排放；另一方面，采取增加碳汇的措施对二氧化碳进行吸收。目前，增加碳汇的最实用方法是加强绿化的功能性设计、维护，利用植物的光合作用减少物业碳排放总量。

2. 倡导低碳生活方式

一方面，应该适度合理消费化石能源，如适当控制冬夏室内温度；另一方面，注重宣传教育低碳节能的生活方式，减少诸如豪华别墅、大排量汽车、一次性产品的消费等。

3. 使用被动式节能技术

利用无碳的被动式节能技术，如昼光照明和自然通风以改善室内空气品质。一方面合理设置物业门窗，引入自然通风，以满足室内换气和夏季通风散热的要求；另一方面，又需要保证物业密闭性，避免空气渗透造成热损失。

4. 遵循低碳的原则选择建筑材料

就近选材，可减少运输过程中消耗燃料而形成的碳排量。材料的低碳应从两方面考虑：一方面，选择低碳建筑材料；另一方面，采用钢结构、竹木材料、金属墙板、石膏砌块等可回收材料，可提高物业寿命期结束后资源回收利用率。

5. 增加可再生能源的利用

应根据环境条件和物业的使用特点，选择合理的可再生能源类型，充分利用太阳能、风能、地热能、生物质能等可再生能源。除了一般的光伏电池和光热热水器等低效率应用外，可扩大应用范围，如薄膜光伏遮阳设施、相变蓄热墙、太阳能制冷、太阳能除湿、光热发电等。

6. 将低碳管理融入物业服务合同能源管理

物业的碳管理需要对物业服务企业开展碳审计，对减碳量核查。同时，为满足物业碳改造的需求，应探索碳服务公司采用合同能源管理（EMC）形式为物业低碳改造融资，实施减碳改造工程的途径等。

7. 执行更严格的节能标准，改善物业围护结构的热工性能

提高对窗的热工性能要求；减少围护结构的室内外传热；将"能耗分项计量"等推荐性标准转为强制性标准；增加对夏热地区物业遮阳的要求等。

8. 采用高效的物业设备

通过提高设备运行效率，减少能耗；采用智能中央控制系统，根据环境条件启动设备，避免过度负荷形成浪费；使用可再生能源空调系统；研究夏季利用冷凝热的热水供

应等。

低碳经济影响到物业管理的方方面面,中国物业管理协会会长谢家瑾曾在中国绿色社区高峰论坛上呼吁,物业管理行业要提高全行业的绿色节能降耗意识;做好物业管理前期阶段的有关节能工作,为后期使用阶段打好绿色节能的基础;在有条件的情况下,对既有物业进行节能改造;改进企业管理水平,把绿色节能工作落实到日常管理工作中;不断提高绿色产业创富的能力,实现业主价值和企业效益的同步增长。

第七节　城市管理理论

随着社会发展、政治进步和经济增长,我国的城市化水平在不断提高,从某种角度而言,城市就是由房屋建筑、交通设施、基础设施等构成的一个硕大物业群体,没有物业的城市不存在,没有物业管理的城市管理也不存在。

一、城市管理的含义

人类有了城市便开始了城市管理的实践。当代社会生活的一个显著事实是城市人口的迅速增加,城市政府管辖事务日益繁重,城市政府组织和非政府组织日渐庞大。随着城市化进程的加快,几乎所有的人都受到城市生产和生活方式的影响。因此,现代化的城市管理已成为都市乃至整个社会生存和发展的必要条件。

传统意义上,广义的城市管理是指城市政府以城市为对象、为实现特定目标对城市运转和发展所进行的综合控制行为和活动。在计划经济体制下就是对城市所有单位、部门、产业的公共管理,它贯穿于城市规划、指挥、监督和协调的全过程之中。狭义的城市管理基本等同于市政管理,主要是指政府部门对城市的公用事业、公共设施等方面的规划和建设的控制、指挥。

随着社会经济的发展,城市管理的内涵也在不断发生变化。综合现阶段国内外对城市管理的理解,可以认为,现代城市管理是指多元的城市管理主体依法管理或参与管理城市地区公共事务的有效活动。它是以城市的长期稳定协调发展和良性运行为目标,以人、财、物、信息等各种资源为对象,对城市系统进行的综合性协调、规划、控制和建设、管理等活动。

目前中国大陆根据对城市管理的主体和对公共事务的理解,形成了城市管理内涵的四个层次。

(1)城市管理就是市政管理,主要指政府部门对城市的公用事业、公共设施等方面的规划和建设进行控制、指导和监督。

(2)城市管理就是城市各职能部门管理的总和,包括人口管理、经济管理、社会管理、基础设施管理、科技管理和文教卫生体育管理在内的城市群体要素管理。

(3)城市管理是以城市为对象,对城市运转和发展所进行的控制行为,它的主要任务是对城市运行的关键机制、产业结构、社会经济环境进行管理。

（4）现代化的城市管理是指以城市基础设施为重点对象，以发挥城市综合效益为目的的综合管理。它是一个综合概念，包含了城市经济管理、城市社会管理和城市环境管理等内容。

上述四种观点中，最后一种观点较接近地反映了现代城市管理的实质和内容。现代城市管理不仅要对市政进行管理，而且还要管理城市的经济、社会、环境的发展，并处理和预防各种城市问题。

二、城市管理的理论流派

现代城市管理的主体是城市政府、公共组织、企业和城市居民，虽然城市政府代表全体城市居民负责城市管理的日常事务，处于执行主体地位，但物业服务企业及物业的使用人既可以参与到城市管理之中，又深受城市管理措施及其成果的影响。因此，对现代城市管理理论流派的思考，有助于对物业管理活动的理解，有利于物业管理成效的改善，有利于创建良好的城市形象和文明物业管理区。

20世纪50年代以来，涌现出了各不相同的城市管理的学术观点和理论学派，美国加州大学的城市社会学教授H·孔兹在《城市社会学理论和方法》一书中曾将之归纳为六大学派。

（1）管理方法学派——认为城市管理是依靠各种科学管理方法作为管理的工具。

（2）管理经验学派——认为城市管理是凭借管理者经验的累积。

（3）行为学派——认为城市管理应着重人性的因素，如何激励管理人员和市民自动自发地发挥潜力，乃是成功的要素。

（4）社会学派——认为城市社区是整个人类社会组织的重要部分，其管理制度与社会制度密不可分。

（5）决策学派——认为城市管理的关键在于管理者所作的决策。

（6）数量学派——认为城市管理可以用数学的方法，对管理资料做最佳的处理。

在研究城市管理时，要注意借鉴西方较成熟的城市管理理论，同时也要同我国城市建设管理的实情相联系，力图探索出有中国特色的现代城市管理理论。

三、现代城市管理的特点

尽管各国的社会制度不同，城市发展阶段和类型不同，但现代城市的管理特性具有很多共同点。

1. 规划的整体性

城市规划不仅只是用地规模和人口规模的规划，而且还包含了社会、经济、文化建设等各项发展目标的综合规划，渗透了城市系统论的思想。因此，在规划中要体现以下理念。

（1）城市是城市居民的城市，城市规划不仅是专业人员的工作，更是城市居民应参与的公共事务。

（2）城市是区域中的一个子系统，它的发展和管理要从区域或是城市群的角度来研究。

（3）城市规划是自然科学与社会经济、文化艺术等人文学科交叉结合产物。

（4）城市在传承中发展，在发展中传承。应注重城市现代化的发展与保护城市历史文脉的结合。

2. 管理的开放性

城市是一个开放大系统，与外界环境存在着广泛的交流和联系。城市的开放性特点有两层含义：一是城市的运行与发展离不开外界环境；二是城市本身对外界也有很强的辐射能力。社会化大生产条件下的市场经济越成熟，城市对外界的依赖程度也就越高。因为城市不仅需要输入原材料和燃料，而且要将制成品输出，甚至到国际上去寻找市场。

城市的开放性特点决定了城市管理的开放性。只有开放性的管理，才能强化城市的开放性功能。因此，我国城市管理应逐步实现地区间、行业间、国际间的开放，打破过去行政系统、行政区划造成的割裂封锁局面。

3. 内容的综合性

现代城市是一个高度综合性的社会地理概念，城市管理学是政治学、经济学、管理学、城市规划学、城市社会学、城市土地学、城市地理学等一批学科交融的产物。

从城市管理的过程来看，城市管理可大致划分为：规划—建设—运行三个阶段，这三者间又互相渗透和制约。在某一个时空点上去观察一座城市，往往会发现，城市的规划、建设和运行管理同时存在。这就需要城市管理者要综合协调好三者的关系。

城市管理的综合性特点要求城市管理者树立综合管理的观念。以往条块分割的城市管理行政系统往往出现效率低下、各自为政的弊端，这种缓慢拖沓、相互扯皮的官僚体制已经不能适应现代城市发展的需要。过多的职能和专业化分工所带来的管理弊端在《无缝隙政府》一书中得以清晰的描述，建立一个以居民为导向的城市政府，满足城市居民的复合性需要应该在城市管理的综合性中得以体现。

4. 导向的市场化

城市管理一定要发挥市场体制对于资源配置的基础性作用，降低管理成本，提高管理效率和管理服务水平。

首先，政府管理职能要与具体养护职能分开，物业管理、公共绿地、环卫保洁等具体作业要坚持走市场化和专业化道路，以改变长期以来存在的低效率现象，政府部门要致力于为城市管理创造良好的制度氛围。

其次，社会中介组织和市民自治组织在城市管理中的作用需要得到足够重视，要结合政府职能转变，加快培育专业化水平较高的行业协会等社会中介组织。

最后，在城市建设和管理的投资保障方面，一方面要扭转城市管理资金投入与建设资金短缺的状况，政府应保障必要的投入；另一方面，要建立以政府为主体的多渠道的资金投入机制，将一部分建设和管理资金的来源和运作纳入市场化的轨道，包括接受社会捐助、企业捐助和市民捐助以及国外资助等。

5. 决策的科学化

城市任何决策都必须有科学观念，遵循客观规律。系统观念、科学模式和专家支撑是决策中不可缺少的环节。

城市公共事务决策时,要定性与定量结合。随着管理新科学及其数量方法的发展,定量决策成为公共决策的重要趋势。这种人-机结合的量化决策理论和方法,大大提高了城市公共决策的准确性和及时性。当然,城市公共事务管理中有许多问题难以用数据定量化,城市管理者的个人经验、定性化的决策同样重要。

此外,要短期与长期相结合。城市管理者要从长远角度来认识和处理问题,不能只考虑眼前利益和任期内的政绩问题,而是要将决策的影响力延伸到可以预见的未来。

四、现代城市管理的目标系统

城市管理的本质就是要充分实现城市功能,城市的功能就是要促进城市经济、社会和环境的综合发展。因此,城市管理的目标系统是一个城市经济、社会、环境三者协调发展的目标体系。具体来看,城市管理的目标可概括为三个"有利于":有利于促进可持续、有活力、低代价的经济增长;有利于社会的稳定和人民生活水平的提高;有利于城市生态环境、人文环境的改善。

联合国已将城市发展的指标体系框架性地分为经济、社会、环境、体制四个部分。经济部分主要包括经济规模、生产和消费、进出口、财政资源和机制等;社会部分包括贫困、人口、人类健康、人类居住等;环境部分包括水、土地、其他自然资源、大气、废弃物等;体制部分包括综合决策、研究与开发、信息支持、公众参与等。联合国的城市综合发展指标体系是城市发展评价决策支持系统中的一个重要组成部分。

当然,由于观察问题的具体角度与研究问题的侧重点有所不同,不同城市得到的指标体系也会有所不同。但是,人们至少达成了一个共识,即城市发展的目标系统应该反映城市经济、社会、人口、资源、环境生态和科学技术等方面的基本状况,既要反映其静态水平,也要反映其动态趋势;既要反映其总量规模,也要反映其结构比例;既要协调社会、经济和生态的发展,也要调节局部利益与全局利益、短期利益与长远利益的关系,从而使城市各种资源的利用具有可持续性,城市的发展达到永续性。

五、物业管理与城市管理

有居民生产生活的空间,就有物业,就会存在物业管理。物业管理几乎涵盖了人们工作、生活的方方面面。例如,住宅小区物业管理给大家一个舒适的居家环境,高层办公楼宇物业管理给大家一个便捷的工作空间。可以说,现代物业管理已成为衡量城市管理水平的重要标志,没有健全的物业管理就没有现代化的城市管理。

(一)城市发展促进了物业管理的发展

1. 城市发展趋势决定了物业管理战略

城市发展的格局决定了物业管理发展的格局。了解城市发展的趋势,可以把握物业管理在城市管理中的发展空间和发展方向。

(1) 城市化加速发展的趋势。进入21世纪以来,中国的城市化进程明显加快,近年来每年保持了不低于1%的城市化增长速度。城市化水平的提高为城市物业管理提供了更广阔的发展空间。

(2) 城市地位进一步增强的趋势。21世纪是中国城市迅猛发展的世纪,城市地位将进一步增强,以城市为重心的经济发展格局进一步形成并发展,城市在国民经济发展中将居于更加突出的地位。

(3) 城市可持续发展趋势。21世纪,中国面对着人口、资源、环境的挑战和压力,改造和发展城市要依据可持续发展原则,实行城市经济的内涵集约化、低碳化发展,特别是加强城市生态环境建设,建设宜人的居住和工作环境。

(4) 社会现代化趋势。到21世纪中叶,我国将基本实现现代化。现代化的国家必须有现代化的物业管理相配套。

(5) 经济全球化趋势。随着中国市场经济体制逐步完善,经济对内对外的开放度会更高,经济的全球化要求物业管理水平的国际化。

(6) 城乡一体化趋势。城乡一体化是我国现代化和城市化发展的一个新阶段,城乡一体化就是要把工业与农业、城市与乡村、城镇居民与农村居民作为一个整体,统筹谋划、综合研究,通过体制改革和政策调整,促进城乡在规划建设、产业发展、市场信息、政策措施、生态环境保护、社会事业发展的一体化。随着城镇化和新农村建设工作的逐步推进,小城镇和农村的基础设施和环境建设逐步得到改善,物业管理的形式和内容将更加丰富。

2. 城市现代化促进了现代物业管理的发展

城市现代化推动了社会化、专业化的物业管理的诞生,也推进了城市管理水平的提高。

在计划经济时代,物业管理主要由房管部门牵头,采取行政化的管理模式,产生了"要么无人管理,要么多头管理"的弊病。房产、环卫、绿化、供电、供水、消防、市政及居委会等部门对物业的相关方面,都有管理的职责,但又可以推卸,造成这种分散和松散管理现象的主要原因之一,就是在城市管理中缺乏有效的经济手段。

改革开放以后,物业产权多元化和市场化格局逐步形成,物业服务企业成为物业管理的主体,将分散的社会分工集中起来统一管理,提高城市管理社会化和专业化的程度。

表2-1清晰地区分了物业管理和传统房管的差别,也显示了现代物业管理较之传统房管所具有的优势和市场特色。

表2-1 物业管理与传统房管的比较

	物 业 管 理	传 统 房 管
管理单位性质	企业单位(物业公司)	事业单位
体制背景	市场经济体制	计划经济体制
管理手段	经济、法律手段	行政手段

续 表

	物 业 管 理	传 统 房 管
管理方式	市场化、社会化、企业化	福利性、行政性的部门管理
管理机制	竞争性的选择制	指令性的终身制
经费来源	物业管理费和有偿服务费	低租金和财政补贴
服务性质	有偿服务	福利服务
物业产权性质	国家、集体、个人	国家
管理理念	以人为本	以物为中心
与住户关系	服务与被服务	管理与被管理
管理内容	全方位、多功能的服务	房屋维修管理为主

3. 城市功能加强提升了物业管理的需求

物业管理与城市发展密切相关。城市的发展总是以原有的城市结构为基础,并在空间上对其存在依附现象。由于历史积存原因,伴随着城市产业结构调整、人们的需求逐步提高、人口变迁,传统的居住文化被冲破、原有社区秩序的稳定和安宁受到威胁,我国的城市普遍存在布局混乱、房屋陈旧、居住拥挤、交通阻塞、环境污染、市政和公共设施短缺,供电、供水、通讯、供气、排水等基础设施的负荷加重,名胜古迹、绿地遭受破坏等问题。

城市社会和经济的发展、金融业的繁荣、对外贸易的扩大、旅游业的兴起需要越来越多的办公楼、写字楼、高级宾馆、酒店别墅,同时还需要更高层次的、多种经营形式的物业管理服务。另外,随着人们生活水平和文化素质的提高,对文明、时尚和艺术的追求和生活方式的改变,人们对周围环境提出了更高要求,从办公到家庭都迫切地需要相应管理服务的完善,需要有一个行业来填补政府行政管理、街道事务性管理、家庭生活便利之间的一个服务真空地带。

总之,与时俱进的物业管理是城市发展的内在需求,城市功能的多样化和服务社会化进度的加快对物业管理提出了更高的要求。

(二) 物业管理是改善城市管理的保障

城市从"重建设、轻管理"进入"建管并重,重在管理"的发展阶段,亟待建立长效管理机制。城市管理是一个系统性、综合性很强的领域,而社会化、市场化、专业化的物业管理正是城市管理创新的内在要求,担负着城市基层管理的主要职责,是城市管理的重要组成部分,是实现城市长效管理的基本保障。

1. 物业管理是城市管理的微观基础

物业管理区域是城市经济活动、社会活动、文化活动以及各种创建活动的微观地理单位,是一个相对独立的小区、大厦,城市管理的范围则是由这些单位组成的整个城市。物业管理将这些遍布全市、建筑面积和规模较大的区域,规范地管理起来,提升了城市品位,改善了市容市貌和居民居住环境。

2. 物业管理是城市管理活动的延展

物业管理将城市管理中分散的管理活动集中起来,由企业实行统一有效的管理。物业管理区域的房屋日常管理、交通、安全防火、治安、生态环境、卫生、文化等工作大多由物业服务企业承担或协助政府完成,填补了政府对公共环境和公共设施以外的社区生态环境和物质人文环境建设的空白,促进了和谐社区的建设,完善和发展了城市管理工作。

3. 物业管理是扩展城市功能的选择

现代城市功能的内涵是十分丰富的,既涉及城市原功能的扩展和城市改造后功能的完善,也涉及城市远景规划布局和社会生产、生活等基础设施功能的强化。城市基础设施建设与房地产的开发、改造与建设,是为城市功能的完善与发展所创造的物质基础,在城市的运转与城市居民的使用过程中,无论是基础设施还是房屋与公共建筑等,都要随时间推移,投入相应人力、物力、财力,使其保持原有功能或完善、发展其功能,物业管理可以满足业主在物业使用过程中多元化的需求,创造与硬环境相适应的管理服务的软环境,并使硬环境充分发挥效用,提高人们的生活质量。如前所述,物业管理的性质与职能,决定了物业管理不仅是封闭式物业管理区域的"大管家",也是现代城市保持功能与发展的"城市美化师"。在物业管理推行社会化、专业化和市场化的进程中,维护、强化与发展城市功能。

4. 物业管理拉动了消费需求

品牌的物业管理为物业的保值增值提供保证,促进房地产的销售和房地产可持续发展;同时,物业管理也扩大消费,拉动经济增长,有人测算在房屋70年的使用过程中,物业管理及装修、房屋修缮、设施改造的消费支出与购房支出的比例为1.3∶1。可见,物业管理不仅有利于刺激居民购房,而且随着社会经济快速发展,物业管理将创造更多的价值。

5. 物业管理是居民安居乐业的保障

为管好已建成和尚在建设中的物业管理区域,为业主提供良好的居住工作环境,真正体现出对舒适、安全、整洁、方便的生产生活条件的追求,物业管理以其特别新颖的服务内容正在取得人们信赖。良好的物业管理不但起到保障居民安居乐业的作用,更是城市安定团结的重要保障。

6. 物业管理是加强城市文明建设的保障

物业是社会成员在工作生活的主要活动场所。业主们在这里相互交往、沟通邻里关系、互换社会信息,在人与物交融的物业管理中,加强物业管理区域的物质文明、精神文明、政治文明、生态文明建设,是现代城市建设赋予物业管理的重要职责。通过物业管理的方式,把现代文明的理念和精神传播开来,促进资源节约型和环境友好型物业管理区域建设,实现居住水平和道德水准的双提高。

7. 物业管理推动城市管理体制的变革

物业管理的推行要求城市管理体制中各种要素重新组合。物业管理是建立在市场经济基础上的专业化管理模式,它的推行必将引起城市管理体制各个要素的变化。这些体制要素主要有决策、信息和运作系统。从决策上看,城市管理的各层决策者不可能不考虑各个物业管理区域作为城市单元细胞的社区和多元业主利益的存在;从信息上看,城市管理的信息流动更多地体现为横向流动,而不是从前的纵向流动;从运作上看,城市管理体制的运转从单纯的行政推动型将转化为行政和市场双重推动型。

市场化、专业化、社会化的、以合约为纽带的物业管理模式取代行政性的单一管理模式,依靠业主、使用人、物业服务企业以契约约束的方式进行的管理,促进了城市管理方式的转变,理顺了财产权和管理权的关系,转换了房屋管理机制;它"以业养业,自我发展",减轻了政府负担;理顺了建管关系,政府从房屋管理者转变为监督服务者,居民从被管理者转换为管理的资源和主体。

探索以业主为本的物业管理之路,是物业服务企业和广大居民的共识,也是政府城市管理的重要职能。物业管理涉及水、电、气、路和环卫、绿化、规划、公安、水利、市政公用设施等方面,而物业服务企业是民事主体,不具有城市行政管理执法权。在城市管理中,物业管理要发挥更大的作用,需要加快物业管理市场化进程,加大水、电、气的经营体制以及城市管理体制的配套改革。

本章小结

本章奠定了物业管理的理论基础。为了读者理解物业管理的对象,合理界定物业管理各方的责权利,阐述了现代产权理论,尤其对物权、建筑物区分所有权理论进行了重点叙述;为了读者理解业主和物业服务企业等关系,阐述了委托-代理理论;为了读者理解物业群范围内各种准则的选择,阐述了公共选择理论;为了读者理解物业所在社区的和谐建设措施,阐述了社区理论;为了读者理解和提高物业管理的水平,引入了物业项目管理的基本理念;为了促进物业管理的可持续发展,从发展度、协调度、持续度和低碳经济等角度分析了物业管理可持续发展的基本思想;为了读者理解物业管理所在的局部与所在城市之间的关系,阐述了城市管理理论。这些便于读者运用相关的基础理论知识,指导物业管理的实践。

关键词

产权　物权　建筑物区分所有权　委托-代理　公共选择　社区　项目管理　可持续发展　低碳经济　城市管理　基础理论

复习思考题

1. 阐述产权、物权、建筑物区分所有权、委托-代理、公共选择、社区、项目管理和可持续发展的基本含义。

2. 为促进和谐社区的建设,在物业管理中应实施哪些措施?

3. 交易费用的含义及其决定因素是什么?

4. 产权有效运行的条件与途径有哪些?

5. 物业管理中的委托-代理问题有哪些?

6. 物业管理中哪些行为是公共选择行为?

7. 阐述物业管理与项目管理的联系。

8. 阐述社区管理与物业管理的区别和联系。

9. 物业管理中的项目管理模式是什么?

10. 谈谈我国物业管理可持续发展的对策。

11. 现代物业管理可以优化哪些城市功能?

12. 论述物权理论、委托-代理理论、公共选择理论、社区理论、项目管理理论、可持续发展观、低碳经济及城市管理理论对物业管理的指导意义。

第三章 物业管理法律制度

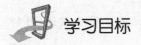 学习目标

学习了本章后,你应该能够:
1. 了解物业管理制度的沿革,把握物业管理法律关系。
2. 掌握业主及业主大会、前期物业管理、物业管理服务、物业的使用与维护、物业管理法律责任等法律制度。
3. 学会用相关物业管理法律知识解释或解决实际生活中发生的物业管理法律案例。

第一节 物业管理法律制度概述

一、我国物业管理的立法

(一)我国物业管理法律体系

法律体系,是指一国现行的全部法律规范按照一定的结构和层次组织起来的统一整体。我国物业管理法律体系是指由现行有效的有关物业管理的全部法律规范组成的统一整体,即由不同类型、不同层次、结构合理的调整物业管理法律关系的法律规范构成的有机整体,其内部各法律规范分工明确又协调统一。

我国现行物业管理法律体系由宪法、法律、行政法规、部门规章、地方性法规等不同层次法律效力的法律规范组成,具体内容如下。

1. 宪法

宪法是国家根本大法。宪法的地位和效力在法律规范形式中居于首位。一切法律、行政法规、地方性法规都必须根据宪法的基本原则制定,不得与宪法的规定相抵触,否则无效。宪法中关于住宅、城市管理、公民权利等方面的规定和原则,是物业管理立

法的基本依据和指导思想,是物业管理法律规范的最重要组成部分,在物业管理法的体系中具有最高层次的法律效力。

2. 法律

法律是我国最高国家权力机关即全国人大及其常委会,经过一定程序制定的规范性法律文件。我国有多部法律直接或间接涉及物业管理,例如,《民法通则》的相邻关系制度、《合同法》的委托合同制度等,均是物业管理立法的基础;而《土地管理法》、《城市房地产管理法》、《城市规划法》等法律则包括一些物业管理应该遵循的强制性规范。

2007年10月1日起施行的《物权法》对物业管理具有极为重要的意义。《物权法》首次明确了"业主的建筑物区分所有权"概念,这种通过明确物的权属来减少因权属不清引起的纷争,明晰了物业管理责任主体的划分,对物业管理具有极其重要的作用。同时,《物权法》界定了物业管理的性质和范围,确认了物业服务企业和业主之间平等的合同关系。《物权法》为建筑物区分所有和物业服务提供了基本法位阶的法律依据和科学的理论依据。

3. 行政法规

行政法规是国务院根据宪法和法律制定和发布的规范性法律文件。我国物业管理的行政法规数量还不多,2003年9月1日实施的《物业管理条例》(2007年8月26日修订)是物业管理立法唯一专门针对物业管理的行政法规。根据《物权法》和《物业管理条例》确立的业主大会、业主公约、专项维修资金等基本制度,解决了长期以来许多悬而未决、影响物业管理市场发展的难题,成为物业管理行业的基本法律依据。

4. 地方性法规

地方法规是省级和较大规模城市的人民代表大会及其常委会制定和发布的、实施于本地区的规范性文件。地方性法规在我国物业管理发展初期发挥了重要作用,一些物业管理先行地区均出台了物业管理的地方性法规。目前,我国已有35部物业管理地方法规,如北京市于2010年4月20日颁布了《北京市物业管理办法》;2010年6月23日,武汉市颁布了新的《武汉市物业管理条例》等。

5. 行政规章

行政规章是国务院有关部门、省级和较大规模城市人民政府依照法律规定的权限制定和颁布的规范性法律文件。如建设部2007年11月修订颁布的《物业服务企业资质管理办法》、2008年3月颁布的《房屋登记办法》、2004年7月颁布的《城市危险房屋管理规定》等。我国有关物业管理的规范性法律文件中,行政规章占了较大比例。

住房和城乡建设部各职能管理司及各级地方行政主管部门依照法律规定的权限和物业管理工作的需要,也会下发专门文件,俗称"红头文件"。这些文件成为进行物业管理最直接、最详细的指导规则。如建设部2009年12月印发的《业主大会和业主委员会指导规则》(建房[2009]274号),国家发展改革委、建设部2004年7月印发的《物业服务收费明码标价规定》(发改价检[2004]1428号)等。

此外,最高人民法院于2009年5月25日公布了《关于审理建筑物区分所有权纠纷案件具体应用法律若干问题的解释》和《关于审理物业服务纠纷案件具体应用法律若干问题的解释》,并于2009年10月1日起施行。这两部司法解释对于物业管理实践中的一些难点、热点问题作出了明确规定,对于增强法律规定的可操作性具有重要意义。

(二)《物业管理条例》的立法原则和主要制度

目前,我国物业管理方面法律效力层次最高的法律规范就是国务院颁布的《物业管理条例》(2003年6月8日国务院令第379号公布,2007年8月26日国务院令第504号修订),其立法原则和设立的主要制度内容如下。

1. 《物业管理条例》的立法原则

立法原则是贯穿于立法过程中的基本出发点。我国《物业管理条例》(以下简称《条例》)在立法过程中的原则主要有以下几条。

(1) 物业管理权利和财产权利相对应的原则。

《条例》根据《物权法》中关于建筑物区分所有权的规定,明确了业主权利和义务的规定,也就是明确了业主作为建筑物区分所有权人的权利和义务。对业主在首次业主大会会议上的投票权的规定,是基于业主拥有的财产权份额,将业主的物业管理权利相应建立在对自有房屋拥有的财产权基础之上。同时,2007年8月修订后的《物业管理条例》,将"物业管理企业"修改为"物业服务企业",进一步明确了物业服务企业的服务性质,也进一步明确了在物业管理活动中业主的主导地位。

(2) 维护全体业主合法权益的原则。

为维护全体业主的合法利益,《条例》既对物业服务企业的行为、业主大会的职责及其对涉及业主共同利益事项的表决、个别业主不按合同约定交纳物业服务费用损害全体业主利益的行为、有关政府部门的行政监督管理责任等作了明确规定,也对建设单位、公用事业单位等物业管理相关主体依法应当履行的义务作了详尽规定。在处理行政处罚和承担民事责任关系方面,《条例》设定的法律责任充分体现了优先保护全体业主利益的原则。

(3) 现实性与前瞻性有机结合的原则。

《条例》注重保持法规、政策的连续性和稳定性,对被实践证明是行之有效的制度,如业主自律、物业服务企业资质管理等制度,予以保留。《条例》注重肯定实践成果,将在实践中积累的良好经验,如主管部门加强对业主大会的指导和监督、物业服务企业做好物业接管验收等,确立为法律规范。对于如何解决现实中存在的问题,如开发企业不交纳未售出物业的物业服务费用、任意扩大物业服务企业的治安责任、公用事业单位向物业服务企业转嫁责任等,《条例》作出了明确规定。《条例》贯穿发展的指导思想,设立的业主大会、强制性维修养护等制度,符合市场经济的基本规律,符合未来立法趋势。

(4) 从实际出发,实事求是的原则。

我国各地区的物业管理发展很不平衡,沿海地区与中西部地区、大城市与中小城市,在物业管理市场发育程度、市场环境、管理服务水平等方面差异较大。《条例》在坚持法律制度统一性的前提下,充分考虑各地区的实际情况,对房地产开发与物业管理分业经营、物业管理区域划分等问题仅作出原则性规定;有的规定的具体执行办法,授权省、自治区、直辖市制定。

2.《物业管理条例》的主要制度

为了规范物业管理活动,维护物业管理当事人的合法权益,《条例》突出建章立制的重要作用,确立了以下几项物业管理的基本制度。

(1) 业主大会制度。

《条例》确立了业主大会和业主委员会并存,业主大会决策、业主委员会执行的制度。规定物业管理区域内全体业主组成业主大会,业主大会代表和维护物业管理区域内全体业主的合法权益。同时,明确了业主大会的成立方式、职责、会议形式、表决原则以及议事规则等主要事项,规定了业主委员会的产生方式、委员条件、职责、备案等。业主委员会作为业主大会的执行机构,可以在业主大会的授权范围内就某些物业管理事项作出决定,但重大的物业管理事项的决定只能由业主大会作出。这一制度有利于维护大多数业主的合法权益,保障物业管理活动的顺利进行。

(2) 管理规约制度。

鉴于业主之间在物业管理过程中发生的关系属于民事关系,不宜采取行政手段进行管理,《条例》对各地实施物业管理中已具有一定实践基础的管理规约制度进行了确认,规定管理规约对全体业主具有约束力。规定建设单位应当在销售物业之前,制定临时管理规约,对有关物业的使用、维护、管理,业主的公共利益,业主应当履行的义务,违反公约应当承担的责任等依法作出约定。建设单位制定的临时管理规约,不得侵害物业买受人的合法权益。业主大会有权起草、讨论和修订管理规约,业主大会制定的管理规约生效时临时管理规约终止。管理规约是多个业主之间形成的共同意志,是业主共同订立并遵守的行为准则。实行管理规约制度,有利于提高业主的自律意识,预防和减少物业管理纠纷。

(3) 物业管理招投标制度。

《条例》突出了推行招投标对于促进物业管理健康发展的重要作用,提倡业主通过公平、公开、公正的市场竞争机制选择物业服务企业。鼓励建设单位按照房地产开发与物业管理相分离的原则,通过招投标的方式选聘具有相应资质的物业服务企业,并对住宅物业的建设单位应当通过招投标的方式选聘具有相应资质的物业服务企业作了明确规定。

(4) 物业承接验收制度。

为了明确开发建设单位、业主、物业服务企业的责、权、利,减少物业管理矛盾和纠纷,并促使开发建设单位提高建设质量,加强物业建设与管理的衔接,《条例》规定物业服务企业承接物业时,应当对物业共用部位、共用设施设备进行查验,应当与建设单位或业主委员会办理物业承接验收手续,同时规定建设单位、业主委员会应当向物业服务企业移交有关资料。

(5) 物业服务企业资质管理制度。

物业管理具有一定的专业性,企业的素质及其管理水平的高低,直接影响到业主的生活环境和工作质量。为了有利于整顿和规范物业管理市场,《条例》规定:国家对从事物业管理活动的企业实行资质管理制度。在现阶段对物业管理行业实行市场准入制度,严格审查物业服务企业的资质,是加强行政监管、规范企业行为、有效解决群众投诉、改善物业管理市场环境的必要手段。

（6）物业管理专业人员职业资格制度。

物业管理活动的特殊性、经营管理的专业性以及涉及学科多、管理复杂等特点，决定了应对物业管理专业人员实行职业资格制度。《条例》规定：从事物业管理的人员应当按照国家有关规定，取得职业资格证书。2010年10月，人力资源和社会保障部、建设部首次举行物业管理师资格考试。

（7）住宅专项维修资金制度。

实践证明，建立专项维修资金，对保证物业共用部位、共用设施设备的维修养护，保证物业的正常使用，保障全体业主共同利益，是十分必要的。针对目前存在的专项维修资金交纳范围不明确以及挪用专项维修资金等问题，《条例》规定：住宅物业、住宅小区内的非住宅物业或者与单幢住宅楼结构相连的非住宅物业的业主，应当按照国家有关规定交纳专项维修资金。同时规定：专项维修资金属业主所有，专项用于物业保修期满后物业共用部位、共用设施设备的维修和更新、改造，不得挪作他用。2007年12月，建设部发布了《住宅专项维修资金管理办法》，进一步明确了住宅专项维修资金的管理制度。

二、物业管理法律关系

在物业管理活动中之所以出现许多问题，一个主要原因是很多人对物业管理中的法律关系认识不清，错误地理解自己在物业管理中的法律地位。物业管理法律关系的主体众多，主要包括建设物业管理区域的房地产开发公司、物业服务企业、购房人（以后的产权所有人——业主）、使用人以及主要由业主代表构成的业主委员会和向物业区内提供其他方面专业服务的有关单位。另外，还包括政府房地产行政管理部门等。上述主体之间的物业管理法律关系应该由物业管理法律规范来调整。弄清楚什么是物业管理中的法律关系，树立法制意识，是做好物业管理工作的前提。

（一）物业管理法律关系的概念

法律关系是法律规范在调整人们行为的过程中所形成的一种特殊社会关系，即法律上的权利与义务关系。物业管理法律关系是法律关系的一种，即物业管理法律规范调整人们在物业管理过程中形成的权利与义务关系。物业管理法律关系的这一概念包括以下几层含义。

第一，物业管理法律关系是物业管理法律规范调整物业管理活动的结果。要想把物业管理工作搞好，首先应当理顺物业管理中的法律关系。怎样理顺其中的关系？我国的物业管理必须实现有法可依、依法办事、违法必究的法制化运作，严格依照物业管理法律规范来调整物业管理活动，就会形成物业管理法律关系。

第二，物业管理法律关系是在物业管理法律规范调整之下的物业管理主体之间的社会关系。这种社会关系既包括业主委员会与物业服务企业之间的关系，也包括业主与物业服务企业之间的关系、业主与业主之间的关系、业主与业主大会之间的关系，还包括上述主体与行政管理机关的关系等。

第三,物业管理法律关系是物业管理各参加主体之间的权利与义务关系。物业管理法律关系并不是以物业管理行为与物业管理行为产生的后果为内容,而是以物业管理主体的权利和义务为内容。

(二)物业管理法律关系的特征

物业管理法律关系有如下特征。

第一,物业管理法律关系是由多重关系共同组成的统一体,即它并非仅指某一对主体之间的关系,而是人们在取得、利用、经营和管理物业的过程中形成的多重关系的组合。

在这个多重关系中有主要关系和次要关系之分,比如,物业服务企业受业主大会的委托,承担居住小区的物业管理,物业服务企业与委托单位签订了委托管理合同。合同签订后,由物业服务企业向所在地的区、县房地产行政管理机关备案。在这个物业管理法律关系中,主要关系是物业服务企业与业主大会之间的关系,次要关系是物业服务企业与房地产行政管理机关之间的关系。次要关系从属于主要关系,也就是说,没有主要关系的发生,次要关系也不会存在。

第二,物业管理法律关系的内容即主体间的权利、义务既有平等主体间的民事关系,又有不平等主体间的行政管理关系。

物业服务企业与业主大会的关系是平等主体之间的民事关系,在物业管理过程中,物业服务企业作为一种民事主体,对物业进行修缮、养护、经营和对业主提供特约服务,业主给物业服务企业支付一定的劳务报酬。双方的权利和义务用物业服务合同的形式予以反映。另外,物业是城市的基本组成部分,管理维护物业及环境是一种重要的社会管理内容,各种物业管理主体在公共安全、公共秩序、社会责任等方面也应当承担一定的法律责任,所以政府物业管理部门对开发建设单位、物业服务企业、业主、物业使用人在物业使用、维护、监控等方面存在着监管的行政管理关系。

(三)物业管理法律关系的构成要素

在法学上,通常把法律关系主体、客体和内容——权利和义务,称为法律关系构成的三要素。任何法律关系都是由法律关系主体、法律关系客体和法律关系内容三个要素构成,缺少其中一个要素就不能构成法律关系。物业管理法律关系也是由三要素构成,即物业管理法律关系主体、客体和内容。

1. 物业管理法律关系主体

法律关系的主体就是法律关系的参加者,它是法律关系中权利的享受者和义务的承担者。物业管理法律关系主体是物业管理法律关系的参加者,是指参加物业管理活动,受物业管理法律规范调整,在法律上享有权利、承担义务的人。在我国,物业管理法律关系的主体十分广泛,主要有:

(1)自然人或公民。

自然人是指因出生而获得生命的人类个体,是权利主体或义务主体最基本的形态,一般包括本国公民、外国公民和无国籍人。公民是指取得一国国籍并根据该国宪法和法律规定享有权利和承担义务的人。自然人在物业管理活动中可以成为建设法律关系的主体。例如，业主、物业使用人、物业服务企业的管理人员等。

(2) 法人。

法人是与自然人相对应的概念，是指具有民事权利能力和民事行为能力、依法独立享有民事权利和承担民事义务的组织。根据《民法通则》第21条的规定："法人必须依法成立；有必要的财产或者经费；有自己的名称、组织机构和场所；能够独立承担民事责任。"

法人在建设活动中是最常见的主体。在我国，法人一般分为企业法人、机关法人、事业单位法人和社会团体法人。企业法人是指以营利为目的，独立从事商品生产和经营活动的法人。在物业管理活动中，企业法人主要就是房地产开发商和物业服务企业等。机关法人是指依法享有行政权力，并因行使职权的需要而享有相应的民事权利和民事行为能力的国家机关，包括国家权力机关、行政机关、审判机关、检察机关、军事机关、政党机关等。事业单位法人是指为了社会公益事业目的，从事文化、教育、卫生、体育、新闻等公益事业的单位，如学校、医院等。社会团体法人是指自然人或法人自愿组成，为实现会员共同意愿，按照其章程开展活动的非营利性社会组织，如我国境内经过合法登记的各种协会、学会、研究会、基金会、教会、商会、联谊会等。

(3) 其他社会组织。

这里的其他组织是指依法或者依据有关政策成立、有一定的组织机构和财产、但不具备法人资格的各类组织。在现实生活中，这些组织也被称为非法人组织，包括非法人企业，如不具备法人资格的劳务承包企业、合伙企业、非法人私营企业、非法人集体企业、非法人外商投资企业、个体工商户、农村承包经营户等；非法人机关、事业单位和社会团体，如附属性医院、学校等事业单位和一些不完全具备法人条件的协会、学会、研究会、俱乐部等社会团体。在我国物业管理法律关系中一个十分重要的组织——业主大会——就属于这一类。

2. 物业管理法律关系客体

法律关系的客体是法律关系主体的权利和义务所指向的共同对象，是将法律关系主体间的权利义务联系在一起的中介。目前学术界对法律关系客体的范围仍有争论，通说认为法律关系的客体主要有物、行为、非物质财富等几种。物业管理法律关系客体是指物业管理法律关系主体享有的权利和承担的义务所共同指向的对象。在通常情况下，物业管理法律关系主体都是为了某一客体，彼此才设立一定的权利、义务，从而产生物业管理法律关系。具体来讲，物业管理法律关系的客体有以下三大类。

(1) 物。是指有体物，它是存在于人身之外，能满足人们的社会需要、能为人们所控制支配、具有价值的物质产品。在物业管理法律关系中表现为物的客体，主要包括建筑物本体、附属设施设备、公共设施及相关场地等。

(2) 行为。是指物业管理法律关系主体行使权利和履行义务的各种有意识的活动，包括作为和不作为。例如，业主对其物业专有部分进行装修或改良时，不得破坏整个建筑物的安全和外观结构等。物业管理管理规约、业主大会规程、前期及正式物业服务合同等均以各方主体的一定行为作为客体。

(3) 非物质财富。是指智力成果,也称精神产品,是人们脑力劳动的成果或智力方面的创作成果,包括著作权、专利、商标、商业秘密等。例如,物业小区的荣誉称号、规划设计等均可成为物业管理各方主体权利和义务的客体。

3. 物业管理法律关系内容

法律关系的内容是法律关系主体享有的权利和承担的义务,任何法律关系都是指参加者在法律上的权利和义务关系。物业管理法律关系的内容是指物业管理法律关系主体所享有的权利和承担的义务。物业管理法律关系的内容是物业管理主体的具体要求,决定着物业管理法律关系的性质,它是联结主体的纽带。

(1) 权利。这里的权利是指物业管理法律关系主体在一定条件下,按照自己意志,为某种行为或实现某种利益的资格。

(2) 义务。这里的义务是指物业管理法律关系主体在一定的条件下,为一定行为或不为一定行为的约束。

权利和义务互相联系、互相依存,彼此共同构成法律关系的内容。物业管理法律关系不同,其内容也必然不同,物业管理法律关系的内容是区别不同类型物业管理法律关系的基本原因。

物业管理法律关系的内容包括业主及物业服务企业的权利和义务,具体内容在以后各节中详细介绍。

第二节 业主与业主大会

一、业主的权利与义务

(一) 业主的概念

业主,顾名思义就是物业的主人,即物业的所有权人。由于我国实行房屋所有权与土地使用权归属同一个主体的原则。例如,建设部 1997 年颁布的《城市房屋权属登记管理办法》第 6 条规定:"房屋权属登记应当遵循房屋的所有权和该房屋占用范围内的土地使用权权利主体一致的原则。"因此,业主实际上就是"房屋所有权人"。

在物业管理中,业主是物业服务企业所提供的物业服务的对象。业主是物业管理市场的需求主体,业主可以是个人、集体、国家。业主主要是指依法登记取得或者根据《物权法》第二章第三节规定取得建筑物专有部分所有权的人。此外,基于房屋买卖等民事法律行为,已经合法占有建筑物专有部分,但尚未依法办理所有权登记的人,也可以认定为业主。

(二) 业主的权利和义务

1. 业主的权利

在物业管理活动中,业主基于对房屋的所有权享有对物业和相关共同事务进行管

理的权利。这些权利有些由单个业主享有和行使,有些只能通过业主大会来实现。业主在物业管理活动中的权利主要有:

(1) 按照物业服务合同的约定,接受物业服务企业提供的服务;
(2) 提议召开业主大会会议,并就物业管理的有关事项提出建议;
(3) 提出制定和修改管理规约、业主大会议事规则的建议;
(4) 参加业主大会会议,行使投票权;
(5) 选举业主委员会委员,并享有被选举权;
(6) 监督业主委员会的工作;
(7) 监督物业服务企业履行物业服务合同;
(8) 对物业共用部位、共用设施设备和相关场地使用情况享有知情权和监督权;
(9) 监督物业共用部位、共用设施设备专项维修资金的管理和使用;
(10) 法律、法规规定的其他权利。

2. 业主的义务

权利与义务是相对应的,业主在物业管理活动中享有一定权利的同时还应当履行一定的义务。业主在物业管理活动中应当履行的义务主要有:

(1) 遵守管理规约、业主大会议事规则;
(2) 遵守物业管理区域内物业共用部位和共用设施设备的使用、公共秩序和环境卫生的维护等方面的规章制度;
(3) 执行业主大会的决定和业主大会授权业主委员会作出的决定;
(4) 按照国家有关规定交纳专项维修资金;
(5) 按时交纳物业服务费用。

二、业主大会的职责及其运行机制

(一) 业主大会的概念

在新的住房体制下,房屋产权呈现多元化趋势。由于房屋产权属于多个业主,而房屋建筑及配套设施设备和相关场地又是一个密不可分的整体,单个业主自身无法对房屋共用部位、共用设施设备和共同事务等进行管理,因此,需要一个在物业管理活动中代表整体业主意志、维护业主权益的法律上的团体组织,这个团体组织就是业主大会。业主大会应当代表和维护物业管理区域内全体业主在物业管理活动中的合法权益。

根据《条例》的规定,同一个物业管理区域内的业主,应当在物业所在地的区、县人民政府房地产行政主管部门或者街道办事处、乡镇人民政府的指导下成立业主大会,并选举产生业主委员会。但是,只有一个业主的,或者业主人数较少且经全体业主一致同意,决定不成立业主大会的,由业主共同履行业主大会、业主委员会职责。

(二) 业主大会的职责

业主大会应当履行下列职责:

(1) 制定和修改业主大会议事规则；
(2) 制定和修改管理规约；
(3) 选举业主委员会或者更换业主委员会委员；
(4) 制定物业服务内容、标准以及物业服务收费方案；
(5) 选聘和解聘物业服务企业；
(6) 筹集和使用专项维修资金；
(7) 改建、重建建筑物及其附属设施；
(8) 改变共有部分的用途；
(9) 利用共有部分进行经营以及所得收益的分配与使用；
(10) 法律法规或者管理规约确定应由业主共同决定的事项。

（三）业主大会的运行机制

为了规范业主大会的活动，维护业主的合法权益，2009年12月1日建设部发布了《业主大会和业主委员会指导规则》，对业主大会及业主委员会的成立方式、会议形式、议事规则以及表决原则等作了明确的规定。

业主大会由物业管理区域内的全体业主组成。业主大会应当设立业主委员会作为执行机构。业主大会自首次业主大会会议召开之日起成立。只有一个业主，或者业主人数较少且经全体业主同意，决定不成立业主大会的，由业主共同履行业主大会、业主委员会职责。

1. 业主大会的成立条件

物业管理区域内，已交付的专有部分面积超过建筑物总面积50%时，建设单位应当按照物业所在地的区、县房地产行政主管部门或者街道办事处、乡镇人民政府的要求，及时报送筹备首次业主大会会议所需的文件资料。

值得关注的是，许多新建住宅小区往往分期开发，再加上由于业主入住时间不统一，很难达到上述成立业主大会的条件。最近新出台的一些物业管理地方法规针对这一问题作出了相应规定，降低了成立业主大会的条件。如2010年4月颁布的《北京物业管理办法》第十四条规定："物业管理区域内已交付业主的专有部分达到建筑物总面积50%以上的，建设单位应当向物业所在地街道办事处、乡镇人民政府报送筹备首次业主大会会议所需资料，并推荐业主代表作为临时召集人，召集占总人数5%以上或者专有部分占建筑物总面积5%以上的业主向物业所在地街道办事处、乡镇人民政府提出书面申请成立业主大会；占总人数5%以上或者专有部分占建筑物总面积5%以上的业主也可以自行向物业所在地街道办事处、乡镇人民政府提出书面申请成立业主大会。"

2010年6月颁布的《武汉市物业管理条例》第十九条规定："符合下列条件之一的，应当召开首次业主大会会议，成立业主大会：专有部分交付使用的建筑面积达到建筑物总面积百分之五十以上；首次交付使用专有部分之日起满两年且交付使用的专有部分建筑面积达到建筑物总面积百分之二十以上。"

2. 业主大会的成立方式

符合成立业主大会条件的，区、县房地产行政主管部门或者街道办事处、乡镇人民政府应当在收到业主提出筹备业主大会书面申请后60日内,负责组织、指导成立首次业主大会会议筹备组。首次业主大会会议筹备组由业主代表、建设单位代表、街道办事处、乡镇人民政府代表和居民委员会代表组成。

筹备组成员人数应为单数,其中业主代表人数不低于筹备组总人数的一半,筹备组组长由街道办事处、乡镇人民政府代表担任。筹备组中业主代表的产生,由街道办事处、乡镇人民政府或者居民委员会组织业主推荐。筹备组应当将成员名单以书面形式在物业管理区域内公告。业主对筹备组成员有异议的,由街道办事处、乡镇人民政府协调解决。建设单位和物业服务企业应当配合协助筹备组开展工作。

筹备组应当做好下列筹备工作:

(1) 确认并公示业主身份、业主人数以及所拥有的专有部分面积;
(2) 确定首次业主大会会议召开的时间、地点、形式和内容;
(3) 草拟管理规约、业主大会议事规则;
(4) 依法确定首次业主大会会议表决规则;
(5) 制定业主委员会委员候选人产生办法,确定业主委员会委员候选人名单;
(6) 制定业主委员会选举办法;
(7) 完成召开首次业主大会会议的其他准备工作。

以上内容应当在首次业主大会会议召开15日前以书面形式在物业管理区域内公告。业主对公告内容有异议的,筹备组应当记录并作出答复。

3. 业主大会的会议形式

业主大会会议分为定期会议和临时会议。业主大会定期会议应当按照业主大会议事规则的规定由业主委员会组织召开。有下列情况之一的,业主委员会应当及时组织召开业主大会临时会议:

(1) 经专有部分占建筑物总面积20%以上且占总人数20%以上业主提议的;
(2) 发生重大事故或者紧急事件需要及时处理的;
(3) 业主大会议事规则或者管理规约规定的其他情况。

4. 业主大会的议事规则

业主大会会议可以采用集体讨论的形式,也可以采用书面征求意见的形式;但应当有物业管理区域内专有部分占建筑物总面积过半数的业主且占总人数过半数的业主参加。采用书面征求意见形式的,应当将征求意见书送交每一位业主;无法送达的,应当在物业管理区域内公告。凡需投票表决的,表决意见应由业主本人签名。业主因故不能参加业主大会会议的,可以书面委托代理人参加业主大会会议。未参与表决的业主,其投票权数是否可以计入已表决的多数票,由管理规约或者业主大会议事规则规定。

物业管理区域内业主人数较多的,可以幢、单元、楼层为单位,推选一名业主代表参加业主大会会议,推选及表决办法应当在业主大会议事规则中规定。业主可以书面委托的形式,约定由其推选的业主代表在一定期限内代其行使共同管理权,具体委托内容、期限、权限和程序由业主大会议事规则规定。

业主大会会议应当由业主委员会作书面记录并存档。业主大会作出的决定对物业管理区域内的全体业主具有约束力。业主大会的决定应当以书面形式在物业管理区域内及时公告。

5. 业主大会的表决原则

业主大会确定业主投票权数需要分别计算专有部分面积、总面积和业主人数、总人数。其中,专有部分面积按照不动产登记簿记载的面积计算;尚未进行登记的,暂按测绘机构的实测面积计算;尚未进行实测的,暂按房屋买卖合同记载的面积计算。业主大会应当在业主大会议事规则中约定车位、摊位等特定空间是否计入用于确定业主投票权数的专有部分面积。建筑物总面积,按照专有部分的统计总和计算。

业主人数,按照专有部分的数量计算,一个专有部分按一人计算。但建设单位尚未出售和虽已出售但尚未交付的部分,以及同一买受人拥有一个以上专有部分的,按一人计算。一个专有部分有两个以上所有权人的,应当推选一人行使表决权,但共有人所代表的业主人数为一人。总人数,按照业主人数的统计总和计算。

业主大会会议决定筹集和使用专项维修资金以及改造、重建建筑物及其附属设施的,应当经专有部分占建筑物总面积三分之二以上的业主且占总人数三分之二以上的业主同意;决定业主大会职责中有关其他共有和共同管理权利事项的,应当经专有部分占建筑物总面积过半数且占总人数过半数的业主同意。

三、业主委员会的职责及其运行机制

(一)业主委员会的性质与地位

根据《条例》的规定,业主委员会的性质为业主大会的执行机构。由此,建立了一种业主大会和业主委员会并存,业主决策机构和执行机构分离的物业管理模式。业主委员会由全体业主通过业主大会会议选举产生,是业主大会的常设性执行机构,对业主大会负责,具体负责执行业主大会交办的各项物业管理事宜。

(二)业主委员会的职责

业主委员会是业主大会的执行机构,应当履行下列职责:

(1)召集业主大会会议,报告物业管理的实施情况;

(2)代表业主与业主大会选聘的物业服务企业签订物业服务合同;

(3)及时了解业主、物业使用人的意见和建议,监督和协助物业服务企业履行物业服务合同;

(4)监督管理规约的实施;

(5)业主大会赋予的其他职责。

此外,业主委员会应当督促违反物业服务合同约定逾期不缴纳物业服务费用的业主,限期缴纳物业服务费用。业主大会、业主委员会应当依法履行职责,不得作出与物业管理无关的决定,不得从事与物业管理无关的活动。

(三)业主委员会的运行机制

《业主大会和业主委员会指导规则》还对业主委员会的产生方式、委员条件、备案、议事规则、换届以及终止等作了明确的规定。

1. 业主委员会的产生与委员条件

业主委员会由业主大会会议选举产生,由5至11人单数组成。业主委员会委员应当是物业管理区域内的业主,并符合下列条件:

(1) 具有完全民事行为能力;
(2) 遵守国家有关法律、法规;
(3) 遵守业主大会议事规则、管理规约,模范履行业主义务;
(4) 热心公益事业,责任心强,公正廉洁;
(5) 具有一定的组织能力;
(6) 具备必要的工作时间。

业主委员会委员实行任期制,每届任期不超过5年,可连选连任,业主委员会委员具有同等表决权。业主委员会应当自选举之日起7日内召开首次会议,推选业主委员会主任和副主任。

2. 业主委员会的备案

业主委员会应当自选举产生之日起30日内,持下列文件向物业所在地的区、县房地产行政主管部门和街道办事处、乡镇人民政府办理备案手续:业主大会成立和业主委员会选举的情况、管理规约、业主大会议事规则、业主大会决定的其他重大事项的记录。

3. 业主委员会的议事规则

业主委员会应当按照业主大会议事规则的规定及业主大会的决定召开会议。经三分之一以上业主委员会委员的提议,应当在7日内召开业主委员会会议。业主委员会会议应当作书面记录,由出席会议的委员签字后存档。业主委员会会议应当有过半数委员出席,作出决定必须经全体委员人数半数以上同意,业主委员会委员不能委托代理人参加会议。

业主委员会应当于会议召开7日前,在物业管理区域内公告业主委员会会议的内容和议程,听取业主的意见和建议。业主委员会会议应当制作书面记录并存档,业主委员会会议作出的决定,应当有参会委员的签字确认,并自作出决定之日起3日内在物业管理区域内公告。

4. 业主委员会的换届

业主委员会任期内,委员出现空缺时,应当及时补足。业主委员会委员人数不足总数的二分之一时,应当召开业主大会临时会议,重新选举业主委员会。业主委员会任期届满前3个月,应当组织召开业主大会会议,进行换届选举,并报告物业所在地的区、县房地产行政主管部门和街道办事处、乡镇人民政府。业主委员会应当自任期届满之日起10日内,将其保管的档案资料、印章及其他属于业主大会所有的财物移交新一届业主委员会。

5. 业主委员会委员资格

业主委员会委员因物业转让、灭失等原因不再是业主,丧失民事行为能力,依法被限制人身自由,或者法律、法规以及管理规约规定的其他情形出现时,其委员资格自行终止。

业主委员会委员有下列情况之一的,由业主委员会三分之一以上委员或者持有20%以上投票权数的业主提议,业主大会或者业主委员会根据业主大会的授权,可以决定是否终止其委员资格:

(1) 以书面方式提出辞职请求的;
(2) 不履行委员职责的;
(3) 利用委员资格谋取私利的;
(4) 拒不履行业主义务的;
(5) 侵害他人合法权益的;
(6) 因其他原因不宜担任业主委员会委员的。

业主委员会委员资格终止的,应当自终止之日起 3 日内将其保管的档案资料、印章及其他属于全体业主所有的财物移交业主委员会。

四、管理规约

(一) 管理规约的概念

管理规约是由业主书面承诺的,规定业主在物业管理区域内有关物业使用、维护、管理及业主的公共利益等事项权利与义务关系的自律性规范。管理规约是业主对物业管理区域内一些重大事务的共同性约定,是物业管理法律、法规、政策的补充,是有效调整业主之间权利与义务关系的基础性文件,也是物业管理顺利进行的重要保证。

物业管理往往涉及多个业主,业主之间既有个体利益,也有共同利益。在单个业主的个体利益与业主之间的共同利益发生冲突时,个体利益应当服从整体利益,单个业主应当遵守物业管理区域内涉及公共秩序和公共利益的有关规定。鉴于业主之间在物业管理过程中发生的关系属于民事关系,不宜采取行政手段进行管理,《条例》对各地实施物业管理中已具有一定实践基础的管理规约制度进行了确认,规定管理规约对全体业主具有约束力。

(二) 管理规约的内容

根据《条例》以及建设部制定的《管理规约示范文本》的规定,管理规约一般应包括以下主要内容。

(1) 有关物业的使用、维护、管理。如业主使用其自有物业和物业管理区域内共用部分、共用设备设施以及相关场地的权益;业主改变公共建筑和共用设施用途应当依法办理有关手续并告知物业服务企业;业主应当依法临时占用、挖掘道路、场地;业主装饰装修房屋应当事先告知物业服务企业,等等。

(2) 业主的共同利益。如对物业共用部位、共用设施设备使用和保护,利用物业共用部位获得收益的分配;对公共秩序、环境卫生的维护,等等。

(3) 业主应当履行的义务。如遵守物业管理区域内物业共用部位和共用设施设备的使用、公共秩序和环境卫生的维护等方面的规章制度;按照国家有关规定交纳专项维修资金；按时交纳物业服务费用；不得擅自改变建筑物及其设施设备的结构、外貌、设计用途；不得违反规定存放易燃、易爆、剧毒、放射性等物品；不得违反规定饲养家禽、宠物；不得随意停放车辆和鸣放喇叭，等等。

（4）违反管理规约应当承担的责任。业主不履行管理规约义务要承担民事责任，其以支付违约金和赔偿损失为主要的承担责任方式。在违约责任中还要明确解决争议的办法，如通过业主委员会或者物业服务企业调解和处理等，业主不服调解和处理的，可通过诉讼渠道解决。

（三）临时管理规约

订立管理规约是业主之间的共同行为，通常情况下，管理规约由业主大会筹备组草拟，经首次业主大会会议审议通过。然而很多情况下，物业建成后，业主的入住是一个陆续的过程，业主大会并不能立即成立。但基于物业的正常使用和已经入住业主共同利益的考虑，却有制定业主共同遵守准则的需要。因此，管理规约在物业买受人购买物业时就须存在，这种在业主大会制定管理规约之前存在的管理规约，称为临时管理规约。对此，《条例》规定，建设单位应当在销售物业之前，制定临时管理规约。建设单位制定的临时管理规约，不得侵害物业买受人的合法权益。业主大会有权起草、讨论和修订管理规约，业主大会制定的管理规约生效时临时公约终止。

（四）管理规约的法律效力

由于管理规约须经物业管理区域内业主签字承诺，因此，管理规约的效力范围当然涉及全体业主。在这里，有如下几点值得说明。

（1）管理规约对业主的效力仅限于业主对物业管理区域内有关物业管理事项的行为，对其他行为没有效力。如业主出租自有物业，应受管理规约的约束，但业主出租自己的其他物品，则不受管理规约的约束。

（2）管理规约对物业使用人也发生法律效力。由于管理规约的一项核心的内容是规范对物业的使用秩序，而物业使用人基于其实际物业的使用，不可避免地会影响到物业的状态，而且业主委员会或者物业服务企业对物业进行管理势必要直接与物业使用人打交道，因此客观上需要将其纳入物业管理活动中来。

（3）管理规约对物业的继受人（即新业主）自动产生效力。在物业的转让和继承中，物业的所有权要发生变动移转给受让人。但是，管理规约无需新入住的继受人作出任何形式上的承诺，就自动地对其产生效力。在这一点上可以理解为继受人在取得物业时，对已经生效的管理规约存在默示，自愿接受管理规约的约束。

第三节 物业管理服务

物业管理有别于行政管理，物业服务企业与业主之间是一种平等的关系，物业服务企业受业主委托,以经营方式,给业主提供的是专业化的物业服务,是对物业及共用设施、公共环境的维护、管理及提供的相关服务。《物业管理条例》第四章"物业管理服务"专章明确了物业管理服务中各方主体的权利与义务关系,规定了物业服务企业资质管理、物业服务合同、物业服务收费、物业管理区域内公共秩序的维持等制度。

一、物业服务企业资质管理

物业管理具有一定的专业性,这要求物业服务企业具有一定数量的高素质管理和技术人员,具有先进的工具及设备,建立科学、规范的工作程序,对价值量巨大的物业资产实施良好的管理与维护。为此,《条例》第32条规定:"从事物业管理活动的企业应当具有独立的法人资格。国家对从事物业管理活动的企业实行资质管理制度。"物业服务企业资质管理制度,是指物业管理行政主管部门对从事物业管理活动的有关企业的人员素质、管理水平、资金数量、业务能力等进行审查,以确定其承担任务的范围,并发给相应的资质证书的一种制度。物业服务企业资质管理的内容,主要是对物业管理的设立、定级、升级、降级、变更、终止等的资质审查或批准以及资质证书管理等。

为了加强对物业管理活动的监督管理,规范物业管理市场秩序,提高物业管理服务水平,建设部于2004年3月17日发布了《物业服务企业资质管理办法》(2007年11月26日修订),对物业服务企业资质的条件、分级、申请、审批、动态管理等作了规定。这里主要就物业服务企业资质等级的条件作简要介绍。

物业服务企业资质等级分为一级、二级、三级。不同资质等级的物业服务企业按照法律的规定承接不同等级要求的物业管理业务。一级资质物业服务企业可以承接各种物业管理项目。二级资质物业服务企业可以承接30万平方米以下的住宅项目和8万平方米以下的非住宅项目的物业管理业务。三级资质物业服务企业可以承接20万平方米以下住宅项目和5万平方米以下的非住宅项目的物业管理业务。

各资质等级物业服务企业的条件如下:

1. 一级资质

(1) 注册资本人民币500万元以上。

(2) 物业管理专业人员以及工程、管理、经济等相关专业类的专职管理和技术人员不少于30人。其中,具有中级以上职称的人员不少于20人,工程、财务等业务负责人具有相应专业中级以上职称。

(3) 物业管理专业人员按照国家有关规定取得职业资格证书。

(4) 管理两种类型以上物业,并且管理各类物业的房屋建筑面积分别占下列相应计算基数的百分比之和不低于100%:多层住宅200万平方米;高层住宅100万平方米;独立式住宅(别墅)15万平方米;办公楼、工业厂房及其他物业50万平方米。

(5) 建立并严格执行服务质量、服务收费等企业管理制度和标准,建立企业信用档案系统,有优良的经营管理业绩。

2. 二级资质

(1) 注册资本人民币300万元以上。

(2) 物业管理专业人员以及工程、管理、经济等相关专业类的专职管理和技术人员不少于20人。其中,具有中级以上职称的人员不少于10人,工程、财务等业务负责人具有相应专业中级以上职称。

(3) 物业管理专业人员按照国家有关规定取得职业资格证书。

(4) 管理两种类型以上物业,并且管理各类物业的房屋建筑面积分别占下列相应计算基数的百分比之和不低于100%:多层住宅100万平方米;高层住宅50万平方米;独立式住宅(别墅)8万平方米;办公楼、工业厂房及其他物业20万平方米。

(5) 建立并严格执行服务质量、服务收费等企业管理制度和标准,建立企业信用档案系统,有良好的经营管理业绩。

3. 三级资质

(1) 注册资本人民币50万元以上。

(2) 物业管理专业人员以及工程、管理、经济等相关专业类的专职管理和技术人员不少于10人。其中,具有中级以上职称的人员不少于5人,工程、财务等业务负责人具有相应专业中级以上职称。

(3) 物业管理专业人员按照国家有关规定取得职业资格证书。

(4) 有委托的物业管理项目。

(5) 建立并严格执行服务质量、服务收费等企业管理制度和标准,建立企业信用档案系统。

新设立的物业服务企业应当自领取营业执照之日起30日内,持下列文件向工商注册所在地直辖市、设区的市人民政府房地产主管部门申请资质:营业执照;企业章程;验资证明;企业法定代表人的身份证明;物业管理专业人员的职业资格证书和劳动合同,管理和技术人员的职称证书和劳动合同。

二、物业服务合同

(一)物业服务合同的概念

物业服务合同是业主、物业服务企业设立物业服务关系的协议,是确立业主和物业服务企业在物业管理活动中的权利和义务的法律依据。在物业管理活动中,物业服务合同的地位非常重要。合同是否依法订立、合同内容是否详细、合同是否具有可操作性,对于维护各方在物业管理活动中的合法权益至关重要。目前,在物业管理活动中出现的许多纠纷,与合同的不规范有很大关系。

按照《合同法》的规定,民事合同是平等主体的自然人、法人、其他组织之间设立、变更、终止民事权利义务关系的协议。物业服务合同属于民事合同的范畴,是业主、物业服务企业设立物业服务关系的协议。物业服务合同的当事人中,物业服务企业具有独立的法人资格,业主是分散的具有独立法律人格的自然人、法人或者其他组织。业主和物业服务企业之间是平等的民事主体关系,不存在领导者与被领导者、管理者与被管理者的关系。双方的权利、义务关系,体现在物业服务合同的具体内容中。根据《条例》的规定,业主大会选聘了物业服务企业后,业主委员会应当与业主大会选聘的物业服务企业订立书面的物业服务合同。

(二) 物业服务合同的特征

(1) 物业服务合同是无名合同。物业服务合同是一类独立的合同类型。物业服务合同与合同法上的委托合同有类似之处,又因其具有自身特征而独立于委托合同。例如:物业服务合同已经具有特定的财产管理内容;物业服务企业作为物业服务合同的受托人,具有独立的法人资格,以自己的名义来从事管理和服务活动;物业服务企业可以自行将物业服务合同中的专业服务项目委托他人完成等。物业服务合同的特殊性,决定了不能简单地将其适用合同法关于委托合同的规定。

(2) 物业服务合同是要式合同。物业服务合同具有涉及面广、标的内容复杂、期限较长等特征。为了减少和及时解决物业服务合同履行中的纠纷,《条例》规定,物业服务合同应当采用书面形式。物业服务合同,一般采用合同书形式。

(3) 物业服务合同是双务合同。所谓双务合同,是指当事人双方相互享有权利、承担义务的合同。物业服务合同是物业管理当事人意思表示一致的产物,合同的内容是由双方当事人约定的,双方相互享有权利、承担义务。物业服务合同的一方物业服务企业应当按照物业服务合同的约定,提供相应的服务;另一方业主应当按照物业服务合同的约定,缴纳相应的物业服务费用。物业服务企业未能履行物业服务合同的约定,导致业主人身、财产安全受到损害的,应当依法承担相应的法律责任。

(三) 物业服务合同的内容

物业服务合同应当具备以下主要内容:

(1) 物业管理事项;
(2) 服务质量;服务费用;
(3) 双方的权利和义务;
(4) 专项维修资金的管理与使用;
(5) 物业管理用房;
(6) 合同期限;
(7) 违约责任。

(四) 物业服务合同的履行

物业服务合同的履行是指物业服务合同生效后,物业服务合同双方当事人按照合同规定的条款履行自己的义务,从而使双方当事人的合同目的得以实现的行为。包括三个方面的含义:第一,履行是当事人实施物业服务合同的行为;第二,履行是当事人全面、适当地完成物业服务合同义务的行为;第三,履行是整个实施物业服务合同过程中的行为。

物业服务合同属于双务合同,其能否得到顺利履行,取决于合同双方能否正确地行使权利和积极地履行义务,以及双方能否依据合同给予对方积极的相互配合。根据合同法的规定,物业服务合同的履行应当遵守如下基本原则。

（1）实际履行原则。是指物业服务合同当事人必须严格按照合同规定的标的履行自己的义务，未经权利人同意，不得以其他的标的代替履行或以支付违约金和赔偿金来免除合同规定的义务。

（2）全面履行原则。是指物业服务合同当事人按照合同规定的标的及其质量、数量，由适当的主体在适当的履行期限、履行地点，以适当的履行方式，全面完成合同义务的履行原则。

（3）协作履行原则。是指物业服务合同当事人不仅适当履行自己的合同债务，而且应基于诚实信用原则的要求协助对方当事人履行其债务的履行原则。

（4）诚实信用原则。是指物业服务合同当事人按照合同约定的条件，切实履行自己所承担的义务，取得另一方当事人的信任，相互配合履行，共同全面地实现合同的订立目标。

三、物业服务收费

（一）物业服务收费的概念

物业服务收费，是指物业服务企业按照物业服务合同的约定，对房屋及配套的设施设备和相关场地进行维修、养护、管理，维护相关区域内的环境卫生和秩序，向业主所收取的费用。

我国物业管理市场不规范，乱收费、收费难现象严重。物业管理收费问题已经成为群众投诉的热点问题，并影响了业主与物业服务企业的关系。针对物业服务收费中出现的问题，《条例》规定，物业服务收费应当遵循合理、公开以及费用与服务水平相适应的原则，区别不同物业的性质和特点，由业主和物业服务企业按照国务院价格主管部门会同国务院建设行政主管部门制定的物业服务收费办法，在物业服务合同中约定。为此，2003年11月国家发展改革委、建设部发布了《物业服务收费管理办法》，对物业服务收费作了规定。

（二）物业服务收费的原则

（1）合理原则。这是指在物业管理实际操作中，核定收费时应充分考虑物业服务企业的利益，既要有利于物业服务企业的价值补偿，也要考虑业主的经济承受能力。

（2）公开原则。这一原则要求物业服务企业公开服务项目和收费标准，规范物业服务企业对用户提供的特约有偿服务，并实行明码标价，定期向业主公布收支情况，接收业主监督。

（3）质价相符原则。这是指物业管理服务的收费标准应与服务质量相适应。

（三）物业服务收费的形式

根据《物业服务收费管理办法》，物业服务收费分为实行政府指导价和市场调节价。

物业服务收费实行政府指导价的，有定价权限的人民政府价格主管部门应当会同房地产行政主管部门根据物业管理服务等级标准等因素,制定相应的基准价及其浮动幅度,并定期公布。具体收费标准由业主与物业服务企业根据规定的基准价和浮动幅度在物业服务合同中约定。

实行市场调节价的物业服务收费,由业主与物业服务企业在物业服务合同中约定。

（四）物业管理服务费的计费方式与费用构成

业主与物业服务企业可以采取包干制或者酬金制等形式约定物业服务费用。

包干制是指由业主向物业服务企业支付固定物业服务费用,盈余或者亏损均由物业服务企业享有或者承担的物业服务计费方式。

酬金制是指在预收的物业服务资金中按约定比例或者约定数额提取酬金支付给物业服务企业,其余全部用于物业服务合同约定的支出,结余或者不足均由业主享有或者承担的物业服务计费方式。

实行物业服务费用包干制的,物业服务费用的构成包括物业服务成本、法定税费和物业服务企业的利润。

实行物业服务费用酬金制的,预收的物业服务资金包括物业服务支出和物业服务企业的酬金。

物业服务成本或者物业服务支出构成一般包括以下部分:

(1) 管理服务人员的工资、社会保险和按规定提取的福利费等;
(2) 物业共用部位、共用设施设备的日常运行、维护费用;
(3) 物业管理区域清洁卫生费用;
(4) 物业管理区域绿化养护费用;
(5) 物业管理区域秩序维护费用;
(6) 办公费用;
(7) 物业服务企业固定资产折旧;
(8) 物业共用部位、共用设施设备及公众责任保险费用;
(9) 经业主同意的其他费用。

物业共用部位、共用设施设备的大修、中修和更新、改造费用,应当通过专项维修资金予以列支,不得计入物业服务支出或者物业服务成本。

（五）物业管理服务收费的责任承担

业主应当按照物业服务合同的约定按时足额缴纳物业服务费用或者物业服务资金。业主违反物业服务合同约定逾期不缴纳服务费用或者物业服务资金的,业主委员会应当督促其限期缴纳;逾期仍不缴纳的,物业服务企业可以依法追缴。业主与物业使用人约定由物业使用人缴纳物业服务费用或者物业服务资金的,从其约定,业主负连带缴纳责任。

纳入物业管理范围的已竣工但尚未出售,或者因开发建设单位原因未按时缴给物业买受人的物业,物业服务费用或者物业服务资金由开发建设单位全额缴纳。物业管理区域内,供水、供电、供气、供热、通讯、有线电视等单位应当向最终用户收取有关费用。物业服务企业接受委托代收上述费用的,可向委托单位收取手续费,不得向业主收取手续费等额外费用。利用物业共用部位、共用设施设备进行经营的,应当在征得相关业主、业主大会、物业服务企业的同意后,按照规定办理有关手续。业主所得收益应当主要用于补充专项维修资金,也可以按照业主大会的决定使用。物业服务企业已接受委托实施物业服务并相应收取服务费用的,其他部门和单位不得重复收取性质和内容相同的费用。

第四节 物业的使用与维护

在物业的使用和维护中,各方面反映比较强烈的问题主要有:公共建筑和共用设施改变用途问题;占用、挖掘物业管理区域内的道路、场地问题;供水、供电、供气、供热、通讯、有线电视等物业管理区域内相关管线和设施设备的维修养护问题;房屋装饰装修问题;建立住房专项维修资金制度问题;利用物业共用部位、共用设施设备经营问题;存在安全隐患,危及公共利益及他人合法权益的物业的维修养护问题等。这些问题涉及公共利益和公共安全,如果处理不当,会侵犯多个业主甚至是全体业主的合法权益。实践中,由于此类问题处理不当造成的矛盾和纠纷屡见不鲜,严重的还造成居民生命财产损失等恶性事故,社会反响极大。因此,这些问题既是物业使用和维护过程中的平常事,又是事关社会稳定和居民生命财产安全的大事。

一、住宅共用部位、共用设施设备的使用与管理

住宅共用部位,是指根据法律、法规和房屋买卖合同,由单幢住宅内业主或者单幢住宅内业主及与之结构相连的非住宅业主共有的部位,一般包括住宅的基础、承重墙体、柱、梁、楼板、屋顶以及户外的墙面、门厅、楼梯间、走廊通道等。共用设施设备,是指根据法律、法规和房屋买卖合同,由住宅业主或者住宅业主及有关非住宅业主共有的附属设施设备,一般包括电梯、天线、照明、消防设施、绿地、道路、路灯、沟渠、池、井、非经营性车场车库、公益性文体设施和共用设施设备使用的房屋等。

《条例》对共用设施设备、共用部位的使用与管理作了专门的规定,主要内容有以下几方面。

1. 物业用途管理

物业管理区域内按照规划建设的公共建筑和共用设施,不得改变用途。业主依法确需改变公共建筑和共用设施用途的,应当在依法办理有关手续后告知物业服务企业;物业服务企业确需改变公共建筑和共用设施用途的,应当提请业主大会讨论决定同意后,由业主依法办理有关手续。

2. 道路和场地管理

业主、物业服务企业不得擅自占用、挖掘物业管理区域内的道路、场地,损害业主的

共同利益。因维修物业或者公共利益,业主确需临时占用、挖掘道路、场地的,应当征得业主委员会和物业服务企业的同意;物业服务企业确需临时占用、挖掘道路、场地的,应当征得业主委员会的同意。业主、物业服务企业应当将临时占用、挖掘的道路、场地,在约定期限内恢复原状。

3. 管线设施设备管理

供水、供电、供气、供热、通讯、有线电视等单位,应当依法承担物业管理区域内相关管线和设施设备维修、养护的责任。上述单位因维修、养护等需要,临时占用、挖掘道路、场地的,应当及时恢复原状。

4. 装饰装修管理

业主需要装饰装修房屋的,应当事先告知物业服务企业。物业服务企业应当将房屋装饰装修中的禁止行为和注意事项告知业主。

5. 共用物业和维修资金管理

利用物业共用部位、共用设施设备进行经营的,应当在征得相关业主、业主大会、物业服务企业的同意后,按照规定办理有关手续。业主所得收益应当主要用于补充专项维修资金,也可以按照业主大会的决定使用。

6. 物业使用的安全管理

物业存在安全隐患,危及公共利益及他人合法权益时,责任人应当及时维修养护,有关业主应当给予配合。责任人不履行维修养护义务的,经业主大会同意,可以由物业服务企业维修养护,费用由责任人承担。

二、物业专项维修资金制度

《物业管理条例》规定,住宅物业、住宅小区内的非住宅物业或者与单幢住宅楼结构相连的非住宅物业的业主,应当按照国家有关规定交纳专项维修资金。物业专项维修资金,是指由业主缴纳的,专项用于物业保修期满后物业共用部位、共用设施设备的维修和更新改造的资金。物业专项维修资金是在物业产权多元化的情况下,为了保证房屋的维修和正常使用,而依照国家规定建立的一种保障性资金。

专项维修资金属业主所有,专项用于物业保修期满后物业共用部位、共用设施设备的维修和更新、改造,不得挪作他用。

近年来,随着我国经济持续快速发展和住房制度改革不断深入,居民个人拥有住房的比例越来越高,住房的维修管理责任相应也由国家或单位承担转移到主要由居民个人承担。由于我国的住宅建筑绝大多数属于群体式类型,且多以小区开发的方式组织建设,因此,住宅和住宅小区普遍存在内外承重墙体、柱、梁、楼板、电梯、水暖、照明、煤气、消防设施等共用部位和共用设施设备。这些共用部位、共用设施设备是否完好、运行是否正常,直接关系住宅的正常使用和安全。由于这些共用部位、共用设施设备由多个相关业主区分所有,在发生维修或更新改造事项时容易出现资金归集上的困难,从而影响到对损害部位的维修和更新改造。因此,建立经常性的保障资金,保障住房共用部位、共用设施设备及时得到维修和更新改造,事关住宅和住宅小区业主的共同利益和社会公共利益。

第五节 法律责任

一、法律责任的概念与种类

法律责任,又称违法责任,是指法律关系的主体由于其行为违法,按照法律、法规规定必须承担的消极法律后果。这一概念包括以下几层含义:第一,承担法律责任的主体既包括公民、法人,也包括机关和其他社会组织;既包括中国人,也包括外国人和无国籍人。第二,违法行为的实施是承担法律责任的核心要件。第三,法律责任是一种消极的法律后果,即是一种法律上的惩戒性负担。第四,法律责任只能由有权国家机关依法予以追究。

一般来说,法律责任按主体违反法律规范的不同可以分为刑事责任、民事责任和行政责任三大类。其具体承担方式,又可分为人身责任、财产责任、行为(能力)责任等。究竟采用哪一种或几种法律责任形式,应当根据法律调整对象、方式的不同,违法行为人所侵害的社会关系的性质、特点以及侵害的程度等多种因素来确定。

1. 刑事责任

它是指法律关系主体违反国家刑事法律规范,所应承担的应当给予刑罚制裁的法律责任。刑事责任是最为严厉的法律责任,只能由国家审判机关、检察机关依法予以追究。根据我国刑法规定,我国刑罚分为主刑和附加刑两大类。主刑主要有管制、拘役、有期徒刑、无期徒刑、死刑,附加刑主要有罚金、剥夺政治权利、没收财产。

2. 民事责任

它是指法律关系主体违反民事法律规范,所应承担的应当给予民事制裁的法律责任。根据《民法通则》、《合同法》、《担保法》等法律的规定,我国民事责任的形式主要有停止侵害、排除妨碍、消除危险、返还财产、赔偿损失、消除影响、恢复名誉、赔礼道歉等。

3. 行政责任

它又称为行政法律责任,是指法律关系主体由于违反行政法律规范,所应承担的一种行政法律后果。根据追究机关的不同,行政责任可分为行政处罚和行政处分。行政处罚是由国家行政机关或者授权的组织,对公民和法人或者其他组织违反行政管理法律、法规行为所实施的制裁。根据《中华人民共和国行政处罚法》的规定,行政处罚的种类主要有警告,罚款,责令停产停业,暂扣或者吊销许可证、执照及有关证照,没收违反所得与非法财物,行政拘留以及法律、行政法规规定的其他行政处罚。行政处分是由国家机关、企事业单位对其工作人员违反行政法律法规或者政纪的行为所实施的制裁。根据《行政监察法》,行政处分主要有警告、记过、记大过、降级、撤职、开除等。

二、物业管理民事法律责任

(1)建设单位擅自处分属于业主的物业共用部位、共用设施设备的所有权或者使用权,给业主造成损失的,依法承担赔偿责任。

(2) 未取得资质证书从事物业管理,给业主造成损失的,依法承担赔偿责任。

(3) 物业服务企业聘用未取得物业管理职业资格证书的人员从事物业管理活动,给业主造成损失的,依法承担赔偿责任。

(4) 物业服务企业将一个物业管理区域内的全部物业管理一并委托给他人,给业主造成损失的,依法承担赔偿责任。

(5) 挪用专项维修资金的,由县级以上地方人民政府房地产行政主管部门追回挪用的专项维修资金,给予警告,没收违法所得,可以并处挪用数额2倍以下的罚款;物业服务企业挪用专项维修资金,情节严重的,并由颁发资质证书的部门吊销资质证书;构成犯罪的,依法追究直接负责的主管人员和其他直接责任人员的刑事责任。

(6) 未经业主大会同意,物业服务企业擅自改变物业管理用房的用途并且有收益的,所得收益用于物业管理区域内物业共用部位、共用设施设备的维修、养护,剩余部分按照业主大会的决定使用。

(7) 有下列行为之一的,所得收益,用于物业管理区域内物业共用部位、共用设施设备的维修、养护,剩余部分按照业主大会的决定使用:

① 擅自改变物业管理区域内按照规划建设的公共建筑和共用设施用途的;
② 擅自占用、挖掘物业管理区域内道路、场地,损害业主共同利益的;
③ 擅自利用物业共用部位、共用设施设备进行经营的。

(8) 违反物业服务合同约定,业主逾期不缴纳物业服务费用的,业主委员会应当督促其限期交纳;逾期仍不交纳的,物业服务企业可以向人民法院起诉。

三、物业管理刑事法律责任

(1) 物业服务企业挪用专项维修资金,构成犯罪的,依法追究直接负责的主管人员和其他直接责任人员的刑事责任。

(2) 业主以业主大会或者业主委员会的名义,从事违反法律、法规的活动,构成犯罪的,依法追究刑事责任。

(3) 国务院建设行政主管部门、县级以上地方人民政府房地产行政主管部门或者其他有关行政管理部门的工作人员利用职务上的便利,收受他人财物或者其他好处,不依法履行监督管理职责,或者发现违法行为不予查处,构成犯罪的,依法追究刑事责任;尚不构成犯罪的,依法给予行政处分。

四、物业管理行政法律责任

(1) 住宅物业的建设单位未通过招投标的方式选聘物业服务企业或者未经批准,擅自采用协议方式选聘物业服务企业的,由县级以上地方人民政府房地产行政主管部门责令限期改正,给予警告,可以并处10万元以下的罚款。

(2) 建设单位擅自处分属于业主的物业共用部位、共用设施设备的所有权或者使用权的,由县级以上地方人民政府房地产行政主管部门处5万元以上20万元以下的罚款。

(3) 不移交有关资料的,由县级以上地方人民政府房地产行政主管部门责令限期改正;逾期仍不移交有关资料的,对建设单位、物业服务企业予以通报,处1万元以上10万元以下的罚款。

(4) 未取得资质证书从事物业管理的,由县级以上地方人民政府房地产行政主管部门没收违法所得,并处5万元以上20万元以下的罚款。以欺骗手段取得资质证书的,依照前款规定处罚,并由颁发资质证书的部门吊销资质证书。

(5) 物业服务企业聘用未取得物业管理职业资格证书的人员从事物业管理活动的,由县级以上地方人民政府房地产行政主管部门责令停止违法行为,处5万元以上20万元以下的罚款。

(6) 物业服务企业将一个物业管理区域内的全部物业管理一并委托给他人的,由县级以上地方人民政府房地产行政主管部门责令限期改正,处委托合同价款30%以上50%以下的罚款;情节严重的,由颁发资质证书的部门吊销资质证书。委托所得收益,用于物业管理区域内物业共用部位、共用设施设备的维修、养护,剩余部分按照业主大会的决定使用。

(7) 挪用专项维修资金的,由县级以上地方人民政府房地产行政主管部门追回挪用的专项维修资金,给予警告,没收违法所得,可以并处挪用数额2倍以下的罚款;物业服务企业挪用专项维修资金,情节严重的,并由颁发资质证书的部门吊销资质证书。

(8) 建设单位在物业管理区域内不按照规定配置必要的物业管理用房的,由县级以上地方人民政府房地产行政主管部门责令限期改正,给予警告,没收违法所得,并处10万元以上50万元以下的罚款。

(9) 未经业主大会同意,物业服务企业擅自改变物业管理用房的用途的,由县级以上地方人民政府房地产行政主管部门责令限期改正,给予警告,并处1万元以上10万元以下的罚款。

(10) 有下列行为之一的,由县级以上地方人民政府房地产行政主管部门责令限期改正,给予警告:

① 擅自改变物业管理区域内按照规划建设的公共建筑和共用设施用途的;

② 擅自占用、挖掘物业管理区域内道路、场地,损害业主共同利益的;

③ 擅自利用物业共用部位、共用设施设备进行经营的。

个人有前项规定行为之一的,处1 000元以上1万元以下的罚款;单位有前项规定行为之一的,处5万元以上20万元以下的罚款。

(11) 业主以业主大会或者业主委员会的名义,从事违反法律、法规的活动,尚不构成犯罪的,依法给予治安管理处罚。

(12) 国务院建设行政主管部门、县级以上地方人民政府房地产行政主管部门或者其他有关行政管理部门的工作人员利用职务上的便利,收受他人财物或者其他好处,不依法履行监督管理职责,或者发现违法行为不予查处,尚不构成犯罪的,依法给予行政处分。

本章小结

本章阐述物业管理法律制度问题。在本章里,主要探讨了物业管理制度基础知识、业主与业主大会、物业管理服务、物业的使用与维护、物业管理法律责任等问题。在第一节物业管理法律制度概述中,介绍了我国物业管理法律制度的产生与发展、物业管理立法以及物业管理法律关系,这些内容可以使读者初步了解和把握物业管理基础法律知识,为下面各节的学习打好基础。第二节至第五节以国务院颁布的《物业管理条例》为主线,分别介绍了业主与业主大会、物业管理服务、物业的使用与维护、物业管理法律责任。这些阐释会使得读者对物业管理法律制度有一个较全面和系统的了解。在学习过程中,读者应当理论联系实际,学会运用相关法律知识解释或解决实际生活中发生的物业管理法律案例。本章的学习将为以后各章的学习奠定良好的基础。

 关键词

物业管理制度　物业管理法律关系　业主及业主大会　物业管理服务　物业的使用与维护　法律责任

 复习思考题

1. 选择正确答案
(1) 物业管理中处于主导地位的是(　　)。
(A) 物业服务企业　　　　　　　　(B) 业主
(C) 房地产行政管理部门　　　　　(D) 街道办事处
(2)《物业管理条例》属于(　　)。
(A) 法律　　(B) 行政法规　　(C) 部门规章　　(D) 地方性法规
(3) 业主大会筹备组成员由(　　)组成。
(A) 房地产行政管理部门　　　　　(B) 业主代表
(C) 开发建设单位　　　　　　　　(D) 物业服务企业
(4) 修订管理规约生效的条件是(　　)。
(A) 参加业主大会的1/2以上业主通过　　(B) 参加业主大会的2/3以上业主通过
(C) 全体业主1/2以上通过　　　　　　　(D) 全体业主2/3以上通过

2. 小严居住在某小区一栋18层住宅楼的一楼,每月包含的物业服务费中包含0.5元/平方米的电梯运行费。小严认为自己从不使用电梯,不应该缴纳此项费用。于是,2010年3月起,小严拒交此项费用。物业公司多次催缴未果后,于7月10日切断了小严住所的水电。

请问：小严的主张是否合理？物业公司催缴的做法是否合理？

3. 2005年某房地产开发公司A聘请某物业服务企业B为其开发的某小区进行物业管理。业主入住时同意A与B签订的物业服务合同，合同约定服务期限为5年。2007年该小区召开业主大会成立了业主委员会C。由于大多数业主对B的服务不满意，因此C成立后没有与B续签合同，而是要求另外选聘物业服务企业。

由于B不同意解除合同，C诉诸于法院。

原告C诉称：B服务质量太差，要求解聘B。

被告B辩称：B早期与A签订有物业服务合同，且业主购房时与A的合同中已订明，同意B的管理。现合同尚未到期，因此业主无权解聘B。请求法院驳回原告的诉讼请求。

请问：请问法院应当如何判决？为什么？

4. 张小姐2008年在水岸华庭购买住宅一套，办理入伙手续后因故没有装修入住。物业公司催促其缴纳物业服务费。张小姐认为自己并未入住，没有享受物业公司提供的服务，因此拒绝缴纳。

请问：张小姐的观点是否正确，应该如何处理这个问题？谈谈你的看法。

（提示：可参考武汉、杭州、石家庄、西宁物业管理规定中有关空置房物业服务收取的内容）

第四章 物业管理市场与物业管理委托

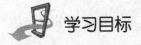 学习目标

学习了本章后,你应该能够:
1. 理解物业管理市场运行机制。
2. 掌握物业管理市场的构成及市场层次,尤其应深刻理解不同层次市场的形成及其作用。
3. 能够运用市场理论分析物业管理市场的供求关系,能对当前物业管理市场的实际问题提出自己的见解。
4. 掌握物业管理委托的含义、主体和内容,了解物业管理委托的类型和方式。
5. 了解物业管理招标投标的含义、原则和形式。
6. 了解物业管理招标投标的程序和要点。
7. 了解物业管理招标文件、投标文件的内容。

  市场是指组织化、制度化的交换。它可以指交换的场所,更是一种交换关系。随着我国市场经济的建设与发展,物业管理的市场化也在日益进步。在进步的过程中,不少问题也时时困扰着它的发展,使得物业管理区域业主与物业服务企业所形成的新管理关系和利益关系,正逐渐成为城市新的矛盾焦点。如何采用市场化的机制和手段选择、管理和约束物业服务企业,物业服务企业如何在激烈的市场竞争中脱颖而出?这是当前急需认真研究的物业管理市场问题。

第一节 物业管理市场的概念与特征

一、物业管理市场的概念

(一) 物业管理市场的含义

市场是商品经济的产物,是实现商品交换和实现商品价值的纽带。有商品的生产与交换,就必然会形成市场。狭义的市场指商品买卖的场所;而广义的市场则是商品流通过程中各种交换关系的总和,是不同产权所有者之间关系的体现。

物业管理市场,是物业管理服务或商品的交换领域,是物业管理一切交换关系与流通关系的总和。

物业管理市场是房地产市场的一个组成部分,是提供消费领域的房地产管理的市场,这一市场包括两大内容:物业管理劳务服务与物业经营管理服务。劳务服务属于能够通过控制劳动过程来预知劳动结果的生产管理;而物业经营管理则不然,它主要是通过产权交易的运作过程来完成,所以,现在人们无法通过劳动过程来控制其劳动结果,而只能从生产收益中反推其劳动付出。由于这两类劳动的生产过程不同,企业的经营管理必然存在巨大的差异,生产的协作按现代产权理论既可以通过市场完成,也可以通过企业内部高效的配合完成。所以,物业管理市场会出现级别层次。

(二) 物业管理市场的构成

物业管理市场是物业管理交换关系的总和。在物业管理市场,谁在与谁交换,他们交换的内容是什么,他们又是在一种什么环境中进行交换的,这是必须弄清楚的问题。

1. 市场主体

物业管理市场主体是指物业管理市场的行为者。它包括物业管理商品的供给方、需求方与调控方三者。

(1) 需求主体——业主。物业管理市场的需求主体是业主,业主即物业的所有权主体。物业的所有权人为了使自己所拥有的物业能够保值增值,希望能对其进行有效的保养维护与经营管理,但是由于自己的精力、能力有限,这样就有了对市场的需求。

在市场上,根据业主对其所有权行使的不同,我们可将其分为单独产权的业主与共有产权的业主。而共有产权的业主又可分为少数业主共有与多数业主共有两种物业所有权,看起来这两种情况是相近的,但任何事物都有一个从量变到质变的过程,当业主的数量增加到一定程度时,其决策过程就会十分复杂,所以两者应该予以区分。而且从某种程度上来说,少数业主共有的情况与单独产权的情况还相近一些。

第一，单独产权：不需转让产权，或转让之前的独资投资主体所建成的物业，如自建的商业楼、写字楼等。

第二，少数业主共有产权：不需转让产权，或转让之前的共有投资主体建成的物业，如共建的商业楼、写字楼等。

第三，多数业主共有产权：是指开发商开发的区分所有建筑物构成的住宅区，出售给各购房业主之后的情况。

在单独产权与少数业主共有产权的情况下，往往业主的物业管理决策容易统一，其物业管理市场的发展也较顺利；但在多数业主共有的区分所有建筑物构成的住宅区中，由于业主多，单个业主行使物业管理权困难，而导致物业管理市场进展缓慢。

在住宅区的物业管理中，其需求主体是指业主整体，而非业主个体，这一点十分重要。因为业主整体与业主个体有不同的利益需求，所以是两个不同的主体，千万不可混淆。

关于住宅区物业管理需求主体的问题，存在两种似是而非的观点：一是认为业主委员会是需求主体。这一观点错在对业主委员会这一组织的性质的理解出现了偏差。业主委员会只是业主大会的一个执行机构，它的职责在于执行业主大会的决定，可它自己本身并没有决策的权利。即当业主大会作出决策后，由业主委员会来具体执行。但如果业主大会没有决策的事，业主委员会是无权决策的。所以，它是不可能成为市场需求主体的。二是认为物业的使用者是市场需求主体。物业的使用者可以是业主，而且当前多数情况是这样的，即购房者购房的目的是为了消费。但还有另外一种情况，购房者的目的是为了投资，这样业主就会将物业出租给承租户使用，这一承租户就是我们通常所说的物业使用人。而房屋的承租者是不可能成为物业管理市场的需求主体的。这是因为物业管理是一种业主权利，而这一权利是基于业主的物业所有权。房屋的承租户不可能拥有所有权，当然就不可能成为物业管理市场的需求主体。

（2）供给主体。物业管理市场供给主体，是指各种物业管理商品或服务的供给者，即各类物业服务企业，包括综合性的物业服务企业，专业性的物业服务企业（包括如项目公司、清洁公司、环境绿化公司、保安公司、维修公司等等）或其他提供物业管理服务的企业。

（3）调控主体。政府的物业管理行政主管部门及相关的职能部门，与物业管理行业组织都会在物业管理市场上起到不同的协调作用。

2. 市场客体

市场客体，是指物业管理市场上用于交换的对象，也就是物业管理劳务服务与物业经营服务。

（1）物业管理劳务服务。是指物业服务企业通过为其所管物业的业主提供有形的劳务服务，同时企业也收获物业管理费用的物业管理过程。如物业的维修养护、清洁卫生、环境绿化、安全保卫。

（2）物业经营管理。是指物业服务企业通过为业主代理经营其委托的物业，为业主挣得物业收益，同时企业也可得到经营劳务费用的物业管理过程。

物业经营管理服务，是物业管理市场上最能反映物业特征的客体内容。因为它是对物业的直接经营，其成果是物业的直接收益。而且物业管理劳务服务的目的也在于提高物业经营管理的收益，也就是说，物业管理劳务服务的投入是通过物业经营管理来实现的。如物业场地的经营管理（包括小区人口聚集地的临时出租、小区车位的出租）、物业空间的经营、物业维修基金的运作管理。

3. 市场环境

物业管理的市场环境是指规范市场的各种社会制度、物业管理的相关法律、法规以及具有效力的契约文件。具体为：物业管理的相关法规与政策；房地产业的相关法律、法规与政策；与物业管理相关的法律，如民法、物权法、经济法、合同法、企业法；基本的社会制度，包括宪法与市场经济体制。

二、物业管理市场的特征

物业管理市场是房地产市场的重要子市场。它与房地产市场中的房地产开发、房地产咨询、房地产交易等子市场相比，既有相同的地方也有不同的地方。它区别于其他房地产子市场的特征在于：

1. 物业管理市场是物业管理劳务服务与物业经营管理服务的统一体

物业管理劳务服务，是指能够直接观察劳动过程、需要耗费成本的清洁卫生、环境绿化、安全保卫、维修养护等内容；物业经营管理服务，则是指不能直接测量劳动过程、只能验收劳动结果的物业经营管理，这类服务可以创造物业经营收益。后者是物业管理的本质特征。

2. 物业管理市场中的物业经营服务所经营的只是物业的零星使用权

在物业管理市场交换的物业管理商品中，物业经营管理服务是最能代表不动产特色的内容。而这一经营内容，之所以是物业管理的内容，是因为它交换的只是物业在某一时段的使用权，而不是其他，更没有所有权的变更，这是物业管理区别于房地产市场中其他交易的一个产权特点。

3. 物业管理市场是房地产市场的一个组成部分

物业管理市场是房地产市场的一个重要组成部分，是因为它不仅仅只有耗费成本的物业管理劳务服务，而且还提供有创造收益的物业经营服务。物业经营服务就是代理业主经营具有不动性的房地产，当前我国的房地产市场处在起步阶段，随着市场的成熟，随着新建住宅的日趋饱和，物业管理市场在房地产市场中的地位也会日益加强。

4. 物业管理市场是有形空间与无限空间的统一体

物业管理市场的有形空间，是指物业管理商品交换的场所；物业管理市场的无限空间，是指物业管理商品的交换关系。只要有物业管理商品的交换，无论它是在有形空间还是在无限空间发生，其效果是同样的。

第二节 物业管理市场的结构体系

一、按交易对象划分的物业管理市场

物业管理市场,按照交易对象可将其划分为两大类:第一类是成本耗费性的生产型管理市场,它由小区清洁卫生、小区环境绿化、小区安全保卫、物业的维护修缮四个子市场组成;第二类是收益性的经营型管理市场,它由物业场地的管理(又可分为:小区公众聚集地的临时出租与小区车位的出租)、物业空间的管理和物业维修基金的管理三个部分组成。具体如图4-1所示。

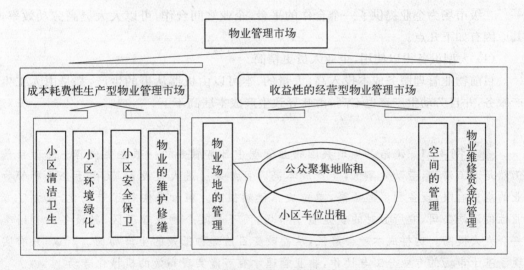

图4-1 按交易对象划分的物业管理市场

二、按交易层次划分的物业管理市场

（一）一级市场

一级市场是指业主与物业管理项目公司之间的交易市场。这一交易是业主将其所有的物业管理权交给专家(物业服务企业)经营的过程。通常情况下,有如下内容:

(1) 事实上的处分;

(2) 法律上的处分。

对于业主而言,物业管理权的一项重要内容就在于获取物业收益。法律处分实际上就是达到这一目标的重要步骤。

物业管理权也是对物业行使经营权利,让物业增值的过程,如物业场地的出租、物业空间的出租和物业维修基金的投资等。

（二）二级市场

1. 二级市场的形成

在一级市场上得到了管理项目的物业服务企业，有些是大型综合性企业，而有些是物业管理项目公司。如果是后者，它自己不会直接提供生产服务，它会通过市场为自己寻求合作伙伴，由此就形成了物业管理的二级市场。

一般地，二级市场交易的客体，主要是物业管理劳务服务。这是因为，在一级市场上，得到项目管理权的企业（即使是综合性的物业服务企业）所管理的物业数量是有限的（对于一个生产企业达到规模效益的数量而言），由它直接进行生产，劳动效率低下，所以必须进入到二级市场。在二级市场上生产企业接到多个项目的生产任务后，就能够有效扩大生产规模，有效提高劳动效率。

2. 二级市场的作用

二级市场为企业提供了一个合作的平台，企业之间合作，可以大大提高劳动效率，其原因有如下几点。

（1）大型设备得以使用，企业人员更精简。

目前物业管理服务成本投入高，大量的、本可以由机器从事的生产，都是由人工生产服务，并且劳动生产率也不高，由此导致生产成本居高不下。

例 4-1 清洁卫生是我国物业管理中日常服务的一项主要内容。然而目前仍然是人工清扫，劳动效率低，生产成本高。可如果引进大型设备，又由于企业所管物业的规模有限，设备利用率不高，单位成本仍然很高。但如果实行了专业化，成立了专业性的清洁公司，它所面对的就是整个市场，而不是某个物业管理区，其设备的利用率将会大大提高。这样成本就会降低，从而改变目前这种低效的生产局面。所以，只有实现了基于市场的专业分工与协作，物业管理才有可能实现高效的机械化劳动。

由于大型设备的使用，使得劳动生产率大大提高，可以使企业的人工劳动降低到最低限度，企业员工会随之减少，这样又可节约工资支出；同时也必然降低管理难度，减少管理开支和决策失误，降低管理成本。

（2）能够提高专业化程度，有效提高劳动效率。

当专业化分工由市场实现时，一方面，对生产性的专业公司而言，它面对的是整个市场，其专业队伍的人员规模再也不必受限于企业一个项目的生产任务量了，这样员工的专业化程度将会大大提高，进而提高生产效率和服务水平。另一方面，对管理型的项目公司而言，它所面对的是整个市场，有许多的专业公司可供其挑选。专业化水平提高后，就可让消费者得到最大限度的满足。

（3）切实降低服务价格，最大限度地满足消费者需求。

由于市场的活跃，大型设备的使用，生产效率的提高，人员随之精简，工资支出会节省，管理成本也会下降；又由于专业化水平的提高，服务水平的提升，物业管理的成本会有效降低，服务价格会随之下降。当它在某一个对供求双方都有利的范围内时，就从根本上实现了由供求关系调节市场。

这样的结果就是政府再也不用行政命令式的价格管理办法了,只需同其他行业一样,以法律手段来规范供求双方的行为,这样就达到了市场化的目的。

物业管理两级市场的关系如图4-2所示。

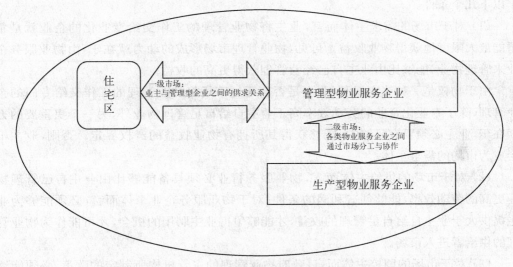

图4-2　物业管理两级市场关系示意

第三节　物业管理市场的运行机制与供求分析

一、物业管理市场的运行机制

(一)物业管理市场机制

机制原指机器的构造和动作原理,引申到医学和生物学领域后,是指有机体内各器官之间的相互联系作用和调节方式;引申到经济领域后,则是指市场机体的供求、价格、竞争、风险等市场要素在运行中的相互联系及作用的机理。通俗而言,市场机制是指在市场的运行过程中,发挥其功能的动力。即市场凭借什么具有如此的作用,能发挥其相应的功能,调节社会资源在不同领域的分配。

物业管理市场的运行机制,是指能调节社会资源在物业管理领域内分配的动力。物业管理市场的运行机制是由物业管理市场的主体、客体和市场环境在市场中相互作用而形成的。其一旦形成,又作用于整个市场过程,规范着市场主体的行为。

(二)物业管理市场机制的内容

1. 供求机制

物业是一种稀缺的资源,所以,它是具有保值增值能力的财产。因此,物业所有权的一项重要内容就在于其中的物业收益权。

业主可自己管理物业来获得收益，但限于时间与精力的关系，业主对物业管理的水平必然有限，可想而知收益水平也是有限的。这样，高水平的、专门经营物业管理的机构也就会应运而生，物业管理市场就有可能由此而形成。物业管理市场能否形成，取决于以下几个条件。

（1）对于市场的需求主体而言，业主将物业管理的工作交给专业化的企业就是希望能最大限度地获得物业收益。可见，物业管理市场形成的动力就在于，由物业服务企业来管理物业，能够比由业主自己经营管理获得更高的收益。

由于物权是一种法定权利，业主是否会通过市场将物业管理的工作交给专门的企业管理，除了专业化企业的劳动效率高于业主自给自足管理物业外，另一个更重要的方面在于，业主必须要有足够的、能够获得其所拥有物业收益的产权界定。否则，业主不会成为市场的需求主体。

（2）对于市场的供给主体而言，物业服务行业必须具备能够比由业主自己管理物业更高的劳动效率、能够创造利润的条件；对于物业服务企业个体而言，必须能够为业主提供大于业主自给自足管理的收益，才能够争得业主聘用的机会，才可能作为物业管理的供给者进入市场。

（3）对于市场的调控主体而言，政府物业管理的主管机构所制定的政策，必须能够保证市场的公平交易，使市场的供求双方都能在市场上获利。只有这样，才可能形成正常的市场供求关系，否则，只有供给，而没有需求是不可能形成市场的。

2. 价格机制

价格机制是指价格形成与变动对生产、消费和供求关系等经济活动的调节和影响的形成过程与形式。它是市场机制的主要内容与核心。物业管理市场的价格机制，既是物业管理市场运行的核心机制，是其他机制发挥作用的基础；又是调节物业管理市场需求方向、需求规模、需求结构的工具，是企业竞争的手段。

物业管理是一项综合性服务，内容繁杂、分项多样，不同类型的物业有不同档次的要求，其具体内容也会有很大区别，服务价格也会有较大的差异。政府不必对市场价格进行过多的干预，而是应该通过建立市场的监管机制，保证供求双方具有正常的选择决策权，从而保证其出入市场的权利，才能使交易公平进行。实现供求主体"共赢"，市场才能兴旺、繁荣。

3. 竞争机制

竞争机制是市场经济的基本法则，具体到物业管理市场，表现为两方面：一是在新物业的竞争方面，物业服务企业只有以最低廉的价格提供最优质的服务，才可以获得物业管理权；二是在已接受物业管理权的老物业的竞争方面，市场奉行优上劣下原则，业主可以自主解聘管理不善、收费过高的企业，而改聘其他管理完善、收费低廉的企业。

在市场经济条件下，企业从事物业管理的目的是为了获得利润，业主是为了买到称心如意的服务。为了达到目的，业主必然会解聘不称心的物业服务企业，这样，为了得到物业管理权，激烈的竞争就不可避免地在作为市场服务提供者的物业服务企业之间展开，从而对物业服务企业产生巨大的外在压力。物业服务企业为了能在激烈的竞争中取胜,有可能运用各种竞争方式,如想方设法提供优质的服务,于服务中融入人本理念,努力控制物业管理运营成本等。

竞争机制促使物业服务企业在竞争中不断提高服务水平和质量,从而提高物业管理市场运行效率。

4. 利益风险机制

利益风险机制是指物业管理服务的交易双方必须独自承担物业管理市场中的利益与风险,并能够按照经济效益原则,根据利益与风险调节自己的行为。在市场经济的条件下,物业服务企业面临着盈利、亏损、破产的可能性,必须承担相应的利益与风险。风险以利益为诱惑,并以破产为压力作用于企业,迫使物业服务企业奋发努力、锐意进取、勇于拼搏,努力改进经营管理、更新经营理念。企业一旦没有了利益与风险,也就失去了市场需求和其他信号来理性选择经济行为的动力与压力。利益风险机制的形成要具备以下几个条件。

(1) 物业管理交易的双方有独立的经济利益,产权独立。只有这样,交易主体的行为才能受到其独立的经济利益的支配,不至于出现各种不应有的扭曲行为。

(2) 交易双方都有承担风险的能力。

(3) 交易一旦达成,必须具有法律效应,交易双方必须执行。

物业管理市场上的供求机制、价格机制、竞争机制、利益风险机制,不是孤立的,而是相互联系、相互影响、相互作用、相互制约的,其结果就是形成了一个完整的物业管理市场运行机制,作用于物业管理市场的全过程,约束并规范着各参与主体的行为。

二、物业管理市场的供求分析

(一) 物业管理市场需求

物业管理市场需求是指在一定时期内对物业管理服务有支付能力的、并且有购买意愿的需要。是在市场上出现的、消费者对物业管理服务的需求愿望与要求的体现;也是消费者在一定条件下的,物质需要与精神需要的反映。在物业管理市场上,业主的需要是物业服务企业的"聚焦点",也是物业服务企业能否取得良好市场业绩、巩固并扩大市场的关键。因此,物业服务企业一定要密切关注物业管理市场需求状况的变化,这就需要及时对物业管理市场进行调查与预测。

物业管理需求,不同于物业管理需要。需要是一种欲望,而需求是一种有支付能力的需要。掌握这一点对物业服务企业进行决策有着极其重要的意义。

需求的实现是消费,消费是消费者对物业服务企业的认同,也是消费者以自己的劳动或劳动成果以及实际行动,对物业服务企业的支持。消费者用自己的劳动、劳动成果以及实际行动,投了物业服务企业的赞成票,物业服务企业才能够生存和发展。所以,物业服务企业应该以消费者的利益为自己的利益,经常分析消费者对物业管理服务的需求情况,及需求的发展趋势,研究物业管理消费需求的规律。同时,物业服务企业还要善于、敢于并及时引导消费潮流,使自己走在行业的前列,抢占先机,争取更大的市场份额。

同其他商品的需求相比较,物业管理的市场需求具有情感性、多样性、长期性、集体性及依赖性等特点。

(二)物业管理市场供给

市场供给是指在一定时期内,物业服务企业在一定的价格条件下,愿意提供到市场上出售的商品或服务的意愿。也就是在物业管理服务需求一定的情况下,物业服务企业为了业主的消费需求,在能够获得物业管理利润的前提下,愿意支付的人力、物力与财力的意愿。

物业管理市场的供给受到多种因素的影响,其中主要因素有物业管理服务价格、劳动力价格、资本价格、相关服务的价格,以及税收、行业平均利润等。通常在其他因素不变的情况下,某种物业管理服务的供给量与该服务的价格、行业平均利润以及物业服务企业对该服务未来价格的预期成正比,与劳动力价格、资本价格、税收等因素成反比。

(三)物业管理市场均衡分析

经济学的均衡,是指经济领域中的各种对立、变动着的力量处于一种势均力敌、相对静止、暂不变动的状态。这种状态是暂时的、有条件的,一旦原有条件发生了变化,则原来的均衡就不复存在,而是代之以新条件下的均衡。也就是说,均衡是一个相对的概念,从动态的角度看,经济的发展总是处于破坏一种旧的均衡建立一种新的均衡过程之中。

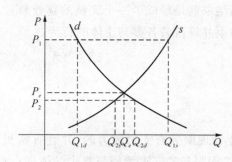

图4-3 物业管理市场均衡示意

物业管理的市场均衡,是指市场上物业管理的价格,与买卖双方的需求与供给数量达到一种稳定的状态。这种状态下,物业服务企业与业主的一方和双方不再希望改变当时的价格及供求数量,见图4-3。

图中:横轴为Q;纵轴为P;曲线s为供给曲线;d为需求曲线。设市场均衡时的价格为P_e。在市场均衡条件下,即当市场价格为P_e时,市场的供给量为Q_e,此量即市场均衡供求量。由于这一供给量(Q_e)能让市场均衡,因此供给量与需求量是相等的。所以,在均衡价格(P_e)条件下,消费者愿意、并有能力购买的物业管理服务数量,与物业服务企业愿意提供的数量都是Q_e,市场处于均衡状态。而当价格高于或低于均衡价格(P_e)时,市场就不可能均衡。

在失去均衡的市场上,消费者愿意购买的数量与物业服务企业愿意提供的数量不再一致:当物业管理服务价格高于均衡价格P_e,涨到P_1时,企业提供的服务数量将大于Q_e,增加到Q_{1s};而此时,消费者愿意消费的数量则会由Q_e降为Q_{1d}。显然此时物业管理服务的供给量(Q_{1s})超过需求量(Q_{1d}),物业管理市场处于一种过剩状态。反之亦然:当物业管理价格低于均衡价格P_e,降到P_2时,物业服务企业提供的服务数量将由Q_e减少到Q_{2s};而这时,消费者愿意消费的数量则由Q_e增长到Q_{2d}。可见,市场上业主的需求量(Q_{2d})超过了物业服务企业愿意提供的服务量(Q_{2s}),此时,物业管理市场处于一种供不应求的短缺状态。

在一个充分竞争的市场上,这种短缺或过剩都不可能长期存在,市场总会有一种无形的力量,推动供需双方趋于均衡。如果物业管理服务的价格高于 P_e,物业服务企业会扩大生产,而业主则会紧缩需求。此时,企业投入生产的人力、物力和财力中的相当一部分就不可能得到价值补偿,更不要说赢取利润。这样企业就会根据市场情况及时调整生产,以便能够降低价格,如果这样,业主的需求就会逐渐上升。最终,会使市场的过剩慢慢缓解。同样,当市场处于短缺状态时,这些没有得到满足的消费者将愿意以更高的价格来获得供不应求的商品,而物业服务企业发现自己提供的商品十分紧俏后,有可能提高服务的价格,价格的提高又会诱使物业服务企业增加服务的供给量。供给的增加,最终会消除需求短缺,让物业管理市场趋于均衡状态。

上述分析中,市场均衡状态成立的假定条件:
(1) 完全竞争的物业管理市场;
(2) 供给和需求是整个行业的供给和需求;
(3) 非价格变量保持不变。

如果前两个条件不变,第三个条件,即非价格变量发生了变化,物业管理市场的均衡状态也会发生改变。

第四节 物业管理委托

一、物业管理委托的含义

2003 年颁布实施的《物业管理条例》明确了业主在物业管理活动中的主导地位,体现了业主自治管理的原则。由于我国房地产市场特别是物业管理市场建设时间不长,在长期实施的福利分房和以自管公房、直管公房管理为主的房屋管理体制影响下,人们对物业管理的认识不足,对业主享有怎样的权利,应该如何行使,尤其居住小区共用部分、共用设施的管理缺乏认识,也缺乏维权、行使权利的意识。随着 2004 年《宪法》的修订和 2007 年《物权法》的公布,进一步明确了业主享有财产权利的具体内容。这些使《物业管理条例》和相关法规所确立的物业管理制度中关于业主自治管理的原则获得了广泛共识。业主有权对自己拥有的物业选择物业服务企业和管理方式,对于区分所有的物业如居住小区,业主通过业主自治组织——业主大会对共用部分、共用设施进行统一管理,选聘物业服务企业。

业主自治明确了业主选择物业服务企业的权利和模式,而物业管理的内在特性要求走社会化、专业化、市场化的道路,由物业服务企业提供统一、专业化的物业管理服务,两者的结合构成了物业管理发展的基本架构。这种结合的方式和实施途径就是物业管理的委托。所谓物业管理的委托就是业主(业主)通过某种方式将其拥有的特定物业的物业管理服务委托给其选定的物业服务企业实施的过程。

二、物业管理委托主体

物业管理委托主体就是物业管理的委托方,从权利归属来讲,物业管理委托方应该是物业的业主,也即业主。根据物业管理委托的时间和产权归属情况,物业管理委托主体有开发建设单位、业主委员会和一般业主三种类型。

1. 开发建设单位

开发建设单位通常情况下指以建成后销售为主的房地产开发企业,如商品房、写字楼等的开发企业。《物业管理条例》第二十一条规定:在业主、业主大会选聘物业服务企业之前,建设单位选聘物业服务企业的,应当签订书面的前期物业管理服务合同。由此可知,开发建设单位作为物业管理委托主体主要是针对前期物业管理的委托。实际上,开发建设单位委托前期物业管理并不违背业主自治的原则。开发建设单位在委托前期物业管理时是在物业销售之前,此时开发建设单位是物业唯一的业主,因此实施物业管理委托是有法律依据的。当然,前期物业管理由于涉及开发建设单位、业主(购房人)和物业服务企业,三方关系较为复杂,针对如何体现业主(购房人)的意志等问题,国家专门制定了相关规定。

开发建设单位委托物业管理还有一种情形,就是当开发项目属于只租不售由开发建设单位自己经营的情况时,开发建设单位始终拥有物业的产权,一直作为物业管理的委托方。此时进行物业管理委托和下文第三种一般业主物业管理委托的情形是一致的。

2. 区分所有物业的业主大会

对于区分所有的物业,如对外出售的商品住宅、写字楼等,当首次业主大会召开,选举成立业主委员会后,其物业管理的委托权由全体业主共同实施,通常由业主委员会代表全体业主,负责选聘物业服务企业,并代表全体业主签订新的物业服务合同。区分所有物业的业主委员会委托物业管理包括两种情况:一种是首次业主大会召开后,原有物业服务企业续聘或者重新选聘其他物业服务企业;另一种情况则是正常签订的物业服务合同到期后,重新委托物业管理。

3. 一般业主

一般业主通常指非区分所有物业的所有人,如学校、企事业单位、政府机关等。一般业主对物业享有所有权,因此可以独立地实施物业管理委托,选聘物业服务企业对自己拥有的物业提供物业管理服务。随着物业管理行业的发展,物业管理覆盖面也越来越广,从居住物业到学校、医院、企事业单位办公楼、政府机关办公楼等越来越多的物业已经开始实施物业管理,如建设部机关大楼就是由万科物业来提供物业管理服务的。以经营为目的开发建设项目,如商场、批发市场的物业管理委托也属于这种情况,投资人作为业主独立地实施物业管理委托。

三、物业管理委托类型

物业管理委托根据委托发生时所处的物业管理阶段和委托时的特点不同,可以分为前期物业管理委托和日常阶段物业管理委托。

1. 前期物业管理委托。

所谓前期物业管理,是指新建物业在销售前开始至首次业主大会召开选聘物业服务企业为止这一段特定时期的物业管理。从管理服务的内容上来说与日后进行的物业管理没有区别,而且一般与日后进行的物业管理也有内在的连续性。但根据《物业管理条例》和建设部《前期物业管理招标投标暂行规定》等法规和规章的规定,国家对前期物业管理是有专门规定的。这一阶段的物业管理涉及的法律关系是开发建设单位、物业服务企业和业主三方,并且由开发建设单位选聘物业服务企业。其具体工作实质上是在物业从开发建设向消费使用全面转变的过渡时期内,为日后的物业管理工作正常开展做好准备。从具体管理内容看,前期物业管理也包含一些日后物业管理不涉及或很少涉及的内容和环节,如物业的接管验收、楼宇入伙和物业的装修管理等。

2. 日常阶段物业管理委托

所谓日常阶段物业管理,是指除前期物业管理以外的物业管理阶段。这一阶段包含的时间跨度比前期物业长得多,也包含已有物业由于某种原因开始实施物业管理的情形,如原有公房产权出售后开始实施物业管理的情况。国家目前对日常阶段物业管理并没有专门规定,如建设部规定了前期物业管理招标投标管理办法,只有前期物业服务合同示范文本等,实践中日常阶段物业管理一般参照前期物业管理的有关规定。从管理内容看,日常阶段物业管理各方面条件已基本成熟,前期物业管理中入伙管理、装修管理等工作重点将转向维护、维修、安全等日常养护管理。日常阶段物业管理与前期物业管理相比,最大的特点是由业主或者业主自治组织实施委托,选聘物业服务企业,而不是开发建设单位。

四、物业管理委托的内容

物业服务企业接受委托时,因物业类型和委托主体的不同,其受托提供服务的内容是不同的,因而其物业管理工作的重点也不同。从总体上看,物业服务企业受托管理的对象可以分为居住区物业、经营性物业和其他物业三类,其各自委托管理的内容如下。

1. 居住区物业的管理

居住区物业管理的委托是目前最主要和最广泛的物业管理委托。居住区物业管理主要以物业服务企业向居住区全体业主提供日常管理和服务为主,主要任务包括安全管理、环境管理、房屋修缮管理、设备管理等,其目的在于为业主创造一个舒适的生活环境。

2. 出租经营性物业的管理

出租经营性物业管理的委托是指以出租经营为主的物业,业主不仅将物业日常的管理服务委托给物业服务企业,还委托其代理物业使用权的经营。对于这种物业管理的委托,一方面物业服务企业要提供日常管理和服务,更重要的是物业服务企业还作为经营主体,制定租金标准、实施租赁经营、收取租金等。其物业管理工作是租赁经营和管理服务并重,甚至更偏向租赁经营。该类型物业管理主要适用于经营性的物业,如租赁经营的写字楼、综合楼、商厦等,也适用于租赁为主的高档居住物业,如高级公寓、别墅等。

3. 其他物业管理

其他物业管理的委托是指除居住区以外的,以提供日常管理和服务为主的物业管理委托,如政府、企事业单位自用的办公用房、学校、医院等物业的管理。这类物业管理的委托和居住区物业管理的委托内容基本一致,都是为业主提供日常管理和服务,创造优美、舒适的环境。但不同的是其他物业种类多,各自要求和特点不尽相同,有各自专业化的要求,如医院的环境管理要求就非常严格。因此,在物业管理工作的重点和要求上与居住区物业有较大差别。此外,一般这些物业的产权情况较为单一,不像居住区物业面临众多业主,因此沟通协调相对较为容易。

需要说明的是,现在有些企事业单位聘请专业化的服务公司为自用办公物业提供如保洁、绿化等服务,由于其提供的服务项目仅仅限于一项或几项,较为单一,从实际委托的内容和受托者的责任来看,不属于实质性的物业管理。因此,不能视作是物业管理的委托,而仅仅应是劳务服务的委托。

五、物业管理委托的方式

1. 直接委托的方式

直接委托的方式就是不通过招标投标的形式,直接把物业管理委托给物业服务企业。直接委托主要包括以下两种情形。

(1) 开发建设单位将物业直接委托给自己组建的物业服务企业。1994年,建设部33号令揭开了在我国全面推行物业管理的序幕。由于当时物业管理非常少,所以提倡"谁建设、谁管理、谁负责",直接导致了房地产开发企业自行组建或选定物业服务企业将物业直接委托出去。这种做法在当时的条件下推动了物业管理的发展。但随着房地产市场的不断完善,物业管理市场化、社会化、专业化程度的不断提高,这种直接委托越来越不适应物业管理的发展。《物业管理条例》中明确规定:"国家提倡业主通过公开、公平、公正的市场竞争机制选择物业服务企业。"国家明确要求物业管理实行"建管分离",通过招投标选聘物业服务企业,房地产开发企业不得将自己开发的物业直接交给下属的物业服务企业。

(2) 业主委员会对物业服务合同到期后原物业服务企业的续聘。包括前期物业管理到期和正常阶段物业服务企业的续聘。对于前期物业管理,其委托人是开发建设单位,当首次业主大会召开后,前期物业服务合同将终止。业主大会有权对原物业服务企业做出续聘或另外选聘的决定。如果2/3以上的业主认同原物业服务企业,则该物业服务企业继续提供服务,此时将由业主委员会代表业主与原物业服务企业签订新的物业服务合同。业主委员会与物业服务企业签订的合同到期后原物业服务企业的续聘处理办法与前期物业管理一致。

2. 招标投标的方式

招标投标的方式就是开发建设单位、业主或者业主委员会以招投标的方式,通过市场竞争将物业管理委托给中标的物业服务企业。招标投标的方式符合物业管理市场化的要求,引入了竞争机制,对促进物业服务企业提高自身水平、促进物业管理行业的发展都是非常有利的,是物业管理发展的方向。当前,一些地方政府,比如北京,已经明确要求在前期物业服务企业的选聘中必须采用招标投标的方式。

第五节　物业管理招标投标概述

随着物业管理社会化、专业化和市场化的推进,物业管理招标投标将自然成为业主选聘物业服务企业的主要方式。物业管理招标投标是物业管理规范化运作的要求,也是市场经济内在的要求。一方面,大量物业服务企业相继涌现,物业管理市场已逐步建立、发展,并日益完善,这在实践上为物业管理的市场化竞争提供了可能,物业管理实践需要一个能公平、公开、公正的竞争机制。另一方面,从行业和企业发展的角度来看,只有在公开、公平、公正和诚实信用的市场竞争机制下,才能保证物业管理市场优胜劣汰,优秀的物业服务企业才能生存下来。只有企业的不断完善和创新,提高企业自身水平,才能反过来推动整个行业的进步和提高。因此,无论对业主还是物业服务企业而言,招标投标都具有非常重要的意义和作用。

一、物业管理招标投标概念

所谓招标和投标,是一个过程的两个方面,是指由招标人发出招标公告或通知,由若干个投标人同时投标,最后由招标人通过对各投标人所提交的价格、质量以及投标人的技术水平、信誉程度和财务状况等因素进行综合比较,确定其中条件最佳的投标人为中标人,并与之最终订立合同的过程。其中,招标是指招标人根据自己的需要,提出一定的标准或条件,向社会或几个特定的供应商或承包商发出投标邀请的行为;而投标则是指投标人在接到招标通知后,根据招标通知的要求编制投标文件,并将其递交给招标人的行为。

物业管理招标投标,包括物业管理招标和物业管理投标两部分:物业管理招标,是指物业所有人通过制定符合其物业管理服务要求和标准的招标文件,通过一定的程序和规则,确定物业服务企业的过程。物业管理投标,是指物业服务企业为开拓业务,依据物业管理招标文件的要求组织编写标书,并向招标单位递交应聘申请和投标书,参与物业管理竞标,以求通过市场竞争获得物业管理权的过程。

物业管理招标投标实质是一种市场双向选择行为。招标方通过招标文件将拟委托的物业基本信息、服务内容和要求等对物业服务企业公布,物业服务企业根据自身企业特点、能力、特色和企业经营发展战略对招标文件进行评估。如果招标文件通过了物业服务企业的评估,物业服务企业自然会参与投标。同时,招标方通过对参与投标的物业服务企业递交的投标书进行多方考核和综合评定,在考虑服务质量和价格等因素基础上，选择最优的物业服务企业。因此，物业管理招标投标不仅是物业管理委托的一种方式，更是一种市场竞争的有效机制，从实质上实现了市场的双向选择。

物业管理本身的行业特殊性使物业管理招标投标具有与其他行业招标投标不同的特点。

1. 物业管理招标投标的超前性

新建物业的物业管理招标投标在物业建成投入使用之前进行，有时甚至在物业开工建设之前即实行早期介入。这种超前性一方面使物业服务企业能尽早熟悉接管物业的情况，也为物业服务企业从专业管理和业主利益出发，利用以往专业经验对物业建设方案提出合理化建议提供了可能，减少日后业主使用的不便和由此产生的纠纷；另一方面，物业服务企业提前实施管理也有利于建立物业服务企业与业主之间的沟通与信任。因此，物业服务企业在参与物业管理招标投标时，对这种超前性的特点应予以重视。

2. 物业管理的长期性和物业管理招标投标的阶段性

物业一旦建成，其使用寿命具有长期性，少则数十年，长则上百年。可以说物业管理的过程伴随物业的使用寿命，因而是长期存在的。这种物业管理的长期性决定了物业管理招标投标必须划分阶段进行。一方面，招标内容和要求不可能一成不变，随着社会进步业主对物业管理服务的要求也会发生变化。因此，物业管理招标的内容应当适时地进行调整。另一方面，随着市场竞争，可能会出现更好的物业服务企业为业主提供更优质的服务，也可能原有物业服务企业管理服务水平下滑不能满足业主的要求。这也要求物业管理的招标投标设定一定的期限。对于物业服务企业来说，认识到物业管理的长期性和物业管理招标投标的阶段性，意味着应该不断创新和提高，满足业主的需要，这样才能谋求续聘，实现企业长期经营的发展战略。

3. 物业管理招标投标中的不确定性

对招标方来说，物业管理招标投标的不确定主要表现为：第一，通过投标书来选择物业服务企业具有不确定性。由于物业管理都是针对特定的物业实施的，因此不同的物业具有的特点不同，其管理服务的重点、要求也都有所不同。物业服务企业递交的投标书中以往的经营业绩一般都是指过去曾经实施过的物业，能否照搬使用需要实践的检验。仅仅依靠对标书的评判和以往的市场声誉并不能完全保证评标结果的最佳。第二，对于区分所有的物业，如居住区，众多的业主很难达到对最合适的物业管理服务需求的一致认同，投标结果能否顺利被业主接受存在一定的风险。

对投标方来说，短时间内对准备投标的物业情况不可能完全掌握，因而参加投标的风险和接管后经营难度存在不确定性。这就要求物业服务企业在投标决策前必须尽可能全面掌握情况，谨慎决策。

二、物业管理招标投标的原则和作用

物业管理招标投标作为推动物业服务企业朝竞争方向发展的重要手段，只有在一定的原则下进行才能真正体现其优胜劣汰的功能。为了吸引更多的投标人，真正实现招标人的初衷，在物业管理招标投标中应当遵循公开、公平、公正和合理的原则。

1. 公开原则

公开原则是指招标投标过程中的各项程序都应当公开发布，特别是面向整个物业管理行业公开招标的物业管理项目，更应对外公布操作程序、标书要求等，使有关各方都能了解，从而便于行业监督和社会监督，增加透明度，保护招投标双方的合法、正当权益。

此外，对于居住区物业管理招标投标而言，实行公开原则便于业主参与，及时收集反馈业主意见，为达成统一意见创造条件，也为中标后物业管理的实施创造条件。

2. 公平原则

公平原则是指在招标文件中向所有物业服务企业提出的投标条件都是一致的，即所有参加投标者都必须在相同的基础上进行投标。招标方在招标文件中提供的资料、提出的投标条件和投标书编制的要求，对于所有参与投标的物业服务企业都应该完全一致。

3. 公正原则

公正原则是指要用同样的准则作为衡量所有投标书的尺度，即在所有投标者起点公平的基础上，在整个投标评定中所使用的准则应具有一贯性和普遍性。评标、验标和决标的规则与评分标准应做到"一视同仁"，对所有投标方都是一致的。

4. 合理原则

合理原则是指在评标、议标、定标的过程中，在确定物业管理服务项目、内容、档次、收费标准上要合理。既不能接受低于正常的管理服务成本的标价，也不能脱离实际的市场情况，提出不切实际的管理服务要求。

三、物业管理招标投标的方式

物业管理招标投标工作根据招标主体的能力和招标投标的形式可作不同的分类。

（一）按招标主体的能力分类

物业管理招标主体是指组织实施物业管理招标投标的业主或组织。根据其能力大小和特点，在实施招投标时可以采用自行招标或委托招标的方式。

1. 自行招标

自行招标就是由招标主体自行编制物业管理招标文件，进行资格预审，组织答疑，组织评标委员会评标，定标后发出中标通知书，招标主体自行操作招标的全过程。自行招标对招标主体的要求比较高，要求其具备编制招标文件、进行资格预审并评定投标文件的能力，因此当业主委员会具备上述专业能力时，可以采取这种方式。否则，应当委托专业的招投标代理机构进行委托招标。

2. 委托招标

委托招标就是招标主体将物业管理招投标委托给专业的招投标代理机构进行的招投标，招投标代理机构向招标主体收取报酬的方式。招投标代理机构一般具备较强的专业能力和丰富的经验，在组织、实施招投标过程中具有明显的优势。但由于我国物业管理发展时间较短,物业管理委托招标的情况还不多见。值得注意的是,在一些地方如天津和上海,已经出现了物业管理的专业代理机构,它们或由政府推动产生,或由市场自发形成。可以预计,未来将有越来越多的物业管理招投标采用委托招标的方式。

（二）按招标投标的形式分类

按物业管理招标投标的形式可分为公开招标、邀请招标和议标。需要注意的是,我国《招标投标法》里只规定了公开招标、邀请招标两种形式,但《前期物业管理招标投标管理暂行办法》里规定在特殊情况下可以采取议标(协议)的形式。

1. 公开招标

公开招标又称为无限竞争性招标,由招标人向社会公开发布招标公告,凡是符合基本条件的物业服务企业均可申请投标。公开招标涉及面广,使招标人有较大的选择范围;但同时由于招标工作量的增加,使招标成本较高、周期较长。

2. 邀请招标

邀请招标又称为有限竞争招标,由招标人向事先选定的若干有能力承担的物业服务企业发出投标邀请,参与竞标。《前期物业管理招标投标管理暂行办法》规定,邀请招标应向3家以上物业服务企业发出投标邀请书。邀请招标由于事先对邀请投标的企业进行了资格审查,因而参与投标的物业服务企业都具有较强的实力和针对性,对招标方来说减少了工作量,节省了招标成本,节约了时间;但邀请招标可能会使招标人不太了解的、有较强竞争力的物业服务企业被排除在外,也有可能增加暗箱操作的机会。

3. 议标

议标也称协议招标,是由招标人采用协议的方式选聘物业服务企业。议标由于不公开、不利于促进竞争的特点,我国《招标投标法》里没有规定议标的方式。但在某些特殊情况下,物业管理招标投标可以采取议标的方式。《前期物业管理招标投标管理暂行办法》第三条规定:"投标人少于3个或者住宅规模较小的,经物业所在地的区、县人民政府房地产行政主管部门批准,可以采用协议方式,即议标,选聘具有相应资质的物业服务企业。"

第六节　物业管理招标投标程序

一、物业管理招标程序

物业管理招标工作包括很多环节,具体工作内容如下。

1. 成立招标机构

招标机构是指全权负责整个招标活动的专门组织。物业管理招标工作中,当业主大会决定启动物业服务企业选聘程序后,招标工作一般就由业主委员会负责。业主委员会应当专门组建招标工作小组,承担物业管理招标的具体工作。业主委员会可以充分发挥业主资源优势,邀请具备招标经验,具有工程、经济、管理专业能力的业主参加招标工作小组。

2. 编制招标文件

招标机构成立后首要的任务就是编制招标文件。招标文件是招标机构向投标人提供的为进行招标工作所必需的文件。招标文件的作用在于:告知投标人递交投标的程序;阐明标的情况和要求;告知投标评定准则以及订立合同的条件等。招标文件是投标方编制投标书的依据,也是日后双方签订物业服务合同的基础,是物业管理招投标工作能否成功完成的关键。招标文件通常包括招标公告、投标须知、合同条款等内容。

3. 确定标底

标底是招标人为准备招标的内容计算出的一个合理基本价格。标底的作用主要是作为招标人审核报价、评标和确定中标人的重要依据。物业管理招标一般以标底上下的一个区间作为判断投标是否合格的条件。

4. 发布招标公告或投标邀请书

招标人采用公开招标方式招标的,应当发布招标公告。招标公告发布的渠道、时间和招标公告的内容、格式等国家都有明确的要求,招标公告应在指定的媒介发布,公告的主要内容包括拟招标的物业名称及简要情况、投标单位条件、报名截止日期、投送投标书截止日期以及联系地址、方式等有关事项。招标人采用邀请招标方式的,以投标邀请书的方式邀请特定的物业服务企业参加投标。

《前期物业管理招标投标管理暂行办法》第十一条规定:"招标人应当在发布招标公告或者发出投标邀请书的10日前,提交以下材料报物业项目所在地的县级以上地方人民政府房地产行政主管部门备案:① 与物业管理有关的物业项目开发建设的政府批件;② 招标公告或者招标邀请书;③ 招标文件;④ 法律法规规定的其他材料。"

5. 组织资格预审

资格预审是对所有投标人投标资格的审核。当进行公开招标,投标人较多时,根据投标人以往经营业绩和资质条件等对投标人进行审核,通过审核的即取得投标资格,可以购买招标文件组织投标。资格预审的目的在于降低招标成本,减少评标等工作量,同时保证实现招标的目的,防止不合格的投标人干扰招标工作。实行投标资格预审的物业管理项目,招标人应当在招标公告或者投标邀请书中载明资格预审的条件和获取资格预审文件的办法。资格预审文件一般应当包括资格预审申请书格式、申请人须知,以及需要投标申请人提供的企业资格文件、业绩、技术装备、财务状况和拟派出的项目负责人与主要管理人员的简历、业绩等证明材料。在物业规模不大、投标人数不是很多的情况下,对物业服务企业资格的审查也可以放在评标时一并进行。

6. 发售招标文件

经资格预审后,公开招标的招标人应当向资格预审合格的投标申请人发出资格预审合格通知书,告知获取招标文件的时间、地点和方法,并同时向资格预审不合格的投标申请人告知资格预审结果。在资格预审合格的投标申请人过多时,可以由招标人从中选择不少于5家资格预审合格的投标申请人。公开招标的物业管理项目,自招标文件发出之日起至投标人提交投标文件截止之日止,最短不得少于20日。

7. 组织标前会议及答疑

招标机构通常在投标人购买招标文件后安排一次投标人会议，即标前会议，召开标前会议的目的是澄清投标人提出的各类问题。招标机构一般在召开标前会议前组织投标人实地现场考察，并负责解答各种疑问。标前会议的记录和各种问题的同一解释或答复，应视为招标文件的组成部分，均应整理成书面文件分发给参加标前会议的和缺席的投标人。

8. 开标、评标

根据招标文件，在发售招标文件后规定的截标时间内招标机构收取投标人封送的投标书，经过审查认为各项手续符合规定时，如密封符合要求以及按时提供投标保证金等，即可签收。在规定的开标时间、地点和所有投标人出席的情况下，当众拆封开标，公开宣读各投标人的投标报价。

开标后由各方面专家和业主代表组成的评标委员会进行评标，根据评标规则评出各投标人的得分，必要时可以组织各投标人进行答辩。评标委员会根据评标结果向招标人提交评标报告，按评标结果推荐不超过3个有排序的中标候选人。

9. 定标与中标后的合同签订

招标人根据评标报告按顺序与中标候选人进行谈判，最后决定中标人，并发出中标通知书。招标方不得从评标委员会推荐的中标候选人以外的投标人中选定中标人。《前期物业管理招标投标管理暂行办法》第三十七条规定："招标人应向中标人发出中标通知书，同时将中标结果通知所有未中标的投标人，并应当返还其投标书。"

发出中标通知书后，招标工作即进入合同谈判和签约阶段。这一阶段招标方经过具体细节的谈判，与中标人签订相应的物业服务合同。按规定，招标人应当在中标通知书发出之日起30日内与中标人签订物业服务合同，合同的主要条款不得背离标书中的内容。

10. 资料归档和备案

在所有的招标工作完成后，招标方应当及时将招标过程的所有文件资料进行整理归档，妥善保存，并根据相关规定向主管部门办理备案手续。《前期物业管理招标投标管理暂行办法》第三十七条规定："招标人应当自确定中标人之日起15日内，向物业项目所在地的县级以上地方人民政府房地产行政主管部门备案。备案资料包括：开标评标过程、确定中标人的方式及理由、评标委员会的评标报告、中标人的投标文件等资料。委托代理招标的，还应当附招标代理委托合同。"

二、物业管理投标程序

通过招标投标获得业主委托已经成为物业服务企业主要的业务来源。因此，对于物业服务企业而言，精心准备参加招标、力求中标，其重要性不言而喻。物业管理招标投标都会对参与投标的物业服务企业在资质等级上设定限制条件，因此取得合格的资质和其他必备的手续是物业服务企业参加投标的先决条件。一般情况下，物业服务企业参加投标的具体流程如下。

1. 获取招标信息,决策是否投标

物业服务企业通过各种公开渠道获取某物业准备公开招标的信息或者接到投标邀请函,这是参加物业管理投标的第一步。对于物业服务企业来说,对各种可能的信息渠道要保持关注,对招标信息要保持敏感。信息不畅对于任何一个现代企业来说都是无法想象的。获取招标信息后,接下来的重要工作就是作出是否参加投标的决策。物业服务企业应根据招标物业的要求、竞争态势和自身实力等做出综合判断,分析是否应该参加投标、中标的机会等。一旦做出决策,就应组织得力人员,成立投标小组,负责投标工作。

2. 报送投标申请,通过资质审查

物业服务企业作出参加投标的决策后,就应联系招标机构报名参加投标,或递交书面的投标申请表明参加投标的意愿,并按照招标文件中关于资格预审的时间要求和资格预审规定提交的文件、格式等向招标机构报送资格预审文件,取得投标资格。对于邀请招标,则可以省略这一程序。

3. 获取招标文件,研究招标内容

物业服务企业取得投标资格,或同意参加邀请招标后,即可在规定的时间、地点向招标机构购买招标文件。获取招标文件后,物业服务企业应认真研究招标文件的内容。首先,应详细阅读招标文件,分析招标文件中要求的物业管理范围、内容、标准和特殊要求等,并明确投标文件编制的要求、递交投标文件的要求、投标保证金的规定以及有关合同签订的规定等。然后,物业服务企业应到物业实地进行考察,掌握第一手资料,熟悉招标物业的环境和特点。最后,参加招标机构组织的标前会议或向要求招标机构解答、澄清招标文件有疑问的内容,真正理解招标人的意图。

4. 进行投标决策,编制投标文件

在全面理解和掌握招标文件规定的内容后,物业服务企业应进行详细测算,估算各种投标报价下可能的经济收益。物业服务企业根据上述工作基础,结合各方面因素最终作出投标决策。决策内容包括:是否继续参加投标、竞标策略、报价原则和具体报价、中标后服务机构的人员安排等。作出投标决策后,应按照招标文件的具体要求编制投标文件。投标文件的编制是投标工作中最重要的内容,稍有差错都可能给投标工作带来不利影响,必须认真、仔细地完成。投标书里有很多内容,如管理制度、企业业绩等是可以事先准备和积累的,所以物业服务企业平时就应做好积累工作,以方便投标书的编制。

5. 报送投标文件,参加开标答辩

投标文件全部编制完成后,应在招标文件规定的投标截止时间之前密封并派专人递交或寄送至招标机构指定的地点。招标文件一般包括正本一份、副本若干份,通常做法是分别密封,做好"正本"、"副本"的标记。然后,再将密封好的正本、副本封装在一起,外层加密封。内、外层密封套上均应注明投送地址、投标项目、启封时间等信息。对未在截止时间内送达的投标书,招标机构将原封退还投标书给投标人,因此内层封套上还应注明投标人地址,以便退还标书。外层封套上不允许出现投标人的任何标志等信息。以上内容和要求在招标文件中都会相应注明,对此投标人必须仔细研究。

根据相关规定,物业管理招标投标开标时,投标人应派代表参加,并有可能根据招标文件的要求进行答辩。有时根据需要,招标人会在招标文件中写明要求在开标后每个投标人进行陈述并现场回答相关问题。现场陈述和答辩是展示投标文件主要内容和投标人企业形象与实力的绝佳机会,对此参加投标的物业服务企业应该精心准备,力求给招标人留下好的第一印象。

此外,投标人还必须按要求提交投标保证金,否则将失去投标资格。投标保证金的金额、提交时间、方式及退还都会在招标文件中予以注明。

6. 签订服务合同,归档投标资料

开标后,如果物业服务企业未中标,招标人将退还投标书和投标保证金。如果中标,中标人应按规定提交履约保证。招标人和中标人双方就合同细节进行谈判,并在中标通知书发出30日内签订物业服务合同。如果因一方原因导致合同不能签订,则其应该承担缔约过失责任。如果是投标人的责任,将可能丧失投标保证金。与此同时,中标人应做好各种准备,以便接管物业实施管理服务。

无论中标与否,参加投标的物业服务企业都应该做好资料的整理归档工作。这既是一个阶段工作的总结,也为今后投标积累资料。

三、物业管理开标、评标和中标

1. 开标

所谓开标,是指招标机构在预先规定的时间将各投标人的投标文件正式启封揭晓。《前期物业管理招标投标暂行管理办法》第二十六条规定:"开标应当在招标文件确定的提交投标文件截止时间的同一时间公开进行;开标地点应当为招标文件中预先确定的地点。开标时,投标方必须由其法人代表或委托代理人参加。物业管理开标通常由业主(开发建设单位)自行组织的招标机构或者招标代理机构主持进行,同时邀请当地物业管理行政主管部门、标底编制单位有关人员和其他相关人员参加,必要时还可以邀请法律公证部门参加。"开标工作应特别注重程序上的规定,其一般程序包括:

(1) 宣布评标委员会成员名单;

(2) 评标委员会讨论、确定唱票人、监票人和记录人;

(3) 招标单位代表介绍此次招标情况;

(4) 招标机构负责人宣布唱标内容、评标纪律、注意事项和评标原则;

(5) 宣布因投标书迟到或没有收到而被取消资格的投标公司名称;

(6) 当场验证投标文件密封完好,主持抽签,决定唱标顺序;

(7) 启封投标文件,宣读投标报价等主要内容(唱标);

(8) 开标会议结束,编写开标会议纪要。

根据招标投标的有关规定,开标时如发现投标书出现下列情况之一,应视为无效标书:

(1) 未加盖投标公司法人代表印鉴或签字的标书；
(2) 标书未密封或密封后未加盖投标公司公章；
(3) 逾期送达的投标书；
(4) 投标公司法人代表未按时参加开标会议；
(5) 未按规定格式填写标书，字迹模糊，难以辨认或内容不全。

2. 评标

评标是物业管理招标投标中最为关键的一环，评标结果对最终的中标起着决定性作用，直接影响到物业管理招标目的能否实现。评标工作由评标委员会负责，公开招标和邀请招标的评标委员会一般遵循一定的规则产生。《前期物业管理招标投标管理暂行办法》第二十八条规定，评标委员会有招标人代表和物业管理方面的专家组成，成员为5人以上单数，其中招标人代表以外的物业管理方面的专家不得少于成员总数的三分之二。评标委员会的专家成员，应当由招标人从房地产行政主管部门建立的专家名册中采取随机抽取的方式确定。目前大多数地方房地产行政管理部门已经按照有关规定组建了物业管理评标专家库，专家库由物业管理行业各领域的专家、资深专业人员组成。

评标委员会成员根据招标文件中公布的评标规则对每一份投标书认真、公正、诚实和廉洁地进行评审。在评议过程中，评标委员会可以用书面形式要求投标人对投标文件中含义不明确的内容作必要的澄清或者说明。投标人应当采用书面形式进行澄清或说明，但其澄清或说明不得超出投标文件的范围或者改变投标文件的实质。如果需要召开现场答辩会的，应当事先在招标文件中说明，并注明所占的评分比重。除了现场答辩部分外，评标过程应当保密。评标委员会经过评审，认为所有投标文件都不符合招标文件要求的，可以否决所有投标。此时，招标人应当重新组织招标。

评标委员会完成评标后，应当向招标人提出书面评标报告，阐明评标委员会对各投标文件的评审和比较意见，并按照招标文件规定的评标标准和评标方法对每一份投标文件进行评分，按照最后得分从高到低顺序向投标人推荐不超过3名合格的中标候选人。

3. 中标

《前期物业管理招标投标管理暂行办法》第三十五条规定，招标人应当按照（评标委员会推荐的）中标候选人的排序确定中标人。当确定中标的中标候选人放弃中标或者因不可抗力提出不能履行合同的，招标人可以依序确定其他中标候选人为中标人。招标人确定中标人后，应当向中标人发出中标通知书，同时将中标结果通知所有未中标的投标人，并返还其投标书。

招标人和中标人自中标通知书发出之日起30日内，应按照招标文件和中标人的投标文件订立书面的物业服务合同。如果招标人无正当理由不与中标人签订合同，给中标人造成损失的，招标人应当给予赔偿。而如果中标人未按规定提交履约保证，或无正当理由拒绝与招标人签订物业服务合同的，也应当承担缔约过失责任，并有可能丧失投标保证金。

第七节　物业管理招标投标文件的编制

一、物业管理招标文件的编制

物业管理招标文件（招标书）是物业管理招标人向投标人提供的规范文件，是投标人编写投标文件的重要依据。招标文件编制的好坏，其内容是否完整，表述是否准确，要求是否明确，将直接关系到招标人和投标人双方的利益。因此，招标文件的内容既要做到详尽周到，以维护招标人的利益；又要做到合理合法，以体现招标公平、公正的原则。

1. 招标文件的内容

《前期物业管理招标投标暂行办法》规定，招标文件应包括以下内容：

（1）招标人及招标项目简介，包括招标人名称、地址、联系方式、项目基本情况、物业管理用房的配备情况等；

（2）物业管理服务内容及要求，包括服务内容、服务标准等；

（3）对投标人及投标书的要求，包括投标人的资格，投标书的格式、主要内容等；

（4）评标标准和评标方法；

（5）招标活动方案，包括招标组织机构、开标时间及地点等；

（6）物业服务合同的签订说明；

（7）其他事项的说明及法律法规规定的其他内容。

以上是招标文件必须说明的内容，不是招标文件的结构组成。根据招标投标工作的惯例，招标文件一般有下列六个组成部分。

第一部分：招标公告或投标邀请书。投标邀请书与招标公告的目的大致相同，是提供必要的信息，从而使潜在投标人获悉物业管理项目招标信息后，决定是否参加投标，其主要内容包括业主名称、项目名称、地点、范围、招标要求、技术规范、招标文件的发售事项、投标文件截止时间、递交地点、开标时间和地点等。招标公告和投标邀请书往往事先公布或发送，也可作为招标文件的一部分。

第二部分：物业管理服务内容及要求。这一部分是招标文件的关键内容，主要说明招标人对物业管理项目的具体要求，包括服务内容、应该达到的服务标准等。另外，招标人如果对招标项目有特殊要求，也应在这一部分详细说明。

第三部分：投标人须知。投标人须知的目的是为整个招标投标的过程制定规则，是招标文件的重要组成部分，其内容主要包括：① 总则说明；② 招标文件说明；③ 投标书的编写；④ 投标书的递交；⑤ 开标和评标；⑥ 合同的授予。

第四部分：合同的一般条款。合同的一般条款是指在中标后签订物业服务合同中应当包含的最基本的内容，比如合同的适用范围、期限、不可抗力、争议的解决等。这些条款是合同的基本内容，因此也可称为合同的通用条款。

第五部分：合同的特殊条款。合同的特殊条款是为了适应具体项目的特殊情况和特殊要求作出的特殊规定，也是对合同一般条款中未包括的某些特殊情况的补充。在合同执行中，如果一般条款和特殊条款不一致而产生矛盾时，应以特殊条款为准。

第六部分：附件。附件是对招标文件主体部分文字说明的补充，主要包括：① 投标书格式；② 授权书格式；③ 开标一览表；④ 项目简要说明一览表；⑤ 投标人资格的证明文件格式；⑥ 投标保函格式；⑦ 协议书格式；⑧ 履约保证金格式（通常为银行保函）；⑨ 物业的设计和施工图纸等资料。

2. 物业管理招标文件样本

为了更好地说明物业管理招标文件的组成，这里以物业管理公开招标为例，以一份实际应用的招标文件样本来说明物业管理招标文件的编制方法，仅供参考。需要说明的是，合同的一般条款和特殊条款一般均参照建设部发布的《前期物业管理服务合同示范文本》，本书为节省篇幅从略。

仁和家园物业管理招标文件目录

第一部分　物业管理招标公告
  一、标的
  二、招标单位
  三、投标人资格
  四、招标说明
  五、联系方法

第二部分　招标项目要求

第三部分　投标人须知
  一、总则说明
  二、招标文件
  三、投标文件的编制
  四、投标文件的递交
  五、开标与评标
  六、授予合同

第四部分　合同通用条款（略）

第五部分　合同特殊条款（略）

第六部分　附件：投标文件格式（略）

第一部分　物业管理招标公告

一、标的

滨江市仁和家园住宅小区，是滨江自然房地产公司开发的大型住宅小区，2001年开工建设，2006年元月全面竣工。为进一步促进仁和家园物业管理水平的提高，创造仁和家园整洁、文明、安全、便捷的居住环境，使物业保值增值，经仁和家园业主大会授权，仁和家园业主委员会面向社会公开招聘物业服务企业，兹邀请合格投标人参与投标。

仁和家园住宅小区位于滨江市华光大道特1号，建筑面积约17万平方米。

二、招标单位

仁和家园业主委员会。

三、投标人资格

投标人应具有国家三级及以上物业管理资质证书的物业服务企业。

四、招标说明

有意参加投标的单位，须持相关证明文件，经审查符合要求后，方可领取招标文件，具体事项如下。

（1）报名并提交的资质证明文件时间：2008年3月26日。

（2）资质证明文件必须写明企业名称、法定代表人、地址、资质等级、注册地、注册资金、联系人、联系电话。并要求提交以下相关资料：企业营业执照；物业管理资质证书（带原件，交复印件）；企业简历（含业绩）。

（3）资质审查合格企业可有偿领取招标文件，每套招标文件人民币伍佰圆元整，售后不退。

（4）答疑时间：2008年4月2日上午9：30。

（5）投标单位请于2008年4月16日上午集中提交书面投标文件，10：00当场开标，投标单位必须在投标日之前向指定银行账户缴纳投标保证金人民币×××（评标结束后中标企业可将其用于充抵履约保证金，未中标企业全额退还），并在开标前提交银行回执，否则按废标处理。

（6）评标答辩时间：2008年4月23日上午9：00，如有变化，另行通知。

五、联系方法

报名及投标地点：华光大道特1号仁和家园售楼部（如有变化，另行通知）

联系人：张先生　联系电话：

　　　　李先生　联系电话：

仁和家园业主委员会
2008年3月17日

第二部分　招标项目要求

1. 本次招标人为滨江市仁和家园业主委员会
2. 投标人应具有国家三级及以上物业管理资质证书的物业服务企业
3. 仁和家园物业情况简介

（1）总用地面积：126 955.87平方米；

（2）总建筑面积：171 445.00平方米；

（3）小高层住宅4栋（约23 000平方米），多层住宅21栋，共1 156户，别墅15栋；

（4）地下车位约50个，架空层车位约70个，露天车位约150个；

（5）绿化率42.1%；

（6）附小区规划图。

4. 物业管理内容

（1）承担仁和家园房屋建筑本体共用部位（楼盖、屋顶、梁、柱、内外墙体和基础等承重结构部位及外墙面、楼梯间、走廊通道、门厅、设备机房等）的维修、养护和管理。

（2）承担仁和家园房屋建筑本体共用设施设备（共用的上下水管道、污水管、垃圾库、抽风排烟道、共用照明、加压供水设备、配电系统、楼内消防设施设备、电梯、暖气系统、供水系统等）的维修、养护、管理和运行服务。

（3）承担仁和家园规划红线内属物业管理范围的市政公用设施（道路、室外上下水管道、化粪池、沟渠、池、井、绿化、室外泵房、路灯、自行车房棚、停车场等)的维修、养护和管理。

(4) 承担仁和家园规划红线内的属配套服务设施的维修、养护和管理。

(5) 承担仁和家园公共环境(包括公共场地、房屋建筑物共用部位)的清洁卫生,垃圾的收集、清运,小区消杀,公共区域绿化等。

(6) 承担仁和家园交通、车辆行驶、停泊及管理。

(7) 对仁和家园实行24小时封闭式管理,对仁和家园规划红线内范围进行全天候监控巡视,实行外来人员检查登记出入制度,配合和协助公安机关做好小区保安工作。

(8) 制订物业管理服务工作计划,并组织实施;做好仁和家园物业及物业管理档案、资料的建立、保存;管理与物业相关的工程图纸、住户档案与竣工验收材料等。

(9) 为仁和家园业主提供社区文化娱乐服务。

(10) 监督业主的装修过程,防止出现安全、扰民以及其他可能损害业主共同利益的事情。

(11) 做好政府法规和行业政策所规定的应由物业服务企业承担的其他事项。

5. 物业管理总体要求

(1) 中标单位必须根据有关物业管理法规与仁和家园业主委员会签订物业服务合同,对该物业实行统一管理、综合服务、自主经营、自负盈亏。

(2) 该物业管理委托时间为<u>2008年6月1日至2011年5月31日</u>。物业服务合同到期后由业主大会与物业服务企业协商是否续约。

(3) 中标单位接到《中标通知书》后三天内应向仁和家园业主委员会缴纳履约保证金人民币<u>拾万元整(可用投标保证金充抵部分)</u>,并按《中标通知书》指定的时间、地点与委托方签订合同,否则作废标处理,投标保证金不退。如不能完成投标书承诺的服务指标,或不能遵守服务合同,将根据考核情况以及合同约定扣除0—100%保证金。

(4) 中标单位物业管理服务标准按照《全国物业管理示范住宅小区标准及评分细则》,要求达到85分以上和达到标书、物业服务合同的有关约定要求。并以此作为物业公司续约条件之一。

(5) 仁和家园业主委员会在适当的时候对物业管理进行考核评比,如达不到上述要求,则可终止物业服务合同并进行财务审计,由中标单位承担违约和赔偿责任。

(6) 物业服务合同由中标单位与仁和家园业主委员会签订。

(7) 物业服务企业应当履行物业服务合同,按照合同约定提供物业服务,接受委托人对物业管理服务费用收支以及财务报表情况的查询。

(8) 合同期满后,如中标单位未能续约,该物业服务企业应当将物业管理的全部档案资料无条件移交给业主委员会。

第三部分 投标人须知

一、总则说明

1.1 招标范围

本次招标的范围为仁和家园住宅小区物业管理(详细内容请阅《招标项目要求》)。

1.2 定义及解释

1.2.1 招标人:仁和家园业主委员会。

1.2.2 投标人:系指向招标人提交投标文件的企业。

1.2.3 评标委员会:是根据招标项目的特点,组建专门负责本次招标、投标工作的临时性机构。

1.3 合格的投标人

1.3.1 投标人必须持有物业行政主管部门核发的有效期内的国家三级及以上物业管理资质证书的企业。

1.3.2 投标人必须具有住宅物业管理的经验,并能出示相关证明。

1.3.3 投标人应对所有招标项目和服务投标。

1.3.4 招标方应遵守国家法律和招标条例等法规。

1.4 投标费用

无论投标过程中的做法和结果如何,投标方自行承担所有参加投标有关的全部费用。

二、招标文件

2.1 招标文件构成

2.1.1 招标文件用于阐明投标文件的编写、递交、招标、投标程序、评标原则、中标条件和相关的合同条款。

2.1.2 招标文件中要求投标方所递的资料,是为了评标委员会真实全面地了解投标单位的情况而定,部分资料将不直接作为评比内容。但投标单位必须按照要求提供全面的资料,否则将直接影响评比结果。

2.2 招标文件

(1) 招标公告;

(2) 招标项目要求;

(3) 投标人须知;

(4) 投标标准文件格式。

2.3 招标文件的修改

招标文件的修改将构成招标文件的一部分,对投标方具有约束力。

三、投标文件的编制

3.1 要求

投标方应仔细阅读招标文件的所有内容,按招标文件的要求提供投标文件,并保证所提供的资料的真实性,以便其投标可以对招标文件做出实质性响应。否则,其投标有可能被拒绝。

3.2 投标文件的构成

投标书分为商务部分和技术部分,投标方应将投标文件装订成册,分开封装;并填写投标文件资料清单。

3.2.1 投标文件商务部分应包括下列部分:

(1) 投标书;

(2) 价格一览表;

(3) 公司总体情况介绍一览表;

(4) 主要管理规章制度一览表;

(5) 管理人员情况一览表;

(6) 管理设备情况一览表;

(7) 物业管理财务收支预算;

(8) 关于资格的声明函;

(9) 投标人认为可以提高自身价值的其他说明文件。

3.2.2 投标文件技术部分应包括下列部分(该部分投标人无条件同意作为合同附件):

(1) 经营管理目标;
(2) 物业服务标准;
(3) 中标后的服务计划;
(4) 有别于其他投标人的特色服务计划。

3.3 投标文件格式

3.3.1 投标人应按附件中提供的投标文件格式填写3.2中要求的投标文件。

3.3.2 如本文件表格中的栏目与投标方的实际情况不相适应,投标人可按照统一格式自行画表填写。

3.3.3 除签字手写外,所有投标文件一律打印。

3.4 证明投标人合格和资格的文件

投标人必须提交证明其有资格进行投标和有能力履行合同的文件,作为投标文件的一部分。内容要求包括:

(1) 投标人为合格投标人的证明文件;
(2) 投标人具有履行合同所需的财力、人力、技术和生产能力。

3.5 投标有效期

3.5.1 投标文件从开标之日起,投标有效期为30个自然日。

3.5.2 特殊情况下,在投标有效期满之前,招标人可以以书面形式要求投标人同意延长有效期。投标人可以以书面形式拒绝或接受。对于接受该要求的投标人,招标人既不要求也不允许其修改投标文件。

3.6 投标文件的签署及规定

3.6.1 投标人应准备商务标书贰本,一本正本,一本为副本。在每一本投标书上要注明"正本"或"副本"字样,一旦有差异以正本为准。

3.6.2 投标人应准备技术标书拾本,并指定其中一本为正本,其他为副本;在每一本投标书上要注明"正本"或"副本"字样,一旦有差异以正本为准。

3.6.3 投标文件正本必须打印及加盖公章,并由法定代表人或经正式授权的投标人代表签字。

3.6.4 投标文件除签名外一律打印,投标书文字统一采用小四号简宋字体。

3.6.5 除投标人对错处作必要修改外,投标文件中不许有加行、涂抹或改写。

3.6.6 电报、电话、电传形式的投标概不接受。

四、投标文件的递交

4.1 投标文件的密封和标记

4.1.1 投标人应将投标文件商务标书和技术标书分别装好密封,并标明"投标文件—商务部分"和"投标文件—技术部分"字样。

4.1.2 投标人应将投标文件按规定进行密封和标记后,按《招标公告》上注明的时间和地址送至招标人。

4.2 递交投标文件的地点

递交投标文件、开标的地点与领取招标文件地点相同,如有变化,另行通知。

4.3 迟交的投标文件

招标人将拒绝接收在投标截止后到达的投标文件。

五、开标与评标

5.1 开标

5.1.1 招标人按"招标公告"规定的时间和地点公开开标。投标人应由法定代表人或法人委托人参加。

5.1.2 开标时，招标人在投标人的监督下检查投标文件密封情况，在确认无误后开启标书，并对投标文件中的"价格一览表"进行唱标。

5.1.3 在评标过程中需要投标方进行现场答辩，解释书面文件。

5.2 评标委员会

招标人将根据招标项目的特点组建评标委员会，其成员由物业管理、法律等方面的专家以及招标方的代表组成，业主代表组成监督委员会对评标过程全程监督。

5.2.1 开标后，评标委员会将对投标文件进行审查、质疑、评估和比较。如投标单位未按照招标文件的要求制作招标文件，评标委员会有权作废标处理。

5.2.2 在适当的时候，将对投标单位所提供的资料的物业进行抽样现场考察，并对投标文件中的问题向投标单位进行询问。

5.2.3 现场考察及询标是评标中的重要环节，投标人法定代表人或法人委托人以及各部门负责人必须在场回答评标委员会的询问。

5.2.4 为了有助于对投标文件进行审查、评估和比较，招标人有权向投标方质疑、请投标人澄清其投标内容。投标人有责任按招标通知的时间、地点指派专人进行答疑和澄清。

5.2.5 重要澄清的答复应是书面的，但不得对投标内容进行实质性修改。

5.2.6 重要澄清的答复书面文件将构成投标文件的重要组成部分。

5.2.7 评标时的答辩应以书面文件为准，招标人有权对其中的疑问提出质疑。

5.3 对投标文件的审查和响应性的确定

5.3.1 开标后，招标人将组织审查投标文件是否完整，是否有计算错误，文件是否已恰当地签署。

5.3.2 在对投标文件进行详细评估之前，招标人将依据投标人提供的资料证明文件审查投标方的财务、技术和生产能力。如果确定投标方无资格履行合同，其投标将被拒绝。

5.3.3 招标人将确定投标人是否对招标文件的要求做出了实质性的响应，而没有重大偏离。实质性响应的投标是指投标符合招标文件的所有条款、条件和规定且没有重大偏离或保留。重大偏离或保留系指将会影响到招标文件中规定物业管理等级以及相应的设备、技术等要求，或限制了用户方的权利和投标人的义务的规定，而纠正这些偏离将影响到其他提交实质性响应投标的投标人的公平竞争地位。

5.3.4 招标人判断投标文件的响应仅基于投标文件本身和现场考察结果，而不靠其他外部证据。

5.3.5 招标人将拒绝被确定为非实质性响应的投标人，投标人不能通过修正或撤销不符之处而使其投标成为实质性响应的投标。

5.3.6 招标人允许修改投标文件中不构成重大偏离的、微小的、非正规的、不一致或不规则的地方。

5.4 评比内容、评标原则和方法

5.4.1 评标委员会将综合分析投标人的各项指标，不以单项指标优劣评选出中标单位。

5.4.2 对备投标人的企业总体实力进行比较。

5.4.3 对投标文件所管理人员及其技术资料情况进行比较。

5.4.4 对投标文件所报管理设备进行比较。

5.4.5 对投标文件所报的物业服务标准进行比较。

5.4.6 将对投标文件中所报中标后服务计划进行比较。

5.4.7 对投标单位物业管理费报价和财务收支预算进行比较。

5.4.8 对考察投标单位现场情况结果进行比较。

5.4.9 对其他内容进行分析比较：

(1) 经营场所情况，包括经营场所面积及地理位置；

(2) 规章管理制度；

(3) 安全生产；

(4) 文明生产；

(5) 经营行为；

(6) 投标者的资信情况和履约能力；

(7) 投标者的其他情况。

综合以上分析比较最后做出评标结论。

5.5 保密及其他注意事项

5.5.1 评标是招标工作的重要环节，评标工作在评标委员会内独立进行。评标委员会将遵照评标原则，公正、平等地对待所有投标人。

5.5.2 在开标、评标期间，投标人不得向评委询问评标情况，不得进行旨在影响评标结果的活动。

5.5.3 为保证定标的公正性，在评标过程中，评委不得与投标人私下交换意见。在招标工作结束后，凡与评标情况有接触的任何人，不得也不应将评标情况扩散出评委人员之外。

5.5.4 评标委员会将向所有投标人告知评标结果，但不向落标方解释落标原因，不退还投标文件。

5.6 评标的方法

5.6.1 评标分为两个阶段进行。首轮评标是对投标企业进行考察评估，并进行答辩，由评标委员会打分并评出前三名，第二轮评标是从前三名中经投票选出中标人。

5.6.2 评标委员会对招标人的投标有效期、投标内容、投标价、法人证明文件、投标人资格证明文件进行审查，其中有一项不符合，就不能通过初步评审。评标委员会只对通过初步评审的投标文件进行评价和比较。

5.6.3 各位评委就每个投标人的技术状况、商务状况及其对招标文件要求的响应情况进行评议和比较，分别评出其技术得分和商务得分。

5.6.4 本次招标的评标方法采用综合评分法。即将商务得分与技术得分相加为综合得分。商务部分总分共30分，技术部分总分共70分。

5.6.5 投标人的任何一项报价高于或低于标底价格的20%，则招标人有权宣布此标为废标，不再参与其他评分。

5.6.6 评分的方法步骤如下：

(1) 对各评委的每项评分去掉一个最高分和一个最低分，余下的算术平均值即为该投标人的实际技术得分和商务得分，二分相加即为最终综合得分。

(2) 商务评分细则、技术评分准则见附表4-1和附表4-2。

(3) 价格部分：报价必须注明所要达到的服务标准。

(4) 评标委员会根据评标情况写出评价报告，按最终综合得分由高到低顺序推荐三个中标候选人，由招标人投票最终选定中标人。

六、授予合同

6.1 定标原则

严格按照招标文件的要求和条件进行评标,择优定标。

6.2 中标通知

6.2.1 评标结束后,由仁和家园业主委员会签发中标通知书。

6.2.2 中标单位接到《中标通知书》后三天内应向仁和家园业主委员会缴纳履约保证金人民币<u>拾万元整(可用投标保证金充抵部分)</u>,如不能完成投标书承诺的服务指标,或不能遵守服务合同,将根据考核情况以及合同约定扣除<u>0—100%</u>保证金。

6.2.3 《中标通知书》和履约保证金将作为签订合同的依据。

6.2.4 招标人在向中标人发出《中标通知书》的同时,向所有落标人发出《中标结果通知书》。

6.3 签订合同

6.3.1 中标方须按《中标通知书》指定的时间、地点与委托方签订合同,否则作废标处理,投标保证金不退。

6.3.2 招标文件、中标方的投标文件及其澄清文件等,均为签订经济合同的依据。

附表 4-1 商务评分细则

序号	评分项目	分值	高	中	低
1	企业信誉及履约能力	5	企业信誉对比最优,提供的所有材料真实可信,公司实力、资信等级、总体经营状况、财务指标等综合能力,对比最优	企业信誉,对比一般,公司实力、资信等级、总体经营状况、财务指标等综合能力,对比一般	企业信誉,对比较差,公司实力、资信等级、总体经营状况、财务指标等综合能力,对比较差
2	物业管理经验及实地考察情况	5	有类似项目的物业管理,业绩突出,对比最优,所管理楼盘业主反应很好	有类似项目的物业管理,经验普通,业绩一般,对比一般	有类似项目的物业管理,经验差,业绩较差,对比较差
3	物业管理机构设置、规章制度及人员配置方案	5	机构设置健全,责任明确,动作合理,规章制度完善,管理及专业工程技术人员各岗位配置足够,具有相应资格证,专业素质高,工作经验丰富	机构常规设置,规章制度基本健全,管理及专业工程技术人员各岗位配置基本足够,具有相应资格证	机构设置不健全,规章制度缺乏,管理及专业工程技术人员各岗位配置不足,缺少相应资格证
4	物业管理手段及物资装备配置	5	各类管理及专业人员的物资装备齐全、精良,对比最优	管理用房使用要求合理,各类管理及专业人员的物资装备配置齐全,配置对比一般	管理用房使用要求不合理,各类管理及专业人员的物资配置不满足管理要求,对比较差
5	物业管理费价格	10	对应服务标准,以价格合理程度、性价比最高者为满分,性价比最低者为 0 分		
分值合计		30			

附表 4-2　技术评分细则

序号	评分项目	分值	高	中	低
1	总体目标管理模式	5	目标明确,管理模式科学、先进、完整,对比最优	目标基本明确、管理模式具体完整、对比一般	目标不明确、管理模式不完整、对比较差
2 物业各项管理方案与实施	前期介入的交接能力	5	管理方案先进,系统完整,措施实用、合理,可靠具有针对性,对比最优	管理方案系统完整,措施实用、可操作,对比一般	管理方案不完整,实施措施一般,对比较差
	房屋事务管理措施	5			
	公用设备管理措施	5			
	小区公共安全措施	5			
	保洁管理方案	5			
	绿化管理方案	5			
	公共秩序管理	5			
	社区文化建设方案	5			
	档案资料管理	5			
	车辆管理事务	5			
	客户关系处理方案	5			
	其他特色服务计划	10			
分值合计		70			

第四部分　合同通用条款(略)
第五部分　合同特殊条款(略)
第六部分　附件:投标文件格式(略)

二、物业管理投标文件的编制

物业管理投标文件是物业服务企业参与投标最终工作成果的集中体现。物业管理投标文件不仅应响应招标文件的各项要求,同时还是投标人展示企业实力、反映投标意图和策略的重要手段,投标文件编制质量的优劣将直接影响投标竞争的成败。编制一份好的投标文件除了物业服务企业自身的实力和业绩等基础之外,对招标文件的深刻理解和对服务理念、服务范围与标准、服务措施的清晰表达将是关键环节。因此,编制物业管理投标文件必须对招标文件和企业服务定位有深入的认识。

1. 投标文件的内容

《前期物业管理招标投标管理暂行办法》规定,投标文件应当包括以下内容:

(1) 投标函,即投标方的正式报价信,主要内容有投标方的总报价金额、投标报价的有效期等;

(2) 投标报价;

（3）物业管理方案；

（4）招标文件要求提供的其他材料。

在以上内容中，物业管理方案是投标书的核心内容，主要内容包括：① 介绍投标的物业服务企业的概况，主要指出对类似此次招标物业的管理经验和成果；介绍投标项目人员配备情况，包括该项目所设主要岗位和人数，物业管理经理和主要业务骨干的岗位资格证书、工作简历等。② 分析投标物业管理要点，指出此投标物业的特点、难点，分析业主对该物业管理的期望和要求等。③ 介绍本公司将提供的管理服务的内容、功能、标准及检查方法。④ 运作流程，包括各主要环节的运行程序。⑤ 财务预算，包括收支情况预算和各项收费标准。⑥ 所需设备，包括所需设备的名称、种类、型号和提供方式。⑦ 各项物业管理制度。

2. 投标文件的构成

以上内容仅是物业管理投标文件应该包含的基本内容，并不一定要求投标文件按照上述结构编制。实际上，物业管理招标文件中一般都规定有投标文件的大纲目录，相应格式也会在招标文件中以附件的形式写明。在编制投标文件时，应尽量按照招标文件规定的结构和格式，避免在评标时产生不利的影响。在物业管理招标投标实践中，为了突出重点，方便评审，招标人通常会要求物业服务企业在编制投标文件时将商务部分和技术部分分开，分别装订，这也就是通常所说的商务标和技术标。

商务标，就是投标文件的商务部分。主要用来反映投标人的投标报价以及基本情况、以往业绩、人员设备配置情况、财务收支预算等内容。商务标用来帮助招标人及评标委员明确了解投标人的投标报价并对投标人的企业综合实力做出评估。商务标要求能简洁、明确地表明投标人对招标文件的响应，全面、客观、真实地反映投标企业的综合实力。为了反映企业实力，商务标有时需要附加大量的证明材料，比如各种资质、资格证书复印件等，这就要求物业服务企业在平时应当注意做好档案资料的积累工作。

技术标，就是投标文件的技术部分。技术标是投标人针对招标物业制定的详细管理方案，包括物业管理目标、物业服务承诺和标准以及工作计划等内容。技术标是全面、细致反映物业服务企业对招标物业的服务理念、服务目标和服务措施的文件，也是评标时的重点。技术标中反映出的管理方案是物业服务企业区别于竞争对手的重要标志，是企业核心竞争力的集中体现。因此，物业服务企业在编制技术标时应特别重视展现自身的优势和特色，并证明有能力实现物业服务的目标。

由于招标文件中对投标文件编制的要求不尽相同，而且投标文件一般包括的内容又很广泛，因此仅以参加上文仁和家园物业管理招标的某物业服务企业的投标文件大纲来说明物业管理投标文件的构成，仅供参考。

3. 投标文件（大纲）样本

××物业管理有限公司
仁和家园物业管理投标文件
目录

商务标部分

一、投标书

二、投标授权委托书

三、价格一览表

四、公司总体情况一览

1. 公司简介

2. 公司总体情况一览表

3. 公司在管项目一览表

4. 验资报告(会计师事务所出具注册资金证明)

5. 公司存款证明(银行出具的资信证明)

6. 公司上年度纳税的复印件(所得税和营业税)

五、公司主要管理规章制度一览表

六、管理人员情况一览

1. 管理人员一览表

2. 仁和家园管理处组织架构及人员配备

七、管理设备情况一览表

八、物业管理财务收支预算

1. 仁和家园收支预算表

2. 仁和家园收支预测说明及增收节支措施

九、关于资格的声明函

附件：

1. 公司工商营业执照复印件

2. 公司资质证书复印件

3. 仁和家园管理人员上岗证书复印件

4. 公司主要管理规章制度的具体内容

5. 公司部分管理设备图片

6. 公司部分管理项目图片

7. 公司部分荣誉奖牌图片

技术标部分

一、经营管理目标

1. 经营管理总体目标

2. 实现目标的保证措施

(1) 物业管理方式

(2) 物业管理人员的培训及管理

(3) 入住期的物业管理

(4) 装修期的物业管理

(5) 治安、车辆的管理

(6) 消防管理

(7) 绿化园林的维护与管理

(8) 卫生管理

(9) 日常房管事务与日常维修养护管理

(10) 业主档案资料管理
(11) 社区文化建设

3. 仁和家园物业管理各项工作流程

(1) 管理处整体工作流程
(2) 物业接受与管理程序
(3) 办理入住程序
(4) 住户装修程序
(5) 档案建立程序
(6) 业主投诉处理程序
(7) 房屋室内维修程序
(8) 公共设施维修保养程序
(9) 社区文化活动开展程序
(10) 治安管理工作程序
(11) 消防应急处理程序
(12) 保洁管理程序
(13) 园林绿化管理程序

二、物业服务标准

1. 综合管理服务标准
2. 物业共用部位、共用设施设备日常运行维护服务标准
3. 智能化系统运行维护服务标准
4. 清洁卫生要求及质量标准
5. 消防管理工作流程和质量标准
6. 绿化管理养护质量标准
7. 电梯运行和水泵房运行维护标准
8. 秩序维护标准

三、中标后的服务计划

1. 主动出击走访业主
2. 危机对策
3. 代理服务(增值服务)
4. 特约性服务
5. 个性服务
6. 优势服务

四、有别于其他投标人的特色服务计划

本章小结

本章的前一部分刻画了物业管理市场的基本轮廓,具体探讨了物业管理市场的概念与结构,分析了物业管理市场的运作机制与供求关系,介绍了按交易对象与交易层次

划分的物业管理市场结构。本章的后一部分主要探讨了物业管理委托的问题,并就物业管理委托的主要方式——招标投标进行了分析。本章首先探讨了物业管理委托的含义、内容、主体等基本内容,并引出了物业管理委托的类型和主要方式,接着对物业管理招标投标的内涵、程序以及招标、投标文件的编制等重要问题进行了分析。通过本章的学习,应当掌握物业管理委托的基本内容并对物业管理招标投标工作有所了解。

关键词

物业管理市场　市场主体　需求　供给　客体　劳务服务　物业经营管理　委托　招标投标

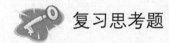

复习思考题

1. 选择正确答案
(1) 前期物业管理的委托由(　　)负责。
(A) 开发建设单位　　　　　　　　(B) 政府
(C) 业主　　　　　　　　　　　　(D) 业主大会
(2) 物业管理委托的主要方式包括(　　)。
(A) 直接委托　　(B) 间接委托　　(C) 招标投标　　(D) 代理
(3) 根据招标主体的能力,物业管理招标可分为(　　)。
(A) 公开招标　　(B) 委托招标　　(C) 邀请招标　　(D) 自行招标
(4) 根据我国相关规定,发售物业管理招标文件到投标文件截止至少间隔(　　)日。
(A) 10　　　　　(B) 15　　　　　(C) 20　　　　　(D) 30
(5) 评标规则一般在招标文件中的(　　)部分予以说明。
(A) 招标公告　　(B) 投标须知　　(C) 合同通用条款　　(D) 附件
2. 物业管理市场有何特征?
3. 试述物业管理市场主体与物业管理市场客体的构成。
4. 开发商是物业业主吗? 开发商是物业管理的需求主体吗?
5. 试述按交易层次划分的物业管理市场层次。物业管理二级市场是否可以提高劳动效率? 为什么?
6. 试述物业管理市场运行机制的内容。
7. 试分析当前物业管理市场的实际构成成分,并分析这种构成对当前物业管理市场的影响。
8. 简述物业管理招标投标与其他行业招标投标不同的特点。
9. 简述物业管理招标的程序。
10. 简述《前期物业管理招标投标暂行办法》规定招标文件应包括的内容。

第五章 前期物业管理

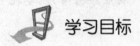 学习目标

学习本章后,你应该能够:
1. 掌握前期物业管理的概念及内容。
2. 掌握前期物业服务合同的特征。
3. 掌握物业管理早期介入与前期物业管理的区别与联系。
4. 掌握接管验收的概念,了解接管验收的条件、所提供的资料以及接管验收的程序。
5. 了解入伙和装修管理的手续和内容。
6. 了解物业档案资料管理的主要环节。
7. 拓展对前期物业管理的理解和思考。

第一节 前期物业管理概述

一、前期物业管理的概念、特点及必要性

（一）前期物业管理的概念

《前期物业管理招投标管理暂行办法》第二条规定:"前期物业管理,是指在业主、业主大会选聘物业服务企业之前,由建设单位选聘物业服务企业实施的物业管理,是以签订书面前期物业合同为起始点,到业主、业主大会选聘物业服务企业,并与之签订新的物业服务合同为终止的这一阶段的物业管理。"相对于前期物业管理,将业主、业主大会选聘物业服务企业并与之签订物业服务合同的阶段视为正常期的物业管理。

（二）前期物业管理的特点

前期物业管理与正常运行阶段的物业管理相比,具有以下特点。

1. 法律基础特殊

正常期的物业管理法律关系建立在业主大会和物业服务企业两者基础上，而前期物业管理法律关系是根据建设单位与物业服务企业签订前期物业服务合同形成，而前期物业管理时段业主陆续进入，决定了前期物业管理期间涉及三方法律主体——房地产开发商、物业服务企业和业主。

2. 过渡性

这表现在以下三个方面。

（1）时间的过渡性。前期物业管理的期限，存在于在业主、业主大会选聘物业服务企业之前的过渡时间内。实践中，物业的销售、业主的入住是陆续的过程，这决定了业主召开首次业主大会会议时间是不确定的，从而决定了业主、业主大会选聘物业服务企业时间的不确定，因此，前期物业服务的期限也是不确定的。但是，一旦业主大会成立或者全体业主选聘了物业服务企业，业主、业主大会与物业服务企业签订的合同发生效力，就意味着前期物业管理阶段结束，进入正常运行的物业管理阶段。

（2）物业企业的过渡性。物业服务企业经过前期物业管理阶段将面临两个结果——继续留下从事正常阶段物业管理工作，或者被业主大会解聘。因此，前期物业管理阶段的物业服务企业也具有过渡性。

（3）前期物业服务合同的过渡性。前期物业服务合同是一种附终止条件的合同。前期物业服务合同的期限，存在于在业主、业主大会选聘物业服务企业之前的过渡时间内。

3. 内容有别于正常期物业

前期物业管理常常包括正常期的物业管理不包括的一些内容，如管理遗留扫尾工程、空置房出租或看管等物业管理事项。

4. 房地产开发商或建设单位居主导地位

前期物业管理中的房地产开发商或建设单位居主导地位表现在以下两个方面。

（1）前期物业管理阶段的物业服务企业是由房地产开发商或建设单位选聘的。这是由于业主大会尚未成立，无法由其选聘物业服务企业。此时，房地产开发商作为最大的业主，非常熟悉物业的各种情况，无论是从对先期入住的业主负责的角度，还是从促进物业后期销售的角度考虑，都应该由开发商选聘物业服务企业实施前期物业管理。

（2）前期物业服务协议或合同由开发商向业主出示。这一协议或合同是指开发商或物业服务企业与购房人需要签署的文件。此时，虽然物业服务企业同房地产开发商签订了前期物业服务合同，但由于在房屋销售时，物业一般没有完全交付使用，物业公司也没有完全进驻，这时需要房地产开发商将前期物业服务协议向买房人明示，并取得买房人的书面认可。

这并不表明开发商具有绝对的权利，而是在物业管理中必然的阶段所决定的。

（三）前期物业的必要性

前期物业管理的必要性可以从以下几个方面说明。

1. 对物业服务企业来说，有利于打造物业品牌

人们在选择物业、投资物业时十分注重物业管理这一指标，因为物业管理已成为人们生活质量的一个标志。房地产市场逐步走向理性和成熟，房屋除品质、功能、地段吸引购买力以外，物业管理的质量也成为企业品牌和产品品牌的重要内涵。

2. 对业主来说，有利于维护全体业主的合法权益

物业服务企业的基本职能就是代表和维护业主和使用人的利益对其所委托的物业进行有效的管理。物业服务企业作为物业的管理经营维护者，提前于未来的业主进驻物业管理区域进行前期管理，能对物业可能出现的问题及时把握和处理，为未来入伙的业主创造良好条件。

3. 对开发商来说，有利于把握市场

房屋的价格贵、投资大，如果产品定型后，与消费者的需求错位，则房屋难以出售或出租。物业管理服务是弥补开发建设不足的有力手段，前期物业管理是连接开发商与未来业主买卖关系的纽带，前期物业管理通过软性服务缩小需求错位，有助于开发的产品与市场对接。

4. 有利于后期管理工作的顺利进行

（1）通过前期物业管理能及早发现各种问题。前期管理中物业服务企业可以以业主的眼光和角度来审视项目，碰到问题早发现早解决，而不是等到业主入住才整改。

（2）通过前期管理可以全面了解所管物业。这包括掌握土建结构、管线走向、设备安装等情况，提前熟悉所安装的设备设施将确保物业管理单位从物业开始投入使用即能为业主提供良好的物业管理服务。

（3）通过前期管理业主与物业服务企业可以建立密切的联系。这使得业主更了解物业管理的理念，为建立顺畅的服务渠道奠定基础。

（4）前期管理将促进物业服务企业初步建立同环卫、水电、煤气、通信、治安、维修、绿化等各部门之间的关系。外部环境逐步理顺，这也利于物业后期管理的进行。

5. 有利于促进物业的销售

房地产投资者和消费者，把物业管理水平的高低、效果的优劣，作为进行投资和消费决策的主要参考因素。因此，良好的物业管理是商品房销售的卖点之一，物业服务企业较高的服务水平，会使消费者满意，从而增强购买房地产商品的信心和欲望。

二、前期物业管理需要注意的问题

（一）前期物业管理中权利主体间的相互关系

在前期物业管理阶段，由于先期入伙业主的出现，形成了开发主体、受托的物业服务企业以及入伙业主三个权利主体共存的状况。开发主体与物业服务企业的行为规范通过委托合同予以明确。对于物业服务企业与先期入伙业主间的行为规范，根据前期物业管理的有关行政管理条例规定，开发主体与物业服务企业间达成的前期物业委托合同须向行业主管部门备案，同时要求开发主体与物业受买人签订物业转让合同时，应将前期物业管理委托合同作为物业转让合同的附件，买受人如果拒绝接受拟订的前期

物业管理合同也就意味着物业的买卖无法成交,这是对开发售房主体和物业服务企业最有效的制约。反之,业主一旦接受了这份合同的规定内容,就必须在前期物业管理阶段服从物业服务企业依法守约进行的管理。

1. 开发商与物业服务企业的关系为委托与被委托的关系

在前期物业管理中,此时开发商是土地的使用权和房屋所有权中拥有最大比例的业主,其将物业委托给物业服务企业进行管理,逐渐将土地使用权和房屋所有权转让给未来的业主,因此将逐渐退出物业管理区域,因此必须将物业委托给物业服务企业进行管理。

2. 前期物业管理质量决定开发商业绩

重视前期物业管理是责无旁贷的使命,是其经营理念的具体化。消费者在选购物业时会考虑物业管理的重要性和影响力,前期物业管理质量直接影响到他们的消费行为。因此,明智的开发商将前期物业管理作为营销策略的重要组成部分,以推动物业的销售与出租,最终实现开发业绩的最大化。

3. 业主满意度决定物业服务企业是否能转入正常期管理

在前期物业管理中能否形成良好的管理秩序,满足业主或使用人不断增长的服务需求,通过自身努力在业主或使用人中间树立有成效的管理者的良好形象,对于能否顺利促进业主大会与物业服务企业达成正式委托管理服务合同关系重大。物业服务企业做好前期管理与服务工作,才能通过业主们的考验,取得信任,得到再一次的聘任,这是每一个物业服务企业不断拓展业务范围、努力塑造企业形象的必由之路。

(二)前期物业管理中业主权利的加强

前期物业管理由于处在特殊时期,自然形成开发商居主导地位的局面。在这样的情况下,开发商与业主的权属、质量、责任的矛盾总是使未来业主处于不利地位。

2010年5月《北京市物业管理办法》正式公布,其第八条规定:"建设单位承担前期物业服务责任。销售房屋时,前期物业服务合同应当作为房屋买卖合同的附件。"这一规定首次明确了前期物业管理责任由建设单位承担,这也意味着业主在这期间不用承担物业费,开发商不仅要支付期间的所有物业费,同时也要把设施设备管理、物业资质审核、物业人员管理等都具体承担起来,而且所有的服务承诺事项都要落实在前期物业服务合同之中。开发商被要求扛起前期物业服务责任,他们推动成立业主大会的积极性将更加明显。这个制度设计也意味着把建设单位和业主的权利与义务交接点延长到业主大会成立的环节,既解决了前期物业管理中权利与义务不对等的问题,也使物业共用部位、共用设施设备的承接查验验收中有业主大会这个真正为全体业主负责的主体来参与。另外该办法第七条还规定:"业主大会及业主委员会办公用房建筑面积30至60平方米。规划行政主管部门在规划许可、验收过程中,应当审查物业服务用房建筑面积、位置、配置等是否符合规划设计指标。房屋行政主管部门在办理房产测绘成果备案时,应当核查物业服务用房配置情况。"这一规定第一次明确了物业服务用房及业主大会及业主委员会办公用房,肯定了业主大会及委员会的权利和地位。

以上事例说明前期物业管理中的业主权利正在逐渐得到加强。

(三)开发商应向购房人(未来业主)签署或出示的相关文件

新颁布的《北京市物业管理办法》第九条规定:"建设单位在销售物业前,应当制定临时管理规约,并在销售场所公示,对有关物业的使用、维护、管理,业主的共同利益,业主应当履行的义务,违反临时管理规约应当承担的责任等事项依法作出约定。临时管理规约不得侵害物业买受人的合法权益。市房屋行政主管部门应当制定并发布临时管理规约的示范文本。"这一规定明确了开发商应履行的职责,明确了买受人的义务。

购房时开发商除了要与购房人签署或出示《房屋买卖(预售)合同》外,还需要向购房人出示或签订《前期物业管理服务协议》,《物业管理条例》还规定,建设单位应当在销售物业之前,制定《业主临时公约》,对有关物业的使用、维护、管理,业主的共同利益,业主应当履行的义务,违反公约应当承担的责任等事项依法作出规定。物业买受人在与建设单位签订物业买卖(预售)合同时,应当对遵守《业主临时公约》予以书面承诺。因此,购房时开发商应同时向购房人出示《房屋买卖(预售)合同》、《前期物业管理服务协议》和《业主临时公约》。

(四)关于物业管理区域的划分

物业管理区域以往是个很模糊的概念,前期物业管理中直到买受人购买房屋时一般都不能清楚地明确物业管理区域,尤其是住宅和商业区域的划分,这给正常阶段的物业管理带来一定问题。北京市规定:建设单位应当在销售房屋前,结合物业的共用设施设备、建筑物规模、社区建设等因素划分物业管理区域,并在房屋买卖合同中明示。物业主要配套设施设备和相关场地共用的,应当划分为一个物业管理区域;住宅区和非住宅区原则上应当划分为不同的物业管理区域。

三、前期物业服务合同与前期物业管理服务协议

(一)有关前期物业服务合同的规定

《物业管理条例》第二十一条规定:"在业主、业主大会选聘物业服务企业之前,建设单位选聘物业服务企业的,应当签订书面的前期物业服务合同。"根据这一条例可知,由建设单位和物业服务企业之间签订的物业服务合同称为前期物业服务合同。

(二)前期物业服务合同的特征

1. 前期物业服务合同具有过渡性

前期物业服务合同是一种附终止条件的合同。前期物业服务合同的期限,存在于在业主、业主大会选聘物业服务企业之前的过渡时间内。《物业管理条例》第二十六条规定:"前期物业服务合同可以约定期限;但是,期限未满、业主委员会与物业服务企业签订的物业服务合同生效的,前期物业服务合同终止。"

2. 前期物业服务合同由建设单位和物业服务企业签订

通常情况下物业服务合同的签订主体是业主、业主大会和物业服务企业,而前期物

业服务合同签订的主体是建设单位和物业服务企业。这是因为首次业主大会尚未召开,而此时已有实施物业管理的现实必要,为了维护正常的物业秩序,保护业主现实的合法权益,条例强制性地要求前期物业服务合同由建设单位与物业服务企业签订。而且,建设单位一开始就拥有物业,是第一业主,这是建设单位享有第一次选聘物业服务企业的优先权,能够签订前期物业服务合同的合理依据。

3. 前期物业服务合同是要式合同

要式合同,是指法律要求必须具备一定形式的合同。由于前期物业管理涉及广大业主的公共利益,前期物业服务合同应当以书面的形式签订。

(三)前期物业服务合同的内容

根据建设部制定的《前期物业服务合同(示范文本)》,前期物业服务合同主要有如下内容:

(1)物业基本情况;
(2)服务内容与质量;
(3)服务费用;
(4)物业的经营与管理;
(5)物业的承接验收;
(6)物业的使用与维护;
(7)专项维修资金;
(8)违约责任。

(四)有关《前期物业管理服务协议》的规定

购房人(业主)在签订《房屋买卖(预售)合同》时,应同时签订《前期物业管理服务协议》(以下简称协议)。这是物业在实施物业管理过程中第二个带有合同性质的具有法律效力的文件。其目的是保障前期物业管理活动当事人包括业主、物业服务企业双方的合法权益。协议的甲方是房地产开发企业或物业服务企业,协议的乙方是购房人即未来的业主。协议的有效期从房屋出售之日起,至业主委员会成立后与其选定的物业服务企业签订新的物业服务合同生效时止。

(五)前期物业管理服务协议的特征

1. 购房人在购房时必须同时签订协议

即购房人不签订《前期物业管理服务协议》,就不能购房;如要购房,就必须对协议的内容作出承诺。

2. 协议的基本内容应与前期物业服务合同一致

由于协议是对前期物业管理服务的约定,它与前期物业服务合同共同存在于前期物业管理阶段,因此协议的基本内容,尤其是物业管理的服务内容、质量、费用等应与前期物业服务合同相同。《物业管理条例》第二十五条规定:"建设单位与物业买受人签订的买卖合同应当包含前期物业服务合同约定的内容。"这一规定也表明物业服务协议的内容应与前期物业服务合同一致。

3. 协议应经政府主管部门审定

考虑到众多分散业主在前期物业管理阶段尚未有统一的意志表达途径,对物业管理的认识和了解程度也有差异,为确保购房人的合法利益不受损害和侵犯,现行政策规定协议制定后应经政府主管部门审定。这是政府主管部门代表广大业主维护合法权益的表现。

4. 协议的内容必须对所有购房人一致

虽然购房人购房有前后,所处物业情况有差异,但物业管理是统一的专业化的管理,协议对所有购房人都应该是统一文本,不能因人而异。

四、前期物业管理与早期介入

物业管理的早期介入,是指房地产开发商邀请物业服务企业在项目的规划设计阶段就提前介入,参与物业的规划设计、施工监理、竣工验收等各个环节的工作,确保建成物业符合业主的使用要求,并方便以后的物业管理。另外,物业服务企业以前期顾问等方式,在项目的开发建设阶段提前介入,也能从建筑物设计、施工及其对材料、设施设备的选择上就节能减排提出合理化建议,对实现"低碳物业管理"起到积极作用。前期物业管理与早期介入是两个不同的概念,它们的区别与联系总结如下。

(一)早期介入与前期物业管理的区别

1. 时间不同

物业管理的早期介入经历整个房地产开发、建设过程,这一过程可大致划分为三个阶段,即规划设计阶段、施工安装阶段、竣工阶段。而根据《前期物业管理招投标管理暂行办法》第十九条规定,通过招标投标方式选择物业服务企业的,招标人应当按照以下规定时限完成物业管理招标投标工作:

(1) 新建现售商品房项目应当在现售前30日完成;

(2) 预售商品房项目应当在取得商品房预售许可证之前完成;

(3) 非出售的新建物业项目应当在交付使用前90日完成。

说明前期物业管理应该开始于竣工阶段前,即前期物业管理是在物业开发建设即将结束时开始的。早期介入与前期物业管理所处不同的阶段对比如图5-1所示。

2. 性质不同

物业管理的早期介入是充当开发建设单位的参谋和顾问,是充当配角;而前期物业管理是全面开展各项物业管理服务,是充当主角。

3. 形式不同

物业管理的早期介入一般不签订正式的物业管理合同,而前期物业管理要签订正式的物业服务合同。

4. 内容不同

物业管理的早期介入主要是了解、熟悉施工过程和施工质量,从物业管理和使用的角度对物业的设计、施工提出建议;而前期物业管理是对业主和使用人提供保安、卫生、绿化、停车管理等各项服务。

早期介入不是物业服务企业必须要参与的,它只是向开发商提出便于日后正常阶段的物业管理顺利实施的建议,所以并不是实际物业管理工作的一部分;而前期物业管理则是物业服务企业必须进行的一个重要环节,它是物业项目顺利交接及业主顺利入住的关键工作。

(二)早期介入与前期物业管理的联系

早期介入是前期物业管理的重要铺垫,从理论上讲,早期介入工作越深入对前期物业管理的实施越有利。因为早期介入提出的建议有利于物业的管理工作,对前期物业的管理具有指导意义,早期介入工作越细致深入,前期物业工作越便捷顺利。因此,早期介入是前期物业管理的重要铺垫。

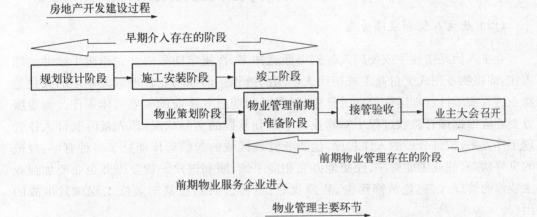

图 5-1　早期介入与前期物业管理所处的不同阶段

五、前期物业管理的主要内容

(一)管理机构的设立与人员培训

按照《物业管理条例》及相关细则的规定,开发商需通过招标选聘优秀的物业服务企业来进行前期物业管理。物业的前期服务合同一经签订,物业服务企业则应着手落实该物业的管理机构以及管理人员。机构的设置应根据委托物业的用途、面积等确定;人员的配备除考虑管理人员的选派外,还要考虑操作层如维修养护、保安、清洁、绿化等人员的招聘。管理人员与操作人员确定以后,还应根据各自的职责进行培训,以便他们对所管理的物业有清晰的了解,明确各自的服务对象和职责范围。

(二)规章制度的制定

规章制度是实施和规范前期物业管理行为的重要条件,只有建立科学合理的规章制度,才能保证物业管理工作的顺利运行。规章制度必须以国家的法律、法规和政府部门颁布的相关文件为依据,结合物业管理的实践制定一些必要的、科学的管理制度和管理细则,保证物业的程序化、规范化、科学化、法制化。重要的规章制度包括:管理机构的职责范围、各类人员的岗位责任制、业主委员会的成立办法及协调沟通的制度、物业管理公约、用户(住户)手册等。这些文件和制度的制定应在业主入住以前完成。

(三)物业管理的验收与接管

物业验收是涉及今后物业管理工作能否顺利进行的一个重要环节,指物业建成以后有关部门依据国家有关建设标准及省市有关工程验收的技术规范与质量要求对已建成的物业的使用和养护。物业接管是开发商向物业管理单位移交物业的过程,物业的接管验收不仅包括主体建筑、附属设备、配套设施,而且还包括道路、场地和环境绿化等,应特别重视对综合功能的验收。严格按规范做好接管验收工作,提前熟悉所安装的设备设施,可以确保物业企业从开始投入使用即能为业主提供良好的物业管理服务。

(四)业主入伙和装修管理

业主入伙是指业主或使用人收到书面通知书,在规定期限内办完相应手续并实际入住,即将物业正式交付业主或使用人使用的过程。前期物业管理阶段业主的入住是物业进入实质性管理运作启动的标志,是受托物业服务企业的一项具体工作。物业服务企业应根据接管验收过程中对物业的了解和掌握的实际状况,预先及时制订入住管理工作方案,拟订合理的入住程序,使物业管理区域的起始运作能处于一种有序、规范的良好状态,使业主能有序、便捷地办完相应手续,顺利进户。物业服务企业要加强业主装修的管理,以避免装修污染、装修扰邻、危害公共利益甚至装修工程质量事故的出现。

(五)物业档案资料的建立与管理

在物业服务企业接管物业和业主或使用人入住以后,物业服务企业应及时建立物业管理档案资料。物业档案资料包括物业及周围环境的资料和物业业主和用户的资料。物业档案资料是物业前期建设开发情况的记载,是以后实施物业工程维修、配套、改造必不可少的资料,也是物业转让或更换物业管理单位时必须移交的内容之一。尤其是发生故障时,物业档案资料就更显得必不可少。业主大会决定更换物业服务企业、新的物业服务合同生效时,撤管的物业服务企业应及时将物业档案资料移交业主委员会或新的物业服务企业。

(六)协助成立业主委员会

达到规定的条件,在区、县房地产行政主管部门,或街道办、乡人民政府指导下召开业主大会,选举并产生业主委员会,制定章程。当业主委员会选聘了新的物业服务企业以后,负责前期物业管理的物业服务企业应将档案资料等移交给业主大会确保物业管理的顺利交接。

第二节　物业的接管验收

一、物业接管验收的定义

（一）物业接管验收的概念

物业的接管验收又称为物业的承接查验，是前期物业管理的基础工作和前提条件，也是物业管理过程中必不可少的一个重要环节。一般意义的物业接管验收指物业服务企业在物业竣工验收合格后，于业主入住之前，对物业进行验收与接管，物业服务企业对物业进行查验之后将发现的问题提交建设单位处理，然后同建设单位进行物业移交并办理移交手续的过程。物业的接管验收主要以开发公司、建设单位或个人托管的新建房屋或原有房屋等物业的主体结构安全和满足使用功能为目标进行再检验，同时接受图纸、说明文件等物业资料，从而着手实施物业管理。物业管理接管验收的顺利完成是物业开始投入使用、物业管理工作全面启动的标志。对开发商而言，物业通过接管验收后，就意味着开始正常投入使用，无论客户入住与否、入住率高低，物业管理的权利、承担物业正常运行的义务就交给了物业服务企业；对物业公司而言，物业接管验收就表明实质性管理的开始，它将根据物业服务合同的内容对物业实施管理，并收取合理的物业管理费用。

（二）物业接管验收的作用

接管验收是前期物业管理过程中重要的一个环节。接管验收的作用主要体现在以下几方面。

1. 明确交接双方的责、权、利关系

通过接管验收和接管合同的签订，实现了权利和义务的转移，在法律上界定清楚各自的义务和权利。

2. 确保物业具备正常的使用功能，充分维护自身和业主的利益

通过物业服务企业的早期介入和接管验收，能进一步促使开发或施工单位按标准进行设计和建设，减少日后管理中的麻烦和开支。同时，还能够弥补部分业主专业知识不足，做到从总体上把握整个物业的质量。

3. 为后期管理创造条件

通过接管验收，一方面使工程质量达到要求，减少日常管理过程中的维修、养护工作量；另一方面，根据接管中的有关物业文件资料，可以摸清物业的性能与特点，预防管理事务中可能出现的问题，计划安排好各个管理事项，建立物业管理系统，发挥专业化、社会化、现代化的管理优势。

（三）接管验收与竣工验收的区别

接管验收不同于竣工验收。接管验收是由物业服务企业依据建设部 1991 年 7 月 1

日颁布的《房屋接管验收标准》,接管开发商移交的物业所进行的验收。接管验收与竣工验收的区别如下。

1. 验收的目的不同

接管验收是在竣工验收合格的基础上,以主体结构安全和满足使用功能为主要内容的再检验;竣工验收是为了检验房屋工程是否达到设计文件所规定的要求。

2. 验收条件不同

接管验收的首要条件是竣工验收合格,并且供电、采暖、给排水、卫生、道路等设备和设施能正常使用,房屋幢、户编号已经有关部门确认;竣工验收的首要条件是工程按设计要求全部施工完毕,达到规定的质量标准,能满足使用等。

3. 交接对象不同

接管验收是由物业服务企业接管开发商移交的物业;竣工验收是由开发商验收建筑商移交的物业。

4. 性质不同

竣工验收是政府行为。任何建设工程项目的竣工验收,都是由政府建设行政主管部门负责,组成综合验收小组,对施工质量进行检验和评定。而接管验收是企业行为,是物业服务企业代表业主或用户对所管物业进行全面的质量验收。

5. 所处的阶段不同

竣工验收与接管验收所处的不同阶段如图5-2所示。

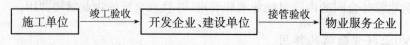

图5-2　竣工验收与接管验收所处的不同阶段

二、物业接管验收制度

(一)物业接管验收的对象

《物业管理条例》第二十八条规定:"物业服务企业承接物业时,应当对物业共用部位、共用设施设备进行查验。"从建设部1997年7月1日发布的《房屋接管验收标准》来看,物业服务企业对物业承接验收的对象为房屋的主体结构、外墙、屋面、楼地面、装修、电气、水、卫、消防、采暖、电梯、附属工程等物业的共用部位、共有设施设备。

(二)物业接管验收中资料的移交

物业资料是物业服务企业对物业实施管理的重要基础。《物业管理条例》第二十九条规定,要求物业承接验收时,建设单位向物业服务企业移交下列物业资料。

(1)竣工验收资料。包括竣工总平面图、单体建筑、结构、设备竣工图,配套设施、地下管网工程竣工图等资料。

(2)技术资料。包括设备设施的安装、使用和维护保养等资料。

(3)物业质量保修文件和物业使用说明文件。

(4)物业管理所必需的其他资料。如物业的报建、批准文件;有关房屋产权权属的资料;工程验收的各种签证、记录、证明;用水、用电、用气指标批文等。

物业服务企业应当在前期物业服务合同终止时将上述资料移交给业主委员会。

（三）物业交接双方的责任

通过接管验收,双方签署的书面文件明确双方的责、权、利关系,实现权利、义务的同时转移。在物业交接的过程中,交接双方的责任主要包括以下几个方面。

（1）物业的开发商按接管验收应具备的条件和应检索提交的资料,提前做好房屋交接验收的准备,房屋竣工后及时提出接管验收申请。接管单位应在 15 日内审核完毕,及时签发验收通知并约定时间验收,经检验符合要求,接管单位应在 7 日内签署合格证书,并及时签发接管文件。未经接管的新建房屋一律不得交付使用。

（2）接管验收时,交接双方均应按严格的标准执行。验收不合格者,双方协商处理办法并商定时间复检。

（3）房屋交付使用后,如发生隐蔽性的重大质量事故,应由接管单位查明原因,如果属设计、施工、材料的原因,应由开发商负责处理;如果属使用不当、管理不善,则由物业服务企业负责处理。

（4）新建房屋从接管之日起,应执行建筑工程保修的有关规定。一种办法是由开发商负责保修,或接管的物业服务企业负责修理,由开发商向物业服务企业支付有关费用;另一种办法是在接管时,开发商和接管的物业服务企业达成协议,开发商一次性拨付保修费用,由接管的物业服务企业负责保修。

（5）在接管验收中如有争议而不能解决时,可申请当地县级以上人民政府房地产、物业管理机关协调或裁决。

三、物业接管验收的条件及应提交的材料

（一）新建房屋接管验收的条件及应提交的材料

1. 新建房屋接管验收的条件

新建房屋的接管验收,是在工程竣工验收合格的基础上,以主体结构安全和满足使用功能为主要内容的再检验。接管验收应具备以下条件。

（1）建设工程全部施工完毕,并且经竣工验收合格。

（2）供电、采暖、给排水、卫生、道路等设备和设施能正常使用。

（3）房屋幢、户编号业经有关部门确认。

2. 新建房屋接管验收应提交的材料

（1）产权资料:项目批准文件;土地使用证;建筑执照;拆迁安置资料。

（2）技术资料:竣工图,包括总平面、建筑、结构、设备、附属工程、有隐蔽管线的全套图纸;地质勘查报告;工程合同及开、竣工报告;工程预决算书;图纸会审记录;工程设计变更通知及技术核定单位（包括质量事故处理记录）;隐蔽工程验收签证;沉降观测记录;竣工验收证明书;钢材、水泥等主要材料的质量保证书;新材料、构配件的鉴定合格证书;水、电、暖、通、卫生器具、电梯等设备的检验合格证书;砂浆、混凝土试块试压报

告；供水、供暖、管道煤气的试压报告。

（二）原有房屋的接管验收条件及应提交的材料

1. 原有房屋接管验收的条件
(1) 房屋所有权、使用权明确。
(2) 土地使用范围明确。

2. 原有房屋接管验收应提交的资料
(1) 产权资料：房屋所有权证；土地使用权证；有关司法、公证文书和协议；房屋分户使用清单；房屋设备及定、附着物清单。
(2) 技术资料：房屋分间平面图；房地产平面图；房屋及设备技术资料。

另需要说明的是，物业服务企业应当在前期物业服务合同终止时将上述资料移交给业主或业主大会。

四、物业接管验收的程序

（一）新建房屋接管验收程序

(1) 建设单位书面提请接管验收单位验收。
(2) 接管单位按接管验收条件和应提交的资料逐项进行审核，对具备条件的，应在15日内签发验收通知并约定验收时间。
(3) 接管单位会同建设单位对物业的质量与使用功能进行检验。
(4) 对验收中发现的问题，按质量问题处理办法处理。
(5) 经检验符合要求的房屋，接管单位应签署验收合格证，签发接管文件。

（二）原有房屋接管验收程序

(1) 移交人书面提请接管单位接管验收。
(2) 接管单位按接管验收条件和应提交的资料逐项进行审核，对具备条件的，应在15日内签发验收通知并约定验收时间。
(3) 接管单位会同移交人对原有房屋的质量和使用功能进行检验。
(4) 对检验中发现的危损问题，按危害和损坏问题的处理办法处理。
(5) 交接双方共同清点房屋、装修、设备及定、附着物，核实房屋使用状况。
(6) 经检验符合要求的房屋，接管单位应签署验收合格证，签发接管文件，办理房屋所有权转移登记（若无产权转移，则无须办理）。

五、物业接管验收的标准与内容

（一）新建房屋接管验收的主要内容和标准

1. 主体结构

地基沉降不得超过允许的变形值，不得引起上部结构开裂或毗邻房屋的损坏。房屋的主体构件无论是钢筋混凝土还是砖石、木结构，变形、裂缝都不能超过国际规定。

木结构应结点牢固,无蚁害,其构件的选材必须符合结构工程施工及验收规范规定。砖石结构必须有足够的强度和刚度,不允许有明显裂缝。凡因抗震设防的房屋,必须达到建筑抗震设计规范的规定。

2. 外墙

墙面无渗漏、滴水线无爬水;墙体节能性能符合国家规定和规范要求。

3. 屋面

各类屋面必须符合《屋面工程施工质量验收规范》的规定,排水畅通,无积水,不渗漏;平屋面应有隔热保温措施,3层以上房屋在公用部位设置屋面检修孔;阳台和3层以上房屋的屋面应有组织排水,出水口、檐沟、落水管应安装牢固,接口严密,不渗漏。

4. 楼地面

面层与基层必须粘结牢固,不空鼓。整体面层平整,不允许有裂缝、脱皮和起砂等缺陷;块料面层应表面平整,接缝均匀顺直、无缺棱掉角;卫生间、阳台、盥洗室地面及相邻地面的相对标高应符合设计要求,不应有积水,不允许倒泛水和渗漏;木楼地面应平整牢固,接缝密合。

5. 装修

钢木门窗应安装平正牢固,无翘曲变形,开关灵活,零配件装备齐全,位置准确,钢门窗缝隙严密,木门窗缝隙适度;进户门不得使用胶合板制作,门锁应安装牢固,底层外窗、楼层公共走道窗、进户门上的亮子均应装设铁栅栏;木装修工程应表面光洁,线条顺直,对缝严密,不露钉帽,与基层必须钉牢;门窗玻璃应安装平整,油灰饱满,粘贴牢固;抹灰应表面平整,不应有空鼓、裂缝和起泡等;饰面砖应表面洁净,粘贴牢固,阴阳角与线脚顺直,无缺棱掉角;油漆、刷漆应色泽一致,表面不应有脱皮、漏刷现象。

6. 电气

电气线路安装应平整、牢固、顺直,过墙应有导管。导线连接必须紧密,铝导线连接不得采用铰接或绑接。采用管子配线时,连接点必须紧密、可靠,使管路在结构上和电气上均连成整体并有可靠的接地。应按套安装电表或预留表位,并有电器接地装置。照明器具等低压电器安装支架必须牢固可靠,部件齐全,接触良好,位置正确。各种避雷装置的所有连接点必须牢固可靠,接地阻值必须符合电器装置安装工程施工及验收规范的要求。

电梯应能准确地启动运行、选层、平层、停层,曳引机的噪声和振动声不得超过电器装置安装工程施工及验收规范的规定值。制动器、限速器及其他安全设备应动作灵敏可靠。安装的隐蔽工程、试运转记录、性能检测记录及完整的图样资料均应符合要求。对电视信号有屏蔽影响的住宅,电视信号场强微弱或被高层建筑遮挡及反射波复杂地区的住宅,应设置电视共用天线。

除了上述要求外,同时应符合地区性"低压电器装置规程"的有关要求。

7. 水、卫生、消防

管道应安装牢固,控制部件启闭灵活,无滴漏。水压试验及保温、防腐措施必须符合采暖与卫生工程施工及验收规范的要求。应按套安装水表或预留表位。高位水箱进水管与水箱检验口的设置应便于检修。卫生间、厨房内的排污管应分设,出户管长不宜超过8米,并不应使用陶瓷管、塑料管,地漏、排污管接口、检查口不得渗漏,管道排水必须流畅。卫生器具质量良好，接口不得渗漏，安装应平正、牢固，部件齐全，制动灵活。水泵安装应平稳，运行时无较大振动。消防设施必须符合建筑设计防火规范、高层民用建筑设计防火规范的要求，并且有消防部门检验合格签证。

8. 采暖

采暖工程的验收时间，必须在采暖期以前两个月进行。锅炉、箱、罐等压力容器应安装平正，配件齐全，不得有变形、裂纹、磨损、腐蚀等缺陷。安装完毕后，必须有专业部门的检验合格签证。炉排必须进行 12 小时以上的试运转，炉排之间、炉排与炉膛之间不得互相摩擦，且无杂音、不跑偏、不受卡，运转应自如。各种仪器、仪表应齐全精确，安全装置必须灵敏、可靠，控制阀门应开关灵活。炉门、灰门、煤斗闸板、烟、风挡板应安装平正、启闭灵活、闭合严密，风室隔墙不得透风漏气。管道的管径、坡度及检查井必须符合采暖与卫生工程施工及验收规范的要求，管沟大小及管道排列应便于维修，管架、支架、吊架应牢固。设备、管道不应有跑、冒、滴、漏现象，保温防腐措施必须符合采暖与卫生工程施工及验收规范的规定。锅炉辅机应运转正常，无杂音。消烟除尘、消声减振设备应齐全，水质、烟尘排放浓度应符合环保要求。经过 48 小时连续试运行，锅炉和附属设备的热工、机械性能及采暖区室温必须符合设计要求。

9. 附属工程及其他

室外排水系统的标高，窨井（检查井）设置，管道坡度、管径均必须符合室外排水设计规范的要求。管道应顺直且排水通畅，井盖应搁置稳妥并设置井圈。化粪池应按排污量合理设置，池内无垃圾杂物，进出水口高差不得小于 0.5 米。立管与粪池间的连接管道应有足够坡度，并不应超过两个弯。明沟、散水、落水沟内不得有断裂、积水现象。房屋入口处必须做室外道路，并与主干道相通。路面不应有积水、空鼓和断裂现象。房屋应按单元设置信报箱，其规格、位置须符合有关规定。挂物钩、晒衣架应安装牢固。烟道、通风道、垃圾道应畅通，无阻塞物。单体工程必须做到工完料除场地清，临时设施及过渡用房拆除清理完毕。室外地面平整，室内外高差符合设计要求。群体建筑应检验相应的市政、公建配套工程和服务设施，达到应有的质量和使用功能要求。

（二）原有房屋接管验收的内容和标准

1. 质量与使用功能的检验

（1）以危险房屋鉴定标准和国家有关规定做检验依据。

（2）从外观检查建筑整体的变异状态。

（3）检查房屋结构、装修和设备的完好与损坏程度。

（4）检查房屋使用情况（包括建筑年代、用途变迁、拆改添建、装修和设备情况），评估房屋现有价值，建立资料档案。

2. 危险和损坏问题的处理

（1）属有危险的房屋，应由移交人员负责排险解危后，始得接管。

（2）属有损坏的房屋，由移交人和接管单位协商解决，既可约定期限由移交人负责维修，也可采用其他补偿形式。

（3）属法院判决没收并通知接管的房屋，按法院判决办理。

六、关于物业接管验收的新问题

2010年4月29日中国物业管理协会召开了《物业承接查验办法》修改论证会,明确承接查验制度是《物业管理条例》的七大基本制度之一,主要探讨通过修改《物业承接查验办法》对前期物业管理阶段的开发遗留问题能够有效杜绝的问题。新颁布的《北京市物业管理条例》明确前期物业必须经过业主或者是业主和开发商共同委托的第三方监理机构进行查验,通过评估后,开发商才能把前期物业责任交出,由业主大会承接。

根据《北京市物业管理办法》规定,开发商要想把前期物业过渡到业主大会,必须经过两道程序:第一,支持业主或者主动申请成立业主大会,第一次业主大会的费用由开发企业承担。只要召集满占总人数的5%以上或者专有部分占建筑物总面积5%以上的业主,便可向物业所在地街道办事处、乡镇人民政府提出书面申请成立业主大会。第二,前期物业必须经过业主或者是业主和开发商共同委托的第三方监理机构进行查验,通过评估后,开发商才能把前期物业责任交出,由业主大会承接。

新颁布的《北京市物业管理条例》第十条规定,业主共同决定解除前期物业服务合同的,建设单位应当与全体业主进行物业共用部分查验交接,撤出物业管理区域,并移交下列资料:

(1) 物业管理区域划分资料;
(2) 建设用地规划许可证和建设工程规划许可证的附件、附图;
(3) 竣工验收报告及竣工总平面图,单体建筑、结构、设备竣工图,配套设施、地下管网工程竣工图,消防验收等竣工验收资料;
(4) 设施设备的出厂随机资料,安装、验收、使用、维护保养和定期检验等技术资料,运行、维护保养记录;
(5) 物业质量保修文件和物业使用说明文件;
(6) 业主名册;
(7) 物业管理必需的其他资料。

全体业主承接前应当对物业共用部分进行查验,可以委托选聘的物业服务企业进行查验。全体业主与建设单位也可以共同委托物业服务评估监理机构进行查验。

以上的规定是对传统意义的接管验收的挑战,强调了业主应作为接管验收的主导者参与接管验收。

第三节 入伙与装修管理

一、入伙的含义

(一) 入伙的概念

入伙也是前期物业管理的重要工作之一。所谓"入伙"就是业主领取钥匙,接房入住。当物业服务企业的验收与接管工作完成以后,即物业具备了入伙条件后,物业服务企业就应按程序进入物业的入伙手续办理阶段。物业服务企业应及时将入伙通知书、入伙手续书、收楼须知、收费通知书一并寄给业主,以方便业主按时顺利地办好入伙手续。

由于物业的入伙阶段是物业服务企业与其服务对象业主接触的第一关,这一阶段除了大量的接待工作和繁琐的入伙手续外,各种管理与被管理的矛盾也会在短时期内集中地暴露出来,为此,这一阶段通常也是物业管理问题最集中的阶段。物业服务企业应充分利用这一机会,既做好物业管理的宣传、讲解工作,又要切实为业主着想、办实事,以树立起物业服务企业良好的"第一印象",取得广大业主的信赖。

(二)入住办理内容

(1)物业服务企业向业主寄发入住手续文件;
(2)业主向物业服务企业出示身份证、房屋买卖合同及入住通知书,并交纳各项管理服务费和维修基金等;
(3)业主验收其所购房屋(门窗、水电、墙面、屋顶、地面等)并签收;
(4)物业服务企业与业主签订"管理公约";
(5)物业服务企业接受业主咨询,介绍入住的有关事项,并发给业主"住户手册";
(6)物业服务企业发钥匙给业主。

二、入伙管理的有关手续文件

(一)入伙通知书

入伙通知书就是关于业主在规定时间办理入伙事宜的通知,以利于物业公司提高工作质量,方便业主办理手续。业主因故不能按时前来办理,应在通知书上注明补办的办法。

下面是一份入伙通知书示例。

例 5-1　　　　　　　　　　入伙通知书

_____女士/先生:

您好!您所认购的_____大厦_____楼_____阁_____层_____座已于_____年_____月_____日经市建设局、质量检查总站、消防支队等政府有关部门检查验收合格准予入住。

一、请您按入伙通知书、收楼须知办理入伙手续,办理地址在_____大厦管理处,在规定的日期内,财务部、地产部将派员到场集中办公。

二、为了您在办理过程中不拥挤,顺利而快捷地办理各楼层的入伙手续,时间以下表为准:

日 期	××阁	××阁	××阁
月 日	5—8层	10—15层	5—8层
月 日	9—12层	16—20层	9—12层
月 日	13—16层	21—25层	13—16层
月 日	17—20层	26—30层	17—20层

请阁下按上述时间来办理手续,如您不能按时间前来,在_____月_____日后请到_____大厦_____楼办理财务及收楼有关事宜,然后到_____大厦管理处办理入伙手续。

特此通知!

公司
年 月 日

(二) 入伙手续书

入伙手续书是办理入伙手续的程序和安排,其目的是为了让业主明了手续办理的顺序,使整个过程井然有序。入伙手续书示例如下。

例 5-2　　　　　　　　　　入伙手续书

××公司/女士/先生:

您好!您所认购的××大厦×层×室已具备入伙条件,请阅读收楼须知、缴款通知,按如下顺序办理手续。

序号	办理部门	应缴费用或出示文件	已收或已验	部门意见及签章
1	开发商财务部	收楼通知书		购房款项及手续已清 特此证明 <div style="text-align:right">财务部 年 月 日</div>
		缴款通知书		
		原预缴款收据		
		购房款余额		
2	开发商地产部	身份证或护照影印件(或业主委托书、业主身份证或护照影印件、代理人身份证或护照影印件)		入伙资格审查合格 特此证明 <div style="text-align:right">地产部 年 月 日</div>
		购房合同		
3	物业服务企业	管理费押金和首期管理费		已缴清物业管理有关费用 特此证明 <div style="text-align:right">财务部 年 月 日</div>

(三) 收楼须知

收楼是业主和租户对物业的验收、认可,接收物业的活动。收楼须知中应载明业主办理入住手续过程中须注意的事项,避免客户的往返及由此造成的不便。以下是收楼须知示例。

例 5-3　　　　　　　　　　收 楼 须 知

为避免业主在收楼时产生遗漏而带来不便,兹介绍有关收楼程序。

(一) 在房地产公司财务部办理手续

1. 付清购楼余款。

2. 携带已缴款的各期收据交财务部验证、收回,并开具总发票。

3. 在入伙手续(1)上盖章。

(二) 在房地产公司地产部办理手续

1. 验清业主身份。业主如有时间应亲临我公司接受楼宇,并请带上:入伙手续书;业主身份证、港澳台同胞购房证明、护照或居住证;购房合同。

2. 若业主不能亲临收楼,可委托代理人,代理人除携带入伙手续书、购房合同外,还应出具:业主的授权书(由律师鉴证);业主身份证或护照的影印本;代理人的身份证或护照。

3. 在入伙手续(2)上盖章。

(三) 在物业服务企业财务部办理手续

1. 缴付各项管理费用。预收不超过 3 个月的管理费;收取装修保证金,住房装修完毕,验收不损坏主要房屋结构的,装修保证金如数退还;收取建筑垃圾清运费,业主装修完毕,自己清运了建筑垃圾即如数退还。

2. 缴付其他费用。如安装防盗门、安装防盗窗花等。

3. 在入伙手续(3)上盖章。

(四) 在物业服务企业管理处办理手续

1. 签署《管理规约》。

2. 介绍入住的有关事项。

3. 向业主移交楼宇钥匙。

4. 在入伙手续书(4)上由业主本人盖章或签字,交物业服务企业保存。

××房地产开发公司
××物业服务企业

(四) 验房书

业主验楼时如果发现有质量问题和不符合合同要求的情况,应通过物业服务企业要求开发商整改。如果没有异议,应签署验房书。以下是验房书示例。

例 5-4　　　　　　　　　　验 房 书

××××城市花园(一期)____号公寓(别墅)____单元____房业主于____年____月____日验收了所购房的质量情况,对有关问题确认如下:

1. 无任何问题;
2. 发现有以下质量问题:

项　　目	验收情况	项　　目	验收情况
屋面		有线电视	
地面		开关盒	
墙面		供电系统	
门		上水	
窗		下水	
开关		对讲	
插座		安防	
楼梯		煤气系统	
通讯		供暖系统	
宽带			
水表底数		电表底数	
煤气底数		热表底数	

　　本人已接收此住宅,对以上各项进行了全面验收,对存在的问题,请开发商从速修复。

　　收到防盗门钥匙____套共____把,阳台钥匙____套共____把,车库钥匙____把,水表钥匙____把,电表钥匙____把。

业主:
年　　月　　日

三、装修管理

(一)物业装修概念

　　物业装修,指物业业主或者使用人(装修人)为了改善居住或办公、生产经营环境,对所购置或租赁的物业进行修饰处理的建筑活动。业主或使用人收楼后有权对物业进行装修,但为了避免业主装修时私自拆改室内承重墙、随意凿拆搭建、乱倒装修垃圾、噪声或有害气体扰邻等违规现象的出现,物业服务企业必须依法加强装修管理。

　　目前,物业服务企业进行装修管理所依据的有关法规主要包括《物业管理条例》、《住宅室内装饰装修管理办法》、《建筑装饰装修管理规定》等。物业服务企业应根据有关规定完善装修申报管理程序,告知业主装修工程的禁止行为和注意事项,明确装修范围、时间、垃圾的处理及装修人员的管理办法等,依法进行管理。

(二)装修申报与审批管理

1. 装修申报程序

(1)业主须向物业管理部门提出申请,领取装修申报表。

(2) 业主填好装修申报表并附装修图纸与施工人员身份证复印件,交物业管理部门备案。

(3) 物业管理部门认可审核材料后,由施工队负责人填写施工人员登记表。

2. 装修审批程序

(1) 在接受装修审核材料两天内,物业管理部门对装修方案中涉及承重结构、公共设施的内容进行审核,提出书面意见,并送交业主及施工队负责人。

(2) 业主将装修施工队携填好的施工人员登记表连同施工人员的照片一并提交物业管理部门。物业管理部门检查后为施工队办理临时出入证,并做好发放记录。

(3) 由物业服务企业与业主、施工队负责人签署《装修管理协议》和《安全责任书》。

(4) 施工队按审批的装修范围进行装修。

(5) 装修中如需动火的还需办理动用明火许可证。

(三) 装修施工管理

根据政府有关法规,为加强物业辖区管理,保证物业的完好和安全,保持物业辖区的整洁、美观,维护全体业主的合法权益,一般物业服务企业对装修制定如下规定。

(1) 不得拆改原房屋的墙、柱、梁、楼板等主体结构部件。

(2) 不得凿穿地面和房顶的水泥层。

(3) 不得封闭前阳台,不得改动外门窗,保持房屋外观的美观、统一。

(4) 装修垃圾必须及时清运,倾倒到指定的地点。严禁向窗外、阳台外、楼梯、过道、天台等公共场所抛撒堆放。

(5) 严禁将垃圾倒入下水管道内或将生活污水由雨水管道排出。

(6) 按照管理处的要求,空调器安装在指定的位置,以保持外观统一、协调。空调出水必须接回阳台内或室内。

(7) 装修施工应安排在上午7:00—12:00,下午14:00—18:00时间内进行,以免影响他人休息。

(8) 高层住户装修不得使用载人电梯装运建材、木料、工具等物品。

(9) 需封闭后阳台的,须申报管理处同意方能施工。

(10) 施工队人员应到管理处办理临时出入证,将临时出入证佩戴在前胸,并在指定的区域内活动。

(11) 未经管理处同意,不得随意改动水、电管线走向。

(12) 底层住户装修,不得在前阳台违章搭建。

(13) 邻平台的阳台、窗户不得改装门。

(四) 相关责任界定

物业服务企业、业主或使用人和装修施工单位依据相关协议和管理规定承担各自的责任。

1. 业主责任

业主或使用人在装修活动中出现以下情况,物业服务企业会给予警告、限期改正、责令停止施工等处罚,由此造成的损失由业主或使用人承担,属于装修单位的责任,业主或使用人可以向其追偿。

(1)业主或使用人未按照规定办理装修申报登记手续,或不接受物业服务企业的施工监管的。

(2)因进行家庭居室装饰装修而造成毗邻房屋管道堵塞、渗漏水、停电、物品毁坏的,或因住宅室内装饰装修活动侵占公共空间,对公共部位和设施造成损害的。

(3)违规搭建建筑物、构筑物,擅自拆改房屋结构或明显加大荷载,擅自拆改供暖、燃气管道和设施,损坏房屋原有节能设施或者降低节能效果,将没有防水要求的房屋或者阳台改为卫生间、厨房的,等等。

2. 装修者责任

装修施工企业出现以下情况,由物业服务企业采取责令改正、停止施工等处罚措施,必要时报建设行政主管部门给予处理,所造成的损失由装修单位承担。

(1)装修企业自行采购或者向业主推荐使用不符合国家标准的装饰装修材料,造成工程质量问题或空气污染超标的。

(2)未按设计方案进行施工,拒绝接受物业管理部门或质量安全监督机构监督检查、验收的。

(3)装修企业违反国家有关安全生产规定和安全生产技术规程,不按照规定采取必要的安全防护和消防措施,擅自动用明火作业和进行焊接作业,或者对建筑安全事故隐患不采取措施予以消除的。

(4)在工程保修期内出现保修范围内的质量保修责任事故的。

3. 物业服务企业责任

物业服务企业在装修管理中有乱收费、违反相关法规等违规操作行为,或发现业主或使用人或装修企业有违反相关管理规定的行为不及时处理或向有关部门报告的,由房地产行政主管部门给予警告,并可处装修管理服务协议约定的装修管理服务费一定倍数的罚款。给业主造成损失的,应承担赔偿损失的责任;构成犯罪的,由司法机关依法追究刑事责任。物业管理单位工作人员不履行管理义务,玩忽职守的,由其物业服务企业给予处分。有关行政管理部门的工作人员接到物业管理单位对业主或使用人或者装修企业违法行为的报告后,未及时处理造成不良后果的,依法给予行政或刑事处分。

第四节 物业档案资料的管理

一、物业档案资料的含义与作用

(一)物业档案管理的含义

物业档案资料包括物业及周围环境的资料、业主和用户的资料。物业档案资料是对物业前期建设开发情况的记载,是以后实施物业管理时对工程维修、配套、改造必不可少的资料,也是物业转让或更换物业管理单位时必须移交的内容之一。尤其是发生故障时,物业档案资料就更显得必不可少。要搞好物业档案资料的建设,必须抓好收集、整理、归档、利用四个环节。收集时要求全,整理时要求认真,归档时要进行科学分类与保存。

（二）物业档案资料管理的作用

物业管理中档案的内容既不是事后编写的,也不是任意搜集的,更不能虚假造作,它是整个物业管理活动的真迹,记录和反映了物业管理活动的状况、发展以及探索未来发展成果的全过程,对于查考既往情况,总结经验教训,找出管理规律,具有重要的参考和凭证作用。因此,可以这么说,档案管理是物业管理的基础工作,是衡量物业管理水平高低的标志,也是左右物业服务企业内部运作是否流畅、有效的基本环节。

（三）物业档案资料的分类

随着物业管理的不断发展和完善,物业档案的种类也不断增加,在物业管理过程中,根据档案资料的不同内容,大致可以将物业档案分成业主档案、工程技术档案、服务档案和其他管理档案等。

1. 业主档案

业主档案是在业主入住阶段所建立和形成的与业主实际情况相符的档案资料。一般包括购房合同、业主的身份证复印件、入伙通知书、入伙手续书、管理规约、验房单、业主个人情况登记表、家庭成员登记表及业主的房屋维修档案。

2. 工程技术档案

工程技术档案是在房产建设、租赁、管理过程中,与房产开发商或物业管理权移交方就工程建设产权及工程技术等方面形成的原始信息。它不仅包括房产前期开发中的建筑许可证、建筑施工图、各项工程竣工验收资料、交接资料等信息,而且还包含物业投入使用后的接管基建项目、设备档案以及租赁合同等。

3. 服务档案

服务档案是物业管理机构在日常管理中建立和收集的房屋维修档案、设备运行档案、住户接待档案等资料以及其他的相关资料。这些实务性的档案汇总形成档案管理制度的基础内容,其档案的管理也越来越受到关注。特别是对于与服务对象的接触中可能产生的记录,比如,住户接待记录、纠纷处理记录等服务内容档案。

4. 其他管理档案

其他管理档案一般是指在物业管理过程中具有指导性、行政性的文件资料和内部流转、传递的文字材料的集中,主要是管理处或相关职能部门在日常管理中需要收集和整理的一类档案。通常有上级主管部门的有关指令、信息、企业质量手册、程序文件等。

二、物业档案管理的主要环节

（一）物业档案资料的形成与收集

物业服务企业可以从物业管理参与者的各方面收集资料,物业档案资料收集的渠道主要包括以下几条。

（1）物业接管移交时，与房地产开发商及设计单位、施工单位积极合作，全面、准确地收集工程建设、工程技术及物业产权等原始资料。

（2）业主入伙、装修阶段，从业主或使用人及物业管理的具体工作部门收集住户资料。

（3）日常管理中，从物业服务企业相关部门收集设备运行档案、房屋维修档案、业主或使用人投诉与回访记录及其他相关资料，并将档案收集工作制度化、规范化。

（4）通过政府主管部门获取的相关信息。

（二）建立标准化的图、档、卡、册、表

建立标准化的图、档、卡、册、表是为了避免原始记录随意性和保证物业档案规范化的必要措施，也是计算机信息处理工作的基础。一旦建立使用，便要相对稳定，分类后妥善保管。其中：

"图"是指在实地量的基础上，对照 1/500 房地产分幅平面图，根据实际需要绘制的各类平面图、示意图等，作为管理的工具。

"档"是指在物业管理活动中形成的早期介入文件、接管验收文件、委托管理合同副本、租赁合同副本、业主或住户来访记录、各类业务签报等文字材料，由于数量大、种类多，因此成为物业档案的主要成分。

"卡"是指根据需要而制作的内容浓缩、检索方便的各类卡片。

"册"是指为了增加信息容量、提高管理效率而建立的房屋建筑设备设施、业主或住户情况登记表，房屋装修申请表，业主或住户欠租费情况表等。

"表"包括房屋验收质量登记表、楼宇入伙进度表、住户情况登记表、房屋装修申请表等。

（三）科学合理地分类归档

对于分类整理好的信息资料进行分类保存即为归档。在物业管理中可实行原始资料和计算机档案管理双轨制，以确保储存方式的多元化。并尽可能将资料转化为计算机磁盘储存以便于查找。同时运用录像带、录音带、照片、表格、资料片等多种形式保存。

档案管理人员应编制统一的档案分类说明书及档案总目录，并按部门内容、部门、年度、保存期限及保密程度的分类顺序进行组卷，逐一编号、登记造册、编制目录、分柜保存。

（四）建立动态管理机制

在自然、人为等多种因素的作用下，物业的实物形态和使用状况、业主（使用人）的情况等都处于不断变化的状态之中，如物业完损程度的变化、物业价值的起落、业主的更换等，这些信息的变更就会相应地带动相关档案变动，使得档案的管理具有动态性。因此，必须建立动态的管理机制，以及时、准确、全面地注记、反映变化的信息。

动态管理包含随时动态管理和定期动态管理。

1. 随时动态管理

结合日常管理进行随时动态的注记,如管理手册中的各项内容,设备保养卡上的维修更新记录等。

2. 定期动态管理

按照规定期限进行定期动态的注记,如物业基本情况和完损等级的统计资料每年调整一次,管理手册的有关内容每年上门核对一次等。

(五)物业档案资料的保管与移交

物业档案是某一区域物业管理的原始记录,具有从属性与唯一性,其产权属全体业主共有。物业公司在受聘管理的期限内,负有形成、收集、归档和妥善保管的职责,严禁丢散流失。当业主委员会改聘时,原公司必须按规定办理物业档案的移交手续。

(1)原公司汇总所有的物业档案,剔除自有部分,编制移交清册。

(2)业主委员会按照完整性和准确性的基本要求,清点和审查应移交的物业档案,谨防后遗症。

(3)在业主委员会的见证下,办理交接双方书面的移交接受手续。

本章小结

物业实行"全过程"的管理是物业管理需要系统、有序运行的根本要求。而前期物业管理是保证物业系统有序工作的重要环节。本章先对前期物业管理的概念、特征及与前期物业管理密切相关的前期物业服务合同及前期物业管理服务协议的内容进行了介绍,在此基础上探讨了前期物业管理需要注意的问题。介绍了早期介入的概念,并强调物业服务企业通过前期顾问的形式介入物业管理对促进"低碳物管"的作用;介绍了前期物业管理与早期介入的区别与联系,前期物业各环节的程序和内容,包括物业的接管验收、物业的入伙与装修管理以及物业档案资料的管理。通过对这些内容的详细阐述,让读者认识和把握前期物业管理对后期正常运行阶段的物业管理所具有的重要意义。另外,本章中强调了有特色的地方物业管理条例,以此拓展对前期物业管理中各种问题的思考和认识,从而以不同的视角理解和认识前期物业管理的概念和内容。

前期物业管理　早期介入　接管验收　入伙　装修管理　档案资料管理

 复习思考题

1. 简述前期物业管理的概念及特点。
2. 比较前期物业服务合同与前期物业服务协议的异同点。
3. 试述前期物业管理与早期介入的区别与联系。
4. 简述接管验收的概念。新建房屋接管验收应提交哪些资料?
5. 简述入伙的概念。业主入伙有哪些手续文件?
6. 简述装修管理相关责任界定。物业服务企业应如何就业主对其房屋的装修进行管理?
7. 简述物业档案管理的定义。如何进行物业管理档案的动态管理?
8. 案例分析:某大厦为一座以写字楼为主的综合楼。开发商在设计和施工阶段聘请某知名物业管理公司作为前期物业管理顾问,物业管理公司在以下几方面提出良好改进意见,并得到开发商采纳。

(1) 原设计大厦客梯三部另增设两部。
(2) 原设计大厦仅有地下停车场,增设大厦一层后半部为停车场。
(3) 大厦为中央空调系统,原将空调能源总消耗按面积分摊收取使用费改为安装空调计费系统,便于空调费收取。
(4) 原设计每层楼为一个用电单元,安装一个电表,将电费按整层面积分摊,改为安装分户电表。
(5) 原设计未考虑门禁系统,考虑门禁系统不仅增加安全,并且会成为卖点之一,促进大厦保值升值,因此设立门禁系统。

试问:物业在什么阶段既有早期介入又同时有前期物业管理的工作?此案例所示内容表明物业什么性质的工作内容?

9. 南京某住宅项目进行验收,参加者有开发商、承包商、建设行政主管及物业管理公司,对房屋内外建筑结构、给排水、消防给水、地下管网等一系列工程进行了详细的检验。

(1) 说明竣工验收和接管验收的区别。
(2) 请问上述验收属于什么性质的验收?

10. 讨论题:结合新颁布的北京及武汉市的物业管理条例谈谈你对前期物业管理中开发商与业主关系的认识。

11. 讨论题:谈谈对业主参与前期物业管理接管验收的看法,并说明依据及管理程序。

第六章　房屋维修管理

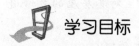 学习目标

学习了本章后,你应该能够:
1. 了解房屋损坏的现象及原因,房屋维修管理的特点、原则。
2. 熟悉房屋修缮管理的内容。
3. 熟悉房屋完损等级分类,了解危房鉴定及使用规定。
4. 解释房屋维修工程类型,了解房屋维修与日常养护的关系,掌握房屋日常养护的内容。

第一节　房屋维修管理概述

一、房屋的基本功能与损坏原因

（一）房屋的基本功能与要求

房屋应满足安全性、适用性、耐久性三项基本功能的要求。另外,对不同的建筑类型有时还应有不同程度的艺术性要求。房屋的安全性是指在正常使用条件下承受可能出现的各种作用的能力,以及在偶然事件发生时和发生后,仍保持必要的整体稳定性的能力;房屋的适用性是指在正常使用条件下,满足预定使用要求的能力;房屋的耐久性是指在正常维护条件下随时间变化仍满足预定功能要求的能力;房屋的艺术性是指注意形式、造型、布局及适当装饰,讲究美观,达到人与房屋、房屋与外界自然条件及环境和谐的能力。

建筑物在正确设计、精心施工、正常使用与维护的情况下,在其设计预期使用年限内,应满足其使用功能要求。从房屋的使用角度看,安全性是确保其使用功能的前提与基础。

(二) 房屋损坏的现象及原因

1. 房屋损坏的现象

房屋建成交付使用后，由于多种原因会造成损坏。房屋的损坏包括外部损坏和内部损坏。外部损坏是指房屋的外露部位，如屋面、外墙、勒脚、外门窗和防水层等的污损、起壳、锈蚀及破坏等现象。内部损坏是指房屋时内部结构、装修、内门窗、各类室内设备的磨损、污损、起壳、蛀蚀及破坏等现象。

2. 房屋损坏的原因

导致房屋损坏的原因很多，但基本上可分为自然损坏和人为损坏两类。

（1）自然损坏。自然损坏的因素有以下四项。

第一，气候因素。房屋因经受自然界风、霜、雨、雪和冰冻的侵袭以及空气中有害物质的侵蚀与氧化作用，会对其外部构件造成老化和风化的影响，这种影响随着大气干湿度和温度的变化会有所不同，但都会使构件发生风化剥落，引起质量变化。例如，木材的腐烂、面砖的风化、铁件的锈蚀、钢筋混凝土的胀裂、塑料的老化等，尤其是构件的外露部分更易损坏。

第二，生物因素。主要是虫害（如白蚁等）、菌类（如霉菌）的作用，使建筑物构件的截面积减小、强度降低。

第三，地理因素。主要指地基土质的差异引起房屋的不均匀沉降以及地基盐碱化作用引起房屋的损坏。

第四，灾害因素。主要是突发性的天灾人祸，如洪水、火灾、地震、滑坡、龙卷风、战争等所造成的损坏。

自然损坏的速度是缓慢的，但有时是突发性的。

（2）人为损坏。相对于自然损坏而言，人为损坏主要有以下三种情况。

第一，使用不当。由于人们在房屋内生活或生产活动以及生产设备、生活日用品承载的大小、摩擦、撞击的频率、使用的合理程度等都会影响房屋的寿命，如不合理地改装、搭建；不合理地改变房屋用途，使房屋的某些结构遭到破坏，或者造成超载压损；使用上爱护不够或使用不当而产生的破坏。此外，还有由于周围设施的影响而造成房屋损坏，例如，因在地下工程、深基坑开挖、市政管道等施工过程中缺乏相应防护措施而导致塌方或地基沉降，造成房屋墙体开裂及其他变形等。

第二，设计和施工质量的低劣。这属于先天不足。房屋在建造或维修时，由于设计不当、施工质量差，或者用料不符合要求等，影响了房屋的正常使用，加速了房屋的损坏。例如：房屋坡度不符合要求，下雨时排水不畅造成漏水；砖墙砌筑质量低劣，影响墙体承重能力而损坏变形；有的木结构的木材质量差，或制作不合格，安装使用后不久就变形、断裂、腐烂；有的水泥晒台、阳台因混凝土振捣质量差，钢筋位置摆错，造成断裂等。

第三，预防保养不善。有的房屋和设备，由于没有适时地采取预防保养措施或者修理不够及时，造成不应产生的损坏或提前损坏，以致发生房屋破损、倒塌事故，如钢筋混凝土露筋，门窗铰链松动，设备设施缺乏防锈、防腐处理等，所有这些若不及时保养，都可能酿成大患。

上述因素往往相互交叉影响或作用,从而加剧了房屋破损的过程。

二、房屋维修与维修管理

(一)房屋维修

1. 房屋维修的含义

房屋维修是指房屋自建成到报废为止的整个使用过程中,为修复损坏房屋、维护和改善房屋使用功能、延长房屋使用年限而采取的各种养护维修活动。

房屋因自然和使用而造成的损坏必然导致房屋使用功能的降低或丧失,为恢复或部分恢复其原有的功能,就要及时地、有针对性地进行房屋维修工作。在一般情况下,房屋维修主要是为了恢复保持和提高房屋的安全性与耐久性。有时,为改善或改变房屋的居住条件,甚至是为了改善或提高房屋的艺术性要求,需要进行特殊的房屋维修。

房屋维修是房屋简单再生产在流通领域中的继续和价值的追加,维修是物业服务企业为住户服务的重要手段,是物业管理中的一项基础性工作。在整个物业管理中,房屋维修管理始终占有极其重要的地位。

2. 房屋维修的特点

与新建房屋相比,房屋维修呈现出以下特点。

(1) 技术性。房屋维修是以建筑工程和相关专业技术为基础的技术性管理工作。它有特定的设计、施工、操作和现场管理技术规范。这些技术规范是维修工程质量、施工人员及业主、使用人的人身安全的根本保证。同时,房屋维修由于要保持原有的建筑风格和设计意图,并达到与周围环境相协调,技术要求较高。所以,维修活动具有很强的专业技术性。

(2) 限制性。房屋维修是在已有房屋的基础上进行的,工作上受到原有条件限制,设计和施工只能在一定范围内进行。房屋维修多数是在用户不搬迁、不对使用造成大的影响的情况下进行,是多工种同时交叉作业,对工程质量和施工队伍的要求较高。

(3) 经常性。房屋使用期限长,房屋磨损无处、无时不在,在使用中同一结构房屋使用功能减弱的速度和损坏的程度不一,因此,房屋维修是大量的经常性工作。

(4) 分散性。房屋维修虽是针对房屋的某个部位,维修规模往往比较小,但项目多,时空分布具有随机性,因而涉及面广,具有零星分散性,并且各类房屋装修材料的品种、规格多,备用的材料规格品种多。

(5) 服务性。服务性是指房屋维修的基本目的是以为业主和使用人服务为宗旨,保持房屋的物质形态完好无损,保证业主和使用人对房屋的正常和安全使用。

(6) 经营性。经营性是指房屋维修过程中必然会增添设备、改进装饰装潢、改善结构等,通过维修可使房屋增值。

(二)房屋维修管理

1. 房屋维修管理的概念

房屋维修管理指物业服务企业根据国家对房屋维修管理的制度要求和技术标

准，按照一定的科学管理程序，对企业所经营管理的房屋进行维护、维修的各项活动所进行的管理，是物业管理中的一项基础性工作。房屋的维修管理通过制定合理的维修周期和科学的维修计划，以及确定合理的维修范围和维修方案，可以合理使用人、财、物，做到节省费用、缩短工期，取得更好的经济效益、社会效益和环境效益。

2. 房屋维修管理的特点

（1）复杂性。房屋维修管理的复杂性是由多方面因素造成的。首先，由于房屋的多样性或个体性，造成了维修方案的多样性；其次，房屋维修的广泛性和分散性，带来管理上的复杂性；再次，房屋维修与使用的并行性，给房屋维修的设计、施工组织及安全管理等带来新建房屋施工所没有的困难；最后，房屋产权性质的多元性，不同业主由于利益不同会给房屋维修带来种种障碍。

（2）技术性。除了房屋维修活动本身具有的技术性决定了房屋维修管理具有技术性外，房屋维修过程中的质量控制、成本控制、进度控制以及采购与合同管理等需要管理者具有建筑工程的技术专业知识和项目管理专业知识。

（3）计划性。同新建房屋要按照一定的工程项目建设程序来进行一样，房屋维修的各阶段、各步骤的工作流程，以及资金、资源、环境等方面的限制，都要求房屋维修管理必须要有计划、有程序地进行。如房屋维修一般都必须对房屋现状调查摸底、制订维修方案、组织和实施房屋维修活动以及检查验收等程序，从技术要求、人员组织、材料和设备的调配、资金的安排、场地的规划布置、进度安排、协调处理好用户关系等众多事项方面事先做好详细计划，才能保证房屋维修工作顺利进行。

（三）房屋维修管理的意义

在物业管理的工作中，房屋维修管理不仅是物业管理的主体工作和基础性工作，而且是衡量物业服务企业管理水平的重要标志。因此，房屋维修管理在物业管理全过程中占有极其重要的地位和作用。

1. 确保房屋的使用价值

良好的房屋维修管理有利于延长房屋的使用寿命，增强房屋使用性能，改善使用条件与质量，确保房屋的使用价值。

2. 增加房屋的经济价值

良好的房屋维修管理，不仅使房屋损耗的价值得到补偿，而且可以使房屋增值，可以为业主带来直接或间接的经济效益。

3. 提升企业的信誉价值

良好的房屋维修管理，可以使物业服务企业在业主和使用人中建立起良好的企业信誉和形象，为物业服务企业参与市场竞争打下坚实的基础。

4. 增加城市的社会价值

良好的房屋维修管理，不仅可以起到美化城市环境、美化生活的作用，而且能为城市居民的安居乐业、为社会的稳定奠定基础。

(四) 房屋维修管理的原则

1. 用户第一、服务第一的原则

坚持为用户服务是房屋维修管理的一项基本原则。搞好房屋的维修管理，必须围绕为业主、使用人创造优良的生活环境与工作环境和提高物业的综合效益这一总体目标，把业主、使用人的需要和利益放在首位，维护业主的合法权益，树立为用户服务的指导思想，健全房屋维修服务制度，改善服务态度和提高服务质量。

2. 预防为主、管修结合原则

房屋的使用、管理、修缮、保养是一个统一的过程。这一原则要求贯彻预防为主的方针，使房屋的使用、日常保养、维护、修缮、改造等有机地结合起来。预防为主，首先可以避免大的损失和事故；其次也能保证用户正常的生活、工作。而严格的管理制度、措施既可以防止人为因素造成的房屋损坏，又可以及时地发现隐患、排除故障与险情，防止事故的发生和扩大。

3. 经济、合理、安全、实用的原则

房屋维修管理必须坚持经济、合理、安全、实用的原则。经济，就是要节约和合理使用人力、财力和物力，尽可能少花钱、多修房；合理，就是要制订科学、合理的维修计划与方案，按国家的规定与标准以及用户的合理要求修房，不任意扩大维修范围和内容；安全，就是要坚持质量第一和房屋完好标准的要求，通过维修使房屋达到主体结构牢固、功能运转正常、用户住用安全；实用，就是要因地制宜、因房制宜地进行维修，以满足用户在房屋质量与使用功能方面的需要，充分发挥房屋效用。

4. 区别对待的原则

房屋维修管理的对象大体可分为新建房与旧房两类，旧房又可分为有保存价值的建筑、尚可利用的建筑和无维修价值的建筑三类。对于新建房，重点是搞好房屋的日常养护，使房屋保持完好状态。对于城市中占较大比例的老房、旧房要在充分、有效、合理利用的前提下，做好区别、分类，并做出相应的维修安排。

第一，对于有保存价值、需要长期保护的房屋建筑，如文化历史古迹、优秀传统建筑，在建造时都包含着前人设计的构想和当时使用的材料和工艺，对这类建筑应加强维护管理，合理使用，并周密制订维修计划。《文物保护法》规定，在对文物进行维修时，应严格遵守"不改变文物原状"即"修旧如旧"的原则。"修旧如旧"要求再现文物旧有的历史、艺术风貌，最大限度地保证其历史性、真实性和可观赏性。

第二，对可充分利用的旧房，要通过有计划的维修与适当的改建，尽可能改善居住条件，保证安全与正常使用，使房屋的功能得到提高，具备或接近现行住用标准的基本要求。

第三，对于结构简陋、破旧老朽的旧房、危房，由于维修成本大大高于旧房的价值，已失去再维修的价值，要全部或大部分进行有计划的拆建，即进行旧房的更新与再开发。

三、物业服务企业房屋维修管理的内容

物业服务企业在政府房地产行政主管部门的指导和监督下，对所管物业范围内的

房屋维修负有全面管理的职责。房屋维修管理的内容,包括房屋维修的计划管理、质量管理、施工管理和房屋维修技术档案管理四个方面。

1. 房屋维修的计划管理

计划管理包括维修计划的制订和维修资金的管理。

(1) 维修计划的制订。物业服务企业应根据房屋的实际状况和房屋及各类设施设备维修、更新周期制订房屋维修计划,尤其是大、中修工程项目的计划,应按时完成,确保房屋的完好与正常使用。

(2) 房屋维修的资金管理。房屋维修资金管理指维修资金的筹措与使用安排。物业服务企业用于房屋维修的资金,除来源于业主交纳的维修基金以及物业管理服务费中的一部分外,还包括物业服务企业开展多种经营收入的部分盈余。维修基金用于大、中修,物业管理服务费中的一部分用于日常的维修养护,开展各种经营收入中的部分盈余主要是弥补维修资金的不足。

2. 房屋维修的质量管理

房屋维修的质量管理是房屋维修管理中的最重要一环。主要内容有以下几方面。

(1) 强化维修工程质量监督。对于中修以上的房屋维修工程,必须向房屋所在地的有关质量监督机构办理质量监督手续,未办理质量监督手续的,不得施工。

(2) 加强房屋维修技术管理。维修技术管理即为维修提供技术服务。主要包括:施工前审查维修设计的技术可行性及其技术上的完整性;技术装备审查与建议;对施工人员作必要的技术培训和施工现场指导;研究施工过程中遇到的问题及其技术解决措施;按照国家有关规定审查施工材料技术标准并监督执行。

(3) 加强维修工程质量检查和验收。中修以上的房屋维修工程,应当先进行查勘设计,并严格按照设计组织施工。维修工程必须按照有关质量标准,逐项检查施工质量和工程质量。为了统一房屋维修工程质量的检验评定方法,竣工后,物业服务企业应进行质量检验评定,经检验评定不合格的,不得验收交付使用。

(4) 完善维修工程质量保修制度。房屋维修工程要实行质量保修制度。质量保修的内容和期限,应当在工程合同中载明。

3. 房屋维修施工管理

房屋维修施工管理指物业服务企业为实现房屋维修的总目标,针对维修工程的施工而进行的计划、组织、指挥、调节和监督等管理工作。一般有两种情况:一是物业服务企业自己拥有一支维修养护队伍来进行维修工程的施工;二是物业服务企业自己没有维修队伍,对房屋的维修工程实行招标,或以承包方式把房屋的维修养护承包给专业维修队伍。随着市场经济的发展,招标或承包的维修工程会越来越多。无论哪种情况,施工管理的基本内容都是一致的,包括施工计划管理、施工组织管理、施工调度与施工现场管理、施工质量监督与施工安全管理、施工机器设备与施工材料管理、成本核算管理、合同管理、信息管理等。

4. 房屋维修技术档案管理

物业服务企业在制订房屋维修计划,确定房屋维修、改建等方案,实施房屋维修工程时,不可缺少的重要依据便是房屋建筑的档案资料。因此,为了更好地完成房屋维修任务,加强房屋维修管理,就必须设置专门部门和专职工作人员对房屋维修档案进行管理。房屋维修所需要的档案资料主要包括以下几个方面。

(1) 房屋新建工程、维修工程竣工验收时的竣工图及有关房屋原始资料。

(2) 现有的有关房屋及附属设备的技术资料。

(3) 房屋维修的技术档案资料,一般有:工程项目批准文件;维修工程合同;维修工程设计图纸或维修方案说明;技术交底或图纸会审记录;工程变更通知;材料试验、构件检验及设备调试资料;隐蔽工程验收记录;工程质量事故处理和质量评定资料;工程竣工验收报告;工程预算、结算资料。

四、房屋维修责任的划分

房屋维修责任的划分是为了确定物业服务企业、业主和使用人应分别承担的维修责任和担负维修费用的界限。其基本原则有如下四条。

1. 新建房屋在保修期内

新建房屋的保修期限有两种:一种是建设工程承包单位向建设单位承诺的保修期限;另一种是建设单位向房屋使用者承诺的保修期限。

对于第一种保修期,《房屋建筑工程质量保修办法》中规定,建设单位和施工单位应当在工程质量保修书中约定保修范围、保修期限和保修责任等,双方约定的保修范围、保修期限必须符合国家有关规定。

在正常使用下,房屋建筑工程的最低保修期限为:

(1) 地基基础和主体结构工程,为设计文件规定的该工程的合理使用年限;

(2) 屋面防水工程、有防水要求的卫生间、房间和外墙面的防渗漏,为 5 年;

(3) 供热与供冷系统,为 2 个采暖期、供冷期;

(4) 电气系统、给排水管道、设备安装为 2 年;

(5) 装修工程为 2 年。

其他项目的保修期限由建设单位和施工单位约定。

第二种保修期是针对商品房而言的,2001 年建设部颁布的《商品房销售管理办法》中规定,房地产开发企业应对所售商品房承担质量保修责任,具体的保修范围、保修期限等条款在合同中约定。保修期从交付之日起计算。

对于商品住宅的第二种保修期,1998 年建设部颁布的《商品住宅实行住宅质量保证书和住宅使用说明书制度的规定》中规定:

(1) 地基基础和主体结构在合理使用寿命年限内承担保修。

(2) 在正常使用条件下各部位、部件保修内容与保修期:屋面防水 3 年;墙面、厨房和卫生间地面、地下室、管道渗漏 1 年;墙面、顶棚抹灰层脱落 1 年;地面空鼓开裂、大面积起砂 1 年;门窗翘裂、五金件损坏 1 年;管道堵塞 2 个月;供热、供冷系统和设备 1 个采暖期或供冷期;卫生洁具 1 年;灯具、电器开关 6 个月;其他部位、部件的保修期限,由房地产开发企业与用户自行约定。

以上是商品住宅第二种保修期的下限,开发商实际承诺的保修期不得低于建设工程承包单位向建设单位出具的质量保证书约定保修期的存续期;存续期少于规定中确定的最低保修期限的,开发商承诺的保修期不得低于规定中的保修期下限。

在保修期限内发生的属于保修范围的质量问题,房地产开发企业应履行保修义务,并对造成的损失承诺赔偿责任,因不可抗力或使用不当造成损失的,房地产开发企业不承担责任。

2. 保修期满后

保修期满后,由业主承担房屋维修责任,并承担维修费用。对业主委托物业服务企业管理的物业,具体规定如下:

（1）物业服务企业承担房屋建筑共用部位、共用设施设备、物业规划红线内的市政公用设施和附属建筑及附属配套服务设施的维修责任。

房屋建筑共用部位包括楼盖、屋顶、梁、柱、内外墙体和基础等承重结构部位和外墙面、楼梯间、走廊通道、门厅、电梯厅、楼内车库等。房屋建筑共用设施设备包括共用的上下水管道、落水管、邮政信箱、垃圾道、烟囱、供电干线、共用照明、天线、中央空调、暖气干线、供暖锅炉房、高压水泵房、楼内消防设施设备、电梯等。物业规划红线内市政公用设施和附属建筑包括道路、室外上下水管道、化粪池、沟渠、池、井、绿化、室外泵房、自行车房棚、停车场等。规划红线内的附属配套服务设施包括网球场、游泳池、商业网点等。

维修费用按建设部《城市异产毗连房屋管理规定》执行,由各业主按份额比例分担。做法是建立物业维修基金,事先向各业主按比例收取,在全体业主的监督下专款专用。

上述维修责任及费用应在物业服务合同中写明。

（2）业主承担物业内自用部位和自用设备的维修责任。自用部位和自用设备是指户门以内的部位和设备,包括水、电、气户表以内的管线和自用阳台。业主可自行维修,也可委托他人或物业服务企业维修。但物业服务企业应负检查监督的责任。维修费用由业主支付。

3. 房屋租赁期间

在租赁期间修缮房屋是出租人的义务。出租人对房屋及其设备应每隔月（或年）认真检查、修缮一次,以保障承租人居住安全和正常使用。

出租人维修房屋时,承租人应积极协助,不得阻挠施工。出租人如确实无力修缮,可同承租人协商合修,出租人和承租人按房屋租赁合同的约定承担修缮费用。

4. 其他情况

凡属使用不当或人为造成房屋损坏的,由其行为人负责修复或给予赔偿。

第二节　房屋完损等级评定与危房鉴定

一、房屋完损等级评定

房屋完损等级是指对现有房屋的完好或损坏程度划分等级,即房屋的质量等级。

评定房屋完损等级要按照原城乡建设环境保护部1984年11月8日颁布的《房屋完损等级评定标准》规定的统一标准、统一的项目和统一的评定方法，通过目观、检测和定量、定性的分析，对整幢房屋进行综合性的评价。

1. 房屋结构分类

房屋按建筑物主要承重结构所用的材料分成下列几类：

（1）钢筋混凝土结构——承重的主要结构是用钢筋混凝土建造（钢或钢筋混凝土结构参照列入）；

（2）混合结构——承重的主要结构是用钢筋混凝土和砖木建造；

（3）砖木结构——承重的主要结构是用砖木建造；

（4）其他结构——承重的主要结构是用竹木、砖石、土建造的简易房屋。

按房屋维修工程要求，可以分为钢筋混凝土一等、钢筋混凝土二等、砖混一等、砖混二等、砖木一等、砖木二等、砖木三等、简易结构。

2. 房屋完损等级的分类

房屋完损等级，根据各类房屋的结构、装修、设备三个组成部分的完好及损坏程度可以分为五类。这里结构部分是指基础、承重构件、非承重墙、屋面、楼地面等项目；装修部分是指门窗、外抹灰、内抹灰、顶棚、细木装修等项目；设备部分是指水卫、电器照明、特殊设备（如消防栓、避雷针装置、电梯）等项目。

对有些组成部分尚不能包括的部分，如烟囱、楼梯等，各地或自行决定归并入某一个部分。

（1）完好房。指房屋的结构、装修和设备各部分完好无损，使用正常或虽个别分项有轻微损坏，但不影响居住安全和正常使用，一般经过小修就能具备正常使用功能的房屋。

（2）基本完好房。指房屋结构部位和构件基本完好，或虽有轻微损坏，但不影响正常使用，经一般性维修即可恢复的房屋。

（3）一般损坏房。指房屋结构有一般性损坏，部分构件有损坏或变形，屋面局部漏雨，装修局部有破损，油漆老化，设备管道不够通畅，水卫、电照管线、器具和零件有部分老化、损坏或残缺，不能正常使用，需要进行中修或局部大修更换部件的房屋。

（4）严重损坏房。指房屋年久失修，结构有明显变形或损坏，个别构件已处于危险状态，屋面严重渗漏，装修严重变形、破损，油漆老化见底，设备陈旧不齐全，管道严重堵塞，水卫、电照的管线、器具和零件残缺及严重损坏，已无法使用，需要进行大修或翻修、改建的房屋。

（5）危险房。指房屋承重构件已属危险构件，结构丧失稳定和承载能力，随时有倒塌的可能，不能确保住用安全的房屋。危房鉴定见后面部分内容。

对于有地震设防的城市，在划分房屋完损等级时，应结合抗震能力进行鉴定，房屋经过维修后，应调整其完损等级。

3. 房屋完损等级的评定

《评定标准》对房屋各个组成部分的完损标准及等级作了详细具体的规定。房屋完损等级根据房屋各个组成部分的完损程度综合评定。

(1) 钢筋混凝土结构、混合结构、砖木结构房屋完损等级的评定方法。此类房屋的完损等级评定方法有以下四种。

第一种,结构、装修、设备部分各项完损程度符合同一个完损标准,则该房屋的完损等级就是分项所评定的完损程度。

第二种,结构部分各项完损程度符合同一个完损标准,在装修设备部分中有一两项完损程度下降一个等级,其余各项仍与结构部分符合同一完损标准,则完损等级按结构部分的完损程度来确定。

第三种,结构部分中非承重墙或楼地面分项完损程度下降一个等级完损标准,在装修或设备部分中有一项完损程度下降一个等级完损标准,其余三个组成部分的各项都符合上一个等级以上的完损标准,则完损等级可按上一个等级的完损程度来确定。

第四种,结构部分中地基基础、承重构件、屋面等项的完损程度符合同一个完损标准,其余各分项完损程度可有高出一个等级的完损标准,则完损等级可按地基基础、承重结构、屋面等项的完损程度来确定。

(2) 其他结构房屋完损等级的评定方法。其他结构房屋是指竹、木、石结构,窑洞、捆绑等类型的房屋(通俗称简易结构)。此类结构的房屋,在评定完损等级时按以下两种方法来确定。

第一种,房屋的结构、装修、设备等部分各项完损程度符合同一个完损标准,则该房屋的完损等级就是分项的完损程度。

第二种,房屋的结构、装修、设备部分等绝大多数项目完损程度符合一个完损标准,有少量分项完损程度高出一个等级完损标准,则该房屋的完损等级按绝大多数分项的完损程度来确定。

4. 评定房屋完损等级的一般做法

房屋完损等级评定可分为定期和不定期两种。

(1) 定期评定房屋完损等级。每隔一定时期(1—3年,或根据各地规定)对所管房屋进行一次全面的逐幢完损等级评定,这种评定可以全面、详细地掌握房屋完损情况。

(2) 不定期评定房屋完损等级。这有以下几种情况:根据气候特征,如雨季、台风、山洪、暴风雪等,主要对危险房屋、严重损坏房屋和一般损坏房屋等进行检查,评定完损等级;房屋经过中修、大修、翻修和综合维修竣工验收以后,重新评定完损等级;接管新建房屋后,要评定完损等级。

5. 房屋完好率、危房率的计算

计算房屋完损等级,一律以建筑面积(平方米)为计量单位,评定时则以幢作为评定单位。

房屋完好率是房产管理与经营单位(包括物业服务企业)的一个重要技术经济指标。所谓房屋完好率,是指完好房屋的建筑面积与基本完好房屋的建筑面积之和,占总的房屋建筑面积的百分比,公式如下:

$$房屋完好率 = \frac{完好房屋建筑面积 + 基本完好房屋建筑面积}{总的房屋建筑面积} \times 100\%$$

所谓危房率,是指整幢危险房屋的建筑面积占总的房屋建筑面积的百分比,公式如下:

$$危房率 = \frac{整幢危险房屋的建筑面积}{总的房屋建筑面积} \times 100\%$$

二、危房鉴定与管理

危险房屋(简称危房)由于随时有倒塌的可能,不能确保使用安全。因此,在物业管理中,危房的鉴定使用与管理就占有特殊的位置,物业服务企业对此要给予特别的重视。为此,建设部先后颁发了《危险房屋鉴定标准》(JGJ125—99)和《城市危险房屋管理规定》(1989年11月21日建设部令第4号发布,2004年7月20日根据《建设部关于修改〈城市危险房屋管理规定〉的决定》修正)。

(一)危房的鉴定机构

房屋安全鉴定是一项专业性、技术性要求很强的工作,危房的鉴定更应慎之又慎。按《城市危险房屋管理规定》,危房的鉴定由房地产行政主管部门设立的房屋安全鉴定机构负责。经鉴定属危险房屋的,鉴定机构必须及时发出危险房屋通知书;属于非危险房屋的,应在鉴定文书上注明在正常使用条件下的有效时限,一般不超过一年。

(二)危房鉴定

1. 危房分类

危房分整幢危房和局部危房。整幢危房是指随时有整幢倒塌可能的房屋;局部危房是指随时有局部倒塌可能的房屋。

2. 鉴定单位

危房以幢为鉴定单位,以建筑面积(平方米)为计量单位。整幢危房以整幢房屋的建筑面积(平方米)计数;局部危房以危及倒塌部分房屋的建筑面积(平方米)计数。

3. 鉴定程序

房屋所有人或使用人向当地鉴定机构提供鉴定申请时,必须持有证明其具备相关民事权利的合法证件。鉴定机构接到鉴定申请后,应及时进行鉴定。

鉴定机构进行房屋安全鉴定应按下列程序进行。

(1)受理委托。根据委托人要求,确定房屋危险性鉴定内容和范围。

(2)初始调查。收集调查和分析房屋原始资料,并进行现场查勘。

(3)检测调查。对房屋现状进行现场检测,必要时,采用仪器测试和结构验算。

(4)鉴定评级。对调查、查勘、检测、验算的数据资料进行全面分析,综合评定,确定其危险等级。

(5)处理建议。对被鉴定的房屋,应提出原则性的处理建议。

(6)出具报告。出具符合规定的危房鉴定报告。

4. 评定方法

危房鉴定应按综合评定方法。综合评定应按以下三层次进行：第一层次应为构件危险性鉴定，其等级评定应分为危险构件和非危险构件两类；第二层次应为房屋组成部分(地基基础、上部承重结构、维护结构)危险性鉴定，其等级评定应分为 a,b,c,d 四等级；第三层次应为房屋危险性鉴定，其等级评定应为 A,B,C,D 四等级。

5. 评定原则

危房鉴定应按综合评定的原则进行。

(1) 房屋危险性鉴定应以整幢房屋的地基基础、结构构件危险程度的严重性鉴定为基础，结合历史状态、环境影响以及发展趋势，全面分析，综合判断。

(2) 在地基基础或结构构件发生危险的判断上，应考虑它们的危险是孤立的还是相关的。当构件的危险是孤立的时，则不构成结构系统的危险；当构件是相关的时，则应联系结构危险性，判定其范围。

(3) 全面分析、综合判断时，应考虑下列因素：各构件的破损程度；破损构件在整幢房屋中的单位；破损构件在整幢房屋所占数量和比例；对结构整体的影响；有损结构的人为因素和危险状况；结构破损的可修复性；破损构件带来的经济损失。

6. 危险范围的判定

(1) 整幢危房。有下列情形的，应判定为整幢危房：因地基、基础产生的危险，可能危及主体结构，导致整幢房屋倒塌的；因墙、柱、梁、混凝土板或框架产生的危险，可能构成结构破坏，导致整幢房屋倒塌的；因屋架、檩条产生的危险，可能导致整个屋盖倒塌并危及整幢房屋的；因筒拱、扁壳、波形筒拱产生的危险，可能导致整个拱体倒塌并危及整幢房屋的。

(2) 局部危房。有下列情形的，应判定为局部危房：因地基、基础产生的危险，可能危及部分房屋，导致局部倒塌的；因墙、柱、梁、混凝土板产生的危险，可能构成部分结构破坏，导致局部房屋倒塌的；因屋架、檩条产生的危险，可能导致部分屋盖倒塌，或整个屋盖倒塌但不危及整幢房屋的；因搁栅产生的危险，可能导致整间楼盖倒塌的；因悬挑构件产生的危险，可能导致梁、板倒塌的；因筒拱、扁壳、波形筒拱产生的危险，可能导致部分拱体倒塌但不危及整幢房屋的。

(3) 危险点

危险点是指单个承重构件，或围护构件，或房屋设备，处于危险状态。

(三) 对危房的管理

对被鉴定为危险房屋的，应按危险程度、影响范围，根据具体条件，分轻、重、缓、急，安排维修计划。对危险点，应结合正常维修，及时排除险情。对危房和危险点，在查清、确认后，均应采取有效措施，确保使用安全。

对危房的使用管理一般可分为以下四类情况处理。

(1) 观察使用。适用于采取适当安全技术措施后，尚能短期使用，但需继续观察的房屋。

(2) 处理使用。适用于采取适当技术措施后，可解除危险的房屋。

（3）停止使用。适用于已无维修价值，暂时不便拆除，又不危及相邻建筑和影响他人安全的房屋。

（4）整体拆除。适用于整幢危险且已无维修价值，需立即拆除的房屋。

对前两类情况，物业服务企业应在管理中加强安全检查，能解危的，要及时解危；解危暂时有困难的，应采取安全措施，并做好排险解危的准备，切实保证使用人的安全。

第三节 房屋维修工程

一、房屋维修工程的分类

为了加强房屋维修的科学管理，合理安排维修资金和加强维修工作的计划性，应实行分类指导，通常是按房屋的完损状况和工程性质、结构性质、经营管理性质进行工程分类。

（一）按房屋的完损状况和工程性质划分

根据房屋的完损状况和相应的工程性质，房屋维修工程可分为小修、中修、大修、翻修和综合维修五类。

1. 小修工程

小修工程即房屋的日常养护，也称零修工程或养护工程。指为了保持房屋的原有完好等级，进行日常养护和及时修复小损小坏的工程。小修工程的平均费用一般为房屋现时造价的1%以下。

2. 中修工程

中修工程指需牵动或拆换少量主体构件，保持原房的规模和结构，一次费用在该建筑物同类结构新建造价的20%以下的工程。

中修工程主要适用于：

（1）少量结构构件形成危险点的房屋；

（2）一般损坏的房屋，如整幢房屋的门窗整修，楼地面、楼梯维修，抹灰修补，油漆保养，设备管线的维修和零配件的更换等；

（3）整幢房屋的公用生活设备，如上下水管道、通风采暖设备管道、电气照明线路等需局部进行更换改善或改装、新装工程的房屋以及单项目维修的房屋。

中修工程的主要特点是，工地比较集中、项目较小、工程量较大和常有周期性。中修后的房屋70%以上必须符合基本完好或完好标准的要求。

3. 大修工程

大修工程指需牵动或拆换部分主体和房屋设备，但不需全部拆除，一次费用在该建筑物同类结构新建造价的25%以上的工程。

大修工程主要适用于：

(1) 主体结构的大部分已严重损坏、无倒塌或有局部倒塌危险的房屋；

(2) 整幢房屋的公用生活设备（包括上水、下水、电照、通风、采暖等）必须进行管线更换，需要改善新装的房屋；

(3) 因改善居住条件，需局部改建的房屋；

(4) 需对主体结构进行专项抗震加固的房屋。

大修工程的主要特点是，工程地点集中、项目齐全、具有整体性。大修后的房屋必须符合基本完好或完好标准的要求。在进行大修工程时，可考虑适当增添新的设施，改善居住条件。

4. 翻修工程

翻修工程指原有房屋需全部拆除、另行设计、重新建造或利用少数主体构件进行改造的工程。它包括原地翻修改建、异地翻修改建、小区复建房等。

翻修工程主要适用于：

(1) 主体结构全部或大部严重损坏、丧失正常使用功能、有倒塌危险的房屋；

(2) 因自然灾害破坏严重、不能再继续使用的房屋；

(3) 主体结构、围护结构简陋、无修理价值的房屋；

(4) 地处陡峭易滑坡地区的房屋或地势低洼长期积水又排水不畅地区的房屋；

(5) 国家基本建设规划范围内需要拆迁恢复的房屋。

翻修工程投资大、工期长，应尽量利用旧料，其费用应低于该建筑物同类结构的新建造价。翻修后的房屋必须达到完好房屋的标准。新建住宅小区，基本上不存在翻修工程。

5. 综合维修工程（成片轮修工程）

综合维修工程指成片多幢（大楼可为单幢）大、中、小修一次性应修尽修，其费用控制在该片（幢）建筑物同类结构新建造价的 20% 以上的工程。这类维修工程应根据各地的情况、条件的不同，考虑到一些特殊要求，如抗震、防灾、防风、防火等，在维修中一并予以解决。

综合维修工程主要适用于：

(1) 该片（幢）大部分严重损坏，或一般性损坏需进行有计划维修的房屋；

(2) 需改变片（幢）面貌而进行有计划维修的工程。

经过综合维修后的房屋，必须符合基本完好或完好房的标准要求。综合维修工程在统计时计入大修工程项目内，可以不单独列出。

（二）按房屋的结构性质划分

按应修房屋的结构性质，可分为承重结构的维修和非承重结构的维修两部分。

1. 承重结构的维修

这是指对房屋的基础、梁、柱、承重墙以及楼盖的基层等主要受力部分进行维修，是房屋维修的重点。房屋维修，安全第一，只有房屋的承重部分维修好了，非承重部分的维修才有意义。

2. 非承重结构的维修

这是指对房屋的门窗、墙皮、非承重墙面、地面、顶棚、上下水道和附属部分的维修，也称为维修养护工作。非承重结构部分维修养护得好,对承重结构部分也会起保护作用,同时是对房屋外貌的装饰、美化,可以维持和改善住用环境。非承重结构部分的维修应以保证承重结构部分的完整无损为前提。

（三）按经营管理性质划分

按经营管理的性质,可分为恢复性维修、赔偿性维修、改善性维修、救灾性维修、返工性维修五类。

1. 恢复性维修

恢复性维修又称基本维修,不含重建。按性质,其费用应在经营性维修费项下列支。

2. 赔偿性维修

赔偿性维修属于人为损坏或由于使用不当造成,按有关法律的规定,其费用应由引起损坏的一方即当事者负担。

3. 改善性维修

改善性维修指超越原房屋的维修标准或原房屋规模的维修。它不属于简单再生产范畴,其费用应另有专款开支或由用户负责。若经过改善性维修后能调增租金的,也可进行。

4. 救灾性维修

救灾性维修属于自然灾害或意外灾害造成,其费用应由专款解决或在保险费中开支。

5. 返工性维修

返工性维修由于房屋设计或施工方法不当造成,其费用应由设计或施工部门负责,或拨专款解决。

在房屋维修工程中还要考虑各地的不同情况,把抗震,防治白蚁,预防水、火灾,抗洪,防台风,防雷击等一些特殊要求,一并予以解决。

二、房屋维修的标准

维修标准是按不同的结构、装修、设备条件,将房屋分为"一等"、"二等以下"两类分别制定。

（一）房屋的分类

符合下列条件的为一等房屋：钢筋混凝土结构、砖混结构、砖木(含高级纯木)结构中,承重墙柱不得使用空心砖、半砖、乱砖和乱石砌筑；楼地面不得有用普通水泥或三合土面层；使用纱门窗或双层窗的正规门窗；墙面有中级或中级以上粉饰；独厨、水、电、卫设备,采暖地区有暖气。

低于上述条件的为二等以下房屋。

划分两类房屋的目的在于：对原结构、装修、设备较好的一等房屋加强维修养护,使其保持较高的使用价值；对二等以下的房屋,主要是通过维修,保证住用安全,适当改善住用条件。

（二）维修标准

维修标准按主体工程，木门窗及装修工程，楼地面工程，屋面工程，抹灰工程，油漆粉饰工程，水、电、卫、暖等设备工程，金属构件及其他九个分项工程进行确定。

1. 主体工程

（1）屋架、柱、梁、檩条、楼楞等在修缮时应查清隐患，损坏变形严重的，应加固、补强或拆换。不合理的旧结构、节点，若影响安全使用的，大修时应整修改做。损坏严重的木构件在修缮时要尽可能用砖石砌体或钢筋混凝土构件代替。对钢筋混凝土构件，如有轻微剥落、破损的，应及时修补。混凝土炭化、产生裂缝、剥落，钢筋锈蚀较严重的，应通过检测计算，鉴定构件承载力，采取加固或替代措施。

（2）基础不均匀沉降，影响上部结构的，砌体弓凸、倾斜、开裂、变形，应查清原因，有针对性地予以加固或拆砌。

2. 木门窗及装修工程

木门窗修缮应开关灵活，接缝严密，不松动；木装修工程应牢固、平整、美观，接缝严密。

（1）木门窗开关不灵活、松动、脱榫、腐烂损坏的，应修理接换，小五金应修换配齐。大修时，内外玻璃应一次配齐，油灰嵌牢。木门窗损坏严重、无法修复的，应更换；一等房屋更换的门窗应尽量与原门窗一致；材料有困难的，可用钢门窗或其他较好材料的门窗替代。

（2）纱门窗、百叶门窗属一般损坏的，均应修复。属严重损坏的，一等房屋及幼儿园、托儿所、医院等特殊用房可更换；二等以下房屋可拆除。原没有的，一律不新装。

（3）木楼梯损坏的，应修复。楼梯基下部腐烂的，可改做砖砌踏步。扶手栏杆、楼梯基、平台阁栅应保证牢固安全。损坏严重、条件允许的，可改为砖混楼梯。

（4）板条墙、薄板墙及其他轻质墙隔损坏的，应修复；损坏严重、条件允许的，可改砌砖墙。

（5）木阳台、木晒台一般损坏的，应修复；损坏严重的，可拆除，但应尽量解决晾晒问题。

（6）挂镜线、窗帘盒、窗台板、筒子板、壁橱、壁炉等装修，一般损坏的，应原样修复。严重损坏的，一等房屋应原样更新，或在不降低标准、不影响使用的条件下，用其他材料代用更新；二等以下房屋，可改换或拆除。

（7）踢脚板局部损坏、残缺、脱落的，应修复；大部损坏的，改做水泥踢脚板。

3. 楼地面工程

（1）普通木地板的损坏占自然间地面面积25%以下的，可修复；损坏超过25%以上或缺乏木材时，可改做水泥地坪或块料地坪。一等房屋及幼儿园、托儿所、医院等特殊用房的木地板、高级硬木地板及其他高级地坪损坏时，应尽量修复；实无法修复的，可改作相应标准的高级地坪。

（2）木楼板损坏、松动、残缺的，应修复；如磨损过薄、影响安全的，可局部拆换；条件允许的，可改做钢筋混凝土楼板。一等房屋的高级硬木楼板及其他材料的高级楼板面层损坏时应尽量修复;实在无法修复的,可改作相应标准的高级楼板面。夹沙楼板面(指木基层、混凝土或三合土面层的楼板面)损坏的,可夹接加固木基层、修补面层,也可改作钢筋混凝土楼板面。木楼楞腐烂、扭曲、损坏、刚度不足的,应抽换、增添或采取其他补强措施。

(3) 普通水泥楼地面起砂、空鼓、开裂的,应修补或重做。一等房屋的水磨石或块料楼地面损坏时,应尽量修复;实在无法修复的,可改作相应标准楼地面。

(4) 砖地面损坏、破碎、高低不平的,应拆补或重铺。室内潮湿严重的,可增设防潮层或做水泥及块料地面。

4. 屋面工程

(1) 屋面结构有损坏的,应修复或拆换;不稳固的,应加固。如原结构过于简陋,或流水过长、坡度小、冷摊瓦等造成渗水漏雨严重时,按原样修缮仍不能排除屋漏的,应翻修改建。

(2) 屋面上的压顶、出线、屋脊、泛水、天窗、天沟、檐沟、斜沟、水落、水管等损坏渗水的,应修复;损坏严重的,应翻做。大修时,原有水落、水管要修复配齐,二层以上房屋原无水落、水管的,条件允许可增做。

(3) 女儿墙、烟囱等屋面附属构件损坏严重的,在不影响使用和市容条件下,可改修或拆除。

(4) 钢筋混凝土平屋面渗漏,应找出原因,针对损坏情况采用防水材料嵌补或做防水层;结构损坏的,应加固或重做。

(5) 玻璃天棚、老虎窗损坏漏水的,应修复;损坏严重的,可翻做,但一般不新做。

(6) 屋面上原有隔热保温层损坏的,应修复。

5. 抹灰工程

(1) 外墙抹灰起壳、剥落的,应修复;损坏面积过大的,可全部铲除重抹,重抹时,如原抹灰材料太差,可提高用料标准。一等房屋和沿主要街道、广场的房屋的外抹灰损坏的,应原样修复;复原有困难的,在不降低用料标准、不影响色泽协调的条件下,可用其他材料替代。

(2) 清水墙损坏,应修补嵌缝;整垛墙风化过多的,可做抹灰。外墙勒脚损坏的,应修复;原无勒脚抹灰的,可新做。

(3) 内墙抹灰起壳、剥落的,应修复;每面墙损坏超过一半以上的,可铲除重抹。原无踢脚线的,结合外墙面抹灰应加做水泥踢脚线。各种墙裙损坏应根据保护墙身的需要予以修复或抹水泥墙裙。因室内外高差或沟渠等影响,引起墙面长期潮湿,影响居住使用的,可做防水层。

(4) 天棚抹灰损坏,要注意检查内部结构,确保安全。抹灰层松动,有下坠危险的,须铲除重抹。原线脚损坏的,按原样修复。损坏严重的复杂线脚全部铲除后,如系一等房屋应原样修复,或适当简略;二等以下房屋,可不修复。

6. 油漆粉饰工程

(1) 木门窗、纱门窗、百叶门窗、封檐板裙板、木栏杆等油漆起壳、剥落、失去保护作用的,应周期性地进行保养;上述木构件整件或零件拆换的,应油漆。

(2) 钢门窗、铁晒衣架、铁皮水落水管、铁皮层面、钢层架及支撑、铸铁污水管或其他各类铁构件(铁栅、铁栏杆、铁门等),其油漆起壳、剥落或铁件锈蚀,应除锈、刷防锈涂料或油漆。钢门窗或各类铁件油漆保养周期一般为3—5年。

（3）木楼地板原油漆褪落的，一等房屋应重做；二等以下房屋，可视具体条件处理。

（4）室内墙面、天棚修缮时可刷新。其用料，一等房屋可采取新型涂料、胶白等，二等以下房屋，刷石灰水。高级抹灰损坏，应原样修复。

（5）高层建筑或沿主要街道、广场的房屋的外墙原油漆损坏的，应修补，其色泽应尽量与原色一致。

7. 水、电、卫、暖等设备工程

（1）电气线路的修理，应遵守供电部门的操作规程。原无分表的，除各地另有规定者外，一般可提供安装劳务，但表及附件应由用户自备；每一房间以一灯一插座为准，平时不予改装。

（2）上、下水及卫生设备的损坏、堵塞及零件残缺，应修理配齐或疏通，但人为损坏的，其费用由住户自理。原无卫生设备的，是否新装由各地自定。

（3）附属于多层、高层住宅及其群体的压力水箱、污水管道及泵房、水塔、水箱等损坏，除与供水部门有专门协议者外，均应负责修复；原设计有缺陷或不合理的，应改变设计，改道重装。水箱应定期清洗。

（4）电梯、暖气、管道、锅炉、通风等设备损坏时，应及时修理；零配件残缺的，应配齐全；长期不用且今后仍无使用价值的，可拆除。

8. 金属构件

（1）金属构件锈烂损坏的，应修换加固。

（2）钢门窗损坏、开关不灵、零件残缺的，应修复配齐；损坏严重的，应更换。

（3）铁门、铁栅、铁栏杆、铁扶梯、铁晒衣架等锈烂损坏的，应修理或更换；无保留价值的，可拆除。

9. 其他工程

（1）水泵、电动机、电梯等房屋正在使用的设备，应修理、保养。避雷设施损坏、失效，应修复；高层房屋附近无避雷设施或超出防护范围的，应新装。

（2）原有院墙、院墙大门、院落内道路、沟渠下水道、窨井损坏或堵塞的，应修复或疏通。原无下水系统，院内积水严重，影响居住使用和卫生，条件允许的，应新做。院落里如有共用厕所，损坏时应修理。

（3）暖炕、火墙损坏的，应修理。如需改变位置布局，平时一般不考虑，若房屋大修，可结合处理。

第四节　房屋的日常养护

一、房屋日常养护的含义

房屋日常养护是为确保房屋的完好和正常使用所进行的经常性日常修理、季节性预防保养以及房屋的正确使用维护管理等工作,是物业服务企业房屋维修管理的重要环节。房屋日常养护与房屋维修一样,都是为了保证房屋能正常使用,但两者又有区别。日常养护是对房屋及时的预防保养和经常性的零星修理;维修则是相隔一定时间后,按需要进行的大、中修等。

通过对房屋的日常养护,可以维护房屋和设备的功能,使发生的损失及时得到修复;对一些由于天气的突变或隐蔽的物理、化学损坏导致的猝发性损失,不必等大修周期到来就可以及时处理。同时,经常检查房屋完好状况,从养护入手,可以防止事故发生,延长大修周期,并为大、中修提供查勘、施工的可靠资料,最大限度地延长房屋的使用年限。同时,可以不断改善房屋的使用条件,同时对外部环境也可以进行综合治理。

房屋日常养护的原则是:因地制宜,合理修缮;对不同类型的房屋要制定不同的维修养护标准;定期检查,及时维护;加强对二次装修的管理,确保安全,保证正常使用;最有效地合理使用维修基金;最大限度地发挥房屋的有效使用功能。

二、房屋日常养护的类型

房屋日常养护可分为零星养护、计划养护和季节性养护。

(一) 零星养护

房屋的零星养护修理,指结合实际情况确定或因突然损坏引起的小修,包括:
(1) 屋面补漏,修补屋面,修补泛水、屋脊等;
(2) 钢、木门窗的整修,拆换五金,配玻璃,换窗纱,油漆等;
(3) 修补楼地面面层,抽换个别楞木等;
(4) 修补内外墙、抹灰、窗台、腰线等;
(5) 拆砌挖补局部墙体、个别拱圈,拆换个别过梁等;
(6) 抽换个别檩条,接换个别木梁、屋架、木柱,修补木楼等;
(7) 水卫、电气、暖气等设备的故障排除及零部件的修换等;
(8) 下水管道的疏通,修补明沟、散水、落水管等;
(9) 房屋检查发现的危险构件的临时加固、维修等。

日常零星养护项目,主要通过维修管理人员走访住户和业主或住户的随时报修两条渠道来收集。零星养护的特点是修理范围广,项目零星分散,时间紧,要求及时,具有经常性的服务性质。

零星养护应力争做到"水电急修不过夜,小修项目不过三,一般项目不过五"。

(二) 计划养护

房屋的各种构件、部件均有其合理的使用年限,超过这一年限一般就开始不断出现问题。因此要管好房子,不能等到问题出现后再采取补救措施。而应该定立科学的大、中、小修三级维修制度,以保证房屋的正常使用,延长其整体的使用寿命,这就是房屋的计划养护。

例 6-1 房屋的纱窗每 3 年左右就应该刷一遍铅油保养；门窗、壁橱、墙壁上的油漆、油饰层一般 5 年左右应重新油漆一遍；外墙每 10 年应彻底进行一次检修加固；照明电路明线、暗线每年检查线路老化和负荷的情况，必要时可局部或全部更换等。这种定期保养、维修制度是保证房屋使用安全、完好的非常重要的制度。

一般楼宇设施的保养周期和翻新周期如表 6-1 和表 6-2 所示。

表 6-1 一般楼宇设施的保养周期

楼宇设施	事项	周期
楼宇内、外墙	1. 走廊及楼梯粉刷	每 3 年 1 次
	2. 修补粉刷外墙	每 5 至 6 年 1 次
供水系统	1. 检查、上油及调试各水泵	每半个月 1 次
	2. 清洗水池	每月 1 次
电梯	1. 例行抹油及检查	每周 1 次
	2. 彻底检查及大修	每年 1 次
消防设备	1. 日常巡视及保养	每月 1 次
	2. 聘用政府认可的消防设备保养公司进行检查及维修并提交报告	每年 1 次
沟渠	1. 清理天台雨水筒及渠闸	每周 1 次
	2. 清理明渠及沙井之沉积物	每 2 周 1 次
机器栏杆	1. 检查锈蚀的窗框、栏杆、楼梯扶手	每月 1 次
	2. 涂漆	每年 1 次

表 6-2 一般楼宇设施的翻修周期

楼宇设施类型	项目	周期（年）
楼宇附加装置	屋顶覆盖层	20
	窗	20
	门	30
	五金器具	20
修饰	墙壁	15
	地板	10
	天花板	20
供水及卫生设备	水管	30
	洁具	20

续　表

楼宇设施类型	项　目	周　期（年）
电　力	电线	30
	电力装置	15
通　风	空调	15
其　他	电梯及自动扶梯	20

物业服务企业应根据具体楼宇所选用的设备、材料型号的质量来推算其使用年限。计划养护主要属于房屋保养性质，即定期对房屋进行的检修保养。计划养护任务应安排在报修任务不多的淡季。若报修任务多，应先安排报修任务，再做计划养护工作。

（三）季节性养护

季节性养护主要是做好季节性的对房屋的预防保养工作。例如，防台、防汛、防梅雨、防冻、防治白蚁等。

三、房屋日常养护的内容

房屋日常养护的具体内容包括以下几方面。

（一）地基基础的养护

地基属于隐蔽工程，发现问题采取补救措施都很困难，应给予足够的重视。主要应从以下几方面做好养护工作。

1. 坚决杜绝不合理荷载的产生

地基基础上部结构使用荷载分布不合理或超过设计荷载，会危及整个房屋的安全，而在基础附近的地面堆放大量材料或设备，也会形成较大的堆积荷载，使地基由于附加压力增加而产生附加沉降。所以，应从内外两方面加强对日常使用情况的技术监督，防止出现不合理荷载状况。

2. 防止地基浸水

地基浸水会使地基基础产生不利的工作条件，因此，对于地基基础附近的用水设施，如上下水管、暖气管道等，要注意检查其工作情况，防止漏水。同时，要加强对房屋内部及四周排水设施如排水沟、散水等的管理与维修。

3. 保证勒脚完好无损

勒脚位于基础顶面，将上部荷载进一步扩散并均匀传递给基础，同时起到基础防水的作用。勒脚破损或严重腐蚀剥落，会使基础受到传力不合理的间接影响而处于异常的受力状态，也会因防水失效而产生基础浸水的直接后果。所以，勒脚的养护不仅仅是美观的要求，更是地基基础养护的重要部分。

4. 防止地基冻害

在季节性冻土地区,要注意基础的保温工作。对按持续供热设计的房屋,不宜采用间歇供热,并应保证各房间采暖设施齐备有效。如在使用中有闲置不采暖房间,尤其是与地基基础较近的地下室,应在寒冷季节将门窗封闭严密,防止冷空气大量侵入,如还不能满足要求,则应增加其他的保温措施。

(二)楼地面工程的养护

楼地面工程常见的材料多种多样,如水泥砂浆、大理石、水磨石、地砖、塑料、木材、马赛克、缸砖等。水泥砂浆及常用的预制块地面的受损情况有空鼓、起壳、裂缝等,而木地板更容易被腐蚀或蛀蚀。在一些高档装修中采用的纯毛地毯,则在耐菌性、耐虫性及耐湿性等方面性能较差。所以,应针对楼地面材料的特性,做好相应的养护工作。通常需要注意以下几个主要的方面。

1. 保证经常用水房间的有效防水

对厨房卫生间等经常用水的房间,一方面要注意保护楼地面的防水性能,更须加强对上下水设施的检查与保养,防止管道漏水、堵塞,造成室内长时间积水而渗入楼板,导致侵蚀损害。一旦发现问题应及时处理或暂停使用,切不可将就使用,以免形成隐患。

2. 避免室内受潮与虫害

由于混凝土防潮性有限,在紧接土壤的楼层或房间,水分会通过毛细现象透过地板或外墙渗入室内;而在南方,空气湿度经常持续在较高的水平,常因选材不当而产生返潮(即结露)现象。这是造成室内潮湿的两种常见原因。室内潮湿不仅影响使用者的身体健康,也会因大部分材料在潮湿环境中容易发生不利的化学反应而变性失效,如腐蚀、膨胀、强度减弱等,造成重大的经济损失。所以,必须针对材料的各项性能指标,做好防潮工作,如保持室内有良好的通风等。

建筑虫害包括直接蛀蚀与分泌物腐蚀两种,由于通常出现在较难发现的隐蔽性部位,所以,更须做好预防工作。尤其是分泌物的腐蚀作用,如常见的建筑白蚁病,会造成房屋结构的根本性破坏,导致无法弥补的损伤,使得许多高楼大厦无法使用而被迫重建。无论是木构建筑还是钢砼建筑,都必须对虫害预防工作予以足够的重视。

3. 控制与消除装饰材料产生的副作用

装饰材料的副作用主要是针对有机物而言的,如塑料、化纤织物、油漆涂料、化学黏合剂等,常在适宜的条件下产生大量有害物质,危害人的身心健康,以及正常工作与消防安全。所以,在选用有机装饰材料时,必须对它所能产生的副作用采取相应的控制与消除措施,如化纤制品除静电、地毯防止螨虫繁殖等。

(三)墙台面及吊顶工程的养护工程

墙台面及吊顶是房屋装修工作的主要部分,它通常包括多种类型,施工复杂,耗资比重大,维修工序繁琐,常常牵一发而动全身。所以,做好对它的养护工作,延长其综合使用寿命,直接关系到业主与管理机构的经济利益。

墙台面及吊顶工程一般由下列装饰工程中的几种或全部组成:抹灰工程,油漆工程、刷(喷)浆工程、裱糊工程、块材饰面工程、罩面板及龙骨安装工程，都要根据其具体的施工方法、材料性能以及可能出现的问题，采取适当的养护措施。但无论对哪一种工程的养护，都应满足以下几个共性的要求。

1. 定期检查，及时处理

定期检查一般不少于每年1次。对容易出现问题的部位重点检查，尽早发现问题并及时处理，防止产生连锁反应，造成更大的损失。对于使用磨损频率较高的工程部位，要缩短定时检查的周期，如台面、踢脚、护壁，以及细木制品的工程。

2. 加强保护与其他工程衔接处

墙台面及吊顶工程经常与其他工程相交叉，在相接处要注意防水、防腐、防胀。如水管穿墙加套管保护，与制冷、供热管相接处加绝热高强度套管。墙台面及吊顶工程在自身不同工种相接处，也要注意相互影响，采取保护手段与科学的施工措施。

3. 保持清洁与常用的清洁方法

经常保持墙台面及吊顶清洁，不仅是房间美观卫生的要求，也是保证材料处于良好状态所必需的。灰尘与油腻等积累太多，容易导致吸潮、生虫以及直接腐蚀材料。所以，应做好经常性的清洁工作。清洁时需根据不同材料各自性能，采用适当的方法，如防水、防酸碱腐蚀等。

4. 注意日常工作中的防护

各种操作要注意，防止擦、划、刮伤墙台面，防止撞击。遇到有可能损伤台面材料的情况，要采取预防措施。在日常工作中有难以避免的情况，要加设防护措施，如台面养花、使用腐蚀性材料等，应有保护垫层。在墙面上张贴、悬挂物品，严禁采用可能造成损伤或腐蚀的方法与材料，如不可避免，应请专业人员施工，并采取必要的防护措施。

5. 注意材料所处的工作环境

遇有潮湿、油烟、高温、低湿等非正常工作要求时，要注意墙台面及吊顶材料的性能，防止处于不利环境而受损。如不可能避免，应采取有效的防护措施，或在保证可复原条件下更换材料，但均须由专业人员操作。

6. 定期更换部件，保证整体协调性

由于墙台面及吊顶工程中各工种以及某一工程中各部件的使用寿命不同，因而，为保证整体使用效益，可通过合理配置，使各工种、各部件均能充分发挥其有效作用，并根据材料部件的使用期限与实际工作状况，及时予以更换。

(四) 门窗工程的养护

门窗是保证房屋使用正常、通风良好的重要途径，应在管理使用中根据不同类型门窗的特点注意养护，使之处于良好的工作状态。如木门窗易出现的问题有：门窗扇下垂、弯曲、翘曲、腐朽、缝隙过大等；钢门窗则有翘曲变形、锈蚀、配件残缺、露缝透风、断裂损坏等常见病；而铝合金门窗易受到酸雨及建材中氢氧化钙的侵蚀。在门窗工程养护中，应重点注意以下几个方面。

1. 严格遵守使用常识与操作规程

门窗是房屋中使用频率较高的部分，要注意保护。在使用时，应轻开轻关；通风、雨天,要及时关闭并固定;开启后,旋启式门窗扇应固定;严禁撞击或悬挂物品;避免长期处于开启或关闭状态,以防门窗扇变形、关闭不严或启闭困难。

2. 经常清洁检查,发现问题千万不要拖延

门窗构造比较复杂,应经常清扫,防止积垢而影响正常使用,如关闭不严等。发现门窗变形或构件短缺失效等现象,应及时修理或申请处理,防止对其他部分造成破坏或发生意外事件。

3. 定期更换易损部件,保持整体状况良好

对于使用中损耗较大的部件应定期检查更换,需要润滑的轴心或摩擦部位,要经常采取相应润滑措施,如有残垢,还要定期清除,以减少直接损耗,避免间接损失。

4. 北方地区外门窗冬季使用管理

北方地区冬季气温低,风力大,沙尘多,外门窗易受侵害。所以,应做好养护工作。如采用外封式封窗,可有效控制冷风渗透与缝隙积灰。长期不用的外门,也要加以封闭,卸下的纱窗要清洁干燥,妥善保存,防止变形或损坏。

5. 加强窗台与暖气的使用管理

禁止在窗台上放置易对窗户产生腐蚀作用的物体,包括固态、液态以及会产生有害于门窗的气体等一切物品,北方冬季还应注意室内采暖设施与湿度的控制,使门窗处于良好的温湿度环境中,避免出现凝结水或局部过冷过热现象。

(五)屋面工程维修养护

屋面工程在房屋中的作用主要是维护、防水、保温(南方为隔热)等,由于建筑工艺水平的提高,现在又增加了许多新的功能,如采光、绿化、各种活动,以及太阳能采集利用等。屋面工程施工工艺复杂,而最容易受到破坏的是防水层,它又直接影响到房屋的正常使用,并起着对其他结构及构造层的保护作用。所以,防水层的养护也就成为屋面工程维修养护中的中心内容。

屋面防水层受到大气温度变化的影响,风雨侵蚀、冲刷、阳光照射等都会加速其老化,排水受阻或人为损害以及不合理荷载,经常造成局部先行破坏和渗漏,加之防水层维修难度大,基本无法恢复对防水起主要作用的整体性,所以,在使用过程中需要有一个完整的保养制度,以养为主,维修及时有效,以延长其使用寿命,节省返修费用,提高经济效益。

1. 定期清扫,保证各种设施处于有效状态

一般非上人屋面每季度清扫1次,防止堆积垃圾、杂物及非预期植物如青苔、杂草的生长,遇有积水或大量积雪时,及时清除,秋季要防止大量落叶、枯枝堆积。上人屋面要经常清扫。在使用与清扫时,应注意保护重要排水设施如落水口,以及防水关键部位如大型或体形较复杂建筑的变形缝。

2. 定期检查、记录,并对发现的问题及时处理

定期组织专业技术人员对屋面各种设施的工作状况按规定项目内容进行全面详查,并填写检查记录。对非正常损坏要查找原因,防止产生隐患;对正常损坏要详细记录其损坏程度。检查后,对所发现的问题及时汇报处理,并适当调整养护计划。

3. 建立大修、中修、小修制度

在定期检查、养护的同时，根据屋面综合工作状况，进行全面的小修、中修或大修，可以保证其整体协调性，延长其整体使用寿命，以发挥其最高的综合效能，并可以在长时期内获得更高的经济效益。

4. 加强屋面使用的管理

在屋面的使用中，要防止产生不合理荷载与破坏性操作。上人屋面在使用中要注意污染、腐蚀等常见病，在使用期应有专人管理。屋面增设各种设备，如天线、广告牌等，首先要保证不影响原有功能（包括上人屋面的景观要求）；其次要符合整体技术要求，如对屋面产生荷载的类型与大小会导致何种技术影响。在施工过程中，要有专业人员负责，并采用合理的构造方法与必要的保护措施，以免对屋面产生破坏或形成其他隐患，如对人或物造成危险。

5. 建议建立专业维修保养队伍

屋面工程具有很强的专业性与技术性，检查与维修养护都必须由专业人员来负责完成，而屋面工程的养护频率相对较低，所以，为减轻物业服务企业的负担，并能充分保证达到较高的技术水平，更有效、更经济地做好屋面工程养护工作，应建立起由较高水平专业技术人员组成的专职机构。

（六）通风道的养护管理

由于通风道在房屋建设和使用过程中都是容易被忽略而又容易出问题的部位，因此对通风道的养护管理应该作为一个专项格外加以重视。首先，在设计时就要选用比较坚固耐久的钢筋混凝土风道、钢筋网水泥砂浆风道等，淘汰老式的砖砌风道、胶合板风道。而且必须选用防串味的新型风道。在房屋接管验收时，一定要将通风道作为一个单项进行认真细致的验收，确保风道畅通、安装牢固、不留隐患。在房屋使用过程中应注意以下几点。

（1）住户在安装抽油烟机和卫生间通风器时，必须小心细致地操作，不要乱打乱凿，对通风道造成损害。

（2）不要往通风道里扔砖头、石块或在通风道上挂东西，挡住风口、堵塞通道。

（3）物业服务企业每年应逐户对通风道的使用情况及有无裂缝破损、堵塞等情况进行检查。发现不正确的使用行为要及时制止，发现损坏要认真记录，及时修复。

（4）检查楼顶通风道出屋面外侧通风道的通风状况，并用铅丝悬挂大锤放入通风道检查其是否畅通。

（5）通风道发现小裂缝应及时用水泥砂浆填补，严重损坏的在房屋大修时应彻底更换。

（七）垃圾道的养护管理

一般住宅楼、办公楼等通用房屋都设置有垃圾道，作为楼上用户倾倒垃圾的通道。垃圾道由通道、垃圾斗、底层垃圾间及出垃圾门等部分组成。由于垃圾道是公用设施，又是藏污纳垢的地方，住户对其不够爱护。物业服务企业一方面要加强宣传教育；另一方面垃圾道出现堵塞损坏时要及时派人修理。在房屋接管验收时,就要认真检查垃圾道的各个部位,看有无垃圾斗和出垃圾门开启不灵便、缺少零件、少刷漆等现象。如果垃圾道内有积存大量施工垃圾或伸出钢筋头、残存模板等在房屋交付使用后造成垃圾道堵塞隐患的现象,必须要求施工单位及时返修清除。平时养护中应注意:

(1) 指定专人负责垃圾清运,保持垃圾道通畅;

(2) 搬运重物时要注意保护好垃圾道,避免碰撞,平时不要用重物敲击垃圾道;

(3) 不要往垃圾道中倾倒体积较大或长度较长的垃圾;

(4) 垃圾道出现堵塞时应尽快组织人员疏通,否则越堵越严,疏通起来更加费时费力;

(5) 垃圾斗、出垃圾门每两年应重新油漆一遍,防止锈蚀,延长其寿命,降低维修费用;

(6) 垃圾道出现小的破损要及时用水泥砂浆或混凝土修补,防止其扩大。

四、房屋日常养护的考核指标

房屋日常养护考核指标主要有:定额指标、经费指标、服务指标和安全指标。

(一) 定额指标

维修养护工人的劳动效率要100%达到或超过人工定额;材料消耗要不超过或低于材料消耗定额。要通过合理组织生产,发挥劳动潜力和充分回收利用旧料,努力降低小修养护成本。达到小修养护工程定额的指标,是完成小修养护工作量,搞好日常服务的必要保证。因此,工程定额指标的完成情况,应作为考核维修养护人员劳动绩效、进行工资总额分配的主要依据之一。

(二) 经费指标

小修养护经费主要通过收取物业管理服务费来筹集,不足部分从物业服务企业开展多种经营的收入中弥补。

(三) 服务指标

1. 走访查房率

一般要求管理员每月对辖区的业主(物业使用人)走访查房50%以上;每季对辖区内业主(物业使用人)要逐户走访查房一遍。其计算公式如下:

$$月走访查房率 = \frac{当月走访查房户数}{辖区内住(用)户总户数} \times 100\%$$

$$季走访查房率 = \frac{当季走访查房户数}{辖区内住(用)户总户数} \times 100\%$$

走访查房户数计算时对月/季内走访如系同一户超过一次的均按一次计算。

2. 养护计划率

管理员应按每月编制的日常养护计划表依次组织施工。考虑到对急修项目需及时处理,因此在一般情况下,养护计划率要求达到80%以上。遇特殊情况或特殊季节,可统一调整养护计划率,其计算公式如下:

$$月养护计划完成率 = \frac{当月完成属计划内项目的户次数}{当月养护计划安排的户次数} \times 100\%$$

3. 养护及时率

其计算公式为:

$$月养护及时率 = \frac{当月完成的小修养护户次数}{当月全部报修中应修的户次数} \times 100\%$$

当月全部报修中应修的户次数,指剔除了经专业人员实地查勘后,认定不属于小修养护范围,并已作其他维修工程类别安排的和因故不能安排维修的报修户次数。

4. 安全指标

确保住用、生产安全,是维修服务的首要指标,是考核工作实绩的重要依据。

为确保生产安全,物业服务企业应建立一系列安全生产操作规程和安全检查制度,以及相配套的安全生产奖惩办法。在安全生产中要十分注意以下三个方面。

(1) 严格遵守操作规程,不违章上岗和操作。

(2) 注意工具、用具的安全检查,及时修复或更换有不安全因素的工具、用具。

(3) 按施工规定选用结构部件的材料,如利用旧料时,要特别注意安全性能的检查,增强施工期间和完工后交付使用的安全因素。

建设部颁布的《房地产经营、维修管理行业经济技术指标》规定,必须确保住用安全,杜绝塌屋死亡事故;保证安全生产,杜绝重大伤亡事故,年职工负伤事故率小于3‰,等等。

本章小结

本章介绍了房屋的基本功能,分析了房屋损坏的几种原因,阐述了房屋维修及其管理含义、特点以及管理原则、内容,还介绍了在处理房屋维修责任时应考虑的原则。在介绍房屋完损等级分类的基础上,阐述了评定房屋完损等级的一般做法及危房鉴定与使用的一些规定。本章还介绍了房屋维修工程的分类及维修标准。最后,阐述了经常性的房屋养护的类型、内容,并介绍了日常养护的考核标准。

房屋维修 房屋维修管理 完损等级 危房鉴定 维修工程 日常养护

复习思考题

1. 选择正确答案(下列各题中有一个或一个以上的答案是正确的)

(1) 下列房屋损坏的原因中,属于人为损坏的有(　　)。
(A) 气候因素　　　　　　　　(B) 设计和施工不当
(C) 战争因素　　　　　　　　(D) 生物因素

(2) 关于房屋维修管理的原则,正确的有(　　)。
(A) 各类房屋维修均要同等对待的原则
(B) 用户第一、服务第一的原则
(C) 经济、合理、安全、实用的原则
(D) 对于历史文化古迹维修要遵循"修旧如旧"的原则

(3) 房屋地基基础和主体结构的保修期限是(　　)。
(A) 5 年　　　　　　　　　　(B) 10 年
(C) 20 年　　　　　　　　　 (D) 合理使用寿命年限

(4) 按各类房屋的结构、装修、设备等组成部分的完好及损坏程度,房屋完损状况分为(　　)类。
(A) 5　　　　(B) 4　　　　(C) 3　　　　(D) 2

(5) 危房鉴定由(　　)完成。
(A) 物业服务企业
(B) 房地产行政主管部门设定的房屋安全鉴定机构
(C) 开发商
(D) 业主委员会

(6) 对危房使用可以采取(　　)的方法。
(A) 观察使用　　(B) 处理使用　　(C) 停止使用　　(D) 整体拆除

(7) 修缮费用占同类结构新建造价的 25% 以上的维修工程是(　　)。
(A) 翻修工程　　(B) 大修工程　　(C) 中修工程　　(D) 小修工程

(8) 日常养护的内容有(　　)。
(A) 零星养护　　(B) 计划养护　　(C) 全天候养护　　(D) 季节性养护

2. 房屋损坏的自然因素有哪些?
3. 谈谈维修历史建筑的原则。
4. 怎样进行房屋维修施工管理?
5. 试述危房鉴定的一般程序。
6. 如果你是物业管理经理,你如何编制房屋日常养护的计划?

第七章 物业设备管理

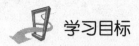 学习目标

学习了本章后,你应该能够:
1. 了解物业设备管理的含义、意义及房屋设备的构成。
2. 熟悉物业设备管理的基本内容和要求。
3. 了解各种类型物业设备管理与维修的内容和要求。
4. 熟悉智能设备管理的特点及原则。

第一节 物业设备管理概述

一、物业设备管理的含义

房屋设备管理是物业管理中重要的基础管理工作,是物业服务企业日常工作的主要内容之一。

（一）物业设备管理的含义

1. 物业设备

物业设备是附属于房屋建筑的各类设施设备的总称。它是构成房屋建筑实体不可分割的有机组成部分,是发挥物业功能和实现物业价值的物质基础和必要条件。

在我国,随着社会经济的发展和现代科技的进步,物业设备的种类日益增多,使用领域不断拓宽,新型产品纷纷涌现,人们对提高生活质量的需求与日俱增,对物业设备的功能与质量的要求也在不断提高,正向着先进、合理、完备的综合性设备系统的方向过渡。物业设备种类是否齐全、档次的高低、服务质量的好坏已成为房屋建筑质量、造价的集中体现,是确定房屋使用功能的主要指标之一,是决定其未来效用与经济价值的

一个极为重要的因素和先决条件。

2. 物业设备管理

所谓物业设备管理，就是要通过保养、维修等手段，保障物业设备的安全、正常运行，延长设备的使用寿命。

随着生产力的发展和社会的进步，物业设备的发展，不但使人们对物业设备的功能要求逐步提高，也对物业设备管理提出了更高的要求，物业设备管理的内涵变得更为丰富。20世纪60年代末70年代初的能源危机，使"建筑节能"的观念提高到前所未有的高度。能源管理成为建筑设备管理中的重要内容。到了90年代，建筑节能从当初单纯地抑制需求、减少耗能量渐渐地发展为合理用能、提高能源利用效率的理性阶段。进入21世纪，"建筑节能"已成为当今世界的主流，是解决我国能源紧缺的重要途径之一，对建设资源节约型、环境友好型社会具有重要意义。

现代信息技术突飞猛进的发展，促进了建筑的智能化。1984年随着美国第一幢智能大厦的建成，标志智能建筑时代开始，世界各国纷纷仿效，智能建筑便如雨后春笋般地拔地而起。高新技术成果的运用使智能大厦中的建筑设备也变得自动化、多样化、复杂化，逐步形成了一个庞大而又复杂的系统。

随着人们对生活和工作舒适性要求的提高，室内空气质量问题和环保问题越来越被人们所重视，除了对建筑材料的要求外，对建筑设备的性能要求和对设备的运行维护水平等均提出了更高的要求。

总之，在现代城市中，房屋建筑附属设备、设施成为反映一个城市在经济、科技、文化、生活等方面发展水平的重要特征和人类物质文明进步的重要标志。

（二）物业设备管理的意义

物业设备管理的意义主要有以下几个方面。

1. 是充分发挥物业使用功能的有力保障

物业设备不仅是人们生产、生活、学习正常进行所必需的物质基础，也是影响工业、服务业发展和人们生活水平提高的制约因素。物业设备的运行和管理的好坏与否，直接影响到物业的使用水平，影响到人们生产、生活、学习的正常进行。没有良好的设备运行和管理，就不能提供安全、舒适、健康的生产、生活、学习环境，就不能使人们安居乐业。所以，良好的物业设备管理是人们生产、生活、学习正常进行的有力保障。

2. 是物业设备延长使用寿命、安全运行的保证

物业设备因长期使用、自然作用或使用不当等原因而发生磨损、毁坏，而加强设备的日常运行管理就可以避免因设备使用不当引起的损坏，并保障安全运行，从而延长设备的使用寿命，提高设备的使用效益。

3. 是提高业主经济效益的关键

现代化的物业设备管理，是一种对设备全过程的综合管理，也就是对设备的设计、制造、采购、安装、调试、使用、维护保养、检修、更新改造到报废等整个过程的管理。一方面，物业设备在技术上要始终保持最佳的运行状态，而且也要求设备在寿命周期成本即购置成本和使用成本最低；另一方面，设备的正常高效运行，为业主和使用人节约了

资金,提高了生产经营效益和居民生活水平,也为实现物业保值增值打好了基础。

4. 是城市文明建设和发展的需要

现代化的城市要求房屋及其附属设施能达到适用、经济、舒适、卫生的要求,避免环境污染,达到人们的生存与环境生态的协调与和谐。而这一切都离不开物业的设备管理。这些不同类型、不同功能的物业设备经过科学的运行管理和维修管理,不仅体现了城市经济、文化和科学技术发展的水平,而且标志着城市文明的程度。

二、物业设备的构成与分类

物业设备种类繁多、功能各异,一些具有更新、更完善功能的新型产品不断涌现,更新换代的速度明显加快。现代民用建筑房屋常用设备主要有:房屋建筑卫生设备、房屋建筑电气工程设备和智能化技术设备。

(一)房屋建筑卫生设备

1. 给排水设备系统

该系统主要包括以下几个部分。

(1)给水设备。这是指用人工方法提供水源的设备,有供水箱、供水泵、小水表、供水管网四个方面,组成生活给水、生产系统、消防三个给水子系统。生产用水的水质、水量、水压及安全等方面都因生产工艺的精密而有较高的标准。生活用水要求水质符合国家规定的饮用水水质标准。消防用水只要求有足够的水压和供水量。考虑技术、经济条件,这三种给水子系统,并不一定需要单独设置,可按水质、水压、水温及室外给水系统情况,将其相互组成不同的共用系统,如生产、生活、消防共用给水系统,生活、消防共用给水系统等。

(2)排水设备。这是指用来排放生产、生活污水和屋面雨雪水的设备,它包括排水管道、通风管、清通设备、抽升设备、室外排水管道等。根据所接纳的污(废)水性质,房屋的排水管道又可分为生活污水管道、工业废水管道、室内雨水管道,分别组成生活污水排水系统、生产污水排水系统、雨(雪)水排水系统。

(3)热水供应设备。这是指房屋设备中热水供应部分,它包括加热设备、储存设备(主要指热水容器)、供热水管道、热水表、循环管、自动温度调节器、减压阀等。

(4)卫生设备。这是指房屋设备中的卫生部分,主要包括浴缸、水盆、面盆、小便厕、抽水马桶、镜箱、冲洗盆等。

(5)消防设备。这是指房屋设备中的消防装置部分,它包括喷淋系统、消防栓、灭火机、灭火瓶、消防龙头、消防泵和配套的消防设备,如烟感器、温感器消防报警系统、防火卷帘、防火门、抽烟送风系统、防火阀、消防电梯、消防走道及事故照明、应急照明等。

2. 燃气设备系统

该系统主要包括以下几个部分。

(1)厨房设备。这是指房屋设备中用来做饭菜的部分,包括烤炉烘箱、灶台、洗菜盆、操作台、冰箱、冰柜、消毒柜等。

(2) 燃气设备。这是指房屋设备中的燃气供应部分,包括供气管网、煤气管、减压阀、煤气表、煤气灶等。

3. 房屋供暖、通风、空调设备系统

供暖(heating)、通风(ventilating)、空调(air conditioning)系统(HVAC系统)是满足物业使用者舒适需求的系统。随着社会的进步,大家对于物业的舒适性要求越来越高,相应地,HVAC设备系统的管理也就显得越重要。

HVAC系统主要包括以下几个部分。

(1) 室内供暖设备。这是指用来供暖的设备,包括锅炉、壁炉、鼓风机、水汀片、循环泵等设备。按所用带热体(热媒)不同,可分为热水供暖系统和蒸汽供暖系统两大类。一般民用建筑大多采用热水供暖系统。

(2) 室内通风设备。这是指房屋内部的通风设备,它包括通风机、排气口及一些净化除尘设备等。

(3) 室内空调设备。这是指用于使室内空气流动、给住(用)者带来凉爽感觉的设备,包括制冷机、深井泵、空调机、电扇、冷却塔、循环泵等设备。每一种设备都有相应的配件,如中央空调系统就需要冷源(水冷,风冷或溴化锂主机)热源(锅炉);末端:风机盘管,空气处理机;辅机:水泵,冷却塔;管路:风管,水管,水箱;控制设施,计量设施。其中风机盘管作为中央空调的末端设备,其质量的好坏决定了室内的空调效果,其性能主要是送冷(热)量的保障、送风量的保障、噪声的数值、冷凝水不泄漏及电器、机体件设计的合理性等。

(二) 房屋建筑电气工程设备

房屋建筑电气工程设备主要包括以下几种。

1. 供电及照明设备

这是指给房屋提供电源及各种照明用途的装置,包括变压器、低压配电柜、高压开关(户外型负荷开关、户内型漏电保护自动开关)、配电干线、楼层配电箱、电表、插座、照明器等。

2. 弱电设备

这是指给房屋提供某种特定功能的弱电设备与装置。随着现代化建筑水平的提高,房屋的弱电设备越来越多。目前主要包括通讯设备、广播设备、共用天线设备、闭路电视系统及网络设备等。

3. 运输设备

这是指房屋设备中载运人或物品的设备。目前,建筑中主要的运输设备是电梯和自动扶梯。

(1) 电梯。电梯一般由传动设备、升降设备、安全设备和控制设备组成。电梯可以从不同的角度进行分类。

根据用途的不同可分为客梯、货梯、客货梯、观光电梯、消防电梯、车辆电梯及各种其他专用电梯。

按速度可分为低速电梯(通常指速度低于1.0米/秒的电梯)、中速电梯(通常指速度为1.0—2.0米/秒的电梯)、高速电梯(通常指速度高于2.0米/秒的电梯)、超高速电梯(通常指速度高于5.0米/秒的电梯)。目前,大多数住宅客梯选用低速电梯,少数小高层、超高层住宅选用高速电梯。

按电动机拖动方式可分为交流双速电梯、直流快速电梯和交流调速电梯。

按控制方式可分为手柄开关操纵电梯、按钮控制电梯、信号控制电梯、集选控制电梯、并联控制电梯、群控电梯等。

(2)自动扶梯。自动扶梯主要是用于相邻楼层的人流输送,可以在很小空间运送大量人员,常设置在人流集中的公共场所,如大型商场、超市、酒店、娱乐场所及车站、机场、地铁站等。自动扶梯在构造上与电梯有些相似,但在许多方面比电梯简单,它一般由梯级、梯级链、导轨系统、驱动系统、张紧装置、扶手装置和金属框架结构等组成。

4. 防雷装置

防雷装置是根据建筑物本身的重要性、使用性质、发生雷电事故的可能性和后果,结合当地的雷电活动情况和周围环境的特点而安装的避雷设施。

建筑物防雷设施分为针式和栅式两大类,由接闪器、引下线和接地极三个部分组成。一般建筑物的防雷设施要求装有避雷针、避雷网、避雷带、引下线和接地极。其中,避雷针又可分为单支和双支及多支保护等几种形式。

(三)智能化技术设备

智能化建筑就是在建筑环境内,由系统集成中心通过综合布线系统(premises distribution system,PDS)来控制自动化系统,实现高度信息化、自动化及舒适化的现代建筑物。建筑智能化系统包括主要由三大系统集成,即楼宇自动化(building automation,BA)、办公自动化(office automation,OA)和通信自动化(communication automation,CA)。有时也称为"5A"建筑,即在"3A"中的BA中分解出灭火自动化(fire automation,FA)和保安自动化(safety automation,SA)。综合布线系统就是基于计算机通信技术的现代通信物理平台,它把智能建筑三大系统BA,OA,CA有机联系在一起,实现信息、数据、声音、图像等的快速传递,是智能建筑三大支柱之间不可缺少的传输网络。

这一系统的发展与计算机技术的发展,特别是与网络技术的发展密切相关。其中,物业内部的通信系统主要基于结构化的局域网系统,传输媒体从语音、数据发展到图像以及动画;物业内部与外部的通信系统主要通过邮电部门的公共通信网来连接,如现已有公共数据交换网、DDN数字数据网和电话通信网等。

三、物业设备管理的基本内容与要求

(一)物业设备管理的特点

从物业管理的角度来看,物业设备管理具有以下四个明显的特点。

1. 服务性功能强

各类房屋设备尽管功能各异,但其根本目的都是为使用人提供某种特定的服务,改善其工作生活条件和物业的整体环境。无论是给排水、供电照明等日常使用的设备,还是消防、安防报警等紧急情况下使用的设备,都与广大使用人的日常生活、工作密切相关。设备管理失误影响大,如供暖管道堵塞造成暖气大面积不热或高楼电梯经常出现故障而停止运行,不仅会造成生活困难,而且可能形成社会的不安定因素。因此,房屋设备管理的"管、修、用"必须以管理为基础,维修为保障,围绕向使用人提供良好服务这个核心而展开。

2. 经营性特点突出

房屋设备一次性投资大,使用年限短,更新换代快,运营服务、维修保养费用高,各种费用的及时收取和合理分摊是房屋设备管理中的一个突出的重要问题。例如,一部中档电梯价值达30万—40万元,每次事故都可造成成千上万元的经济损失或缩短其使用寿命。在物业管理体制下,房屋设备的管理带有明显的经营性特点,即房屋设备管理实质上是房屋设备的经营管理。

3. 专业性、技术性要求高

各类房屋设备性能各异、结构复杂,具有很强的专业性和技术性。例如,大容量的锅炉房,锅炉容量达数十吨,供暖面积可达几十万平方米,其中有巨大的储煤场、复杂的仪表设备、装卸设备、供电设备及大量的供暖管网。因此,房屋设备的使用维修需要各种专业技术知识,严格的规范化、标准化的科学管理制度及大量的技术工人和专业技术人员。

4. 综合性强

房屋尤其是高层建筑是一个具有综合使用功能的有机体,其设备种类繁多、数量庞大、管路重叠、阀门罗列。这些设备在任何时候都要协调地共同工作才能保证设备各项功能的正常发挥。任何一个部位出了故障都会影响到整体功能,给使用人带来不便,甚至造成人身伤亡或财产损失。同时,房屋设备的管理涉及电力、电信、燃气、供热、供水、排水、道路、环卫、绿化、路灯、消防、公安交通等专业工作的管理,物业服务企业应和这些专业管理部门统一协调,明确各自的职责分工,确保各类设备的正常运行。

(二)物业设备管理的基本内容和要求

各类物业设备尽管组成、构造和性能不同,但管理的基本内容相同。从物业设备管理的全过程看,管理的内容包括设备的选型购置、安装调试、接管验收、运行管理、更新改造以及安全管理、经济管理等方面。其中,物业设备的基础管理、运行使用管理、安全管理、维修养护管理、设备的更新改造以及物业设备的备件管理是物业服务企业最主要的几项管理工作。

物业设备管理的基本原则是行业管理与专业管理相结合,强化政府的行业管理,突出物业服务企业的集中专业化管理。对物业设备管理的基本要求是:良好的服务质量、经济的管理费用、及时的维修,确保设备的完好率与使用安全。

1. 物业设备的基础管理

物业设备的基础管理是指为实现物业设备管理目标及职能服务,提供有关资料信息依据、共同管理准则和基本管理手段的必不可少的基础管理工作。其主要有以下几个方面的管理。

(1) 技术档案资料的管理。物业设备结构复杂、管线纵横,对各类设备都要建立设备卡片、管理账册与技术档案。主要包括以下三类。

第一类,设备原始资料,如设备验收资料、设备安装与结构图、设备登记表等。

第二类,设备维修资料,如报修单、事故记录、大中修工程记录、更新记录。

第三类,设备管理资料,如运行记录、普查记录、运行月报、考评资料、技术革新资料等。

设备基础资料管理工作的基本任务有两个方面:一是做好设备技术档案的保管;二是为设备运行、维护、管理等提供资料信息依据。

(2) 标准化管理。物业设备的标准化工作主要包括以下两类。

第一类,技术标准,如各类设备的验收标准、完好标准、维修等级标准等。

第二类,管理标准,如报修程序、信息处理标准、服务规范及标准、考核与奖惩标准等。

设备标准化工作的基本功能有两个方面:一是为设备管理职能的实施提供共同行为准则和标准;二是为设备的技术经济活动提供基本依据与手段。

(3) 规章制度。物业设备管理的规章制度主要包括以下三类。

第一类,生产技术规程,主要有设备的安全操作规程与保养维修规程。

第二类,管理工作制度,包括运行管理制度、巡视工作安全管理制度、预防检修制度、值班工作制度等。

第三类,责任制度,包括岗位责任制度、记录与报告制度、安全制度、交接班制度等。

(4) 教育培训。基础教育包括两类对象:一类是对本企业员工的培训与教育,其基本内容有员工的技术业务岗位培训、思想教育、职业规范教育等;另一类是对业主、使用人的宣传与教育,其重点是有关合理与安全使用设备的宣传教育。

2. 物业设备的运行使用管理

物业设备的运行使用管理是设备在日常运行与使用过程中的各项组织管理工作,它具有日常性、安全性和广泛性的特点和要求。设备运行管理主要有以下几个方面的内容。

(1) 设备运行的劳动组织。概括地讲,劳动组织的具体任务一是要在分工与协作的基础上,合理配置劳动力;二是根据设备操作的技术要求与岗位设置的要求,采取合理的劳动组织形式以提高劳动效率。

(2) 设备运行的管理制度。物业设备根据使用时间的不同,可分为日常使用设备,如给排水、供电、燃气、电梯等设备;季节性使用设备,如供暖供冷设备;紧急情况下使用的设备,如消防、自动报警设备。各类设备都要制定相应的设备运行使用制度。运行管理制度是全体员工的工作依据与准则,主要包括:设备的安全操作规程、设备的巡视工作制度、岗位责任制度、值班与交接班制度、记录与报表制度、报告制度和服务规范等。

3. 物业设备的能源管理

在设备运行管理中一个很重要的问题就是节省能源,包括水、电、燃气、燃油等各种一次及二次能源。能源支出往往达到总设备管理支出的50%左右,因而能源管理是设备管理中十分重要的一个问题。

作为与设施系统相关的内容,能源管理不会单独存在,而是体现在设备管理的各个环节当中。现代能源管理的起源可以追溯到 20 世纪 70 年代早期发生在北美的石油危机。这次危机导致了两个后果:一是出现了体积更小、高度节能的设施;另一个后果是,认为能源费用是成本的主要构成部分,需要对它进行控制。

传统的能源管理的做法是,设置一些能耗指标,根据这些指标来选购设备,以满足节能的需要。但是,这种做法往往事倍功半,投资不小,收效却不明显。管理程序的优化比硬件设施的改进更有效果,好的能源管理计划可以节约 30%—33% 的费用。

(1) 能源节约措施在物业公司的能源支出中,水、电占了绝大部分,诸如以下的做法会使物业公司节约大量的能源费用。

节电措施:在能源支出中,电费支出往往占到总能耗费的一半以上。

节水措施:如果在前期管理中做到了对给排水分类处置的话,就可以建立中水系统,对其再次利用。

(2) 能源管理制度。设计出好的节能措施并不代表能够做好节能工作,好的措施要有好的管理制度来保证它的实施。

4. 物业设备的安全管理

安全管理在物业设备管理中占有很重要的位置。物业设备种类繁多,涉及面广,具有一定的危险性,特别是电气工程设备,在使用、操作和维修过程中,稍有疏忽,往往会造成机毁人亡的重大事故。同时,设备的合理使用和安全操作也是减少维修损失、延长设备寿命的一个重要环节。设备的安全管理主要涉及四个方面的工作。

(1) 维修操作人员安全作业的培训与持证上岗。维修操作人员是安全管理的重点对象。国家对安全性能要求高的设备实行合格证制度,如电梯、锅炉、消防等,要求使用和维修人员经培训考核后持证上岗。其培训内容包括:安全作业训练、安全意识教育和安全作业管理。

(2) 对业主和使用人的安全教育和宣传。对业主和使用人的安全教育和宣传的主要目的在于通过宣传教育,使他们了解设备安全使用知识,提高自我保护的安全意识,从而为安全管理建立广泛的群众基础。一般可以针对不同设备、不同环境、不同对象,采取有针对性和灵活多样的形式,如在电梯车厢内张贴"乘梯须知",定期或不定期召开业主和使用人座谈会等。

(3) 建立设备的安全管理措施和使用规定。为确保设备在使用中的安全,还必须做好一系列安全防范措施和制定使用规定。如对一些特殊的或具有危险性的设备应设计和安装必要的安全保护装置;定期进行设备的安全检查和性能测试;制定相应的管理规定,如消防通道的管理规定、电梯安全使用的规定等。

(4) 落实安全责任制度。物业服务企业应有主管领导负责安全管理工作,在岗位责任制度中,安全必须作为一项责任内容明确下来,做到安全管理,人人有责,形成一整套安全责任体系。

5. 物业设备的保养与维修管理

物业设备的保养与维修管理是指为保证设备完好率,使设备处于正常良好的运行状态,延长设备使用寿命,对各类房屋设备进行的日常保养与及时的维修管理。

物业各种设备在使用过程中会不断磨损,其磨损大致可以分成三个阶段(见图7-1)。

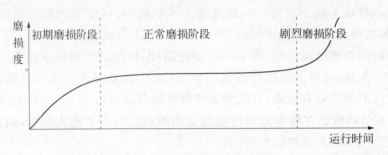

图7-1 设备磨损理论曲线

一是初期磨损阶段。主要是由于设备内部相对运动的零件表面比较粗糙,在受力情况下迅速磨损。这一阶段的磨损速度较快,但时间较短。

二是正常磨损阶段。这一阶段的磨损速度较平稳,磨损量增加缓慢。这是设备的最佳技术状态时期,其功能与效用的发挥最正常。

三是剧烈磨损阶段。这一阶段进入设备寿命的后期,磨损量急剧增加,设备的性能、精确度迅速降低。若不及时修理,就会发生事故,造成人身伤害和财产损失。

采取预防保养可以大大延长设备使用寿命(见图7-2),这是物业设备管理中重要的一个方面。

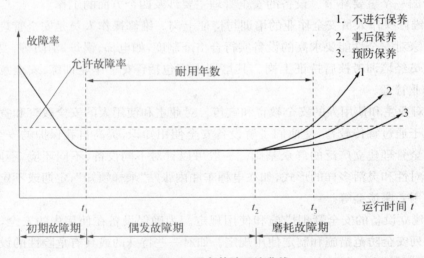

图7-2 设备故障理论曲线

在初期故障期,根据"木桶原理",为了降低故障率,物业设备管理人员要了解装置中寿命最短的部件或组件,并加以特别注意。还要了解设计、施工和材料方面的缺陷和不足,找出造成设备不可靠的原因并加以解决,尽快使设备故障率下降并进入稳定运行状态。

在偶发故障期,设备的故障率下降到允许故障率之下。此时,应着重提高物业设备管理人员对故障的检测诊断能力和修理能力,加强对物业设备管理人员的教育培训,加强对备品的管理。

在磨耗故障期，设备和系统接近或达到各自的寿命期，由于零部件的磨损和材质的劣化使故障率上升。但如果在磨耗故障期之前将部分零部件更新，则可以降低此时的故障率。

因此，根据上述原理，我们清楚知道磨损和故障发生的规律，通过加强对设备的日常保养，出现问题及时修理，可以使设备的偶发故障期和磨耗故障期延长，从而有效延长设备的寿命周期。

（1）设备的日常保养。

物业设备的日常保养是指物业服务企业和城建部门、供电部门、自来水公司、煤气公司等单位及有关人员对设备所进行的常规性的检查、养护、添装、修理和改善等工作。这是一种养护性质的工作，其目的在于及时处理设备在运行使用过程中由于技术状态的发展变化而引起的大量常见的设备故障，随时改善设备的使用条件与状况。

第一，三级保养制。三级保养制是指日常维护保养、一级保养和二级保养。

日常维护保养是指设备操作人员所进行的经常性的保养工作，主要包括定期检查、清洁和润滑，发现小故障及时排除，及时做好紧固工作以及必要记录等。

一级保养是由设备操作人员与设备维修人员按计划进行保养维修工作，主要包括对设备进行局部解体，进行清洗、调整，按照设备磨损规律进行定期保养。

二级保养是指设备维修人员对设备进行全面清洗、部分解体检查和局部修理，更换或修复磨损件，使设备能够达到完好状态的保养。

第二，设备点检。设备点检是指根据要求用检测仪表或根据人的感觉器官，对设备的运行情况和某些关键部位的磨损程度进行检查和校验，及时准确地获取设备部位的技术状态或劣化的信息，发现设备的隐患，避免和减少突发故障，提高设备的完好率。

设备点检分为日常点检、定期点检和专项点检。日常点检即每日检查和交接班检查，并同设备的日常保养相结合，主要由操作人员实施；定期点检同设备维修相结合，按维修计划由专业人员实施；专项点检是有针对性地对设备特定项目的检测，使用专用仪器工具，在设备运行中进行。

（2）设备的维修。

物业设备的维修是指通过修复或更换磨损部件、调整精度、排除故障、恢复设备原有功能所进行的技术活动。维修活动具有如下特点。

第一，维修成本高。房屋设备的维修要比房屋建筑的维修成本高，这是因为房屋设备与房屋建筑相比更容易在使用中发生损耗，而且由于技术的进步其更新换代也更快，因此，维修更新的间隔期较短，维修更新的成本也就比较高。

第二，维修技术要求高。房屋设备是在房屋建筑内部，其灵敏度和精确程度的要求都比较高，而维修工作的好坏直接影响到设备在运行中技术性能的发挥。因此，房屋设备的维修技术要求很高。

第三，突然性与计划性、集中与分散相结合的特点。房屋设备的故障往往是突然出现的，因此房屋设备的维修也就有很大的突然性；但另一方面，由于房屋设备都有一定的寿命期和大修更新周期，因此其维修又有很强的计划性。

物业设备维修根据设备的完损状况，可以做以下分类（见表7-1）。

表7-1 物业设备维修分类

项目	内容
零星维修工程	指对设备进行日常的保养、检修及排除运行故障进行的修理
中修工程	指对房屋设备更换少量零部件,进行正常的和定期的全面检修
大修工程	指对房屋设备进行定期的包括更换主要部件的全面检修工程
设备更新和技术改造工程	指设备使用到一定年限后,其效率低、耗能大、年使用维护费提高或污染(腐蚀、排气、粉尘、噪声等)问题严重,为使其技术性能得到提高和改善,并降低年使用维护成本而进行的更新改造

(3)物业设备保养与维修的原则。主要包括以下几点。

第一,严格把好质量验收关,依法管理,统一规划,完善各项配套设备和设施。

第二,以预防为主,坚持日常保养与按计划维修并重,使设备经常处于良好状态。

第三,对房屋设备做到"三好"、"四会"和"五定"。"三好"是指用好、修好和管理好重要的房屋设备;"四会"是指物业维修人员对房屋设备要会使用、会保养、会检查、会排除故障;"五定"是指对房屋主要设备的清洁、润滑、检修要做到定量、定人、定点、定时和定质。

第四,实行专业人员修理与使用操作人员修理相结合,以专业修理为主,同时提倡设备的使用操作人员参加日常的维护保养和进行部分的小型维修。

第五,完善设备管理和定期维修制度。制定科学的保养规程,完善设备资料和维修登记卡管理,合理制订定期维修计划。

第六,修旧利废,合理更新,降低设备维修费用,提高经济效益。

第七,搞好与相关部门的协调,如认真考虑并妥善处理好与水、电、煤气、电话、邮政通讯、工商、税务、物价、公安、消防、环卫、绿化、市政、交通、街道委员会等方方面面的关系,搞好系统协调。

6.设备更新改造

设备更新改造是指设备使用到一定年限后,技术性能落后、效率低、耗能大或污染(腐蚀、废气、粉尘、噪声)问题日益严重,须更新设备,提高和改善技术性能。

(1)设备的寿命。设备的寿命原理是设备更新改造的重要理论依据,设备的寿命通常可分为设备的物质寿命、技术寿命和经济寿命。

(2)设备更新改造应注意的问题。进行设备的改造与更新决策时,不能单纯考虑物质寿命,还要考虑其经济寿命与技术寿命。

(3)设备更新改造的类型。设备的更新改造分为以下两种类型。

第一,设备的改造。指为满足使用功能的要求或改进技术的要求,对设备装置所进行的更新改造,如对设备的容量、功率、形状、体积所进行的改进工作,或应用最新科技成果改进现有设备的技术状况和技术水平所进行的工作,如对大楼的电气系统,运用数字程控交换机为核心的电话语音通讯、传真机、互联网等手段建立通信网络。

第二,设备的更新。设备的更新又分为设备的原型更新和设备的技术更新。设备的原型更新是指同型设备的以新换旧。原型更新往往操作方便,便于维修,管理人员又掌握其性能及运行管理。设备的技术更新是指以技术上更先进、经济上更合理的新设备,替换物质上无法继续使用、经济上不宜继续使用的陈旧设备。

7. 物业设备的备件管理

为了及时进行维修、更新,保证物业设备的正常运转,物业必须经常备有一定种类和数量的备件,用以替换设备中易损的零件和部件。

物业设备的备件管理要做到备件采购安排恰当,库存储备合理,保证及时供应设备维修、更新的需要,不仅有利于缩短设备修理的时间,提高维修质量,保证设备处于良好的技术状态,而且有利于降低备件储备量,加速资金周转,降低维修费用和经营成本。

(1) 编制各种计划。做好备件管理工作,首先要编制备件计划,对物业内所需的各类备件,必须掌握其需求规律以及年耗用量,计算需用的品种数量,做好计划安排。

(2) 做好采购、订货工作。根据备件计划和物业内的设备档案资料,设备管理部门要在广泛收集市场信息的基础上,搞好备件的采购、订货工作。要把握好订货、到货周期,以免影响维修保养工作。

(3) 做好备件的资料管理。备件的所有资料,如各种图、表、说明书等必须妥善保存。对物业设备所用备件的消耗情况,也要做好统计,并将其作为资料积累和保存,以提高备件供应的科学性。

(4) 控制备件储备定额。既要保证物业设备的备件供应及时,又要控制备件的储备定额。备件越多,所占用的资金也就越多,势必影响资金周转。因此,可以运用存贮论的原理保持合理的备件储备定额,既保证设备维修工作的需要,又加快了备件资金的周转。

(5) 搞好备件贮存保管。备件的贮存、保管,首先要做到账、物、卡一致,按规定周期定期盘点核对。要摆放整齐,提高供应效率,还要做好清洁工作,防腐防锈。根据先进先出的原则,减少备件在库时间。

第二节 给排水设备的管理与维修

水是人类赖以生存的基本要素,是物业使用功能的保障条件之一。因此,给排水系统的工作正常与否,将直接影响到业主(或使用人)的工作、生活环境和物业功能的发挥。给排水的管理是物业管理中最基本的日常管理服务工作。

一、给排水设备设施的管理内容

给排水系统设备设施管理主要针对给排水系统中所涉及的各种设备及管道等的日常操作运行、维护等管理活动,包括物业服务企业对所管辖区内给排水系统的计划性养护、零星返修和改善添装。如检查井、化粪池的定期清掏;消防水箱定期调水放水,以防出现阻塞、水质腐臭等现象;消防泵定期试泵等都属于给排水设备设施管理范畴。

给排水设备设施管理的内容涉及很多,根据具体的给排水系统及设备种类而定。但一般主要包括以下几个方面。

1. 给排水设备设施的基础资料管理

给排水设备设施的基础资料管理的主要内容是建立给排水设备设施管理原始资料档案和设备维修资料档案。所有给排水设备设施接管后均应建立原始资料档案。这类档案资料主要有产品与配套件的合格证、竣工图、给排水设备的检验合格证书、供水的试压报告等。建立设备卡片,应记录有关设备的各项明细资料,如给排水设备类别、型号、名称、规格、技术特征、开始使用日期等。给排水设备设施的维修档案资料主要有:报修单,每次维修填写的报修单,按月、季统计装订,维修管理部门负责保管以备存查;运行记录,如值班人员每天填写设备运行记录,以备存查;检查记录,如平时的设备检查记录;运行月报,管理部门每月上报一次运行情况总结;考评资料,定期或不定期检查记录奖罚情况,每年归纳汇总、装订保存;技术革新资料,如设备运行的改进、设备更新、技术改进措施等资料,均为给排水设备设施维修资料档案管理内容。

2. 给排水设备设施的日常操作管理

给排水设备设施的日常操作管理的内容主要是规范给排水设备的操作程序,确保正确安全地操作给排水设备设施。

3. 给排水设备运行管理

给排水设备设施运行管理的内容是建立合理的运行制度和运行操作规定,确保给排水设备设施良好运行。

4. 给排水设备设施的维修养护管理

给排水设备设施的维修养护管理是根据给排水设备设施的性能,按照一定的科学管理程序和制度,以一定的技术管理要求,对设备进行日常养护和维修更新,确保给排水设备设施性能良好。

5. 文明安全管理

文明安全管理的内容是对给排水设备设施的运行操作、使用进行文明安全管理,定期检查操作人员、维修人员的安全操作,并进行安全作业训练,还要建立安全责任制和对用户进行安全教育,宣传一些安全规范的使用知识。

二、给排水设备管理机构构成及职责

给排水设备设施的维修、保养、日常操作及运行管理工作一般由物业服务企业工程部完成。

(1) 运行组人员的主要职责是:负责对所管辖范围内机电设备的运行,处理一些一般性故障,协助维修组人员进行设备设施的维修保养工作,对发生的问题及时向管理组或经理汇报,必须对所管辖范围内供水及设备情况有详尽了解;掌握相关设备的操作程序和应急处理措施;定时巡视设备运行情况,并做好巡查记录和值班记录;记录维修投诉情况,并及时处理;保持值班室、设备及水泵房等清洁有序;负责设备房的安全管理工作,禁止非工作人员进入,做好防水、防火、防小动物(如配电房防鼠)的安全管理工作;

遇突发事故,采取应急措施,迅速通知相关人员处理等等。

(2) 维修组人员的主要职责是:熟练掌握设备的结构、性能、特点和维修保养方法;按时完成设备的各项维修、保养工作,并做好有关记录;保证设备与机房的整洁;严格遵守安全操作规程,防止发生事故;发生突发情况,应迅速采取应急措施,保证设备的正常完好;定期对设备巡视、检查,发现问题及时处理等等。

(3) 管理组人员的主要职责是:具体负责总值班室、仓库和财务管理;负责内务管理和对外协调;负责人员、车辆、材料、经费的统一调度和使用管理;负责工具和材料的采购、保管和发放;负责文件资料的保管、建档和发放;负责组织人员进行安全技术和质量意识培训等工作。

为提高工程部的工作效率,确保各种设备的运行、维修和保养工作有序开展,并保证紧急情况下及时派遣人员到达现场,在工程部下可设总值班室。总值班室每天24小时值班,各设备的故障情况均应报总值班室,以便总值班室依照工程部经理和管理组的指示合理安排人员抢修。

三、给排水设备设施管理范围的界定

物业服务企业应与给水、排水等专业管理部门明确各自的管理职责,相互分工,通力合作。如某市规定对居住小区物业服务企业与各专业管理部门职责分工如下。

1. 给水设备

建筑物给水方式有多种,一般平房和多层楼房均由城市供水管网供水。高层建筑则需要进行二次供水,因为城市管网的水压无法满足高层供水需要,多采用加压水泵和高位水箱向高层供水。

高层楼房以楼内供水泵房总计费水表为界,多层楼房以楼外自来水表为界。界限以外(含计费水表)的供水管线及设备,由供水部门负责维护、管理;界限以内(含水表井)至用户的供水管线及设备,由物业服务企业负责维护、管理。

供水管线及管线上设置的地下消防井、消火栓等消防设施,由供水部门负责维护、管理,公安消防部门负责监督检查;高、低层消防供水系统,包括泵房、管道、室内消火栓等,由物业服务企业负责维修管理,并接受公安消防部门的监督检查。

2. 排水设备

室内排水系统由物业服务企业维护管理。居住小区内道路和市政排水设施的管理职责,以3.5米路宽为界,凡道路宽度在3.5米(含3.5米)以上的,其道路和埋设在道路下的市政排水设施,由市政工程管理部门负责维护、管理;道路宽度在3.5米以下的,由物业服务企业负责维护、管理。居住小区内各种地下设施检查井盖的维护、管理,由地下设施检查井的产权单位负责。有关产权单位也可委托物业服务企业维护、管理。

四、给排水设备的验收与检查

给排水设备状况直接影响给排水系统的正常运行,关系到住户的切身利益和

日后的管理工作的难易。在竣工验收前,给排水设备设施都要通过试压、试运行,合格后方可投入使用。因此,必须从接管验收开始就严格履行国家有关规定,仔细验收,不合格者一律不能投入使用。同时,还要加强日常运行中的检查工作。

1. 建设单位应提交的文件

验收中建设单位应提供下列文件:全部的设备施工图纸(包括竣工图);设备试验记录、隐蔽工程测试记录;供水卫生许可证、水质化验单、质监部门工程质量验收合格证和洽商记录。

2. 应验收项目

(1) 生活泵、备用泵、消防泵应是正规企业生产的产品,要有产品合格证。安装合格,无异响、无颤动、有防水。

(2) 水箱防腐涂料必须有省级以上(含省级)卫生部门颁发的"产品卫生安全性评价报告"。水箱无漏水,各接口处应有防渗漏处理。

(3) 水位控制装置动作灵敏,电器设备完好并有防水措施。

(4) 生活供水管道、水箱或储水池安装完毕必须进行清洗和消毒,并取得卫生防疫部门的"卫生许可证"。

(5) 消防设备必须进行设备及性能试运转,必须符合设计使用要求并经过消防部门验收签字。

(6) 二次供水管道所用管件及连接方式应按有关规定执行。

(7) 凡有保温层的以及暗敷设供水管道,必须有隐蔽前所做水压试验记录。

(8) 生活供水箱、泄水管、溢水管均不能与生活污水管道及设备直接连接,必须有可靠的空气隔断及防污染装置。

(9) 生活与消防合用一水箱时,必须留有消防储水量,水箱的消防出水管与生活用水出水管应有符合消防要求的储水量间距。

(10) 水箱的位置、箱口、高度、与屋顶的距离、环境等必须符合有关规定。

五、给排水设备的运行管理

1. 给排水设备运行管理的目的

给排水设备在运行过程中会出现一些异常情况,如供水管爆裂、泵房发生火灾及停电等,需要及时处理,并且为了避免出现异常,便于事先采取预防措施,要加强日常巡视工作,这些都是在给排水设备运行中应考虑的问题。因此,给排水设备运行管理的目的是加强运行管理工作,确保给排水设备设施的良好运行。

2. 给排水设备运行管理中的日常巡视内容

给排水设备运行管理中的日常巡视工作内容主要包括:水泵房由水泵管理员每两小时巡视一次,水泵房有无异常的声响或大的振动,压力表指示、电机控制框的指示灯指示有无异常,电机温升是否正常,闸阀、法兰连接处是否漏水,水泵漏水是否成线,水池、水箱水位是否正常,止回阀、浮球阀、液位控制器是否动作可靠。

同时，水泵房管理员每周巡视一次小区内主供水管上闸阀及道路上的给水井、检查井、雨水井是否有堵塞现象等。水泵房管理员在巡视过程中发现不正常情况时应及时采取措施，解决不了的问题，立即上报工程部水泵房组长或主管，请求协助解决。

3. 服务标准

给排水的服务标准如下：

(1) 有卫生防疫部门核发的"供水卫生许可证"；

(2) 保持供水设施周围的环境清洁；

(3) 保证供水安全，每年进行一次水质化验；

(4) 水箱水池加盖加锁，每年清洗消毒一次；

(5) 供水管理与操作人员应按规定进行身体健康检查并取得健康合格证；

(6) 保证供水不间断，零修接到报修后按时限要求赶到现场处理，大修时要提前通知，并采取临时供水措施；

(7) 消防泵每月试泵一次，保证泵能转、水能上。

4. 档案管理

二次供水设备要以每个泵房为单位建立设备档案。设备档案的内容包括：

(1) 验收的全部文件；

(2) 大、中修工程及改造、更新工程的所有文件；

(3) 事故报告；

(4) 年度的安全普查记录；

(5) 本年度的卫生许可证和水质化验单；

(6) 消防泵试运行情况登记表等。

六、给排水设备维修保养管理

给排水设备的维修保养分为维护保养、故障急修、正常修理工程。

维护保养分为日巡视检查、周保养、月养护、年保养。厂家有特殊要求的，应遵照厂家的要求。保养时如发现设备不正常应进行检查，待修理正常后再运行。

故障急修是指供水设备在运行中发生一般故障的检查修理。通过调整更换部件后使设备达到正常运行。

正常运行频率的设备修理工程可分为维修保养和大修。当水泵与电控设备磨损严重或性能全面下降时，应进行大修；大修定为 5—6 年一次。如设备性能完好，周期可适当延长。为再减少一个污染源，提高供水系统的技术含量而进行的工程称为供水设备改造。若厂家有具体规定以及对技术指标有特殊要求的，可依厂家规定。应在有关的技术规范、标准中提出完成保养和维修的技术指标，这是注重每个设备的基本功能、维持和提高其技术含量、使设备处于最佳运行状态的基本规定，也是减少设备故障、保证安全运行、确保用户的供水需求的重要途径，应严格遵照执行。

第三节　供电设备的管理与维修

电能是整个国民经济和人民生活中不可缺少的能源之一,被视为人类生产和生活的生命线的核心。电力系统是其他系统正常工作的基础。住宅小区或高层楼宇要保持正常使用,都离不开电力的正常供应。

目前,供电方式主要有两种:一种是物业辖区所需电能小于315千伏安时,供电部门把电力直接送到用户;另一种是当物业辖区内用户所需电能较多时,则是供电部门把高压送到小区或高层楼宇,经小区或楼宇变电站再送到各用户单位。

第一种方式中,归物业公司管辖的是从低压电网进入物业辖区的一段线路和少量的开关电器。第二种方式中,归物业公司管辖的是从高压公共电网进入物业小区或高层楼宇的变、配电所的高压进线开始,至用户用电设备入端止的全部线路及设备。

一、供电设备管理的内容

供电设备管理的内容主要有供电设备的安全管理、供电设备的正常运行管理、供电设备的维修管理。其中,供电设备的安全管理占有重要的地位。该项管理搞得好与坏直接影响着物业管理内的用电设备和人员的生命安全。其主要内容包括:普及安全知识,使用安全用具,提高安全意识;供电设施工程建设安全管理;供电设备安全操作管理;供电设备过负荷的安全管理等。供电设备正常运行管理是供电设备安全可靠运行的保障。它主要包括巡视监控管理,异常情况处置管理,变配电室的设备运行管理和档案管理等内容。供电设备的维修管理,是规范供电设备设施的维修保养工作,确保供电设备设施的性能良好地运行,其内容包括对设备经常性的养护和故障的修理等管理活动。

通过对供电设备的管理,使供电系统达到以下基本要求。

(1) 安全。在电能使用中不发生设备安全事故和人身伤亡事故。

(2) 可靠。满足用户对电能可靠性的要求,不随意断电。

(3) 优质。满足用户对电压和频率的要求。

(4) 经济。使用费用要低。

为此,物业服务企业必须了解和掌握全部设备的各种资料,制定有效可行的管理办法,搞好供电设备的正常维护保养。

二、供电设备管理范围的界定

1. 居住小区

居住小区内住宅楼低压供电设备的管理职责依设施配置不同而有不同的规定。如武汉市供电设施按照下列规定管理。

（1）配置专用变压器（开发建设单位自管）及设置一个总电表采用架空线路供电的，以住宅区配电室前一断路器为界，第一断路器及其以外的部分，由供电单位管理维护；第一断路器下桩头以内至用户的供电线路及设备，由物业服务企业管理维护；采用电缆供电的，以公共开闭所出线开关柜为界，界限以上（含下刀闸）由供电单位管理维护；界限下刀闸以下的部分，由物业服务企业管理维护；各户电表出线开关导线至业主的用电设施，由业主管理维护。

（2）配置公用变压器（供电单位设置）及按楼栋或单元设置一个电表的，电表及其以外的供电线路，由物业服务企业管理维护；电表出线开关至各户电表的供电线路，由物业服务企业管理维护；各户的分电表出线开关至业主的用电设施，由业主管理维护。

（3）配置公用变压器及实行一户一表的住宅区，以各户电表之后的第一开关为界，第一开关（刀闸）上桩头之前的设备，由供电单位管理维护；第一开关（刀闸）及其后导线至业主的用电设施，由业主管理维护。

2. 非居住小区

非居住小区的其他物业供电线的产权分界与维护管理的职责，一般按下列原则执行。

（1）低压供电的，以供电接户线的最后（第一）支持物为分界点，支持物属供电局。

（2）10千伏及以下高压供电的，以用户厂界外或配电室前的第一断路器或进线套管为分界点，第一断路器或进线套管的维护责任由双方协商确定。

（3）35千伏及以上高压供电的，以用户厂界外或用户变电站外第一基电杆为分界点，第一基电杆属供电局。

（4）采用电缆供电的，本着便于维护管理的原则，由供电局与用户协商确定。

（5）产权属于用户的线路，以分支点或以供电局变电所外第一基电杆为分界点，第一基电杆维护管理责任由双方协商确定。

（6）计费电表及附属件的购置、安装、移动、更换、校验、拆除、加封、启封等，均由供电局负责办理。

三、物业电气设备的接管验收

物业电气设备的接管验收应由建设单位、施工单位和使用单位共同参加，主要达到以下要求。

（1）供电范围内各建筑物的构造方式、用电内容及其主要要求（如住宅和商业服务设施、工厂车间、办公楼等，对用电的要求是不一样的）。

（2）供电方式、电压等级、用电容量、分配方案、配线方法（如高、低压重点保护单位，单、双路供电等）。

（3）全部电器平面图、系统图和原理图。所有专用设备的产品说明书、配件图、各类产品的出厂合格证明、有关设备的试验、检验报告单等。

(4) 施工中的各级、各阶段的验收证明书,变更洽商记录及调试记录(如绝缘遥测记录、接地电阻值的测定、单或全负荷试验结果报告、各支路的负荷电流实测记录、电压变化情况记录等)。

(5) 核对实际安装的线路及设备的数量、规格、型号、位置是否与图纸要求一致,地下埋设管线的具体位置与平面图是否一致。

(6) 正式使用后,各用户内的主要用电设备数量、容量及使用规律与负荷变动情况等。

四、供电设备的安全管理

供电设备的安全管理有两方面的含义:一方面是保障设备安全运行;另一方面是保障设备使用人员和设备管理人员的人身安全所实施的管理活动。

(一)加强安全教育普及安全用电常识

电能可造福于人类,但如果使用、管理不当,也常常给人们带来极大的危害,甚至伤人性命。因此,必须加强电气安全教育,使供电设备使用人员和设备管理人员树立"安全第一"的观点。普及安全用电常识,按规定使用安全用具,力争供、用电过程中无事故发生,防患于未然。

(二)供电设施工程建设安全管理

住宅区供电设施工程建设安全管理是做好供电安全管理的基础。按照《中华人民共和国电力法》和《电力供应使用条例》的有关规定,供电设施工程建设安全管理主要有以下内容。

(1) 住宅区供电设施工程建设,必须在地方政府统一规划的用地范围内进行。要在政府规划的线路走廊、配电房的用地上,架设导线、敷设电缆等供电设施。

(2) 住宅区供电设施的设计和施工必须符合国家安全标准和电力安全标准,不得使用国家明令淘汰的电力设备和技术。一般是物业部门提出申请,报城市电力企业管理部门审批,由物业部门委托供电企业组织实施。

(3) 住宅区供电设施建成投产后,由物业部门接管。对已建成的住宅区供电设施进行迁移、改造和采取防护措施时,必须与供电企业管理部门进行协商,经同意后方能施工。

(4) 住宅区内从事建设的单位,凡申请新装用电、临时用电、增加电的容量、变更和终止用电,都必须到当地供电企业办理审批手续。

(三)供电设施的安全操作管理

供电设施的安全操作管理就是规范供电设施的操作程序,保证供电设施操作过程中的安全。供配电室的值班人员必须有强烈的安全意识,熟悉安全用电基本知识,掌握安全注意事项,按照操作规程操作电气设备。

1. 安全操作注意事项

(1) 操作高压设备时，必须使用安全用具。使用操作杆、棒，戴绝缘手套，穿绝缘鞋。操作低压设备时戴绝缘手套，穿绝缘鞋，同时注意不要正向面对操作设备。

(2) 严禁带电工作，紧急情况带电作业时，必须在有监护人、有足够的工作场地和光线充足的情况下，戴绝缘手套、穿绝缘鞋进行操作。

(3) 自动开关自动跳闸后，必须查明原因，排除故障后再恢复供电。必要时可以试合闸一次。

(4) 变配电室倒闸操作时，必须一人操作一人监护。

(5) 设立安全标志。应对各种电气设备设立安全标志牌，配电室门前应设"非工作人员不得入内"标志牌；处在施工中的供电设备，开关上应悬挂"禁止合闸，有人工作"标志牌；高压设备工作地点和施工设备上应悬挂"止步，高压危险"等标志牌。

2. 变配电室设备的安全操作规程

为确保安全，防止误操作，按照国家《电业安全工作规范》的规定，倒闸操作必须根据上级变配电所调度员或值班负责人的命令，经受令人复诵无误后执行，并填写操作记录。

(1) 送电操作规程。变配电所送电时，一般应从电源侧的开关合起，依次到负荷侧的开关。有高压断路器、高压隔离开关、低压断路器、低压刀开关的情况下，送电时，一定要按照母线侧隔离开关（刀开关）—负荷侧隔离开关（刀开关）—断路器的合闸次序操作。

(2) 停电操作规程。变配电所停电时，一般应从负荷侧的开关拉起，依次拉到电源侧开关，以保证每个开关断开的电流最小，较安全。有高压断路器、高压隔离开关、低压断路器、低压刀开关的电路中，停电时，一定要按照断路器—负荷侧隔离开关（刀开关）—母线侧隔离开关（刀开关）的拉闸次序操作。

(3) 变压器维修前的安全操作规程。为确保在无电状态下对变压器进行维修，必须先拉开负荷侧的开关，再拉开高压侧的开关。用验电器验电，确认无电后，在变压器两侧挂上三相接地线，高低压开关上挂上"有人工作，请勿合闸"警示牌，才能开始工作。

(4) 配电柜维修前的安全操作规程。断开控制配电柜的断路器和前面的隔离开关，然后验电，确认无电时挂上三相短路接地线。当和邻近带电体距离小于6厘米时，设置绝缘隔板。在停电开关处挂警示牌。

（四）供电设备过负荷的安全管理

供电设备过负荷是指用户的用电功率超过了供电系统的额定功率时的运行状态。在这种情况下，开关电器、变压器、线路都有被烧坏的危险。近年来人们的生活水平不断提高，微波炉、空调等大功率用电设备进入普通家庭，使居民用电功率大量增加。原有住宅的供电设计容量不能满足现在的需要，保险丝断裂、导线烧坏、电表烧坏等造成的停电事故时有发生。这不但影响了物业服务企业的声誉，而且处理这些事故要耗费大量的人力、物力和财力。因此，物业服务企业应该高度重视。

通常解决过负荷问题有两个解决的办法：一种是改造增容。即需要换线、换变压器、换开关设备,增加供电容量。这种方法需要耗费大量的资金。物业服务企业往往难以解决改造任务和资金缺乏的矛盾。另一种方法是加强用电管理。物业服务企业要限制沿街的商业店铺从居民住宅私接电线,居民安装大功率电器要申请接入低压电网,经批准后方能接入,以此来限制供电系统的过负荷。通过加强管理来保证居民基本的家用电器的正常使用,保证物业服务企业的信誉和财物不受损失。

（五）供电设施防雷的安全管理

供电设施遭雷击时,上百万伏的高压会沿着导线传播,击穿供电线路上的供电和用电设备,还可能造成人身伤亡事故,造成很大的经济损失,所以防雷势在必行。防雷管理主要包括两个方面内容:一是根据国家的防雷标准安装好防雷器具;二是管好防雷器具,保证雷雨季节防雷器具正常工作。

1. 变配电所的防雷器具

变配电所属于一级防雷建筑物,按照规定变配电所应装避雷针。避雷针由三部分组成：伸向高空的金属物叫接闪器,埋入大地的金属物体叫接地体,连接接闪器和接地体的叫引下线。遭雷击时,避雷针可将雷电流迅速引入地下,避免其他设备受损。为防止雷电波沿导线传入配电所,在高压进线和低压出线上安装阀式避雷器。阀式避雷器在正常电压时呈现很高的电阻对电路工作无影响,当遇雷电的高压时呈现低阻,通过引下线和接地体将雷电流引入大地。

2. 变配电所防雷器具的管理

避雷器具的管理较简单。每年4月份雷雨季节前,由变配电室的值班电工进行一次避雷针、避雷器和接地体装置的试验、测量和维修,保证避雷器具良好运行。

五、供电设备设施的运行管理

保证供电设备良好运行采取的一系列管理措施称为供电设备的运行管理。供电设备的运行管理主要包括运行中的巡视管理、运行中的异常情况处置、变配电室管理和档案管理等内容。

（一）供电设备运行中的巡视管理

供电设备运行中的巡视管理是根据公司工程部制定的运行巡视管理规范,由值班人员定期对设备设施进行巡视、检查,以发现不良运行情况并及时整改解决的管理方式。

1. 运行巡视制度

（1）变配电室的值班电工每班巡视两次高压开关柜,每2小时巡视一次变压器,每周巡视一次落地电表箱,每2周巡视一次辖区线路。如遇大风雨或发生故障时,应临时增加巡视次数。

（2）变配电室的值班电工必须按照规定的次数进行检查、巡视、监控,将每次巡视的时间、设备、结果等记入《运行巡视记录》。

2. 运行巡视的内容

（1）变配电室巡视的内容。巡视变压器的油位、油色是否正常，运行是否过负荷，是否漏油；巡视配电柜有无声响和异味，各种仪表指示是否正常，各种导线的接头是否有过热或烧伤的痕迹，接线是否良好；巡视配电室防小动物设施是否良好，各种标示物、标示牌是否完好，安全用具是否齐全、是否放于规定的位置；按时开关辖区内的路灯或灯饰。

（2）线路巡视项目。电杆有无倾斜、损坏、基础下沉现象，有则采取措施；沿线有无堆积易燃物、危险品，有应进行处理；拉线和扳桩是否完好，绑线是否紧固，若有缺陷设法处理；导线接头是否良好，绝缘子有无破损，若有则更换；避雷装置的接地是否良好，若有缺陷设法处理；对于电缆线路，应检查电缆头、瓷套管有无破损和放电痕迹，油浸纸电缆还应检查是否漏油；检查暗敷电缆沿线的盖板是否完好，路线标桩是否完整，电缆沟内是否有积水，接地是否良好。

（3）巡视中发现问题的处置。变配电室的值班电工在巡视中发现的问题，小问题由当班电工及时采取措施处理即可，如遇处理不了的问题应及时上报给组长，在组长协调下加以解决。处理问题时，应严格遵守物业服务企业制定的《供配电设备设施安全操作标准作业规程》和《供配电设备设施维护保养标准》的规定。

（二）异常情况的处置

1. 触电急救

在物业服务企业的辖区内，发现有人触电时，当班电工应保持清醒的头脑立即组织抢救。抢救的方法如下。

（1）脱离电源。

人体触电较重时会失去知觉，往往不能自行脱离电源。救护人员应根据触电场合和触电电压的不同，采取适当的方法使触电者脱离电源。

低压触电时，应首先拉开电源开关，离开关太远时用绝缘的杆、棒把电线挑开。脱离电源要快，必须争分夺秒。若离配电室较远，可采用抛掷金属物使高压短路，迫使高压短路器的自动保护装置跳闸自动切断电源。但抛掷金属物时，救护人员应注意自身的安全。

（2）现场抢救。

触电人员脱离电源后，应根据伤势情况作如下处理：触电者尚未失去知觉时，应使其保持安静，并立即请医生进行救护，密切观察症状变化；触电者失去知觉，但有呼吸心跳，应使其安静的仰卧，将衣服放松使其呼吸顺畅；若出现呼吸困难并有抽筋现象，应进行人工呼吸和及时送医院诊治；触电者呼吸和心跳都停止时，注意不能视为死亡，应立即对其进行人工呼吸，直到触电者呼吸正常或医生赶到为止。

2. 变配电室发生火灾时的处置

当变配电室发生火灾时，当班人员应立即切断电源，使用干粉灭火器和二氧化碳灭火器灭火，并立即打火警电话119报警，注意讲清地点、失火对象，争取在最短的时间内得到有效的扑救。

3. 变配电室被水浸时的处理

变配电室遭水浸时,应根据进水的多少进行处理。一般应先拉开电源开关,同时尽力阻止进水。当漏水堵住后,立即排水并进行电器设备除湿处理。当确认湿气已除,绝缘电阻达到规定值时,可开机试运行,判断无异常情况后才能投入正常运行。

(三)变配电室的管理

变配电室的值班人员,在公司工程部供电设备管理员的领导下工作。供电设备管理员负责制定变配电室的管理制度。变配电室的值班人员要严格执行变配电室的管理制度。

变配电室的设备正常运行时,非值班人员不得入内,若要进入则需经公司工程部同意,在值班人员的陪同下进入变配电室。变配电室内禁止存放易燃、易爆物品,且消防器材齐全,禁止吸烟。要求每班打扫一次室内卫生,每周清扫一次设备卫生。值班人员还应履行交接班制度,按规定时间交接班,值班员未办完交接手续时,不得擅离岗位。接班人员应听取交班人员的交代,查看运行记录,检查工具、物品是否齐全,确认无误后,在《值班记录》上签名。在处理事故时,一般不得交接班。如事故一时难以处理完毕,由交班人员负责继续处理,接班人员协助处理。也可在接班的值班员同意和上级主管部门同意后,进行交接班。

(四)供电设备的档案管理

为掌握供电设备的过去,以便正确使用供电设备,对供电设备应建立档案进行管理。一般住宅区或高层楼宇以每幢楼为单位建立档案。其内容主要有:电气平面图、设备原理图、接线图等图纸;使用电压、频率、功率、实测电流等有关数据;《运行记录》、《维修记录》、《巡视记录》及大修后的《试验报告》等各项记录。这些资料由公司工程部供电设备管理员负责保管。《运行记录》、《巡视记录》由值班电工每周上报供电设备管理员一次。《维修记录》及大修后的《试验报告》则在设备修理、试验完成后由值班电工及时上报供电设备管理员。

六、供电设备设施的维修管理

供电设备设施的维修有两方面的含义:一方面是搞好供电设备的维护,使设备设施在最佳运行状态下工作;另一方面是当供电设备设施出现故障时,及时修复尽快恢复供电,减少停电给生活和工作带来的不便。供电设备设施维修管理,由工程部供电设备管理员结合辖区内的供电设备设施情况,制定出物业公司的《机电设备管理工作条例》、设备设施维修计划,组织人员施工和施工后的验收等,通过一系列管理活动,争取以最少的消耗获得最大的维修效果,最大限度地满足用户要求。

(一)供电设备设施的养护管理

供电设备的养护目的是,消除事故隐患,防止供电设备设施出现较大故障,以减少不必要的经济损失。供电设备设施的养护由值班电工负责实施,按照《机电设备管理工作条例》中的规定,定时对设备设施进行养护。

1. 低压配电柜的养护

低压配电柜的养护,每半年一次。养护的顺序是:先做好养护前的准备,然后分段进行配电柜的保养。

(1)养护前的准备。低压配电柜养护前一天,应通知用户拟停电的起止时间。将养护所需使用工具和安全工具准备好,办理好工作票手续。由电工组的组长负责指挥,要求全体人员思想一致,分工合作,高效率完成养护工作。

(2)配电柜的分段养护。当配电柜较多时,为缩减停电范围,对配电柜进行分段养护。在检查中发现的问题,视其情况进行处理。全部养护工作完成后恢复供电,并填写保养记录。

2. 变压器的养护

变压器的养护每半年一次,一般安排在每年的 4 月份和 10 月份,由值班电工进行外部清洁保养。在停电状态下,清扫变压器的外壳,检查变压器的油封垫圈是否完好;拧紧变压器的外引线接头,若有破损应修复后再接好;检查变压器绝缘子是否完好,接地线是否完好,若损伤则予以更换;测定变压器的绝缘电阻,当发现绝缘电阻低于上次的 30%—50%时,应安排修理。

(二)供电设备设施的维修管理

供电设备和设施的修理是指对供电设备中出现的故障进行的修复。较大的维修项目如变压器的内部故障和试验、高压断路器的调整和试验等,一般采用外委维修的方式。供电设备管理员,根据维修保养计划,委托供电公司对辖区内的变压器和高压断路器进行检修和试验。此项工作的程序是:供电设备管理员填写外委维修申请表,经物业服务企业同意后与供电公司签署维修协议。维修时由配电室值班电工负责监督,并将结果记录在《变压器维修记录》和《配电设施维修记录》内。大修后的试验结果由供电公司填写试验报告,交供电设备管理员并进行财务结算。若在供电设备运行中,由于雷击或其他原因出现严重的故障时,首先由值班电工填写《事故报告》经过主管部门审批后再按上述程序处理。

较小的维修项目如路灯照明线路、楼宇内的配电箱及电力计量箱等公共设施故障时,用户直接找配电室的值班电工修理解决即可。若照明灯、电度表是户内个人的物品,用户找配电室的值班电工修理并办理交费手续。值班电工修理后填写维修登记表,并由用户签字。值班电工应及时向财务部门结账、报账。

七、避雷设施的管理

1. 建(构)筑物防雷等级的划分

一类建(构)筑物,是指存放爆炸物品或经常发生瓦斯、蒸气、粉尘与空气的混合物,因电火花能发生爆炸,致使建(构)筑物损坏或人员伤亡者。

二类建(构)筑物,凡储存大量易燃物品的房屋(构筑物),或具有重要政治意义的民用建筑物。

三类建筑物,凡不属于前两类的范围,但需要作防雷保护的建筑物。

2. 防雷装置的一般要求

一般建筑物的防雷设施有针式和带式两大类,避雷针又可分为单支、双支、多支保护等几种形式。建筑物的防雷装置,一般由三个基本部分组成:接闪器、引下线和接地装置。这三部分要严格按照有关规范的具体要求安装。

3. 维修与检测

维修与检测主要包括:① 接闪器应保持镀锌、涂漆完好;② 引下线应保持镀锌、涂漆完好,在易受机械损伤的地方,地面上的1.7米至0.3米处应加保护设施;③ 接地线、防雷接地、电气设备的保护接地和工作接地,都是合在一起的,组成混合接地系统。为防止雷击时产生的跨步电压,故接地装置与道路及建筑物的主要入口距离一般不得小于3米。

避雷装置的检查包括外观巡查和测量两个方面。一般可用摇表来测量各类建筑物的防雷接地电阻是否符合要求。接地电阻的检测每三年进行一次。

外观检查主要包括对接闪器、引下线等各部分的连接是否可靠,有没有受机械损伤、腐蚀、锈蚀等情况,支撑是否牢固。外观检查每年应进行一次。雷雨后也应注意对防雷保护装置进行巡视,发现问题,及时处理。

第四节 供暖设备管理

一、供暖设备管理综述

供暖设备是寒冷地区建筑物不可缺少的组成部分。目前,我国两种主要的采暖方式是集中供暖和分户采暖。分户采暖比较适宜在低密度住宅区使用,而多层或高层住宅小区中采用集中供热分户计量的方式较好。近年来,尽管分户采暖的应用增长很快,但是集中供暖仍然是绝大多数小区使用的采暖方式。本节将主要介绍集中供暖的管理。

(一)供暖管理职责划分

(1)采用锅炉供热的,其供热设备、设施及供热管线均由物业服务企业负责维护、管理,或由其委托专业供暖公司维护、管理。

(2)采用集中供热的,其供热管线及供热设备、设施,均由集中供热部门负责维护、管理。集中供热部门可将居住区内供热交换站及二次供热管线、用户室内散热设备等,委托物业服务企业维护管理。

(二)集中供暖管理的内容

集中供暖系统由热源(供热锅炉房)、热网(供暖管网)、散热设备(热用户)三部分组成。供暖管理对象是供暖系统的生产和再生产过程。具体管理内容为热源管理、热网管理和热用户管理。

(三)供暖管理的特点与要求

供暖设备除具有房屋设备的一般特点外,还具有如下特点。

1. 管理的系统性

供暖设备管理的本质是把供暖系统的三个部分有机地结合起来,保障系统的正常运行。因此,在管理上就具备更强的系统性,如不能只管热源而忽视管理用户。

2. 明显的季节性

供暖时间随纬度的增加而延长,少则3个月,长则8个月。系统在供暖期间满负荷运行,工作紧张,运营期过后设备闲置。这就对工作人员的管理及设备的管理提出了特殊要求。

3. 经营性更突出

供暖过程既是生产过程又是消费过程,费用投入大,具有很强的经营性。物业管理者必须增强经营意识,加强对供暖管理的经济可行性分析,制定合理的收支方案与标准。

4. 对环保要求高

燃料的燃烧会排放烟尘和有害气体,燃料的存放与运送、燃烧废料的回收与处置要占用场地和通道,这就会给环卫管理带来一定困难,而居民对生活环境的要求、政府对环保的要求却越来越高,这些都对供暖管理提出了更高的环保要求。

(四)供暖的物业管理模式

供暖管理模式主要有两种,即自营管理和委托专门的供热管理公司管理。

(1)自营管理。自营管理,就是由物业服务企业组建专门机构对供暖系统全面负责,管理其运行和维护。包括热源管理、热网管理和热用户管理。

(2)委托专门的供热管理公司管理。委托专门的供热管理公司管理,就是由物业服务企业(甲方)与供热管理公司(乙方)签订管理合同,由乙方对供热系统负责运行和维护,即进行热源与热网管理;甲方则提供必要的费用,并进行监督。

二、供暖锅炉房的接管及其管理

1. 供暖锅炉房的接管

锅炉运行的管理工作是从竣工验收开始的。做好验收工作有利于保证施工质量,便于了解和掌握供暖系统状况和设备使用性能,对系统投入运行后的维修与管理有重大意义。因此,物业服务企业在接管供热锅炉房时,应认真进行验收检查。对欠缺的部分,要求施工企业进行整改,或者由开发商提供资金,物业服务企业进行整改。

接管新建锅炉房应检查锅炉各种技术图纸、质量证明书、说明书及锅炉房设计及安装资料。

接管已运行多年的锅炉房,还应注意查阅历年锅炉房运行记录,检验、维修报告及档案,检查各种辅助设备是否能够正常运行,同时移交锅炉房设备运行以来提取的设备折旧费和大修理资金。

2. 锅炉安全运行前应具备的条件

(1)锅炉使用登记证。新装或移装的锅炉,必须向当地劳动部门登记。经检验合格后领取《特种设备使用登记证》,方允许投入运行;运行的锅炉,必须按规程要求进行定期检查,办理换证手续后方可投入运行。

(2)运行锅炉的检验。包括运行状态下定期外部检验、定期停炉内外部检验和水压试验。定期检验和水压试验计划与检验质量,应报送主管部门和市、地以上(含市、地)劳动部门锅炉压力容器安全监察机构进行监督检查。

锅炉使用单位应当对锅炉进行经常性日常维护保养,并定期自行检查。至少每月进行一次自行检查,并作出记录。对锅炉的安全附件、安全保护装置、测量调控装置及有关附属仪器仪表进行定期校验、检修,并作出记录。发现异常情况的,应当及时处理。锅炉使用单位应当按照安全技术规范的要求进行锅炉水(介)质处理,并接受特种设备检验检测机构实施的水(介)质处理定期检验。从事锅炉清洗的单位,应当按照安全技术规范的要求进行锅炉清洗,并接受特种设备检验检测机构实施的锅炉清洗过程监督检验。

(3)司炉工及水质化验员操作资质。锅炉投入运行前,上岗的所有司炉工及水质化验员,必须经过理论知识和实际操作的培训,经当地劳动部门考试合格后,发给操作证,方可允许上岗。司炉工人所操作的锅炉必须与所取得的上岗证书相符。

(4)健全各项管理制度。主要包括:岗位责任制;锅炉及其辅机的操作规程;巡回检查制度;设备维护保养制度;交接班制度;水质管理制度;清洁卫生制度;安全保卫制度。

(5)锅炉安全技术档案。锅炉使用单位应当建立锅炉安全技术档案。安全技术档案应当包括:锅炉设计文件、制造单位、产品质量合格证明、使用维护说明等文件以及安装技术文件和资料;定期检验和定期自行检查的记录;日常使用状况记录;锅炉及其安全附件、安全保护装置、测量调控装置及有关附属仪器仪表的日常维护保养记录;运行故障和事故记录;锅炉能效测试报告、能耗状况记录以及节能改造技术资料。

3. 锅炉操作管理

锅炉操作管理是热量生产即热水或蒸气形成并输出热网的全过程管理,是热源管理的核心。利用锅炉供暖的过程是系统化的连续过程。因此,要有不同的分工,要建立锅炉操作的岗位责任制和轮班制。同时,要根据物业的不同类型和用途,制订不同时点的供热量计划,即供暖时间过程控制计划。

4. 锅炉及附属设备的维护

锅炉的大修工作一般安排在供暖前或供暖后停运期间进行,以不影响供暖为原则,时间限制小。大修的目的是对锅炉进行彻底全面的检查,该更换的主要设备要更换,运行中出现的问题逐一排除解决,千万不能勉强凑合。

运行期间设备维护也是很重要的工作,在水质硬化度高的地区,要定期清除水垢,检查除尘和净化设备,检查各阀门、开关的灵活性和封闭性等,做到随时发现问题随时维修。运行期间维修时间受到严格限制,不能太长。所以,物业服务企业的设备维护部应昼夜派人监视锅炉。

三、供暖管网的接管及其管理

1. 供暖管网的接管

物业服务企业从开发商手中接管供暖管网时,应审查其设计和施工是否符合国家的有关规范要求,并索要相关资料。

接管新建供暖管网时,最好由原开发商负责维修调试一个采暖期或一段时间。在此期间接管方还可以进行热态的检查验收。物业服务企业应利用这段时间组织人力对热网进行检查,对热用户分远、中、近和上、中、下有代表性的房间进行室内测温,无误后方可接管。

接管已运行几年的旧热网时,最好在考查一个供暖期或一段时间后进行接管,并且要求对方移交在已运行的几年中所应提取的热网设备折旧费和大修理资金及热用户的采暖费收费档案。

2. 热网设备的维修

为了保证供热的可靠性,必须对热网设备、管路、阀门、伸缩器(补偿器)、支架、法兰垫等进行检查与修理;对地下建筑物要及时清理、抽水和排水。检修一般分为预检预修和事故检修两种。

(1) 预检预修。预检预修一般在非供暖期进行。为了检查出需要更换或修理的管段,对热力管道必须作严密性与强度检验。检验方法是对管路进行水压试验和水温试验。

在热力管路外部状态检查和水压记录及挖井检查记录的基础上,可编制管路大、中、小修计划,按计划进行修理。

(2) 事故抢修。事故抢修是对运行中的热网设备突然损坏而进行的修理。事故抢修的工作程序如下:查出损坏部位,并用分段阀门将其关闭,同时关闭从损坏管段引出的各支管的阀门;使干管中未损坏的管段恢复运行;排除损坏故障;开通管路,并恢复向关断的用户供热。

四、供暖设备运行中异常情况的处理

1. 锅炉房发生水浸时的处置

当这种情况发生时,视进水情况关掉运行中的锅炉,拉下总电源开关,堵住漏水源,若漏水严重,尽力阻滞进水,并立即通知值班组长和管理处。漏水源堵住以后,应立即

对漏水设备进行除湿处理,确认水已消除,各绝缘电阻符合要求后,开机试运行,如无异常即可投入运行。

2. 供热管网突然损坏

当供热管网大量漏水,应通过室外管沟的检查口进行检查寻找损坏部位,然后关闭供水管上的分段阀门进行整修或更换,在整修时由于水管上余压比较大,水温较高,应注意工作的安全性。一般在采暖期到来之前,应对外网进行严格的维修保养,以使运行中避免异常情况的出现。

3. 散热设备漏水

若散热设备漏水,应查找原因,是因为散热片本身质量问题,还是安装时不严密,然后关闭暖气进水阀,拆下散热设备,进行整修,整修完毕,重新装上。

4. 锅炉运行中常见故障的处理

(1)锅炉的压力下降。热水供暖系统在充水过程中,锅炉压力表长时间达不到应有的静压,或在运行过程中压力不稳,压力下降很严重,则表明系统中有大量泄漏需马上查找及时修补。

(2)锅炉温度急剧上升。锅炉点火后,温度表在短时间内急骤上升,这种情况应立即停止运行,出现这种情况的原因主要有循环水泵没有启动,管路里没有循环水;锅炉出口处的阀门没有打开,致使锅炉烧死水。

(3)循环水泵入口处压力低于正常值。通常是由于阀门开启度不够,或水过滤器被堵塞等原因,应及时排除。

(4)停电时的紧急处理。停电时,应立即停火,关闭风门,关闭电源,密切注意锅炉的压力、温度变化,热水锅炉为了防止汽化,应关闭锅炉出水阀,打开紧急排放阀,利用回水降温,或向锅炉补水降温。然后按照柴油发电机操作规程要求,启动柴油发电机,重新启动锅炉。

(5)热水锅炉的水击。为了防止锅炉内水击,上水时,要打开排气阀排除系统里的空气,点火前,循环水泵循环一段时间,以将供暖系统中空气排除干净。

5. 暖气不热的原因及处理

(1)大面积的暖气不热。如果供暖区内大多数的散热器不热,室温达不到要求,主要原因有锅炉出力不够、水温达不到要求、循环水泵水量不足、锅炉运行存在问题。

(2)末端用户暖气不热。距离锅炉房最远的建筑物内暖气不热或温度较低,主要原因是设计不合理或没有认真进行运行前的初调节,室外管道存在水平失调现象。此时要改进设计或调节各环节上阀门开启度。

(3)室内暖气局部不热。出现这种情况原因可能是分支路阀门没有打开或开启度不够、供水干管上集气等,应调整阀门开启度及排出气体。

(4)个别散热器不热。散热器不热的原因可能是散热器的支管坡度不对或散热器里有空气,应改变安装坡度或打开排气阀排除散热器内空气。

6. 火灾

锅炉房发生火灾时,按《火警、火灾应急处理标准作出规范》处理。

五、供暖用户管理

供暖用户管理是供暖过程的重要管理环节,主要包括以下内容。

1. 订立供暖条款

在合约中要订立供暖条款,如合约中规定:"乙方(管理方)负责小区的集中供暖服务和管理工作,甲方(业主)接受乙方供暖服务和管理工作,愿意以国家制定的标准或双方商定的标准按期交纳取暖费。"这有利于管理供暖用户,防止不按规定取暖、到期不交或拖延交纳取暖费等不良行为。

2. 制定供暖管理办法

制定供暖管理办法,并在用户手册中阐明以增加管理的透明度,如设立24小时值班人员,公布接待电话,处理用户报修。在用户手册中还应说明供暖费的收费标准与交纳方式。

3. 教育用户经济取暖

(1) 教育用户自觉控制热水(汽)流通量,保持室内适当温度(18℃),不宜造成过热、过冷或忽热忽冷。

(2) 用户家中暂时无人或长期无人居住时,自觉关闭散热器热水(汽)入口阀门,减少热量的无效耗散。

(3) 检查房间的密封性能,加强保温措施。

(4) 用户家庭装修需变动散热器位置、型号时,要取得管理人员的现场认可,否则视为违约行为,用户承担由此造成的一切后果,更不能无故损坏散热设备,遇有问题不能解决时,请管理人员解决。

4. 供暖费用的收取

(1) 供暖收费的计算方法。供暖收费的计算方法有三种:按建筑面积或使用面积计;装分户表,按热水或蒸汽的实际流通量计;按户计,不论面积大小每户承担同一标准的取暖费。

最常用的方法是第一种,最合理的方法是第二种,第三种方法适用于特殊场合。

(2) 用户供暖管理费用的交纳和监督

按期交纳供暖管理费用是用户的责任。供暖管理费应在供暖期前交纳。对未能按期交纳的,管理人员要调查用户情况,弄清不交的原因,如出差时间长、经济困难或无人居住等,只要经济条件允许,都应监督上交,对久拖不交的可诉诸法律。对于个别用户(已交费)室内采暖温度长期达不到标准(16℃以上)的,或在某一个时效内(如24小时)用户报修而没有及时维修等情况,影响正常采暖的,可制定合理的补偿标准。

第五节 电梯设备管理

电梯是一种具有高技术含量的专用设备。物业服务企业可设置专门的机构对电梯进行集中的专业化管理,也可委托社会上的专业机构进行管理。对经管电梯数量大、种类多的物业服务企业最好组建自己的专业队伍进行集中管理,这有利于提高服务水平和经营效益。

电梯设备管理的内容,主要有电梯的运行管理、电梯的安全管理和电梯的维修管理。

一、电梯的接管验收

电梯的安全性很大程度上取决于电梯产品及其安装质量。所以,加强电梯的安全管理就要把好电梯产品质量和安装质量关,搞好验收与接管。

(1) 验收工作是由设备安装转入使用的一个重要过程。第一次验收为初验,对发现的问题应商定解决意见并确定复验时间。复验仍不合格的,应限定解决期限。对设备的缺陷及不影响使用的问题,可作为遗留问题与建设单位签订协议保修或赔款补偿。对这类协议必须是在设备能用、不致出现重大问题时方可签订。验收后的验收单与协议等文件应由物业管理单位签署。

(2) 验收时应注意对重点部位进行检查。

(3) 交验时应提交完整的电梯设备安装与建筑施工图,包括竣工图、安装说明与使用说明书、隐蔽工程记录与性能测试记录、装箱单、配套产品合格证及随机工具与备用品备用件。

(4) 其他有关问题。保修期,按规定,产品在出厂一年半内保修,安装质量在一年内保修。特殊要求可与施工单位协商决定。司机休息室与维修间,按常规每幢独立的塔楼单梯应在首层配一居室的值班休息室,双通梯及三通梯均只设一间休息室。每1—10 部电梯应配一维修点(相当于二居室面积),但附近建有集中维修用房的除外。通向楼顶的楼梯口未设计梯门的应补装铁栅栏门,并装防盗报警装置。提供高档电梯贵重的易损件和备件费。以上四项应在验收时协商议定。

二、电梯的运行管理

电梯设备的运行管理,就是保障电梯良好运行所实施的管理活动,主要包括电梯设备的运行巡视监控管理、电梯运行中出现异常情况的管理、电梯机房的管理和电梯档案的管理等。

(一) 运行时间及运行制度

电梯日常运行时间一般为每天早 6 时至晚 24 时。当然有些高层住宅电梯以及无人值守电梯一般实行全天 24 小时服务。司机人员要替班用餐,保证电梯不间断连续运行。夜间必须配备司梯值班人员,遇居民有特殊情况需用电梯,值班员要随叫随到及时开梯服务。

（二）电梯设备的运行巡视监控管理

巡视监控管理，是由电梯机房值班人员实施的，定时对电梯设备进行巡视、检查，发现问题及时处理的管理方式。电梯机房值班人员每日对电梯进行一次巡视，根据巡视情况填写《电梯设备巡视记录》。

1. 建立巡视监控管理制度

公司工程部的电梯管理员，根据电梯的性能和运行情况制定出电梯巡视管理制度，并监督机房值班人员执行。

（1）值班人员每日对电梯的主要部位巡视一次。

（2）巡视时按要求的内容认真巡视检查。

（3）及时处理巡视中的问题，并做好巡视记录。

2. 巡视内容

机房值班人员巡视应注意：曳引机是否有噪声、异味，是否烫手；轴承螺栓是否松动；减速箱的油位、油色是否正常，联轴器是否牢固可靠；指示仪表、指示灯、各继电器动作是否正常；变压器、电抗器等是否过热；制动器是否正常；曳引轮、曳引绳、限速器等是否正常；通讯设施、标示牌、盘车手轮、开闸扳手等救援工具是否放在指定位置；电梯运行有无振动，开关门是否顺畅；底坑限速器是否正常。

3. 巡视中发现不良情况的处理

当巡视中发现不良状态时，机房值班人员应及时采取措施进行调整。如果问题严重则应及时报告公司工程部主管，协同主管进行解决。整修时，应严格遵守《电梯维修保养标准》。

（三）电梯机房的管理

电梯机房值班人员，在公司工程部电梯管理员的领导下工作。电梯管理员负责制定电梯机房的管理制度。机房值班人员严格执行电梯机房管理制度。

1. 电梯机房管理制度

（1）非机房工作人员不准进入机房，必须进入时应经过公司工程部经理同意，在机房人员的陪同下进入。

（2）机房应配足消防器材，免放易燃、易爆物品。

（3）每周打扫一次机房卫生，保持机房清洁。

（4）为防止发生意外，机房要随时上锁。

2. 交接班制度

（1）正常时，按时交接班。交班人员应向接班人员讲清当日电梯的运行情况，接班人员应查看《电梯设备巡视记录》、工具等，确认无误后在运行巡视记录上签名。

（2）当遇到接班人员未到岗时，交班人员不得离岗，应请示工程部电梯管理员寻求解决。

（3）电梯发生事故后，未处理完时，应由交班人员继续负责事故的处理，接班人员协助处理。

（四）定期检验

《特种设备安全监察条例》第33条规定："在用电梯实行安全性能定期检验制度，定期检验周期为1年。超过年检有效期的电梯不得使用。"

电梯设备年检项目包括限速器和安全钳的联动、缓冲距离、厅门闭合、应急照明、对讲、断相保护等。

根据国家规定，电梯每年必须在规定日期前进行安全检验，每一部电梯都有唯一的编号和唯一的安全检验合格证，电梯是否进行检验应有记录。

物业服务区的电梯监管单位为物业服务企业，物业服务企业对电梯的按时报检具有法定义务，有义务向业主提供合法、安全的电梯设备。如物业服务企业未履行自己的法定义务，不按时报检，造成事故应承担相应民事赔偿责任；如果发生重大伤亡事故，还将承担刑事责任。

（五）电梯的技术档案资料的管理

电梯技术档案资料包括设备原始资料与维修管理的资料。

1. 设备档案

每部电梯均应在接管后建立单独的档案。

（1）电梯验收文件。包括验收记录、测试记录、产品与配套件的合格证、电梯订货合同、安装合同、设备安装图与建筑结构图、使用维护说明书、遗留问题处理协议与会议纪要等。

（2）设备登记表。主要记载设备的各项基本参数与性能参数，如型号、功率、载重量等。

（3）中、大修工程记录。记载大、中修时间、次数、维修内容与投资额及工程预决算文件等。

（4）事故记录。记载重大设备、人身事故发生的时间、经过与处理结论等。

（5）更新记录。记载本梯更新时间、批准文件。

2. 维修资料

包括报修单、巡视记录、运行记录、普查记录、运行月报及有关考评材料等。

三、电梯的安全管理

电梯如果使用与管理不当，有时会危及乘梯人的生命安全，也会给物业服务企业造成重大的经济损失。因此，加强电梯的安全管理至关重要。电梯的安全管理，主要包括使用安全管理以及紧急情况下的安全管理。

（一）电梯的使用安全管理

1. 实施安全教育

由电梯管理员负责对电梯机房值班人员、电梯司梯人员和乘梯人员实施安全教育，使他们树立安全第一的思想,熟知电梯设备的安全操作规程和乘梯安全规则。

2. 电梯司梯人员操作安全管理

司梯人员要经有关部门统一考试合格后才可上岗。物业服务企业工程部电梯管理员负责制定司梯人员的安全操作守则,并监督执行。守则内容包括以下几方面。

(1) 保证电梯正常运行,提高服务质量,防止发生事故。

(2) 要求司机坚持正常出勤,不得擅离岗位。

(3) 电梯不带病运行、不超载运行。

(4) 操作时不吸烟、不闲谈等。

(5) 执行司机操作规程:每次开启厅门进入轿厢内,必须作试运行,确定正常时才能载人;电梯运行中发生故障,立即按停止按钮和警铃,并及时要求修理;遇停电时,电梯未平层禁止乘客打开轿厢门,并及时联系外援;禁止运超大、超重的物品;禁止在运行中打开厅门;工作完毕时,应将电梯停于基站并切断电源,关好厅门。

3. 加强对乘梯人员的安全管理

制定电梯乘梯的警示牌,悬挂于乘客经过的显眼的地方。敬告乘梯人员安全使用电梯的常识。乘梯须知应做到言简意赅。警示牌要显而易见。

(二) 紧急情况下的安全管理

电梯使用管理单位应当配备电梯管理人员,落实每台电梯的责任人,配置必备的专业救助工具及24小时不间断的通讯设备,并制定电梯事故应急措施和救援预案。

电梯维修保养单位作为救助工作的责任单位之一,应当建立严格的救助规程,配置一定数量的专业救援人员和相应的专业工具等,确保接到电梯发生紧急情况报告后,及时赶到现场进行救助。

1. 电梯困人时的应急措施

(1) 电梯使用管理单位接报电梯紧急情况的处理程序。值班人员发现所管理的电梯发生紧急情况或接到求助信号后,应当立即通知本单位专业人员到现场进行处理,同时通知电梯维修保养单位;值班人员应用电梯配置的通讯对讲系统或其他可行方式,详细告知电梯轿厢内被困乘客应注意的事项;值班人员应当了解电梯轿厢所停楼层的位置、被困人数、是否有病人或其他危险因素等情况,如有紧急情况应当立即向有关部门和单位报告;电梯使用管理单位的专业人员到达现场后可先行实施救援程序,如自行救助有困难,应当配合电梯维修保养单位实施救援。

(2) 乘客在电梯轿厢被困时的解救程序。首先,到达现场的救援专业人员应当先判别电梯轿厢所处的位置再实施救援。其次,电梯轿厢高于或低于楼面超过0.5米时,应当先执行盘车解救程序,再按照下列程序实施救援:确定电梯轿厢所在位置;关闭电梯总电源;用紧急开锁钥匙打开电梯厅门、轿厢门;疏导乘客离开轿厢,防止乘客跌伤;重新将电梯厅门、轿厢门关好;在电梯出入口处设置禁用电梯的指示牌。

(3) 电梯使用管理单位的善后处理工作。如有乘客重伤,应当按事故报告程序进行紧急事故报告;向乘客了解事故发生的经过,调查电梯故障原因,协助做好相关的取证工作;如属电梯故障所致,应当督促电梯维修保养单位尽快检查并修复;及时向相关部门提交故障及事故情况汇报资料。

2. 发生火灾时的应急措施

发生火灾时,应当采取以下应急措施。

(1) 立即向消防部门报警。

(2) 按动有消防功能电梯的消防按钮,使消防电梯进入消防运行状态,以供消防人员使用;对于无消防功能的电梯,应当立即将电梯直驶至首层并切断电源或将电梯停于火灾尚未蔓延的楼层。在乘客离开电梯轿厢后,将电梯置于停止运行状态,用手关闭电梯轿厢厅门、轿门,切断电梯总电源。

(3) 井道内或电梯轿厢发生火灾时,必须立即停梯疏导乘客撤离,切断电源,用灭火器灭火。

(4) 有共用井道的电梯发生火灾时,应当立即将其余尚未发生火灾的电梯停于远离火灾蔓延区,或交给消防人员用以灭火使用。

(5) 相邻建筑物发生火灾时,也应停梯,以避免因火灾停电造成困人事故。

3. 发生地震时的应急措施

(1) 已发布地震预报的,应根据地方人民政府发布的紧急处理措施,决定电梯是否停止、何时停止。

(2) 震前没有发出临震预报而突然发生震级和强度较大的地震,一旦有震感应当立即就近停梯,乘客迅速离开电梯轿厢。

(3) 地震后应当由专业人员对电梯进行检查和试运行,正常后方可恢复使用。

4. 发生湿水时的应急措施

发生湿水时,在对建筑设施及时采取堵漏措施的同时,应当采取以下应急措施。

(1) 当楼层发生水淹而使井道或底坑进水时,应当将电梯轿厢停于进水层站的上二层,停梯断电,以防止电梯轿厢进水。

(2) 当底坑井道或机房进水较多,应当立即停梯,断开总电源开关,防止发生短路、触电等事故。

(3) 对湿水电梯应当进行除湿处理。确认湿水消除,并经试梯无异常后,方可恢复使用。

(4) 电梯恢复使用后,要详细填写湿水检查报告,对湿水原因、处理方法、防范措施等记录清楚并存档。

四、电梯的维修管理

电梯是一种使用相当频繁的设备,在整个运行过程中,其主机与各零件都在发生不同程度的自然损耗,而良好的维修保养可减少损耗,提高可靠性,确保安全,延长电梯的使用寿命,节约资金。搞好电梯维修的管理,就是建立电梯维修保养的标准和相应的电梯维修管理制度,确保电梯正常、安全运行。

（一）电梯维修保养标准的建立

物业公司工程部的电梯管理员，根据国家标准和公司辖区内的电梯情况制定电梯维修保养标准。注意制定标准时不要和国家标准相抵触。

（二）电梯的维修保养制度

电梯维修保养的等级、周期与主要要求如下。

1. 零修

指日常的维护保养，其中包括排除故障的急修和定时的常规保养。因故障停梯接到报修后，应在20分钟内到达现场抢修。常规保养分为周保养、半年保养和一年保养。

（1）周保养：每梯每周1次，每次不少于4小时。

（2）半年保养：每梯每半年1次，每次不少于8小时。侧重于重点部位的保养。

（3）1年保养：每梯每年1次，每次不少于16小时。为较全面的检查保养。

为不影响电梯运行，保养工作应安排在低峰或夜间进行，同时可将连续工作分成阶段进行。

2. 中修

指运行较长时间后进行的全面检修保养，周期一般定为3年。

3. 大修

指在中修后继续运行3年时间，因设备磨损严重须更换主机和较多的机电配套件以恢复设备原有性能而进行的全面彻底的维修。如果设备性能完好，周期可适当延长。

4. 专项修理

指不到中、大修周期又超过零修范围的某些须及时修理的项目，如较大的设备故障或事故造成的损坏，称专项修理。

5. 更新改造

电梯连续运行15年以上，如主机和其他配套件磨损耗蚀严重，不能恢复又无法更换时，就需要进行更新或改造。

本章小结

本章介绍了物业设备管理的含义及物业设备的构成与分类，阐述了物业设备管理的特点、基本内容及要求。本章还分节阐述了给排水设备、供电设备、供暖设备、电梯设备等各种类型设备管理与维修的内容和要求。

物业设备　物业设备管理　内容　维修　给水　排水　供电　供暖　电梯

复习思考题

1. 选择正确答案(下列各题中有一个或一个以上的答案是正确的)

(1) 物业设备的类型有(　　)。
(A) 建筑卫生设备　　　　　　　　(B) 给排水设备
(C) 建筑电气工程设备　　　　　　(D) 建筑智能设备

(2) 智能建筑"3A"包括(　　)。
(A) BA　　　(B) OA　　　(C) CA　　　(D) FA

(3) 物业设备技术档案资料有(　　)。
(A) 技术标准　　　　　　　　　　(B) 报修单
(C) 生产技术规程　　　　　　　　(D) 交接班制度

(4) 电梯交验时应提交(　　)。
(A) 竣工图　　　　　　　　　　　(B) 电梯设备年报
(C) 安装说明与使用说明书　　　　(D) 电梯备用件

2. 试述"三级保养制"的含义。

3. 物业设备"三好"、"四会"、"五定"指的是什么？

4. 智能设备应如何管理？

第八章 物业服务综合管理

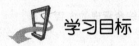学习目标

学习了本章,你应该能够:
1. 正确理解物业综合服务管理的概念与内容。
2. 正确认识公共性服务管理的内容,了解其操作程序。
3. 理解物业经营性服务管理产生的基础,建立正确的经营思路,并对经营内容作出基本合理的安排。
4. 结合市场实际,分析当前市场上物业服务企业的综合服务管理内容对市场的影响。

第一节 物业服务综合管理概述

物业服务综合管理是物业管理的重要内容。无论是在经营性物业的管理中还是在住宅区的物业管理中,都发挥着重要的作用。

一、物业服务综合管理的概念

(一)物业服务综合管理的含义与内容

物业服务综合管理是指除物业本身管理以外,对业主的工作、生活的正常秩序和环境提供全方位的服务,包括住宅区的公共性服务与对业主个体提供的物业经营性服务。具体内容如图8-1所示。

(二)物业服务综合管理的方法

物业服务综合管理具有综合性强、专业性强、政策性强、服务难度大的特点。在提

供此类服务时,物业服务企业应该从如下方法入手,严格要求自己,努力为使用人提供周到的服务。

1. 市场引导法

物业服务企业凭着自己对市场的掌控、对业主需求的理解,不断创新物业管理项目,创造市场需求,引导业主接受自己的服务,从而引导市场潮流。

2. 人文关怀法

凭着物业服务企业对消费者的了解,从消费者的角度设身处地为业主着想,切实解决业主面临的问题,争取得到业主的认同,使其接受服务。

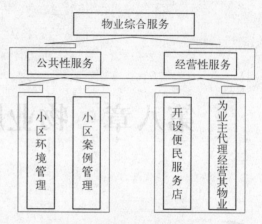

图8-1 物业服务综合管理的内容

(三)物业服务综合管理的原则

物业服务企业提供的任何服务内容,都必须得到业主的认可,才有创造价值的可能。在一个刚刚起步的市场上,物业服务综合管理要得到业主的认可,必须历经一个过程。所以,业主对物业服务企业的态度是十分重要的,为此在物业服务综合管理中,必须坚持如下的服务原则。

1. 设身处地为业主着想的原则

物业服务综合管理是为了方便业主的工作、生活而提供的一系列的服务。这一服务要让业主满意,必须想业主所想、急业主所急,将与业主日常生活相关的项目放在服务的首位。只有这样,才能得到业主的首肯,才有赢得市场的希望,才可能实现企业的目标。同时也必须牢记企业的身份,注意保护自己的声誉与形象,不能轻易许诺。在物业服务综合管理中,或许会出现意外事件,给业主造成一定的损失。在责任认定前,千万不能有任何形式的承诺,只有这样,才能在安全管理中做好防范工作,最终保证企业的声誉与形象。

2. 保证物业保值增值的原则

物业服务企业开展物业服务综合管理是有成本支出的,如大量劳动的投入、物质材料的支出等,这些支出的目的是为了得到业主的认可。而业主之所以愿意接受物业服务企业的服务,不仅仅是为了生活、学习与工作条件的改善,还有物业财产保值增值的希望。所以,企业必须在这方面做出最大的努力,以满足业主的需求。只有这样,才能让物业管理市场按市场规律正常发展,物业服务企业的市场份额才有希望扩大;只有这样,企业才能有一个良好声誉和高知名度。

3. 立足市场,力争上游的原则

立足市场,力争上游,是针对物业管理市场的竞争而言的,企业必须正视日益激烈的市场竞争。物业服务企业的物业服务综合管理涉及的内容多、范围广,需要的专业技能多且广,如果不引进竞争机制,就不能保障服务的质量。只有通过竞争机制,优胜劣汰才能使市场充满活力,保证劳动效率的不断提高。

二、物业服务综合管理的内容

（一）物业区域内的公共性服务

1. 环境管理

住宅区的环境管理包括环境卫生与环境绿化两个方面。

（1）环境卫生。环境卫生管理，主要包括物业管理区域内的所有公共场地的清洁、区内楼宇从顶楼到地下公用场地的清洁、区内垃圾的收集及协助清运等。

物业服务企业应该将清洁卫生管理与纠正不良卫生习惯的工作相结合。注意通过宣传与沟通来提高居民的公共卫生意识，将人人参与清洁卫生管理与卫生清扫相结合，从而避免随手乱扔垃圾、废旧物，在公共场地乱涂、乱画、乱张贴，及堵塞下水管道的现象发生。

（2）环境绿化。环境绿化管理是物业管理的重要内容，也是城市绿化的组成部分。环境管理要注意绿化与美化相结合、营造与养护相结合，使家庭庭院与住宅区、住宅区与整个城市的绿化相协调。环境绿化的内容应该包括花草树木的设计与营造，养护与改进，规范环保行为的各种规章制度的建立等。楼宇与住宅区绿化管理的内容，可分为公共绿化（包括道路绿化等等）、公共设施和公共建筑的绿化等。

2. 安全管理

安全管理是为了保障业主的生命与财产安全而进行的一系列管理活动。物业服务企业在安全管理中应做到如下几点：第一，及时制止紧急事件的发生，杜绝安保工作的不到位；第二，及时查出事故原因并报警；第三，尽最大努力控制破坏造成的损失；第四，对事件的发生做出迅速、正确的反应，如迅速、有效地采取措施灭掉大火或逮住入侵者。

安全管理具体包括以下几方面的内容。

（1）治安安全。安全管理是物业服务企业为防盗、防破坏、防流氓活动、防意外灾害事故等，而提供的一系列服务管理项目。治安管理又包括安全保卫与维持正常工作秩序两个方面。一般采取"群防群治"与"综合治理"的措施，还应该与公安机关相结合。只有这样，才能有效遏止违法乱纪的现象产生。

（2）消防安全。消防管理的主要任务是预防火灾的发生，对火灾隐患进行整改与治理，最大限度地减少损失，保障业主的生命财产安全。因此，管理中必须坚持以"预防为主，防治结合"的原则，将整个住宅区的消防管理与业主家庭的消防结合起来，组成以物业服务企业为主、业主个人消防为辅的消防网络。通过定期的消防警戒等形式，来提高与强化业主的消防意识，使消防宣传与消防管理相结合。制定各项管理制度与措施，并将其落到实处。做好日常的消防管理工作，包括消防设备设施的维护管理、消防知识的学习、消防技能的培训，以及先进消防技术的了解，并能运用于实际工作。

（3）交通安全。在物业管理中的交通安全是不容忽视的，它包括交通通行安全与交通工具的存放安全两部分。在住宅区的物业管理中应该特别注意小区中心地带与出入口处的通行安全，而其他地方和夜间则要注意车辆停放的安全；而在营利性物业管理中，在工作时间往往是客户集中办理业务的时间，也是车辆聚集的时间，这时能够有效地疏通进出的车辆及恰当地摆放停置车辆,是交通安全管理的主要工作。

(二) 对业主个体及其他人提供的物业经营性服务

在物业管理中,尤其是在住宅区的物业管理中,对于以上的公共性服务,物业服务企业是接受了小区业主整体的委托。具体是由业主大会决策,将部分物业管理权交给物业服务企业,由物业服务企业代为行使(部分)管理权。但对于住宅区内的业主个体及其他人来说,除了有这些公共服务项目的需求外,还有对其他个体服务项目的需求,而这也正是物业服务企业开拓市场的机会所在。于是以下服务项目就应运而生了。

1. 为业主个体代理经营其物业

这些项目是物业服务企业开展物业服务综合管理的重要内容。由于物业服务企业在位置上占据先天优势,又有市场需求,只要经营得当,就会有相当的回报。具体说来应该从以下几个方面来经营。

(1) 经纪中介咨询服务。物业服务企业所经营的中介经纪服务,主要包括房屋出售、出租中介服务,房屋评估、公证,投资咨询、绿化咨询服务等。

第一,房屋中介服务。房屋中介服务主要是针对二手房的交易代理房屋产权转让。在这里,房屋产权转让主要包括房屋所有权转让的二手房出售与房屋租赁权转让的房屋出租。

购房业主因为某些原因需要转让房屋所有权——房屋出售,如有的业主购房的目的就在于投资,他是看准了房屋价格低而进入市场,只要房价稍有上扬,就会转让房屋,以获取差价;有的业主可能因为其他原因要让房屋变现,可能因故要离开本地,也可能是需要资金,这时业主就会有出售房屋,转让房屋所有权的需求。

另外,有的购房者也是出于投资的考虑,但他不是出于对房屋短期差价的考虑,而是对自己拥有资金的保值增值的一种方式,其购房的目的就是为了出租;也有的业主因为某种原因又有了新的房屋,于是,其所拥有的房屋也有了出租的机会;在这些情况下,业主就有了房屋出租的需求。

第二,代办产权登记。房地产作为一种不动产,只有通过法定程序才能界定其财产权利。因此房地产应该通过产权登记,核发产权证书,才能明确权属,保护业主的合法权利。因此,当业主因为种种原因不能自己办理产权登记时,物业服务企业就有了接受委托代办产权登记的机会。

以上几种情况都为物业服务企业经营房产转让创造了机会。房产转让代理是一项集知识性、信息性与经验于一体的专业性强的工作。所以,物业服务企业要做好代理转让,就应该注重人才队伍的建设,否则就是空谈。

(2) 协办公证。公证制度是国家的一项司法制度。为了方便业主,物业服务企业可与公证处签订代办协议,使之成为一项为业主服务的内容。

(3) 代理保险。保险是一种关系千家万户的服务,但保险又是一项消费者不太了解的服务,必须面对面为业主提供详细的讲解,以介绍险种的意义,让消费者接受保险。而物业服务企业,由于身处住宅区,有着先天的客户资源优势,包括可长时间与客户交流,也包括对客户情况的了解等。所以,物业服务企业可以代理保险。目前比较适合物业服务企业代理的主要是商业保险。对于保险之类的专业技术要求较高的业务,国家对相关企业的管理有着较高的要求。目前物业服务企业与保险公司的委托代理,应该获得国家的许可,而且相关人员也必须符合相关资格的要求。

(4)特约生活服务。特约生活服务应该包括住宅区居民生活的方方面面,现将其从衣、食、住、行及其他等几个方面大致归纳如下:衣——洗衣、熨衣、制衣;食——送餐服务、代为买菜做饭、送煤气等;住——室内清洁卫生、搬家服务;行——车辆的代管、清洗、保养、维修,礼品递送,代缴水、电、气、热、电话等费用,代订车、船、飞机票等,代订报刊、杂志等;其他——代请保姆、代请家教、接送小孩上学等。

2. 开设便民的专项服务店

与"为业主个体代理经营其物业"相比较,开设便民的专项服务店往往需要较大的投资,所以,在决策前应该进行充分的论证,保证所投入的资金能得到相应的回报。为了运用物业管理的优势,项目的设计往往围绕物业与住宅区的住户而展开。常见的有以下几种类型。

(1)便民生活设施的经营。主要包括:饮食店、水果店、菜场、杂货店、酒吧、茶坊等;小百货店、钟表店、配钥匙店等;房屋装潢设计、装修,代买建材、修理家电等;开办托儿所、幼儿园、学校,开设图书室、音乐茶座,开办文化知识讲座、医疗卫生讲座;兴办游泳池、健身房、球类活动场所等等。

(2)与房地产相关的经营。通过对经营性房地产进行技术性的改造,或完善其功能与环境的配套,从而提高经营性物业的赢利能力。这类经营对于商场、写字楼及工业区等收益物业管理有重要意义。如通过兴建宽带,改善写字楼的办公条件,从而提高写字楼的出租率;通过对电梯进行技术改造,美化环境;建立起多媒体导购系统,带动商业客流与营业额的提高,从而提升物业价值;通过改善工业区的行车、停车条件,以及货物装运条件,方便工业区的厂家,改善工业区的投资环境。

由以上分析可以看出,物业服务企业的经营主要在于认真分析客户需求,树立创新意识。只有这样,才能把握商机,合理配置资源,使企业立于不败之地。

以下针对公共性服务管理中的物业环境与安全管理的主要内容进行探讨,有关物业管理资源经营的具体内容将在第十一章阐述。

第二节 物业环境与安全管理

房屋建筑主体管理和房屋设备、设施管理主要是针对物业本身的管理,也称为物业基础管理,是为了确保物业的完好与正常使用。物业的环境管理、安全管理则主要针对于物业使用人的服务而进行的管理,是为了保证物业使用人的良好的工作、生活秩序,创造优美舒适的环境。

一、物业环境管理

物业环境管理具体应该包括环境保护、环境清洁与环境绿化三方面的内容。

（一）物业环境保护管理

物业环境保护管理，是指在物业管理中对环境污染的预防与治理，也包括环境管理基本知识与基本理论的普及。

1. 环境调查

对于住宅区的环境问题，虽然不会像工业污染那样严重，但由于住宅区是人口的聚集地，人们对其环境要求的期望值是相当高的，而且有些建筑材料也会带来污染问题。所以，物业服务企业接受管理委托之后，应该对其心中有数，这时环境调查就显得十分重要。

环境调查包括以下内容。

（1）物业所处的位置。物业所处的位置，即所管物业与周边物业的相对关系。在物业环境保护的调查中，应该了解周边物业是什么用途、这些物业是否会对环境产生影响？如果有，是否会影响到所管的物业？会产生怎样的影响？了解污染源后，就应该了解所管物业与污染源的相对位置，所管物业是否位于常年盛行风向的下风方向？是否位于河流的下游？

（2）区内的污染物迹象。物业管理区域内的污染物迹象，是环境变化的结果，根据这些迹象可以查出物业管理区域内的污染源头，所以，应该仔细调查。其主要内容为：植物不能正常生长的地区，油迹、恶臭的地区，水中气味异常的地区，地上或地下的储油罐及其排放口与排入口，有氯丁橡胶迹象的地方（变压器、电容器等等）。

2. 空气污染的管理

空气污染管理包括室内空气污染管理与室外空气法治的管理两个方面。

（1）室内空气污染的管理。室内空气污染的主要来源有：易挥发的无机化合物，如油漆、胶贴剂、洗涤剂、农药等；微生物，如真菌、细菌、病毒、花粉和螨虫等；微粒，如灰尘、头皮屑等等。

如果发现居民出现楼宇综合症或与楼宇相关的疾病时，就应该增加通风率，或更换室内的物品，如地毯、家具等来改善环境，减轻病人症状。

（2）室外空气污染的管理。室外空气污染管理的目的，是消除或减轻物业区域内的二氧化硫气体、机动车排放的尾气及扬尘等。物业是城市的组成部分，城市的空气污染不可避免地要影响到物业的区域内来，减轻物业区域内的污染成为物业服务企业努力的方向。室外空气污染的管理措施有：改变能源结构；硬化地面与绿化；限制车辆驶入。

空气质量问题是物业管理中一个不可忽视的问题。目前虽然没有对空气质量精确检测的标准，但由于空气质量的问题，至少会导致物业管理的两个结果：楼宇综合征与楼宇相关疾病。

楼宇综合征：是大楼居住者所患的一种群体病症。一般表现为头疼、发晕、恶心、记忆力减退、咳嗽、声音嘶哑、皮肤刺痛、流鼻涕、流眼泪，其原因无法查出。当人离开大楼时，症状会减轻并逐渐消退。

楼宇相关疾病：是由有毒物质或病原体入侵人体而造成的一种临床疾病。与楼宇综合征不同的是，当居住者离开物业后疾病不会消退。

3. 水体污染的防治

水污染的防治是环境保护的重要内容，也是物业管理中环境管理的重要内容。下面探讨的是当物业管理中出现水污染时，物业服务企业应该采取的主要措施。

（1）切断水体污染的源头。水体污染多是因为工业污染物的排放而造成的，包括工业废水与废渣的排放。因此，物业服务企业的任务是防止工业废水与废渣的排入，同时要争取相关部门的支持，这样才能有效防止污染。

（2）水中绿化。物业服务企业应该在所管辖的物业管理区域内，包括水沟、池塘、小河里种植水草、荷花等水生植物，这样既能增强水体的净化能力，又能美化环境。

4. 有毒物质的管理

物业管理区域内常见的有毒有害物，多数来源于建筑材料，主要包括石棉、氡、地下储油管、尿醛树脂、氯丁橡胶和油漆等。

（1）石棉的管理。石棉广泛存在于喷雾器铺面材料、防火与绝缘材料、地面瓷砖、瓷砖胶黏剂、屋顶材料中。然而，石棉对人体健康有害，而业主又需要有一个安全、健康的环境。所以，控制石棉对环境的影响就是物业管理工作中的一项重要任务。

控制石棉污染的方法有如下几种：第一种是将石棉永久的固定住，使石棉不能散落到空中；第二种是围栏法，即在石棉中间设置垂直的障碍物（必须是不可渗透的），以保持空间上的平衡；第三种是全部清除，由于代价高昂目前在我国没有使用。

（2）氡的管理。氡是一种无色、无味的放射性气体，物业管理区域内的氡主要来自建筑材料，当室内和某些封闭环境中的氡达到一定的浓度时，就应该在物业管理中采取措施，比如通过增加适当的通风设备，稀释氡的浓度；或安装不可穿透的障碍物，限制氡的流动等等。

（3）地下储油罐的管理。最常用的地下储油罐是用于石油制品的储存，它主要存在于汽车修理厂、配有维修服务和汽车保洁的购物中心等，还有工业物业中的化工厂、金属喷镀公司、油漆厂等也需要地下储油罐。地下储油罐的最大危险是有毒物质的泄漏，如泄漏到地下水中会污染大片的土地。

（4）尿醛树脂的管理。尿醛树脂广泛运用于绝缘材料、仿塑料袋饰物以及铸造物等方面，由于其价格低廉、适用性广，故成为物业管理区域内许多用具的构成物质。然而在高温下其能发生氧化反应，燃烧时散发出有毒气体，因此成为物业管理中环境管理的重要对象。

（5）氯丁橡胶的管理。氯丁橡胶存在于多数电气设备中，如变压器及电线导管中。

（6）油漆的管理。不管在建筑物的外墙、室内装修，还是办公用具、家具中，油漆都是不可缺少的材料。但由于油漆中含有大量的铅，当人体吸入后会对大脑、肾及神经系统造成不同程度的伤害，尤其对儿童更是会产生严重的影响，因此成为物业管理中重要的监控对象。

5. 噪声污染的防治

物业管理中对噪声污染的控制主要是在开发规划管理基础上，采取以下方法来实现。

（1）绿化可以有效削弱声波的传输，尤以高大的树林效果显著。

（2）限制车辆进入所管的物业管理区域，可以从车辆的数量、行车速度及喇叭的鸣放等方面进行限制。

6. 电磁波污染

电磁波污染，包括光污染也是应该引起重视的。防止电磁波污染的办法仍然是绿化，因为植物能有效阻止电磁波的穿入，减轻辐射。

（二）物业环境的保洁管理

在物业管理区域内，营造良好的卫生环境所带来的舒适与幽雅，对于物业服务企业的服务水平是一个直观的指标。而整洁的物业管理环境是由常规的保洁管理来保证的。

1. 保洁管理的含义

保洁管理是物业服务企业通过日常保洁、宣传教育与监督治理的工作，来保护物业区域的环境，防止环境污染的物业管理过程。其具体的操作是：定时、定点、定人进行垃圾的分类、收集、处理与清运；通过清扫、擦拭、整理等具体工作，来维护辖区所有公共部位的清洁卫生，保持环境整洁，提高环境效益。

2. 保洁管理的原则

（1）保持与清扫相结合。"保持"与"清扫"是保持整洁的两个具体措施。其中，应该以"保持"为主，没有"保持"的"清扫"是不能收到良好效果的。而"保持"又与居民的卫生习惯有关，所以应该多多注意与业主沟通。

（2）依法依规，严格管理。"依法依规"有两层含义：其一是依照国家的法律法规、政府的相关管理规章等；其二依照物业服务企业与业主之间所签订的具有法律效应的文书。而其中后者更为重要，这是因为后者是在前者的基础上产生的具体措施，对物业环境的保洁管理有更为具体的指导作用。

这一原则要求在管理中，形成制度管理的方式，发挥制度的作用，在制度面前人人平等。通过严格执行制度，达到管理的目的。

（3）责任明确，分工具体。保洁是一项具体、复杂、烦琐的工作，工作时间长，任务重。在管理中要保证各环节的良好衔接，杜绝卫生死角，就必须周密安排每一个岗位，明确规定职责。这样才能收到预期的效果。

3. 保洁管理的范围

（1）公共用地的保洁。公共用地的保洁，是指对物业区域内的公共用地，包括区内建筑物外的道路、广场、空地、绿地、房前屋后等位置的清洁与保持工作。在物业管理区域内，业主的私人空间属于专有所有权范畴，不是公共服务的内容。但公共用地的清洁卫生工作，则是由物业服务企业提供的。

（2）共用部位的保洁。共用部位的保洁，是指对物业管理区域中的建筑物内部，包括楼梯、电梯间、走道、大厅、平台、建筑物外墙等部位的保洁。

（3）垃圾处理。垃圾处理，指对住宅区的生活垃圾和商业物业使用过程中的废弃物进行分类、收集、处理和清运。这就要求业主按要求的时间、地点与方式将垃圾放入的容器。

4. 保洁管理的制度建设

为了使物业环境的保洁管理规范化，建立完善的保洁管理制度是非常必要的。因而应该做好以下几方面的工作。

（1）明确要求。规定保洁工作的时间、方式、标准、流程和岗位责任。

（2）规定具体的保洁标准。标准是衡量保洁工作成效的尺度。物业保洁管理中通用的标准是"五无"、"六不"与"六净"。五无：无裸露垃圾，无垃圾死角，无明显积尘、积垢，无蚊蝇虫孳生地与无脏、乱、差顽疾；六不：不见积水，不见尘土，不见杂物，不乱倒垃圾，不漏收垃圾堆与不见人畜粪便；六净：路面净，路沿净，人行道净，雨水口净，树根、墙根净与废物净。

（3）计划安排保洁工作。根据情况对物业环境的保洁工作作出不同时段的计划安排，如年计划、季计划、月计划、周计划、日计划等，而且还要让计划特别是短期计划落实到具体的岗位、具体的人员。只有这样才能保证计划的实现。

（4）定期检查。物业服务企业应该将保洁计划公布于众，使之处于业主的监督之下，同时企业的管理者应该定期对保洁工作进行具体的检查，以保证工作质量。

5. 保洁管理的机构设置及职能划分

物业服务企业的保洁工作，可由企业自己担任，也可将其分包给专门的生产型企业完成。这要视企业的具体状况而定：如果是大型的综合性公司可以自己承担，但是小型的专业化项目管理企业则可向外发包。当保洁工作由自己承担时，企业应该设立保洁部。

保洁部内的机构设置要根据企业的规模、企业的设备情况及劳动效率、企业所管物业的数量及业主所要求的项目情况等来决定；保洁部的岗位设置一般有经理（或主任）、技术员、仓库保管员、保洁员等。

在建立了组织机构的基础上，应该有完善的制度来保证组织的有效运行。这样保洁部的岗位职责、工作标准、工作流程、奖惩措施等都应该建立相关的制度来规范，从而保证管理的标准化、规范化、制度化、科学化。

6. 住宅区保洁管理的具体操作简介

（1）制定管理制度。住宅区保洁管理的制度分两大内容：一是企业内保洁部门的管理制度，是对企业内员工的约束管理制度，包括劳动纪律、奖罚条例等；二是物业管理的制度，约束对象是不遵守小区公共规则的人，使之在制度的约束下培养良好的公共习惯。

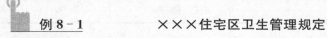
例 8-1　　　　×××住宅区卫生管理规定

为了保持住宅区的干净整洁，使业主享有优雅、舒适的生活环境。特制定本规定。

(1) 住户须使用本市统一标准化垃圾袋,早上七点前置于大门外,(低层住户置于楼下垃圾池),以便清洁人员清倒(垃圾袋由管理处代售),不准把垃圾筒长时间摆放在门口、走廊或楼梯间,违者经三次以上劝告不听,给予罚款并没收垃圾筒。

(2) 不准乱倒垃圾、杂物、污水和随地大小便。凡乱倒乱扔垃圾、淤泥、污水、污物,污染公共场所和随地大小便者,罚款10—2 000元,并清理现场。

(3) 切莫将垃圾、布屑、胶袋等杂物投入厕所或下水道,如因使用不当而堵塞或损坏,用户应支付维修费用。

(4) 小区内的任何公共地方,均不得乱涂、乱画、乱贴,违者应支付粉刷费,如属小孩所为应由家系负责。

(5) 凡在公共场所乱贴广告、标语,乱竖指路牌、广告牌者,除责令其限期拆除外,并罚款10—100元。

(6) 凡住户不按公安局规定养无证狗者,要立即捕杀无证犬,否则每只罚款100—300元;凡放养家禽者,每只罚款5—10元,并限令宰杀。

(7) 住户或单位装修完毕,应立即清扫,不得将废弃物弃于走廊及公共场所。

(8) 商场、饮食点应按规定地点放置垃圾筒。凡不按规定地点放置垃圾筒者,罚款100—3 000元。

(9) 凡商场、饮食点在公共场所、走廊堆放物品和材料,或扩大经营场地,限其搬回,恢复原貌,逾期者,罚款50—200元,并没收其物品。店容店貌及卫生不清洁,有蚊蝇孳生地,罚款50—200元,情节严重的,报有关部门责令其停业整顿或吊销其营业执照。

(2) 制定考核标准。考核标准是对企业在保洁管理中的具体操作进行考核,以便规范化操作、规范化管理,保证保洁管理的质量。

第一,每日清洁操作细则管理要求,其具体内容见表8-1。

表8-1 每日清洁操作细则管理要求

物业对象	清洁内容	清洁方式	清洁次数	项目数
住宅区	指定区域内的道路(含人行道)	清扫	2	1
	指定区域内的绿化带(含附属物)	清扫	1	2
	住宅内的各层楼梯(含扶手)、过道	清扫、擦拭	1	3
	住户的生活垃圾、垃圾箱内的垃圾	收集、运送	2	4
	电梯门、地板及周身	清扫、擦拭	2	5
	电梯扶手、两侧护板、跳脚	清扫、擦拭	2	6
	厕所	冲洗、拖洗、擦拭	3	7
	会议室、商场等	清扫、擦拭	2—4	8

第二,每周清洁操作细则管理要求,其具体内容见表8-2。

表8-2 每周清洁操作细则管理要求

物业对象	清洁内容	清洁方式	清洁次数	项数
住宅区	天台、天井	清扫	1	1
住宅区	各层公共走廊	拖洗	1	2
住宅区	用户信箱	擦拭	1	3
住宅区	电梯表面保护膜	涂擦	1	4
住宅区	手扶电梯打蜡	涂擦	1	5
住宅区	公用部位窗户、空调风口百叶(高层)	打扫、擦拭	1	6
住宅区	地台表面	拖擦	2	7
住宅区	储物室、公用房间	清扫	1	8

第三,每月清洁操作细则管理要求,其具体内容见表8-3。

表8-3 每月清洁操作细则管理要求

物业对象	清洁内容	清洁方式	清洁次数	项数
住宅区	公用部位天花板、四周墙板	清扫	1	1
住宅区	公用部位窗户	擦拭	1	2
住宅区	公用电灯灯罩、灯饰	擦拭	1	3
住宅区	地台表面打蜡	涂擦	1	4
住宅区	卫生间抽气扇	擦拭	2	5
住宅区	地毯	清洗	0.5	6

(三)物业环境的绿化管理

所谓物业环境的绿化管理,是指物业服务企业按照业主的要求,通过种植绿色植物的方式,使所管物业的环境更加接近自然生态,从而为业主创造更好的生活与工作环境。植物不但可以净化空气、保持水土、防风固沙、调节温度与湿度、消声防噪,使自然环境向好的方向发展;而且还可以美化环境,陶冶情操,使人的心理状态形成良性循环。因此,联合国确定的保障人类健康的城市人均绿地标准是50—60平方米。

1. 物业环境绿化的形式

根据绿化形式的不同我们可将其分为平面(地面)与立体(空间)两大类。

平面的又可以分为点、线、面三种。而这三者即可独成一派,又可以自由组合,尤其是其组合,有着丰富的表现能力。

(1)点:指某一独特造型的树木、盆景等。

(2)线:指不同级别的道路两边所植的树木、花草、盆景等,呈线状布置的绿化内容。

(3)面:即绿化区和纵横两方向都有一定宽度的植物种植。它可以是内容单一的表现形式，但更多的是其间的内容与形式都是有变化的、表现力更为丰富的情况。而且更有可能是由点、线的不同内容与形式组合而成的。

而立体的则是指对建筑物不同楼层的绿化。如各层的凉台、窗台的绿化，屋顶的绿化等等。而这种立体的绿化往往是发生在建筑物的垂直空间，所以又称之为空间绿化。

2. 物业环境绿化管理的实施途径

对于物业环境的绿化应该秉承"适用、经济、美观"的设计理念，为业主营造其需要的绿化环境。可从以下几方面入手。

(1) 园林绿地的营造与养护。小区的园林绿地，虽不像公园要求那么高，但借用精巧的园林艺术小品和丰富多彩的园林表现手法美化小区，却是一个不错的、也是必需的思路。这样可以为业主创造一个清新、优雅的环境，有利于提升业主户外活动的质量。美好的户外环境可以将业主"留"在户外的时间延长，有利于业主之间的沟通与交流，增强业主的心理归属感，进而让业主更加认同自己所居住的小区、认同为他们营造环境的物业服务企业。

对绿地的要求，要做到遮阴、降温、减少噪声、防尘、增加湿度、防火。重点美化的部分应该放在能引人注目的小区出入口处或小区的人流集中地；一般其他地方的绿化，方式应该简捷，重点要注重绿化的环境改善功能。

有些小区的临街一面，往往是人流集中的场所。由于人车集中，往往将广场和停车场结合为一体，广场绿地可建草坪、花坛、座椅、水池等，而广场则可布置成花园形式。要注意的是，在这种情况下，小区的物业管理绿化与街道的城市绿化是融为一体的，其设计需考虑与街道绿化的协调与呼应。

在物业环境绿化管理中，具体应该遵从以下四个步骤来进行。

第一步，植物的选择。园林是由地形、山石、道路、水体、植物、建筑物等共同构成的整体。由于植物的表现力强，而成为园林的主体，因而，植物的覆盖率成为住宅区绿化的重要指标。

对于植物品种的选择，应该根据物业所处的自然环境而定，比如沿海与内陆不同，南方与北方有异。南方高温城市的住宅区就应该选择以树干高大、树冠浓密的乔木为主；而北方内陆城市的住宅区则应该选择以耐旱为首要条件的树木为主，至于北方沿海的城市由于自然环境比较柔和，就没有这样的限制性条件。

即使是在同一个住宅区，由于不同部位的绿化形式不同，绿化功能各异，所选的植物也会有差异。如道路绿化的树木，应该树干高大、树冠浓密、根深耐旱；水池边应种植落叶少、不产生飞絮的树木、花草，而且应是无毒的、不带刺的品种；花坛就应该栽种色彩鲜艳、花香果佳的植物。

第二步，配置方式。住宅区园林绿化配置的方式有两种：规则式与自然式。接近房屋的园区采用规则式，而远离的地区则采用自然式。

园林植物的配置要在植物的外形、颜色等方面进行合理搭配，注意环境的美化，使植物的造型与布置能够表达与体现人的精神风貌与思想情感。这是因为园林植物的配置不仅应该有"绿"的效果来净化环境、平衡生态，而且还要有"美"的功能来愉悦心情、陶冶情操。

在植物品种的搭配上应注意,既要考虑植物生长的快慢;也要注意到乔木与灌木、常绿与落叶、阔叶与针叶、观叶与观花、观果等的协调。另外,房屋附近种植的乔木、灌木都应该严格按照规划中所规定的乔木、灌木与建筑物和各种管网的最小距离的要求。这样才能既保证建筑物质量的使用寿命的要求,又不影响房屋使用的通风与采光。

第三步,施工。住宅区绿化的施工既可由物业服务企业自己承担,也可通过市场发包给其他合作伙伴。不管以何种方式施工,施工都是最重要的一个环节,只有施工才能让以上的"植物选择"与"配置方式"落到实处,否则,就只是纸上谈兵;此外,施工的质量,还会直接影响到今后的管理与养护。

第四步,养护。要保证住宅区优美的环境,时间因素是一个十分重要的指标。园林绿化施工的完成,只是一个开端,而今后漫长、琐碎、平凡又不起眼的管理与养护,才至关重要。在这期间,要根据四季的变化与植物的生长节律,细心安排日常的除草、松土、浇水、施肥,以及整形修剪、防治病虫害等工作。这样才能使花木生长旺盛,才能使居民享受到花红柳绿,才能使住宅区有一个怡人的环境。

(2)建筑空间的绿化。建筑空间的绿化是指建筑物垂直方向上的绿化,一般如凉台、窗台、建筑物外墙、屋顶等的绿化,都属于这一范畴。

第一,屋顶绿化。屋顶绿化除了考虑房顶的负荷,不能种植高大的乔木之外,其他的设计就与地面绿化一样对待,如要注意植物品种的选择搭配、设计造景的美观、与自然的协调等等。

第二,外墙绿化。外墙的绿化主要通过在外墙脚边种植攀援藤本植物来完成。目前多用的是爬墙虎、常春藤等。其主根扎入地下,不定根附着于墙面,枝蔓生于墙壁,使满墙遍绿,既美化了建筑物的外观,又塑造了一个冬暖夏凉、空气清新、干湿适度的室内环境。

第三,阳台绿化。在建筑物向高空发展的阶段,虽然多数家庭不可能有庭院,但绝大多数拥有凉台,凉台的美化十分重要。如今的房屋凉台绿化有两种情况:一是建立了花槽的凉台,二是没有花槽,而用花盆种植的凉台。花盆植物必须注意防止花盆的跌落。

(3)园林小品。园林绿地虽以植物造园为主,但园林小品却可以起到画龙点睛的作用。园林小品的设计应根据其具体的环境需要来选择,但总要求是简单、小型,多采用水池、瀑布、喷泉、花架、假山、亭子等表现手法。

水池是人造的蓄水容体,水面平静,在室外的环境中,能作为其他景物的背景,如作为雕塑、喷泉等的背景,其水中倒影尤其能够烘托气氛、渲染环境,营造良好的观赏效果。

喷泉的造型既可以水为主景,形成抽象形体的水雕塑;也可以雕塑为主、喷泉为辅,组合成景,这样有水时可观赏喷泉效果,没水时也会有景可观。另外,人造瀑布还会有更加丰富的表现力。

花架是建筑物与植物相结合的人造景观。上有攀援藤蔓遮阴,下设桌凳供人们休闲纳凉。其种类有竹木花架、砖混凝土花架、钢筋混凝土架与金属花架等。花架施工容易,造价低廉,作用又大,所以成为很多住宅区的上好选择。

假山常常作为主景,是园林的重要组成部分,有"无园不石""无园不山"之说。假山常与流水、瀑布结合设置,它们相映成趣、相得宜彰。

亭子在园林中被广泛采用,深受人们喜爱。结合不同的环境、用于不同功能所建造的亭子可分为赏景亭、休息亭等。赏景亭的前方视野要开阔;休息亭则应该设置在宁静、雅致的地方。亭子的形式有单亭、组合亭、规则形状亭与不规则形状亭,亭顶可采用仿古式、也可采用现代的平顶形式。另外,亭子与水的组合可称为榭与舫。榭与舫临水而建,驾临于碧波之上,别有一番情趣。所以,榭舫在功能上除了可以满足人们休息的实用价值之外,还有点缀风景、美化环境的作用。

各种各样的园林小品要因时、因地、因景而异,如果设计得当,建造精巧,花不大的代价,就可起到画龙点睛的作用。否则,就会适得其反,画蛇添足。园林小品体现的是物业服务企业的用心服务,必须引起足够的重视。

3. 物业环境绿化管理机构设置与岗位责任

物业环境的绿化管理机构的名称,可依企业的大小不同而定为绿化部、绿化科或绿化股等。机构设置与人员配置可依据具体情况而定,一般应该设有部门经理、主管工程师、相关技术员及花圃组、绿地组、服务组等专门作业小组。其中应配备一定比例的专业技术人员。

例 8-2 现举管理人员 3 名,工人 10 名的绿化部为例,应设部门经理 1 名、主管员 1 名、办事员 1 名,并设有花圃组、绿地组、服务组三个作业小组。其各岗位的具体职责如下。

1. 部门经理的岗位职责

(1) 对公司经理负责;

(2) 负责绿化部的全面工作,结合公司的有关规定,制订本部门的工作计划,安排本部门各阶段的工作;

(3) 负责做好本部门职工的思想教育工作与学习、生活的管理;

(4) 接受上级交办的其他工作。

2. 主管工程师的岗位职责

(1) 对本部门经理负责;

(2) 负责绿化管理技术措施的制定和工人的培训;

(3) 负责检查、督促、指导小区的绿化美化工作;

(4) 接受上级交办的其他工作。

3. 办事员(兼技术员)的岗位职责

(1) 对部门经理负责;

(2) 负责绿化部门办公室内务工作;

(3) 负责对外联系花木出售、租花、插花以及有关的业务工作;

(4) 接受上级交办的其他工作。

4. 花圃组

花圃组不仅要负责培育各种花卉苗木，满足小区的补植、更新和本公司用花，而且要满足各户摆花、插花的需要，以及不断学习与研究新技术。

本组员工工作时应该注意：

(1) 员工工作时，要佩戴岗位证；
(2) 同一品种的花卉要集中培育，不要乱摆乱放；
(3) 根据盆栽花卉的植株大小、高矮和长势的优劣分别摆放，采取不同的管理措施；
(4) 浇水时要注意保护花木，不同的花木用不同的浇水工具浇水，避免冲斜冲倒植株，冲走盆泥；
(5) 花盆破时要及时更换，盆泥少了要及时添；
(6) 除草、松土、施肥；
(7) 防治病、虫、害，喷药时要按规程进行，保证人、畜、花的安全；
(8) 花圃要保持整洁卫生，杂物脏物要及时清理；
(9) 爱护工具，公用工具用完后要及时放回原处，不能随意丢弃，自用工具要注意好好保管；
(10) 不能私自出售花木，应由专门的管理人员出售。

5. 绿地组

绿地组的责任是：管好物业管理区域内的绿地、养护树木、培育花草，使草地绿茵、枝繁叶茂。

本组员工工作时应该注意：

(1) 员工工作时，要佩戴岗位证，对损坏花木者，要应力劝阻，严重者报有关部门处理；
(2) 保护草坪生长良好，防止有人践踏草坪；
(3) 草坪的除草、浇水，季节性的松土、施肥、修剪等；
(4) 病虫害的防治，及时发现、及时采取措施，并要按规程做好防范工作，保证人畜的安全，妥善保管好农药；
(5) 周围如有绿篱的要负责绿篱的管理，如浇水、修剪等；
(6) 配合保洁部做好绿地的环境保洁工作；
(7) 管理好各种工具。

6. 服务组

服务组负责通过艺术的处理，用五彩斑斓花卉装点室内空间，美化室内环境，给业主清新、高雅、美好的享受。

员工工作时应该注意的是：

(1) 工作时势佩戴岗位证，并注意仪表的清洁、大方；
(2) 搬运花卉时，要注意保持花卉的株型姿态不受损，注意场地卫生，尽量减少盆泥及污物的散落；
(3) 摆花、插花要讲究艺术，品种配置、摆放位置要适当，构图要合理，风格应统一协调；

（4）发现摆花的枯萎现象时要及时更换，保证花卉正常生长与叶面的清洁。

二、物业安全管理

（一）物业安全管理的含义

1. 安全管理的含义

安全管理是指按业主的要求，为其提供防盗、防破坏、防流氓活动、防火灾事故等一系列的管理服务。其目的是为了所管区域内的财产、人身安全，保证业主的正常生活、工作秩序。

物业服务企业提供的物业管理服务内容中包括"维护相关区域内秩序的活动"，物业服务企业的职责包括"协助做好物业管理区域的安全防范工作"。物业服务企业从事的守望、守护以及公共秩序维护工作。发生安全事故时，物业服务企业在采取应急措施的同时，应当及时向有关行政管理部门报告，协助做好救助工作。

2. 安全管理的特点

（1）安全管理可满足人们最基本的心理需求。按照马斯洛的需求理论，人的需求可分为五个层次，安全需求位于第二个层次，是人们最为基本的需求内容之一。随着社会经济的发展，科学技术水平的不断提高，人民生活条件的逐步改善，安全问题也越来越为人们所重视。

（2）安全管理是介于公安机关职责和社会自我防范之间的一项服务。物业安全管理作为一项职业性的服务工作，是介于公安机关职责和社会自我防范之间的一项保安工作。与公安机关与企业事业单位的治安联防相比，具有补充国家警力不足、减轻国家财政负担及工作职责范围的针对性的优点。

（3）安全管理的方式。对于物业服务企业而言，为业主提供物业安全管理服务可采取两种方式：一是通过市场将这一业务发包给其他专门的安全机构来管理；二是自己组建安全部（科、股、组等）来提供服务。

如果选择了第一种管理方式，物业服务企业要做的工作如下：一是选择发包对象，二是签订一份周密的发包合同，通过合同将业主的意愿传达给发包对象，同时也通过合同来准确、合理地规范本企业与发包对象的责、权、利关系。总之，这一合同既要能够保障业主的利益，又要保证物业服务企业的利益。

（二）治安安全管理

本部分所要研究的是当物业服务企业选择由自己亲自管理后，企业应该完成的具体工作。

1. 治安管理的方式与原则

（1）治安安全管理的方式。在物业管理中，治安管理可分为封闭式管理、开放式管理与综合式管理三种情况。

封闭式管理适用于政府机关、部队等要害部门或业主有特殊要求的物业的管理。其特点是构建整个物业的封闭体系，物业入口每天 24 小时有门卫值守，内部人员有专用通行证件，外来人员须征得内部人员的同意方可入内，而且要办理出入登记手续。尤其是出入的车辆及大件物品必须登记在册。

开放式管理适用于住宅区与商业楼宇，用户不需办理证件，外来人员只需着装整洁就可自由出入，对车辆及一般物件的进出也不必检查。

综合式管理综合了开放式管理与封闭式管理两种方式的长处。比如有些商用楼、写字楼，在营业时间希望更多的顾客进入，此时是开放式管理，但商业楼宇的商品安全也是十分重要的，所以下班时间，没有顾客进入时，就转而采用封闭式管理。

（2）治安管理的原则。治安安全管理应该坚持"预防为主，防治结合"的原则、物业管理区内防治与社会治安相结合的原则、硬件防治同软件防治相结合的原则，以及物业区内防治与社会治安相结合的原则。

"预防为主，防治结合"的原则。治安管理的关键是做好预防工作，业主对物业服务企业的安全管理工作衡量的首要标准就是安全防范是否完善、到位。业主选择物业服务企业的一个重要标准，也是看其所管理的项目是否曾经发生过治安事件和刑事案件。因此，物业服务企业的维护公共秩序和协助安全防范的管理部门应该努力完善安全防范措施，包括人力防范与设备防范。将治安隐患消灭在萌芽状态，必须做到预防为主，防治结合。

物业区内防治与社会治安相结合的原则。物业项目是整个城市的组成部分，物业区域内的安全管理也是整个社会安全的一个组成部分。物业服务企业的维护公共秩序和协助安全防范的管理部门，应该与社会的安全管理机构——公安机关保持密切联系，了解情况，掌握动向，配合公安部门，如辖区派出所搞好物业区域及其周边的治安工作。

硬件防治同软件防治相结合的原则。硬件防治与软件防治有两层含义：其一是指在物业服务企业的具体治安防治工作中，既要抓好硬件设施的建设，如建立专门的机构，配备专职的人员，配置专业的设备及报警器、监控器、访问控制系统等；又要做好软件队伍的建设，制定完善的治安管理制度与切实的岗位责任制，定期与不定期地对秩序维护工作人员进行思想品德教育与专业技术培训等。其二是物业服务企业的防治与群防群治相结合，物业服务企业的防治，是专门机关、专业人员的防治，可能理解为硬件；另外，软件是指物业区域内的每一个人的治安防范意识。它是治安管理中的十分重要的一部分。治安案件往往发生在阴暗的角落里，而且罪犯往往会蓄意避开专职的保安人员，所以，发动群众共同防范就非常重要。为此，在物业安全管理中应该加强宣传，强化业主的安全防范意识，争取业主的支持与配合。

重点防范与一般管理相结合的原则。物业维护公共秩序和协助安全防范的管理部门除了做好平时的门卫、守护、监督、巡逻外，还应特别注意重点区域、重要时段的秩序维护工作。明确重点目标，做好点面结合工作，针对不同物业的秩序维护管理特点，将重点防范与一般管理结合起来。对业主指定的重要目标要重点看护与守卫，对底层与顶层区域，以及使用较少的物业要加强秩序维护。

2. 治安管理的内容

(1) 做好预防犯罪的工作。所谓预防犯罪是指在物业安全管理中,做好一系列软硬件的准备工作,不给罪犯留下作案的机会。其具体包括：在不同的场合,配置不同功能的锁；出入口的控制和可视监护器等设备的使用等；另外,还包括对业主进行安全宣传与紧急情况下的自救培训工作,以及相关项目的安全保险。

(2) 雇佣合格的保安人员。聘用物业服务企业应对安全保卫工作人员严格把关。自2010年1月1日起施行的《保安服务管理条例》(国务院令第564号)第16条规定："年满18周岁、身体健康、品行良好、具有初中以上学历的中国公民可以申领保安员证,从事保安服务工作。"可见具备以上条件者才可能成为物业服务企业的保安服务人员。该《保安服务管理条例》还要求"申请人经设区的市级人民政府公安机关考试、审查合格并留存指纹等人体生物信息的,发给保安员证"。

要注重员工品德的要求,也就是说不能在安全保卫部门留下不"安全"的因素。这主要是由于当前在物业管理中,由于保安人员的不"安全",对业主造成伤害的案例时有发生,给物业管理敲响了警钟。因此,必须在人才的选拔中严格把关,杜绝保安人员的不"安全"。

《保安服务管理条例》第17条规定："有下列情形之一的,不得担任保安员：(一) 曾被收容教育、强制隔离戒毒、劳动教养或者3次以上行政拘留的；(二) 曾因故意犯罪被刑事处罚的；(三) 被吊销保安员证未满3年的；(四) 曾两次被吊销保安员证的。"

保安人员初聘后,企业可对保安人员进行必要的培训,培训之后再行选择,以保证保安人员的专业素质。

(3) 值班守护。值班守护是预防犯罪的常用方法,也是一种十分有效的方法。所以,它广泛应用于公寓楼宇、商业中心与办公物业的管理中。值班守护分为设备守护与人力守护：设备守护就是运用监视器、报警器等协助工作,这样虽然前期有一定的投入,但在设备的工作中却不需要开工资,而且效果好；人力守护又可分为门卫与巡逻,门卫要加强外来人员与车辆的登记管理,对重点目标要实施看守,对一层、二层、顶层与无人户要加强保安。

值班守护应与周边的治安工作相结合,要与城市安全的力量——警察的保卫工作相结合,争取公安机关更多的指导；同时,值班守护应该与区内的群防群治结合,在社区内建立联防联保制度；最后,必须将公安机关的指导与区内业主的支持结合起来,组成一个高效的治安保卫防范网络。值班守护工作的高效、到位,可以有效地预防犯罪。

(4) 潜在危险地段的重点防范。罪犯作案是需要条件的,他们往往会寻找有利的时机、地点与环境。而这就是加以防范的重点。具体说来主要有如下几点应该引起特别的重视：人行道附近、停车场地不应有藏身之处；增加路灯,加强行人的自信心,并对罪犯起到震慑作用；机动车与非机动车的号码要醒目；岗哨应安排在重要位置；外来车辆经许可方可停放,必须严格禁止装有易燃、易爆、剧毒物品与污染物车辆的进入。

(三) 消防安全管理

1. 建立专职的消防班组

专职消防组织的建立,是保障消防工作的基本条件。对其人员的选择也不可小视,应选择素质高、身体好；行动快速、反应灵敏、责任心强、勇于献身的人。同时，要对员工进行培训，使之掌握消防仪器、设备的使用与维护保养技能。

2. 制定完善的消防制度

（1）建立消防中心值班室。火灾发生的时间是不可预知的，所以，建立消防值班室就是十分必要的。消防值班室是火警预报的信息中心。因此，对值班人员有严格的纪律要求，如不能迟到、早退、擅自离岗，上班时不能闲聊、睡觉、吵闹、喝酒，必须严格遵守交接班制度，发现火灾隐患及时处理并报告。

（2）明确消防岗位责任制。物业服务企业应该建立各级领导层层负责的消防责任制度。上至企业总经理，下至消防员，都对消防负有各自的责任，必须通过岗位责任制度，严格规范，将每一项责任落实到具体的岗位。

（3）制定消防档案制度。消防档案包括：火灾隐患，消防设备状况，如设备的位置、功能、状态等；还有重点消防部位，消防工作情况的记录等。建立消防档案，以备随时查阅，定期研究，不断提高防火灭火的水平。

3. 消防安全管理的基本内容

（1）积极开展消防宣传与消防知识的培训。消防安全不仅与专门的管理人员相关，而且与物业区域内的每一个人有关，正所谓"防火安全，人人有责"。所以，不仅应该让每一个人都知道消防的重要性，而且还必须让每一个人都懂得防火的具体办法。因此，物业服务企业不仅要对企业内的消防人员进行专业技能的培训，也还要对物业区域内的业主、租户等相关人员进行消防知识的普及宣传。物业区域内严禁擅自焚烧物品，应该在指定区域燃放烟花、爆竹；区域内的走道、楼梯、出入口等部位要保持畅通，严禁堆放物品。

（2）定期保养维护消防设备。消防设备的使用，不仅可以保证消防质量，而且能够有效提高劳动效率，但消防设备需要精心的维护与保养。所以，必须定期对消防设备进行检查、维修，及时更新消防器材，使之处于完好状态。任何部门与个人（包括物业服务企业的工作人员与业主）都有维护消防设备的责任，不准挪用消防设备与器材，不准妨碍消防水源，不准占用防火间距堵塞消防通道。

（3）坚持巡回检查制度及节、假日和重大活动前的全面检查制度。物业区域内的有些部位往往是火源所在，如电、气等设备的相关部件就属此类。所以，必须按照相关的电力技术规范的规定，定期对电器设备、开关、线路和照明灯具等进行检查；还有燃气管道系统的仪表、阀门、接头等都应该定期检查与维护，发现问题及时处理。

（4）定期与不定期的培训职工。消防的重要性决定了员工培训的必要，加上随着自动化设备的广泛使用，消防设备与器材的更新日趋频繁，对消防人员的专业技术要求不断提高。所以，必须对员工进行定期与不定期的培训，提高员工的专业技能。员工培训的内容主要有消防设备的使用与维护管理，消防器材的管理与更新等，以及在紧急情况下对受害人的求助措施，对业主的宣传方法等。

（四）交通安全管理

1. 交通安全管理的重要性

在私家车逐步增多的时期，由车辆引发的交通事故也呈现上升的趋势。尤其是当轿车进入家庭后,这一问题便应该愈加受到关注。因而交通安全就成为物业管理中必须考虑的问题,在住宅区中,车多人也多,交通安全的问题更是不容回避。

(1) 车辆会造成交通安全问题。交通安全问题应该从行车与停车两方面进行分析。

第一,车辆行车安全问题。在物业区域内,尤其是住宅区内,由于人多,车也在增加,所以行车问题应该引起充分的重视,特别是在人流集中的小区出入口、小区中心地带,人车都应该按照交通规则行进,即使是在其他地方,只要是人流集中地带,都必须倍加小心,否则容易引起行车事故。因此,行车安全的管理十分必要。

第二,车辆停放安全问题。过去的车辆停放问题,主要指的是自行车停放的问题。但由于轿车进入家庭的速度太快,而开发商与购房业主都没有料到,所以就出现了许多业主的车没有车库的现象。而现在的财产安全又要求有良好的管理,否则丢车事件就会发生。于是,就对车辆的停放管理提出了要求。

(2) 当前车辆逐渐增多,影响面扩大。随着市场的成熟,家庭轿车越来越多,现在已不是像过去那样只有少数人有车。随着经济的发展,市场的成熟,房地产市场与汽车市场同时受到了消费者的青睐。在房地产业发展时,物业管理市场兴起;在汽车市场发展时,轿车走进了家庭,于是便产生了物业管理中的交通安全问题。当前,商用物业、办公物业,住宅物业的车辆管理越来越显重要。

2. 车辆管理的内容

(1) 机动车管理规定。对于物业管理区域内的行车管理,应该采取制度管理的方式,以使车主形成良好的行车习惯。所以,制定完善的行车管理规定就十分重要。为了维护物业管理区域内的正常秩序,保证区内的道路畅通,应该从以下几个方面来进行管理:外来车辆须经允许方可入内;进入物业管理区域内的车辆必须按指定地点停放,并按规定交纳一定费用,行车车道、消防通道及非停车位置禁止停车;凡装有易燃、易爆、剧毒物品或装有污染物的车辆,及2.5吨以上的货车严禁驶入区内;长期停放在物业管理区域内的车辆,应申请"准停证";车辆进入物业管理区域内行驶,应减速、不可鸣号;未经允许,不得在物业管理区域内学习驾驶与试车。

(2) 摩托车、助动车、自行车管理规定。业主的摩托车、助动车、自行车交停车场管理时,必须办理取车牌号,交纳管理费用,并遵从规定,服从车辆管理员的管理;外来车辆交停车场管理时,应按规定停放,并交纳管理费用;无牌照车辆丢失,物业服务企业不负责任。

(3) 车辆停放。区内的车辆停放,实际上是要处理好"行"与"停"的问题。尤其是在车辆相对较多而车库较少的物业区域,这一问题尤其突出。

行车,需要有行车道。而在住宅区,既有行车与人行的问题,又有户外活动的质量与安全的问题,而停车场的设立又要占据一定的位置。这样就必须精心设计停车场的位置,使车辆出入带来的干扰降到最低。在商业物业、办公楼宇与工业区内,由于车辆进出频繁,要使之有序出入,就应该使车道设置合理。同时,应派出专门的管理人员及时指挥、疏导,以免产生交通阻塞。

停车,又可分为经营型物业的停车与消费型物业(住宅区)的停车。经营型物业的停车主要是指商业、办公与工业物业的停车管理,应由专门的车辆管理人员指挥,督促一切车辆有序停放,高效使用有限的车位。消费型物业的停车就是住宅区的停车,由于车辆品种较多,数量也不少,情况复杂,应根据具体情况采取措施。例如:车库能够满足的住宅区,应尽量使车归其库;若车库不够用的,可采取停车与绿化相结合的办法,将路边空地做成可植草的铺砖地面,这样即有停车场又有绿地。区内的车辆停放一般将位置固定;至于区外的车辆,也应划定一定的停放区域;此外还有自行车、摩托车的停放,白天可在外临时停放,而晚上则应该归入车棚,避免在外过夜。

本章小结

物业服务综合管理包括物业区域内的公共性服务,以及为业主与其他人提供的物业经营性服务。公共性服务具体有:物业的环境管理与安全管理;为业主与其他人提供的物业经营性服务包括业主整体之外的、多与物业相关的其他服务。在工作中,物业服务企业应该适当地使用市场引导法与人文关怀法,并坚持设身处地为业主着想、保证物业保值增值,以及立足市场,力争上游的原则。

物业环境管理主要有环境清洁卫生管理与环境绿化管理;物业安全管理包含治安安全、消防安全与交通安全。在环境清洁、环境绿化与安全管理等公共性服务中,企业可以选择自己提供服务,也可以选择通过市场寻求合作伙伴来为业主提供服务。

关键词

物业服务综合管理　物业的公共性服务　环境管理　安全管理

复习思考题

1. 物业服务综合管理可采用哪些方法?
2. 物业服务综合管理应坚持什么原则?
3. 物业的公共性服务包括哪些内容?
4. 案例分析:

(1) 某住宅区一居民反映,他家三楼邻居擅自砍掉了一些树林的枝条,理由是这些枝条已伸到阳台边,存在安全隐患。某大城市一知名住宅区的物业服务企业考虑到树木影响到了部分居民的光照、通风,于是进行了树木的抽稀、疏绿工作,却被居民误解为"毁绿"行为,双方闹得很不愉快。又有一小区的物业服务企业,为居民搬迁了挡在窗前的成排柏树,并移植到小区外,但因疏于管理,这些"动迁"的树木大部分已经死亡,令小区居民痛惜不已。

① 你认为小区绿化的"减法"应不应该做？为什么？

② 物业服务企业应该如何做好住宅区绿化的"减法"工作？

（2）某小区有一业主在其门口放置鞋柜，管理人员前去让其收回家中，业主便配合收回了。但管理人员走后，其又将鞋柜放了出来。请问：如果是你，你会如何处理？

（3）小区前有一片敞开的绿地，绿地上亭栅多姿、曲径通幽、池水泛光、花木含情，吸引着众多居民在这里驻足小憩。但却有人随意在草地上穿行、嬉戏，使草坪遭到破坏。于是这成为小区管理中的一个难题，可想了许多办法均未能奏效。请你拿出自己的办法，解决这一难题。

（4）下班一个多小时后，某住宅区的物业服务企业值班员接到一个电话："我是某某楼5楼的业主，我们楼上6楼正在装修，刺鼻的油漆味、噪声让我们无法正常起居、饮食，而且他们使用的是含铅油漆，危害健康。你们物业公司怎么不管？"接下来又是一个电话，这是6楼的装修工程队打来的，说是5楼住户阻止他们干活，但他们也没有办法，拖延工期是要被老板扣工钱的。如果你是该值班员，你会如何处理？你认为对于这一案例，物业公司在管理中有无疏漏？应怎样改进？

第九章　物业管理的资金管理

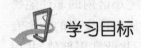

学习了本章后,你应该能够:
1. 了解物业管理资金的类型及其筹措渠道。
2. 掌握物业服务费的构成及测算方法。
3. 熟悉住宅专项维修资金的交存、使用与管理。
4. 熟悉物业服务企业财务管理内容和有关规定。

第一节　物业管理的资金管理概述

物业服务企业为了满足业主的各项需求,要对物业进行有效的管理和经营,就必须要投入大量的活劳动和物化劳动,其中就涉及各种类型的物业管理资金。物业管理各种类型资金使用的好坏和使用效率的高低,直接关系到物业管理水平的高低。因此,资金的筹集、使用和管理是物业管理中极为重要的一项工作,也关系到物业服务企业自身能否实现利润目标。

一、物业管理中的资金类型

一般来说,物业管理过程中,会涉及以下几种资金。

1. 注册资本

注册资本是企业出资人实缴的出资额的总和。例如,《物业服务企业资质管理办法》规定,设立资质为三级物业服务企业的注册资本为人民币 50 万元以上。注册资本除用于启动公司运行、支付必要的开办费以外,还可用于首期物业管理的启动资金。

2. 物业接管验收费

物业的接管验收费是物业服务企业在接收、接管物业时，由开发商向物业服务企业交纳的专项验收费用。它主要用于物业服务企业参与验收新的物业和接管旧的物业时，组织水电、管道等专业技术人员和管理人员所支付的费用，包括人工费、办公费、交通费、零星杂费、资料费等。

3. 物业管理服务费

业主和租用人入住或使用物业时，接受物业服务企业的管理与服务，向物业服务企业交纳管理服务费。

4. 专项维修资金

专项维修资金是为保障物业的维修和正常使用，住宅物业、住宅小区内的非住宅物业或者与单幢住宅楼结构相连的非住宅物业的业主及公有住房售房单位交存的住宅专项维修资金。专项维修资金属业主所有，专项用于物业保修期满后物业共用部位、共用设施设备的维修和更新、改造。

5. 物业质量保证金

《中华人民共和国建筑法》第六十二条规定："建筑工程实行质量保修制度。"开发商在向物业服务企业移交物业时，向物业服务企业交纳的保证物业质量的资金，用于交房后的保修期内被接管物业的保修。

6. 多种经营收入

随着时间的推移，房屋及其附属设备设施会日渐损坏，日常保养、维修的各项费用也与年俱增，完全靠开发商的扶持和从业主、使用人中收取的物业服务费、专项维修资金是无法满足需要的。物业服务企业以各类物业为依托开展多种经营服务，可以增加物业管理资金的来源，也是物业服务企业实现企业利润目标的要求。

7. 信贷资金

物业服务企业启动后，管理费用尚未收缴上来以前，物业管理资金十分紧张。物业服务企业往往可以通过银行信贷来筹措流动资金，以弥补物业管理费用的早期缺口。

二、物业管理资金的筹措

物业管理资金筹措是物业管理正常运转的基础，也是物业管理资金良性运作的保障。随着物业租售完毕，物业公司就进入维护物业功能、为人们生产生活提供服务的长期运营阶段，而物业的日常养护、维修、更新和管理，都要投入一定的人力和物力，需要有大量的各种类型资金的收取和支出。因此，物业服务企业的各项资金筹集和落实到位，对物业管理走上良性循环轨道显得尤为重要。

（一）物业管理资金筹措的原则

1. "量出为入"原则

"量出为入"原则是指在筹措各项物业管理资金、确定各种收费标准时，应严格按照专款专用的支出需要来计算确定。

2. 收支平衡、保本微利原则

物业服务企业的收支要达到平衡并略有盈余,获得合理利润。依此原则筹措各项管理资金,可用下列公式表示:

筹措各类管理资金的总额＝各类管理资金支出＋物业服务企业的酬金

3. 相对稳定、适当调整原则

收取各类物业管理资金,涉及开发商、物业服务企业、业主和使用人的切身利益,一旦收费标准确定并为人们所接受后,就应保持相对稳定,至少1到2年保持不变。但由于经济的发展和人们生活水平的提高以及通货膨胀因素,收费标准可以在适当的时机作适当调整。

(二)物业管理资金筹措的渠道

1. 注册资本

从物业服务企业的所有制来看,不同所有制的物业服务企业注册资本的筹集是各不相同的。一般来说,国有企业由国家出资;合营企业由合营各方出资构成;中外合资和股份制公司由中外各方按比例出资和股东出资筹集构成;外资物业服务企业则由外方单独出资构成。

2. 物业接管验收费

物业接管验收费一般向开发商收取。物业服务企业要参与竣工验收,是全面考核房地产项目开发成果、检查设计和工程质量的重要环节。物业服务企业参与项目的竣工验收,对保证物业顺利完成建管交接、确保业主的利益、增强管理责任是必不可少的。

3. 物业服务费

物业服务费的筹措渠道主要有以下几个方面。

(1)定期向业主收取。根据国家发展和改革委员会、建设部制定的《物业服务收费管理办法》,物业服务企业可以而且应该就其提供的物业服务收费。该费用向业主收取,是物业管理经费长期稳定的主要来源。通过双方谈判,制定合理的收费标准,确保稳定的资金来源是每一个从事物业管理的物业服务企业必须面对的一个非常重要的问题。

(2)物业服务企业开展多种经营的收入和利润。在不向政府要钱、不增加业主和使用人经济负担的情况下,物业服务企业可根据物业状况和自身情况,开展多种经营,创造经济效益,以业养业,补充物业管理经费的不足。

物业服务企业开展多种经营有以下两种情况。

第一,利用物业共用部位、共用设施设备进行经营活动。在征得相关业主、业主大会同意后,物业服务企业可以利用物业共用部位、共用设施设备进行经营活动。这种经营活动所得收益属于业主,应主要用于补充专项维修资金,经业主大会同意,也可弥补物业服务费的不足。

第二,利用自身条件,开展各种经营活动。物业服务企业可以利用自身条件,开展多种经营活动,如组建工程队,完善住宅小区配套建设,建小区围墙、停车场,开办商店、餐饮、健身房、美容美发厅等。这些经济实体既为物业内使用人服务,也可向社会承接业务,用多种经营取得的部分利润,弥补管理经费的不足,实现以业养业的目的。此时的收入和利润,从性质上讲属于物业服务企业的收入和经营利润。其收入和利润事先无法准确地测算和预计,因此,此类收入和利润并不属于物业管理经费的主要来源。

第三,政府多方面的扶持。考虑到目前我国的实际情况,广大居民的收入水平和低租金的住房政策,普通住宅物业管理经费完全由住户负担尚有一定困难。因此,为推动物业管理的发展,政府还在多方面对物业服务企业给予大力扶持。特别是对经济适用住房、按房改房政策出售的公有住房、安居房、普通居民住宅,物业服务收费实行政府指导价。其收费标准低于管理服务成本的,各地人民政府给予政策优惠。

目前,政府对物业管理的扶持主要体现在制定相关的政策和给予一定的资金支持,主要包括:制定住宅小区物业服务收费办法和政府指导价,加强对收费的管理;规定物业服务企业可享受国家对第三产业的优惠政策,在开展多种经营中可适当减免部分税金等。《物业管理条例》第五十二条规定:"供水、供电、供气、供热、通讯、有线电视等单位,应当依法承担物业管理区域内相关管线和设施设备的维修、养护责任。"

(3)业主的赞助。物业管理服务的质量直接关系到全体业主的切身利益,其中家庭经济状况较好的部分业主的赞助也是物业管理经费的来源之一。这种来源的前提是物业服务企业与业主之间建立的良好关系以及区域内业主之间的良好人际关系,业主大会可以设立专项赞助基金,所得款额用于物业管理费用的补充,以减轻小区内其他业主的负担。随着社会经济的发展和人民群众收入的提高,业主赞助会逐渐有所增加。

4. 专项维修资金

专项维修资金的筹措渠道主要有以下几个方面:向业主收取;向售房者收取;向国家有关部门申请。

5. 工程质量保证金

工程质量保证金的交纳有多种方法,它可以留在开发商处,由物业服务企业在接受业主报修、组织施工后实报实销;也可以由开发商一次性交纳给物业服务企业,保修期满后结算,多退少补;或可采取包干办法一步到位,盈亏由物业服务企业负担。具体运用哪种方法,物业服务企业可视自己情况与开发商协商决定。

6. 多种经营收入

根据多种经营服务类型,向接受服务者收取。

7. 信贷资金

信贷资金主要是通过银行获得。

三、物业管理资金的使用原则

1. 专款专用原则

物业管理资金种类多,每一项资金都对应着相应的用途,即都是"专款"。按照财务管理制度的有关规定,专项资金必须专款专用,严禁挤占、挪用、套用,以保证物业管理资金运用的严谨、有序,从根本上维护业主和居民的利益。

2. 厉行节约原则

物业管理资金的筹集是经过核算的,筹集的过程也是艰难的,因此,物业管理资金必须节约使用,绝不能铺张浪费。为此,必须按计划使用资金,不超支、不超计划增加使用项目;必须建立科学、有效的行政、财务和审计监督制度;并把资金的节约与员工利益挂钩,建立资金使用的责权利的结合机制。

3. 效益原则

业主、开发商、政府把物业管理资金委托给物业服务企业经营管理,是对物业服务企业的最大信任。物业服务企业只有科学、高效地管理和使用这些资金,使各方均能获得预期的效益,才能不辜负委托人的期望和重托。同时,物业服务企业才能创造丰厚的利润,才能实现物业管理的良性循环。

4. 民主管理原则

物业管理资金的使用与管理状况既关系到多方利益,又关系到后续资金的收交,特别需要业主、政府及居民的理解与支持。实行民主管理,公开物业管理资金的筹集、使用状况,主动接受各方的监督,积极吸收业主、开发商、政府、员工代表参与重大资金事项的管理,对于规范物业管理资金的使用与管理,树立良好物业管理形象,争取各方支持与合作,实现物业管理资金的良性循环,都具有重要意义。

第二节　物业服务费的构成与测算

物业管理是有偿服务。业主和租用人入住或使用物业时,接受物业服务企业的管理与服务,同时需要向物业服务企业交纳管理费。《物业管理条例》第四十二条规定:"业主应当根据物业服务合同的约定交纳物业服务费用。"

一、物业服务费的含义

物业服务费,也称为物业管理费、物业费、物业管理综合服务费等,是指物业服务企业按照物业服务合同的约定;对房屋及配套的设施设备和相关场地进行维修、养护、管理,维护相关区域内的环境卫生和秩序,向业主收取的费用。

收取物业服务费是物业服务企业进行日常物业管理活动的基础。其法律依据是根据国家发展和改革委员会、建设部制定的《物业服务收费管理办法》(发改价格[2003]1864号),物业服务企业可以而且应该就其提供的物业服务收费。

二、物业服务费的收费原则

《物业服务收费管理办法》第五条规定:"物业服务收费应当遵循合理、公开以及费用与服务水平相适应的原则。"在物业管理的实际运作中,物业服务收费特别是费用的计算与确定,要遵循以下几点。

1. 合理

物业管理是有偿服务,物业服务企业提供管理服务是需要成本或支出的;同时,物业服务企业也应获取一定的利润。合理就是有偿服务的体现,指的是业主或使用人应对物业服务企业管理、资金、人力、技术的付出给予合理的补偿。合理原则要求每项费用的收取均由实际收益人负担,没有额外分摊。

2. 公开

公开包括事先公开和事后公开。

事先公开指收费标准要事先向业主明示,2004年7月,国家发展改革委、建设部联合发布了《物业服务收费明码标价规定》(发改价格[2004]1428号),对此作出了详细规定。要求物业服务企业向业主提供服务(包括按照物业服务合同约定提供物业服务以及根据业主委托提供物业服务合同约定以外的服务)应当按规定实行明码标价,标明服务项目、收费标准等有关情况。物业服务收费明码标价的具体内容包括:物业服务企业名称、收费对象、服务内容、服务标准、计费方式、计费起始时间、收费项目、收费标准、价格管理形式、收费依据、价格举报电话等。

事后公开指物业服务企业应当向业主大会或者全体业主公布物业服务资金年度预决算,并且每年不少于一次公布物业服务资金的收支情况。业主或者业主大会对公布的物业服务资金年度预决算和物业服务资金的收支情况提出质询时,物业服务企业应当及时答复。

3. 质价相符

质价相符,即费用与服务水平相适应。别墅、高档公寓、豪华住宅小区、普通住宅小区、经济适用房住宅小区等不同类型物业业主对物业管理的需求存在明显的差别,物业管理服务是有不同层次、不同标准的服务。物业服务费的收取也必然依据不同层次的需求而制定不同的标准,按质论价、优质优价。

4. 竞争

政府提倡业主通过公开、公平、公正的市场竞争机制选择物业服务企业;鼓励物业服务企业之间开展正当的价格竞争;禁止价格欺诈、恶性压价行为,促进物业服务收费通过良性市场竞争形成。

5. 双方协商

物业服务费的确定在遵循平等、合理、公平原则的基础上,由业主和物业服务企业双方通过充分的协商确定。

6. 政府监督

物业服务收费牵涉到广大业主和物业服务企业的切身利益,政策性很强。政府价格主管部门应当会同同级房地产主管部门对物业服务收费明码标价进行管理,对物业服务企业执行明码标价规定的情况实施监督检查。

三、物业服务费的定价形式和计费方式

(一)物业服务费的定价形式

《物业服务收费管理办法》第六条规定:"物业服务收费应当区分不同物业的性质和特点,分别实行政府指导价和市场调节价。具体定价形式由省、自治区、直辖市人民政府价格主管部门会同房地产行政主管部门确定。"

1. 政府指导价

物业服务收费实行政府指导价的,有定价权限的人民政府价格主管部门应会同房地产行政主管部门根据物业管理服务等级标准等因素,制定相应的基准价及其浮动幅度,并定期公布。具体收费标准由业主与物业服务企业根据规定的基准价和浮动幅度在物业服务合同中约定。

例9-1 武汉市普通住宅物业综合管理服务费指导价格(武价房字[2004]135号)规定了综合管理服务费的服务项目、费用标准及服务范围等(见表9-1)。

表9-1 武汉市普通住宅物业综合管理服务费指导价格表

服 务 项 目	费用标准 (元/月·平方米)	服 务 范 围
综合管理	0.15	小区规划红线范围内,涉及共有财产和公共事务的管理
物业共用部位、共用设施设备日常运行维护(不包括电梯、水泵、供暖)	0.15	物业共用部位、共用设施设备
绿化养护	0.05	小区规划红线内的公共绿地和花草树木
清洁卫生	0.10	小区规划红线以内,业主户门以外
秩序维护	0.15	小区规划红线以内,业主户门以外(公共区域的秩序维护和公共财产的看管)
智能化系统运行维护	0.05	
电梯运行维护	0.50	
水泵运行维护	0.05	

注:① 指导价格下浮幅度不限,上浮幅度一般不得超过20%。② 服务标准降低或减少服务项目,收费标准应相应降低。

按照我国《价格法》的规定,政府指导价的确定应通过听证会,征求业主、物业服务企业和有关方面的意见后最终确定。同时,政府指导价的具体适用范围、价格水平,应当根据经济运行情况,按照规定的定价权限和程序适时调整。消费者、经营者可以对政府指导价提出调整建议。

2. 市场调节价

市场调节价,是指由经营者自主制定、通过市场竞争形成的价格。在选择物业服务企业过程中,通过市场竞争,物业服务收费实质是业主和物业服务企业双方协商的结果。实行市场调节价的物业服务收费,由业主与物业服务企业在物业服务合同中约定,并报所在地的物价部门备案。如物业服务企业提供特约服务的项目,实行市场调节价。此处特约服务是指物业服务企业受业主委托提供的户内维修、家政服务、代收代缴服务等服务项目。

(二)物业服务计费方式

《物业服务收费管理办法》第九条规定,业主与物业服务企业可以采取包干制或酬金制等形式约定物业服务费用。

1. 包干制

包干制是指由业主向物业服务企业支付固定物业服务费用,盈余或者亏损均由物业服务企业享有或承担的物业服务计费方式。《物业服务收费管理办法》第十一条规定,实行物业服务费用包干制的,物业服务费用的构成包括物业服务成本、法定税费和物业服务企业的利润。

包干制的最大特点是无论管理好坏,经营盈亏均由物业服务企业承担,而与业主无关。实行包干制的前提是对物业服务费标准双方事先要有约定和承诺,即包干的具体额度。当业主方对物业服务收费的测算和市场行情不甚明了时,往往对包干的额度把握不定,此时不宜实行包干制。

包干制是物业服务企业按照与业主双方约定的物业管理收费标准来收费,而不论管理好坏、经营盈亏,物管公司收费标准都不变的一种合作模式。在这种模式下,节省的开支可能成为物业服务企业的利润。其特点是执行起来较为简单,利于小型的物业服务企业采用。同时,在业主委员会成员管理水平有限、精力有限的情况下,实行包干制省去了对物业服务企业进行账目监督和审计等问题,简便易行。

2. 酬金制

酬金制是指在预收的物业服务资金中按约定比例或约定数额提取酬金支付给物业服务企业,其余全部用于物业服务合同约定的支出,结余或不足均由业主享有或承担的物业服务计费方式。

实行酬金制的,预收的物业服务资金包括物业服务支出和物业服务企业的酬金。预收的物业服务支出属于代管性质,为所交纳的业主所有,物业服务企业不得将其用于物业服务合同约定以外的支出。如果物业服务收费采取酬金制方式,物业服务企业或者业主大会可以按照物业服务合同约定,聘请专业机构对物业服务资金年度预决算和物业服务资金的收支情况进行审计。

酬金制实质是实报实销制,物业服务企业按双方协商确定的预算预收基本费用,一个会计年度结束后进行决算并向业主多退少补。在这种模式下,物业服务企业只拿与业主事先约定好的酬金部分(酬金可事先约定提取比例或固定额度)。由于预收的物业服务支出是代管性质的,所以采取酬金制,这笔支出不交纳相关税金。

从上述分析可以看出,酬金制更体现了市场经济的要求,更加透明化,一般较高档的物业适合选择酬金制的计费方式。

四、物业服务费的构成

物业服务费(X)实行包干制的,其构成包括物业服务成本(X_1);法定税费(X_2)和物业服务企业的利润(X_3)三部分,即:

$$X = X_1 + X_2 + X_3$$

实行酬金制的,预收的物业服务资金(X),包括物业服务支出(X_1)和物业服务企业

的酬金(X_4)两部分,即:

$$X = X_1 + X_4$$

可见,包干制或者酬金制,物业服务费最主要的构成是物业服务成本或物业服务支出。其构成一般包括以下部分:管理服务人员的工资、社会保险和按规定提取的福利费等;物业共用部位、共用设施设备的日常运行、维护费用;物业管理区域清洁卫生费用;物业管理区域绿化养护费用;物业管理区域秩序维护费用;办公费用;物业服务企业固定资产折旧;物业共用部位、共用设施设备及公众责任保险费用;经业主同意的其他费用;管理费用分摊。

需要说明的是,在物业管理区域内,由物业服务企业接受委托代替收取供水、供电、供气、供热、通讯、有线电视等费用的,其委托手续费应向委托单位收取,不得向业主额外收取手续费等费用。

五、物业服务费的测算

(一)住宅小区公共性物业服务收费标准测算的原则

住宅小区公共性物业服务收费标准由各地根据本地区综合服务项目、劳动力成本、物价指数、住户的经济承受能力,以及住宅小区的档次、物业服务标准制定。

物业管理费的测算,在坚持以上原则的基础上,按其构成,分项具体测算。可分为以下几个步骤:

(1)根据住宅小区的规模、档次和管理目标,设立岗位,配备相应能力的人力资源;

(2)估算住宅小区进行统一管理、达到确定的管理目标所发生的各类各项费用;

(3)考虑统一管理能取得的社会效益、环境效益和经济效益。

(二)物业服务成本或物业服务支出测算的具体方法

物业服务成本或物业服务支出的测算可用一个简单公式来进行:

$$X_1 = \sum_{i=1}^{10} x_i$$

式中:X_1——物业服务成本或者物业服务支出收费标准,元/月·平方米;

x——各分项费用收费标准,元/月·平方米;

i——分项项数(i=1,2,3,…,10)。

1. 人员费用(x_1)

人员费用是指管理服务人员工资,按规定提取的工会经费、职工教育经费,以及根据政府有关规定应当由物业服务企业缴纳的住房公积金和养老、医疗、失业、工伤、生育保险等社会保险费用。

(1)工资(P_1,元/月)。各类管理、服务人员的基本工资标准根据企业性质,参考当地平均工资水平确定。

(2)社会保险费(P_2,元/月)。包括由物业服务企业缴纳的住房公积金和养老、医疗、失业、工伤、生育保险等,应根据当地政府的规定由企业确定。

(3) 规定提取的福利费(P_3,元/月)。包括以下三项:

福利基金,按工资总额的 14% 计算;

工会经费,按工资总额的 2% 计算;

教育经费,按工资总额的 1.5% 计算。

上述三项费用之和即为按规定提取的福利费。

(4) 加班费(P_4,元/月)。日平均工资按每月 22 个工作日计算。加班费根据员工加班的时间,再按劳动法的要求乘以日平均工资的一定倍数予以计算。

(5) 服装费(P_5,元/月)。按每人每年 2 套服装计算,其服装标准由企业自定。住宅小区物业服务企业一般应不超过中档服装标准。计算出年服装费总额后再除以 12 个月,即得每月服装费。

该项费用的测算方法是根据所管物业的档次、类型和总收费面积,先确定各级各类管理、服务人员的编制数;然后确定各自的基本工资标准,计算出基本工资总额;再按基本工资总额计算上述各项的金额;汇总后即为每月该项费用的金额,最后分摊到每月每平方米。

$$x_1 = \frac{\sum_{i=1}^{5} P_i}{S}$$

式中:S——总收费面积(平方米)。

2. 物业共用部位、共用设施设备的日常运行、维护费用(x_2)

物业共用部位共用设施设备日常运行和维护费用是指为保障物业管理区域内共用部位共用设施设备的正常使用和运行、维护保养所需的费用。不包括保修期内应由建设单位履行保修责任而支出的维修费、应由住宅专项维修资金支出的维修和更新、改造费用。物业共用部位、共用设施设备的日常运行、维护费用可按以下两种办法进行测算。

(1) 成本法。先分别测算各分项费用的实际成本支出,然后再求和。

该项总费用大致包括以下各分项。

① 共用部位及道路的土建工程零修与保养费(P_1,元/月)。

② 给排水设备日常运行、维修及保养费(P_2,元/月),包括维修保养费及电费。

电费的计算公式如下:

$$电费 = W \times 24 \times \alpha \times 30 \times P_电$$

式中:W——设备用电总功率;

α——使用系数=平均每天开启时间/24;

30——每月天数;

$P_电$——电费单价(元/度)。

③ 电气系统设备维修保养费(P_3,元/月)。

④ 燃气系统设备维修保养费(P_4,元/月)。

⑤ 消防系统设备维修保养费（P_5，元/月）。

⑥ 公共照明费，包括大厅、门厅、走廊的照明及路灯、装饰灯（含节日装点灯）的维修保养费及电费（P_6，元/月）。

电费的计算公式如下：

$$电费 = (W_1 \times T_1 + W_2 \times T_2 + W_3 \times T_3 \cdots) \times 30 \times P_电$$

式中：W_1——表示每天开启时间为 T_1（小时）的照明电器的总功率（千瓦/小时）；

T_1——表示每日开启的时间（小时）。

上述各项的维修保养费均是一个估算值或经验值。

⑦ 不可预见费（P_7，元/月）。可按 8%—10% 计算①—⑥项的不可预见费。

⑧ 易损件更新准备金（P_8，元/月）。

易损件更新准备金指一般共用设施设备的更新费用，如灯头、灯泡、水龙头等。不包括重大设施设备的更新费用。其测算公式为：

$$P_8 = \frac{\sum(M_i + I_i)}{Y_i \times 12}$$

式中：M_i——一般公共设施的购置费，包括照明系统、给排水系统、电气系统、消防系统等；

I_i——各设施的安装费用；

Y_i——各设施的正常、安全使用年限。

此项费用也可分别计入各相关项目的维修保养费中，而不单独列出。

将上述八项费用求和后，再除以总收费面积，即得到每月每平方米应分摊的费用，公式为：

$$x_2 = \frac{\sum_{i=1}^{8} P_i}{S}$$

（2）简单测算法。以住宅每平方米建筑成本为基数，普通多层住宅共用设施设备建造成本，按住宅建筑成本的 15%—20% 计取，折旧年限按 25 年计算，每月/平方米建筑面积应分摊的共用设施的维修保养费，按月折旧费的 40% 提取。其计算公式：

$$x_2 = \frac{每平方米建筑成本 \times 15\%}{12 月/年 \times 25 年} \times 40\%$$

上述两种测算方法，简单测算法简便易行，一般适用于普通住宅小区的费用测算。测算时，要注意建筑成本应按现时同类住宅的建筑成本计算。成本法需要较多的物业管理实践与经验，一般适用于高档住宅和写字楼、商业中心等物业的费用测算。

3. 物业管理区域清洁卫生费用（x_3）

清洁卫生费是指保持物业管理区域内环境卫生所需的购置工具费、消杀防疫费、化粪池清理费、管道疏通费、清洁用料费、环卫所需费用等。清洁卫生费用可按实际情况计算出各项年总支出，求和后再分摊到每月每平方米收费面积。其公式如下：

$$x_3 = \frac{\sum_{i=1}^{6} P_i}{S \times 12}$$

4. 物业管理区域绿化养护费用(x_4)

绿化养护费是指管理、养护绿化所需的绿化工具购置费、绿化用水费、补苗费、农药化肥费等,不包括应由建设单位支付的种苗种植和前期维护费。

(1)成本法。按费用构成计算年费用,除以12个月总和收费面积即得出每月每平方米应分摊的绿化管理费。

$$x_4 = \frac{\sum_{i=1}^{6} P_i}{S \times 12}$$

(2)简单测算法。按每平方米绿化面积确定一个养护单价,如0.10—0.2元/月·平方米,乘以总绿化面积再分摊到每平方米建筑面积。其中,绿化面积可按实际绿化面积计算。

5. 物业管理区域秩序维护费(x_5)

秩序维护费是指维护物业管理区域秩序所需的器材装备费、安全防范人员的人身保险费及由物业服务企业支付的服装费等。其中,器材装备不包括共用设备中已包括的监控设备。

(1)器材装备费(P_1,元/年)。包括:保安系统日常运行电费、维修与保养费;日常保安器材费(如对讲机、警棍等);更新储备金。其计算公式为:

$$更新储备金 = (M_{保} + I_{保})/Y$$

式中:$M_{保}$——保安系统购置费;
$\quad\quad I_{保}$——保安系统安装费;
$\quad\quad Y$——保安系统正常使用年限。

(2)人身保险费(P_2,元/年)。

(3)服装费(P_3,元/年)。

按实际情况计算各项年总支出,求和后再分摊每月平方米收费面积。

$$x_5 = \frac{\sum_{i=1}^{3} P_i}{S \times 12}$$

6. 办公费用(x_6)

办公费是指物业服务企业为维护管理区域正常的物业管理活动所需的办公用品费、交通费、房租、水电费、取暖费、通讯费、书报费及其他费用。

上述各项费用一般按年先进行估算,汇总后再分摊到每月每平方米收费面积。对已实施物业管理的住宅小区,可依据上年度的年终决算数据得到该值。办公费计算公式为:

$$x_6 = \frac{\sum_{i=1}^{8} P_i}{S \times 12}$$

7. 物业服务企业固定资产折旧费(x_7)

固定资产折旧是指按规定折旧方法计提的物业服务固定资产的折旧金额。物业服务固定资产指在物业服务小区内由物业服务企业拥有的、与物业服务直接相关的、使用年限在一年以上的资产。各类固定资产包括：

(1) 交通工具(汽车、摩托车、自行车)(P_1,元/年)；
(2) 通讯设备(电话机、传真机、手机、对讲机)(P_2,元/年)；
(3) 办公设备(桌椅、文件柜、电脑、打印机、复印机等)(P_3,元/年)；
(4) 工程维修设备(电焊机、切割机、管道疏通机等)(P_4,元/年)；
(5) 其他设备(P_5,元/年)。

按实际拥有的上述各项固定资产总额除以平均折旧年限，再分摊到每月平方米收费面积。计算公式为：

$$x_7 = \frac{\text{固定资产总额}}{\text{平均折旧年限} \times \text{总收费面积} \times 12\text{月}} = \frac{\sum_{i=1}^{5} P_i}{n \times S \times 12}$$

式中：n——固定资产平均折旧年限，一般为 5 年。

8. 物业共用部位、共用设施设备及公众责任保险费用(x_8)

物业共用部位、共用设施设备及公众责任保险费用是指物业服务企业购买物业共用部位、共用设施设备及公众责任保险所支付的保险费用，以物业服务企业与保险公司签订的保险单和所交纳的保险费为准。计算公式为：

$$x_8 = \frac{P}{S}$$

式中：P——物业共用部位共用设施设备及公众责任月保险费用。

9. 经业主同意的其他费用(x_9)

经业主同意的其他费用是指业主或者业主大会按规定同意由物业服务费开支的费用。

10. 管理费分摊(x_{10})

管理费分摊是指物业服务企业在管理多个物业项目情况下，为保证相关的物业服务正常运转而由各物业管理区承担的管理费用。

(三) 法定的税费

物业服务收费如实行包干制，其费用第二部分是法定税费(X_2)。法定税费指按现行税法，物业服务企业在进行企业经营活动过程中应缴纳的税费。物业服务企业享受国家第三产业的优惠政策，应缴纳的税费主要是营业税及附加，即两税一费。

1. 营业税(P_1)

营业税按企业经营收入的 5% 征收。以物业服务成本作为基数再乘 5% 即得每月每平方米应分摊的数额。即：

$$P_1 = X_1 \times 5\%$$

2. 城市建设维护税(P_2)

城市建设维护税按企业营业税的7%征收，每月每平方米分摊的数额为：

$$P_2 = P_1 \times 7\%$$

3. 教育费附加(P_3)

教育费附加按营业税的3%征收，每月每平方米应分摊的数额为：

$$P_3 = P_1 \times 5\%$$

两税一费合计为经营总收入的5.6%。即：

$$X_2 = \sum_{i=1}^{3} P_i = X_1 \times 5.6\%$$

在计算营业税时，企业的经营总收入不包括物业服务企业代有关部门收取的水费、电费、燃(煤)气费、房租及住宅专项维修资金，即对这些费用不计征营业税，但是对委托单位支付给物业服务企业的手续费部分要计征营业税。

(四)物业服务企业的利润

物业服务企业作为独立的自负盈亏的经济实体，也应获得一定的利润(X_3)。利润率由各省、自治区、直辖市政府物价主管部门根据本地区实际情况确定的比率计算。普通住宅小区物业管理的利润率一般以不高于社会平均利润率为上限。将X_1与X_2之和乘以利润率即得到每月每平方米建筑面积分摊的利润额。计算公式为：

$$X_3 = (X_1 + X_2) \times r$$

式中：r——利润率。

(五)物业服务企业的酬金

实行酬金制的物业服务企业，酬金(X_4)的提取通常有两种计算方式，即固定提取比例和固定提取金额。

1. 固定提取比例

这是指双方事先约定酬金提取的比例，如8%或10%。此时要明确的是以实际年终决算的物业服务支出为计取基数，还是按事先约定的预收资金为计取基数。此时，

$$X_4 = X_1 \times k$$

式中：k——事先约定的提取比例。

公式中X_1暂取前面计算的物业服务支出。

2. 固定提取数额

这是指双方事先约定不管年终决算物业服务支出的多少，每年或每月提取固定数

额的酬金（b）。此时，每平方米物业收取的酬金数额为：

$$X_4 = \frac{b}{S}$$

（六）物业服务费用计算和确定时需要注意的几个问题

在物业服务费用的测算过程中还有几个问题需要特别提及，应引起注意。

1. 前期物业管理的费用测算

《物业管理条例》规定，建设单位应当在销售物业之前，制定临时管理规约，选聘物业服务企业，签订前期物业服务合同。前期物业服务合同至业主委员会与物业服务企业签订新的物业服务合同生效时终止。从中可以看出，前期物业服务合同包括两个阶段：合同签订之日起到物业的正式交接（业主开始入住）；正式交接后到新的物业服务合同生效。这两个阶段由于物业服务企业投入的人力、物力和责任均不同，所以支出的费用也不同。

（1）顾问费和开荒费。在前期物业管理的第一阶段，由于物业未正式交接，物业服务企业不可能全面进驻，只是发挥咨询、顾问作用和进行物业管理前的各项准备工作。咨询、顾问发生的费用称为前期顾问费；进行各项准备工作，通常称为开荒，发生的费用称为开荒费。这两笔费用由双方根据投入的人力、物力、财力和工作的范围协商议定。

（2）固定资产投入。任何物业服务企业进行物业管理服务，都需要配备一些固定资产，如办公、通讯、交通、工程维修等设备与器械。在物业服务成本或者物业服务支出的构成中，均列入了固定资产折旧这一项，就是对此的补偿。问题在于最初购买固定资产的费用由谁支付、如何支付值得注意。一般固定资产的购置有三种办法，相应的固定资产的产权归属是不同的。

第一，物业服务企业自行出资购置。此时，每年折旧费由物业服务企业提取，固定资产产权属物业服务企业。

第二，物业服务企业向业主方借资购买。此时，每年折旧费由物业服务企业提取后还给业主（通常，此笔费用不计取利息），固定资产产权属物业服务企业，物业服务企业更换时，可带走剩余的固定资产。

第三，业主方出资自行购买，交由物业服务企业使用。同样，每年折旧费由物业服务企业提取后付给业主，但固定资产产权属业主。物业服务企业更换时不能带走剩余的固定资产。

这里需要强调的是，物业服务企业无权也不应该向业主方要求所谓的"物业管理启动费"。

（3）保修期内维修费用的计算。物业在竣工交付使用后都有一个法定的保修期。在保修期内，原施工方应对共用部位（比如道路、场地等）实行保修；一些大型设施、设备的供应商应对提供的设施、设备提供保修和一定期间的养护（如电梯、水泵等）。保修期通常为1—2年，在保修期内，发生的维修、养护费用除甲方责任外，由乙方（施工方或设备供应商）负担。因此，在前期物业管理中业主入住后的第二年内，一方面因为是新建物业,共用部位、共用设施设备发生损坏的概率很小;另一方面,发生后的维修费用大部分由乙方负担。所以,第一年的物业服务费用中这一部分应有相应的扣除或减少。通常第一年的收费标准单算,低于以后的收费标准。

2. 物业服务企业的酬金提取问题

在前面有关物业服务企业的酬金一节中已经讲过,实行酬金制的,酬金的提取通常有两种计算方式:固定提取比例和固定提取数额。显然,这两种计算酬金的方式都不利于激励物业服务企业努力提高管理水平,减少支出。因此,如何调动和激励物业服务企业的积极性,在确保物业管理服务水平不降低的情况下减少各类开支,尽量节约服务成本,是值得认真研究的。按照市场经济共赢的原则,可采用浮动的酬金计算方式。即先确定一个基本的物业服务支出总额和相应的提取比例或提取数额,在年终决算时,如果物业服务水平达到合同要求,而实际支出小于原定的支出额的,可相应提高酬金的提取比例或提取数额。

3. 物业服务费的收缴率问题

由于多种原因,存在着物业服务费收缴困难的问题。例如,不少业主因为开发商不履行售房时的承诺,入住后很多问题迟迟得不到解决,便以拒交物业服务费来对抗;有些业主尚未树立物业服务有偿消费观念,也有些困难家庭确实难以支付物业服务费;不少小区的业主认为物业公司的收费不透明、不合理,乱收费、高收费,服务与收费价值不符,因而拒绝交费。由于上述原因,造成物业服务费的收缴率不可能达到100%,这就产生了漏交的问题。如果将因个别业主漏交、拒交而造成的损失摊到其他业主身上,显然是不合理的。

解决这一问题的正确途径是:

(1) 广泛宣传,要让全体业主明了物业服务费的实质是属于全体业主的,不交费、不按期交费的业主侵占的是其他按时交费的业主的利益。"明码标价"要求:① 物业服务企业要按照国家发改委和建设部《物业服务收费明码标价规定》,确定标价内容和标价方式。代收费用、特约服务收费也应按规定明码标价。② 制作公示栏、公示牌、收费表并放置在各居住小区、大厦或物业管理收费场所的醒目位置。③ 物业服务企业不应该在标价以外,收取任何未予标明的费用。④ 物业服务企业"明码标价"不仅要标明费用,还要标明服务内容和标准。

(2) 在物业服务合同的谈判和签订时,双方有必要确定一个基本收缴率,如业主方应保证缴费率95%或90%以上,如达不到基本收缴率,则业主方违约。

(3) 物业服务企业对于逾期(通常3个月)不交纳物业服务费的业主,在追缴时,要注意文明礼貌。对于拖欠超过规定时限的要追加收取滞纳金。

(4) 物业服务企业对个别业主逾期不交纳物业服务费用的,要区分不同情况,采取不同的措施。对于费用大户,要亲自登门,进行解释和劝导,争取其理解和支持;对于"钉子户",则业主委员会可以出具证明,物业服务企业据此可以向人民法院起诉;对于一些确有困难的住户,在征求业主委员会的意见后予以减免优惠。

(5) 通常拒交费用的业主会说出种种拒交费用的原因或理由,如对物业服务企业的某种做法有意见,或认为物业服务企业侵犯或损害了自己的利益等,对此,应另案处理。处理这类问题的基本原则是该交费先交费,因为费用与全体业主有关,存在的问题该解决的也要解决,这些问题是与物业服务企业或与个别人有关,不能把这两类不同的问题混在一起。

4. 住宅小区内非住宅物业的收费问题

在同一住宅小区内,会有部分物业属于经营性用房。对此类非居住性质的房屋,物业服务费如何收取是个值得研究的问题。首先,应分清此类用房的产权性质,如是属于全体业主的共用部位用于经营,其经营收益属于业主,其物业服务费是否收取、收取多少均已含在其经营成本或收益中,故不存在问题。对于产权属于个人,而用于经营性的房屋,物业服务费收取多少,是否与用于居住的房屋收取同一标准的物业服务费,一直未有明确的规定。依据业主自治的原则,这一问题可由全体业主共同商定。考虑到此类房屋的经营性的特点,人流、物流频繁,其收费原则上高于居住房屋的收费标准。

5. 物业服务费用的调整问题

物业服务合同是有期限的,在此期限内,对于实行包干制的物业服务费能否调整,如何调整也是一个值得考虑的问题。随着经济的发展,全社会的工资水平在上升,物价指数稳中有升,水、电等能源费也在逐步上调,这些都直接导致物业服务成本或支出的增加。如果收费标准一定几年不变,则有失公允,也不利于物业服务行业的发展。因此,在物业服务合同洽谈时,双方应对物业收费的调整作出具体约定。例如,实行政府指导价的,政府指导价调整时,物业服务费做相应调整;当消费指数上升超过某一数值时,物业服务收费作部分调整;此外,还有当地最低工资标准的提高,水、电等能源费用的上升等都会导致物业服务收费的调整。

第三节 住宅专项维修资金的交存、使用与管理

为了加强对住宅专项维修资金的管理,保障住宅共用部位、共用设施设备的维修和正常使用,维护住宅专项维修资金所有者的合法权益,《物业管理条例》规定,住宅物业、住宅小区内的非住宅物业或者与单幢住宅楼结构相连的非住宅物业的业主,应当按照国家有关规定交纳专项维修资金。

住宅专项维修资金是指专项用于住宅共用部位、共用设施设备保修期满后的维修和更新、改造的资金。专项维修资金属于业主所有,专项用于物业保修期满后物业共用部位、共用设施设备的维修和更新、改造,不得挪作他用。

一、住宅专项维修资金的交存

(一)交存对象与标准

1. 住宅及非住宅

下列物业的业主应当按规定交存住宅专项维修资金:

（1）住宅，但一个业主所有且与其他物业不具有共用部位、共用设施设备的除外；

（2）住宅小区内的非住宅或者住宅小区外与单幢住宅结构相连的非住宅。

商品住宅的业主、非住宅的业主按照所拥有物业的建筑面积交存住宅专项维修资金，每平方米建筑面积交存首期住宅专项维修资金的数额为当地住宅建筑安装工程每平方米造价的5%—8%。直辖市、市、县人民政府建设（房地产）主管部门应当根据本地区情况，合理确定、公布每平方米建筑面积交存首期住宅专项维修资金的数额，并适时调整。

2. 公有住房

出售公有住房的，按照下列规定交存住宅专项维修资金：

（1）业主按照所拥有物业的建筑面积交存住宅专项维修资金，每平方米建筑面积交存首期住宅专项维修资金的数额为当地房改成本价的2%；

（2）售房单位按照多层住宅不低于售房款的20%、高层住宅不低于售房款的30%，从售房款中一次性提取住宅专项维修资金。

业主交存的住宅专项维修资金属于业主所有。从公有住房售房款中提取的住宅专项维修资金属于公有住房售房单位所有。

（二）代管

业主大会成立前，商品住宅业主、非住宅业主交存以及已售公有住房的住宅专项维修资金，由物业所在地直辖市、市、县人民政府建设（房地产）主管部门代管。

（三）储存

直辖市、市、县人民政府建设（房地产）主管部门应当委托所在地一家商业银行，作为本行政区域内住宅专项维修资金的专户管理银行，并在专户管理银行开立住宅专项维修资金专户。属于公有住房的，则开立公有住房住宅专项维修资金专户。

开立住宅专项维修资金专户，应当以物业管理区域为单位设账，按房屋户门号设分户账；未划定物业管理区域的，以幢为单位设账，按房屋户门号设分户账。开立公有住房住宅专项维修资金专户，应当按照售房单位设账，按幢设分账；其中，业主交存的专项维修资金，按房屋户门号设分户账。

商品住宅的业主应当在办理房屋入住手续前，将首期住宅专项维修资金存入住宅专项维修资金专户。已售公有住房的业主应当在办理房屋入住手续前，将首期住宅专项维修资金存入公有住房住宅专项维修资金专户或者交由售房单位存入公有住房住宅专项维修资金专户。未按规定交存首期住宅专项维修资金的，开发建设单位或公有住房售房单位不得将房屋交付购买人。

（四）划转

业主大会成立后，应当按照下列规定划转业主交存的住宅专项维修资金。

（1）业主大会应当委托所在地一家商业银行作为本物业管理区域内住宅专项维修资金的专户管理银行，并在专户管理银行开立住宅专项维修资金专户。

(2) 业主委员会应当通知所在地直辖市、市、县人民政府建设（房地产）主管部门；涉及已售公有住房的，应当通知负责管理公有住房住宅专项维修资金的部门。

(3) 直辖市、市、县人民政府建设（房地产）主管部门或者负责管理公有住房住宅专项维修资金的部门应当在收到通知之日起 30 日内，通知专户管理银行将该物业管理区域内业主交存的住宅专项维修资金账面余额划转至业主大会开立的住宅专项维修资金账户，并将有关账目等移交业主委员会。

住宅专项维修资金划转后的账目管理单位，由业主大会决定。业主大会应当建立住宅专项维修资金管理制度。

（五）续交

业主分户账面住宅专项维修资金余额不足首期交存额 30% 的，应当及时续交。

成立业主大会的，续交方案由业主大会决定。未成立业主大会的，续交的具体管理办法由直辖市、市、县人民政府建设（房地产）主管部门会同同级财政部门制定。

二、住宅专项维修资金的使用与监督管理

（一）住宅专项维修资金的使用

1. 用途及使用原则

住宅专项维修资金应当专项用于住宅共用部位、共用设施设备保修期满后的维修和更新、改造，不得挪作他用。

住宅专项维修资金的使用，应当遵循方便快捷、公开透明、受益人和负担人相一致的原则。

2. 维修和更新、改造费用的分摊

住宅共用部位、共用设施设备的维修和更新、改造费用，按照下列规定分摊。

(1) 商品住宅之间或者商品住宅与非住宅之间共用部位、共用设施设备的维修和更新、改造费用，由相关业主按照各自拥有物业建筑面积的比例分摊。

(2) 售后公有住房之间共用部位、共用设施设备的维修和更新、改造费用，由相关业主和公有住房售房单位按照所交存住宅专项维修资金的比例分摊；其中，应由业主承担的，再由相关业主按照各自拥有物业建筑面积的比例分摊。

(3) 售后公有住房与商品住宅或者非住宅之间共用部位、共用设施设备的维修和更新、改造费用，先按照建筑面积比例分摊到各相关物业；其中，售后公有住房应分摊的费用，再由相关业主和公有住房售房单位按照所交存住宅专项维修资金的比例分摊。

住宅共用部位、共用设施设备维修和更新、改造，涉及尚未售出的商品住宅、非住宅或公有住房的，开发建设单位或者公有住房单位应当按照尚未售出商品住宅或公有住房的建筑面积，分摊维修和更新、改造费用。

3. 划转前住宅专项维修资金的使用

住宅专项维修资金划转业主大会管理前，需要使用住宅专项维修资金的，按照以下程序办理。

（1）物业服务企业根据维修和更新、改造项目提出使用建议；没有物业服务企业的，由相关业主提出使用建议。

（2）住宅专项维修资金列支范围内专有部分占建筑物总面积三分之二以上的业主且占总人数三分之二以上的业主讨论通过使用建议。

（3）物业服务企业或者相关业主组织实施使用方案。

（4）物业服务企业或者相关业主持有关材料，向所在地直辖市、市、县人民政府建设（房地产）主管部门申请列支；其中，动用公有住房住宅专项维修资金的，向负责管理公有住房住宅专项维修资金的部门申请列支。

（5）直辖市、市、县人民政府建设（房地产）主管部门或者负责管理公有住房住宅专项维修资金的部门审核同意后，向专户管理银行发出划转住宅专项维修资金的通知。

（6）专户管理银行将所需住宅专项维修资金划转至维修单位。

4. 划转后住宅专项维修资金的使用

住宅专项维修资金划转业主大会管理后，需要使用住宅专项维修资金的，按照以下程序办理。

（1）物业服务企业提出使用方案，使用方案应当包括拟维修和更新、改造的项目、费用预算、列支范围、发生危及房屋安全等紧急情况以及其他需临时使用住宅专项维修资金的情况的处置办法等。

（2）业主大会依法通过使用方案。

（3）物业服务企业组织实施使用方案。

（4）物业服务企业持有关材料向业主委员会提出列支住宅专项维修资金；其中，动用公有住房住宅专项维修资金的，向负责管理公有住房住宅专项维修资金的部门申请列支。

（5）业主委员会依据使用方案审核同意，并报直辖市、市、县人民政府建设（房地产）主管部门备案；动用公有住房住宅专项维修资金的，经负责管理公有住房住宅专项维修资金的部门审核同意；直辖市、市、县人民政府建设（房地产）主管部门或者负责管理公有住房住宅专项维修资金的部门发现不符合有关法律、法规、规章和使用方案的，应当责令改正。

（6）业主委员会、负责管理公有住房住宅专项维修资金的部门向专户管理银行发出划转住宅专项维修资金的通知。

（7）专户管理银行将所需住宅专项维修资金划转至维修单位。

5. 非住宅专项维修资金列支的费用

下列费用不得从住宅专项维修资金中列支：

（1）依法应当由建设单位或者施工单位承担的住宅共用部位、共用设施设备的维修和更新、改造费用；

（2）依法应当由相关单位承担的供水、供电、供气、供热、通讯、有线电视等管线和设施设备的维修、养护费用；

（3）应当由当事人承担的因人为损坏住宅共用部位、共用设施设备所需的修复费用；

（4）根据物业服务合同约定，应当由物业服务企业承担的住宅共用部位、共用设施设备的维修和养护费用。

6. 住宅专项维修资金的增值收益

在保证住宅专项维修资金正常使用的前提下，可以按照国家有关规定将住宅专项维修资金用于购买国债。利用业主交存的住宅专项维修资金购买国债的，应当经业主大会同意；未成立业主大会的，应当经专有部分占建筑物总面积三分之二以上的业主且占总人数三分之二以上业主同意。利用从公有住房售房款中提取的住宅专项维修资金购买国债的，应当根据售房单位的财政隶属关系，报经同级财政部门同意。

禁止利用住宅专项维修资金从事国债回购、委托理财业务或者将购买的国债用于质押、抵押等担保行为。

7. 住宅专项维修资金的滚存使用

下列资金应当转入住宅专项维修资金滚存使用：

（1）住宅专项维修资金的存储利息；

（2）利用住宅专项维修资金购买国债的增值收益；

（3）利用住宅共用部位、共用设施设备进行经营的业主所得收益，但业主大会另有决定的除外；

（4）住宅共用设施设备报废后回收的残值。

（二）住宅专项维修资金的监督管理

1. 住宅专项维修资金的过户与返还

房屋所有权转让时，业主应当向受让人说明住宅专项维修资金交存和结余情况并出具有效证明，该房屋分户账中结余的住宅专项维修资金随房屋所有权同时过户。受让人应当持住宅专项维修资金过户的协议、房屋权属证书、身份证等到专户管理银行办理分户账更名手续。

房屋灭失的，按照以下规定返还住宅专项维修资金。

（1）房屋分户账中结余的住宅专项维修资金返还业主。

（2）售房单位交存的住宅专项维修资金账面余额返还售房单位；售房单位不存在的，按照售房单位财务隶属关系，收缴同级国库。

2. 住宅专项维修资金账目信息公开

直辖市、市、县人民政府建设（房地产）主管部门，负责管理公有住房住宅专项维修资金的部门及业主委员会，应当每年至少一次与专户管理银行核对住宅专项维修资金账目，并向业主、公有住房售房单位公布下列情况。

（1）住宅专项维修资金交存、使用、增值收益和结存的总额。

（2）发生列支的项目、费用和分摊情况。

（3）业主、公有住房售房单位分户账中住宅专项维修资金交存、使用、增值收益和结存的金额。

（4）其他有关住宅专项维修资金使用和管理的情况。

业主、公有住房售房单位对公布的情况有异议的，可以要求复核。

专户管理银行应当每年至少一次向直辖市、市、县人民政府建设(房地产)主管部门、负责管理公有住房住宅专项维修资金的部门及业主委员会发送住宅专项维修资金对账单。直辖市、市、县建设(房地产)主管部门、负责管理公有住房住宅专项维修资金的部门及业主委员会对资金账户变化情况有异议的，可以要求专户管理银行进行复核。

专户管理银行应当建立住宅专项维修资金查询制度，接受业主、公有住房售房单位对其分户账中住宅专项维修资金使用、增值收益和账面余额的查询。

3. 住宅专项维修资金的监督

住宅专项维修资金的管理和使用，应当依法接受审计部门的审计监督。

住宅专项维修资金的财务管理和会计核算应当执行财政部有关规定。财政部门应当加强对住宅专项维修资金收支财务管理和会计核算制度执行情况的监督。住宅专项维修资金专用票据的购领、使用、保存、核销管理，应当按照财政部以及省、自治区、直辖市人民政府财政部门的有关规定执行，并接受财政部门的监督检查。

第四节 物业服务企业的财务管理

一、物业服务企业财务管理的含义与内容

（一）物业服务企业财务管理的含义

企业财务管理是指企业为了取得最大的效益，按照资金运动规律和国家财经政策，筹集、运用、分配和监督企业资金，处理企业同各方面财务关系的一项经济管理工作，是企业管理活动的基础和中心。

物业服务企业财务管理是指物业服务企业的财务活动，是协调、处理各方面财务关系的一项经济管理工作。

（二）物业服务企业财务管理的特点

1. 内容复杂

由于物业管理内容的复杂而带来物业管理对象的复杂性。物业管理融服务、管理、经营于一体，管理对象多种多样，资金的来源和支出各不相同，物业服务企业的财务管理的内容势必复杂。

2. 成本较高

除了少数大企业占用的物业，通常物业管理的收支项目数额比较小，而发生的频率较高。因此，由于费用的收取、催缴、支付，财务处理工作量大，带来财务管理成本较高。

3. 管理资金性质内容复杂

由于政府对物业管理的干预性，以及业主需求的多样性，物业管理过程中涉及资金类型较多，各种资金的性质及其筹集、使用、管理要求存在差异，所以管理资金的性质和内容比较复杂。例如，从内容来说，有的属于经营性收益的管理费，而有的属于代收代

付性质的实报实销型管理费;有的管理费包括了租售的佣金,有的管理费又要求与佣金分别计算。

4. 财务监督的多元化

物业管理资金的类型多,对于物业财务管理的监督也呈现出多元化的特点。例如,住宅专项维修资金属于全体业主所有,其使用必须受到业主的监督,大笔的工程维修费,还需要当地物业管理行政主管部门的批准,并接受当地财政部门的监督检查;对于物业服务企业提供的相关服务,其服务收费须得到当地物业部门的批准,并接受监督。

(三)物业服务企业财务管理的内容

财务管理,是企业管理的基础和中心,其主要内容包括资金的筹集、资金的使用及资金的收回和分配三个方面。

1. 资金的筹集

为满足企业生产活动的需要,以不同的方式从各种渠道取得资金,称为企业的资金筹集。物业服务企业是以营利为目的的经济实体,而从事生产经营的必要条件是具有一定数量的资金。成功的企业经营要求企业获取资金并有能力及时偿付账款,使资金流动顺畅,在流动中实现保值、增值。

物业服务企业可以通过发行股票、吸收直接投资等方式筹资,也可通过向银行借款、发行债券、租赁、应付款项等方式取得资金。但不同时期、不同来源的资金,其使用成本也不相同。企业如果不慎重选择筹资方式,可能造成过多的筹资费用,而增加企业经营风险。所以,物业服务企业的财务管理部门在进行筹资决策时,必须对各种筹资方式的资金成本加以比较和抉择,使一定时期的资金来源及其数量与经营需求相一致。

2. 资金的使用

物业服务企业筹集资金的目的是为了把资金运用于生产经营活动,以便获得盈利。物业服务企业可以把筹集到的资金用于购置固定资产、流动资产等形成对内投资,也可以用于购买其他企业的股票、债券,或与其他企业联营形成对外投资。

3. 资金的收回和分配

物业服务企业通过生产经营取得营业收入,收回资金。营业收入,扣除营业成本和税金后,剩余部分为企业的营业利润。营业利润、投资净收益和其他净收入构成企业的利润总额,在缴纳所得税后应按规定的程序进行分配。首先弥补亏损,其次提取公积金、公益金,最后向所有者分配利润。

物业服务企业的筹资管理、投资管理和利润分配管理三个方面相互联系、相互依存,共同构成企业财务管理的基本内容。

二、有关物业服务企业财务管理的规定

我国企业财务制度体系由《企业财务通则》、行业财务制度和企业内部财务管理办法三个层次组成。《企业财务通则》是财务制度体系中最基本的法规,适用于我国境内所有企业。它属于行政法规,是企业从事财务活动必须遵循的基本原则和规范,也是国

家进行财务管理制定具体财务制度的法规依据。物业服务企业必须严格遵守《企业财务通则》规定的基本原则和规范。

为规范物业服务企业财务行为,有利于企业公平竞争,加强财务管理和经济核算,结合物业服务企业的特点及其管理要求,财政部制定了物业服务企业财务管理规定(简称《财务管理规定》,财基字[1998]7号)。

《财务管理规定》明确规定,物业服务企业执行《施工、房地产开发企业财务制度》,并根据物业服务企业的经营特点和管理要求,对物业服务企业的一些特性财务活动作出了具体规定,即共性财务政策部分,按照《施工、房地产开发企业财务制度》执行,个性财务政策部分按照物业服务企业财务管理规定执行。这两个文件是物业服务企业财务管理工作的基本准则和依据。

三、《财务管理规定》的适用范围

(1)《财务管理规定》适用于我国境内的各类物业服务企业(以下简称企业),包括国有企业、集体企业、私营企业、外商投资企业等各类经济性质的企业;有限责任公司、服务有限公司等各类组织形式的企业也适用于其他行业独立核算的物业服务企业。即凡属于我国境内的物业服务企业,不论所有制性质如何,也不论其组织形式、经营方式如何,都应执行。

(2) 物业服务企业从事主营业务以外的其他多种经营活动,按照兼营业务的性质,执行相应行业的财务制度。

四、代管基金的概念及管理

代管基金是物业服务企业财务管理工作中的一项重要内容。

1. 代管基金的概念

代管基金是指企业接受业主委员会或物业业主、使用人委托代管的住宅专项维修资金。代管基金属于物业业主所有。

2. 代管基金的管理

代管基金应当专户存储、专项使用,并作为物业服务企业的一项长期负债管理,只能用于房屋共用部位和共用设施设备的大修、中修、更新和改造,不得用于一般的日常维修养护。代管基金作为企业长期负债管理代管基金应当专户存储、专款专用,并定期接受业主管理委员会或物业产权人、使用权人的检查与监督。经过业主委员会或物业业主同意后,代管基金可以用于购买国债,但不得用于炒买炒卖股票、房地产和期货等高风险投资经营活动。代管基金产生的利息净收入,应当经业主委员会或物业业主、使用人认可后,转做代管基金滚存使用和管理。

3. 物业共用部位和共用设施设备经营收益的管理

在征得相关业主、业主大会的同意后,物业服务企业利用物业共用部位和共用设施设备进行经营的,所得收益属相关业主所有,这部分收益主要用于补充专项维修资金,也可以按照业主大会的决定使用。

五、成本和费用

成本和费用是企业生产经营过程中的货币表现。对成本和费用的管理是物业服务企业财务管理的核心内容，成本和费用核算是否准确、真实、合理，关系到经营成果的计算是否正确，直接影响国家、企业和职工个人的利益分配。它对于加强企业的经营管理、提高经济效益、增强企业的市场竞争能力，都具有重要作用。

（一）营业成本

1. 营业成本的构成

物业服务企业的营业成本，是指企业在从事物业管理活动中，为业主、物业使用人提供维修管理和服务所发生的各项直接支出，包括直接人工费、直接材料和间接费用等。

（1）直接人工费。直接人工费包括企业直接从事物业管理活动等人员的工资、奖金及职工福利费等。

（2）直接材料费。直接材料费包括企业在物业管理活动中直接消耗的各种材料、辅助材料、燃料和动力、构配件、零件、低值易耗品、包装物等。

（3）间接费用。间接费用是指企业各物业管理单位为组织和管理本辖区物业管理活动所发生的各项支出以及其他不能直接归属某个项目的费用。包括管理人员的工资、奖金及职工福利费、固定资产折旧费及修理费、水电费、取暖费、办公费、差旅费、邮电通讯费、交通运输费、租赁费、财产保险费、劳动保护费、保安费、绿化维护费、低值易耗品摊销及其他费用等。此外，营业成本还包括企业所属各物业管理单位（非法人实体）经营共用设施设备，如经营停车场、游泳池、各类球场等共用设施支付的有偿使用费和对管理用房进行装饰装修发生的各项支出等。

2. 进行营业成本核算应注意的几个问题

物业服务企业进行营业成本核算时，应注意以下两个问题。

（1）实行一级成本核算的企业，为简化成本核算，可以不设间接费用，所发生的各项支出直接计入管理费用。

（2）企业主营业务以外的其他附营活动，如企业从事的工业生产、运输、商业贸易、物资供销、餐饮服务等，其成本核算比照相关的行业财务制度执行。

（二）期间费用

物业服务企业的期间费用是指与企业经营没有直接关系或关系不密切，不需要在各个会计期分摊而直接计入当期损益的费用。主要包括管理费用和财务费用。

1. 管理费用

管理费用是指企业行政管理部门为管理和组织经营活动而发生的费用，包括公司经费、工会经费、职工教育经费、劳动保险费、待业保险费、董事会费、咨询费、审计费、诉讼费、排污费、绿化费、税金、土地使用费、技术转让费、技术开发费、无形资产摊销、开办费摊销、业务招待费、团体会费、独生子女补助费、坏账损失、存货的盘亏毁损和报废(减盘盈)损失以及其他管理费用等。此外,企业总部支付的管理用房有偿使用费和企业总部对管理用房进行装饰装修发生的各项直接支出,也作为管理费用核算的开支项目。

2. 财务费用

财务费用是指企业在经营活动中为筹集资金所发生的各项费用,包括企业生产经营期间发生的利息支出(减利息收入)、汇兑净损失、金融机构手续费以及筹集资金发生的其他财务费用等。

做好财务费用的管理和核算,必须把握以下两点。

(1) 企业生产经营期间发生的筹资费用,计入财务费用。

(2) 筹建期间发生的筹资费用,应分别不同情况处理:属于费用性支出的,计入开办费;属于资本性支出的,如与购建固定资产有关,在固定资产尚未办理竣工决策或尚未交付使用之前,计入有关的固定资产购建成本。

(三) 不得列入成本和费用的项目

物业服务企业购置和建造固定资产、购入无形资产和其他资产的支出,不得列入成本费用。购建固定资产、无形资产所发生的支出属于资本性支出,不能混同于费用性支出列入成本、费用。购建固定资产所发生的支出只能通过固定资产折旧方式从当期收入中弥补。至于其他资产属于有专门用途或因其他原因参与企业生产经营周转的资产在财务上也不得列入成本、费用。

六、营业收入及利润

经营成果是物业服务企业一定时期内经营业绩的综合反映。如何确认营业收入,营业收入怎样分类,包括哪些内容,是物业服务企业准确核算经营成果的基础,也是物业服务企业财务管理工作中必须解决的理论问题。

(一) 营业收入

物业服务企业的营业收入,是指物业服务企业从事物业和其他经营活动所取得的收入。根据物业服务企业的经营特点,应按下列原则对物业服务企业的营业收入进行分类:凡为物业产权、使用人提供服务,为保持房屋建筑物及其附属设施设备完好无损而进行维修、管理所得的收入作为主营业务收入;凡主营业务以外,从事交通运输、饮食服务、商业贸易等经营活动所取得的收入作为其他业务收入。

1. 主营业务收入

主营业务收入包括物业管理收入、物业经营收入和物业大修收入三项。

(1) 物业管理收入。是指物业服务企业利用自身的专业技术,为物业业主、使用人提供服务,为保持物业完好无损而从事日常维修、管理活动而取得的收入。管理收入划分为公共性服务费收入、公众代办性服务费收入和特约服务收入三项。

(2) 物业经营收入。是指物业服务企业经营业主委员会或业主、使用人提供的房屋建筑物及其附属设施取得的收入，如房屋出租收入和经营停车场、游戏池、各类球场等共用设施的收入。

(3) 物业大修收入。是指物业服务企业接受业主委员会或业主、使用人的委托，对房屋共用部位、共用设施设备进行大修等工程施工活动所取得的工程结算收入。

2. 其他业务收入

其他业务收入，是指企业从事主营业务以外的其他业务活动所取得的收入，包括房屋中介代销手续费收入、材料物资销售收入、废品回收收入、商业用房经营收入及无形资产转让收入等。

(1) 房屋中介代销手续费收入。房屋中介代销手续费收入是指物业服务企业受房地产开发商的委托，对其开发的商品从事代理销售活动而取得的手续费收入。

(2) 无形资产转让收入。与固定资产转让相比，无形资产转让情况比较复杂。按是否入账，可分为已入账的无形资产转让和未入账的无形资产的转让；按转让方式，可分为所有权转让和使用权转让。为便于核算、简化手续，无形资产的转让收入均作为其他业务收入处理。

(3) 材料物资销售收入。材料物资销售收入是指企业不需用的材料物资对外出售所取得的收入。

(4) 商业用房经营收入。商业用房经营收入是指企业利用业主委员会或物业产权人、使用人提供的商业用房，从事经营活动取得的收入，如开办健身房、歌舞厅、美容美发屋、商店、饮食店等的经营收入。

3. 房屋出租收入与商业用房经营收入的区别

房屋出租收入作为主营业务收入（物业经营收入）处理，商业用房经营收入则作为其他业务收入处理。这主要是由于物业服务企业的经营特点所决定的。

一般来说，物业服务企业往往根据经营需要，对商业用房要重新进行改造，添加一部分经营设施，增加这些房屋的经济功能，以从事营业性经营活动。这种商业用房经营收入绝不仅仅是房屋本身所带来的收益，而是由于企业利用房屋作为载体从事某种营业性经营活动所带来的一种收益。因此，它不能与房屋出租收入混为一谈，只能依据其相关的财务制度核算，作为物业服务企业的其他业务收入处理。为此，物业服务企业利用业主、物业使用人提供的房屋所获取的收入，应分别不同情况处理。一是物业服务企业不对业主委员会或业主、物业使用人提供的房屋再行添加任何设施而直接出租所收取的房屋租金应作为主营业务收入中的物业经营收入处理。二是一旦物业服务企业根据经营需要，在业主委员会或业主、物业使用人提供的房屋（如商业用房）的基础上，再添加一部分经营设施，增加房屋的经济功能，从事健身房、歌舞厅、美容美发、便利店、餐厅等经营活动所取得的收入，应比照相关行业财务制度的有关规定核算，其经营收入作为物业服务企业的其他业务收入处理。

4. 物业服务企业营业收入的确认原则

根据企业营业收入确认的一般原则，对物业服务企业营业收入的确认原则问题，《财务管理规定》中规定"企业应当在劳务已经提供，同时收讫价款或取得收取价款的凭证时确认营业收入的实现"。这是物业服务企业营业收入确认的一般原则。根据物业服务企业的经营特点,对营业收入的确认原则又作了两方面的具体补充规定。

(1) 企业与业主委员会或业主、物业使用人双方签订付款合同或协议的,应当根据合同或协议所规定的付款日期,作为营业收入的实现。在这一日期,无论企业是否实际收到价款,均应作为营业收入处理。如公共服务费收入和公众代办性服务费收入均应按照这一原则进行处理,不得以收付实现制代替权责发生制。

(2) 物业大修收入,应当根据业主委员会或业主、物业使用人签证认可的工程价款结算账单确认为营业收入的实现,物业服务企业接受业主委员会或业主、物业使用人委托,对住宅小区和商业楼宇等物业进行大修理等工程施工活动由物业服务企业自行出具工程价款结算账单,但必须经委托方签章认可后,才能作为营业收入处理。

(二) 利润

1. 利润总额的概念及其组成内容

利润总额是企业在一定时期内实现盈亏的总额,集中反映了企业生产经营活动各方面的效益。企业利润,是企业最终的财务成果,是衡量企业经营管理的重要综合指标。企业利润总额包括:营业利润、投资净收益、营业外收支净额以及补贴收入。

为了全面准确地反映物业服务企业的经营成果,根据物业服务企业的经营特点,把物业服务企业的经营成果分为主营业务利润和其他业务利润两大部分。物业服务企业的利润组成,用公式表示如下:

利润总额＝营业利润＋投资净收益＋营业外收支净额＋补贴收入

营业利润＝主营业务利润＋其他业务利润

主营业务利润＝营业收入－营业成本－营业税金及附加－管理费用－财务费用

其他业务利润＝其他业务收入－其他业务支出

投资净收益＝投资收益－投资损失

营业外收支净额＝营业外收入－营业外支出

2. 利润总额的组成部分

在利润总额的组成内容中,营业成本、期间费用和其他业务支出已在前面做了介绍。这里只对营业税金及附加、投资净收益、营业外投入、营业外支出、补贴收入等内容重点加以说明。

(1) 营业税金及附加。营业税金及附加是指企业按税法规定缴纳的营业税、城市维护建设税和教育费附加等。

(2) 投资净收益。投资净收益是指投资收益扣除投资损失后的净额。投资收益和投资损失是指企业对外投资所取得的收益或发生的损失。

投资收益的内容包括:对外投资分得的利润、股利和债券利息,投资到期收回或者中途转让取得款项高于账面价值的差额,以及按照权益法核算的股权投资在被投资单位的净额资产中所拥有数额等。

(3) 营业外收入。营业外收入是指与企业生产经营活动没有直接因果关系,但与企业又有一定联系的收入。列入营业外收入的项目主要有：固定资产的盘盈和处理固定资产净收益、罚款收入、因债权人的原因确实无法支付的应付款项、教育费附加返还款等。

（4）营业外支出。企业营业外支出与营业外收入相对应，是指企业生产经营活动没有直接因果关系，但与企业又有一定联系的支出。列入企业营业外支出的项目主要有：固定资产盘亏、报废、毁损和出售的净损失、非常损失、公益救济性捐赠、赔偿金、违约金、滞纳金和被没收的财物损失等。

（5）补贴收入。补贴收入是指国家拨给企业的政策性亏损补贴和其他补贴，如部分房管所转为物业服务企业后，由于承担直管公房和单位公房的管理任务，房租水平偏低，导致这部分物业服务企业亏损严重，财政部门和主管部门根据国家统一规定，拨给这部分物业服务企业一部分亏损补贴等。物业服务企业收到亏损补贴后，要作为补贴收入并入企业利润总额。

本章小结

本章介绍了物业管理过程中所涉及的各种类型的资金，及其筹措原则、渠道和使用原则。重点阐述了物业服务费的收费原则、定价方式、构成及测算方法，阐述了住宅专项维修资金的交存、使用与管理监督的要求。本章还介绍了物业服务企业财务管理的内容和相关规定。

关键词

物业管理资金　物业服务费　专项维修资金　财务管理

复习思考题

1. 选择正确答案（下列各题中有一个或一个以上的答案是正确的）

（1）下列选项中，属于物业管理资金的是（　　）。

（A）物业服务费　　　　　　　　（B）住宅专项维修资金
（C）注册资本　　　　　　　　　（D）多种经营收入

（2）物业服务费定价的方式有（　　）。

（A）政府定价　　　　　　　　　（B）政府指导价
（C）市场调节价　　　　　　　　（D）业主委员会定价

（3）物业服务费构成有（　　）。

（A）物业服务成本　　　　　　　（B）专项维修资金

(C) 法定税费　　　　　　　　　　　　(D) 物业服务企业的利润

(4) 业主大会成立前业主交存或已售公有住房的住宅专项维修资金的代管单位是（　　）。

(A) 业主委员会

(B) 业主代表

(C) 县级及以上人民政府建设（房地产）主管部门

(D) 物业管理公司

(5) 下列各项支出中，不能从专项维修资金中支出的有（　　）。

(A) 对全体业主共有的共用部位、共用设施设备进行维修和更新、改造的

(B) 供水、供电、供气、供热、通讯、有线电视等管线和设施设备的维修、养护

(C) 大修工程和中修工程

(D) 住房共用部位、共用设施设备属于人为损坏的

2. 物业服务费的筹集有哪些渠道？

3. 简述物业服务费收取的原则。

4. 物业服务成本的构成有哪些？

5. 如何解决物业服务费收取率低的问题？

6. 住宅专项维修资金的交存对象与标准有哪些规定？

7. 试述物业服务企业财务管理的主要内容。

8. 案例分析：

原告：某物业公司

被告：魏某，业主

年初，业主魏某所在的居民小区物业公司催交上一年度的物业服务费。魏某认为，自己交纳的物业服务费中包含保安费，但其所居住的小区保安并没有真正做到保证自己的财产安全，她自己在小区内丢失了三辆自行车，故而拒绝交纳物业服务费。

原告物业公司称：物业公司的保安任务只负责维护小区公共秩序和安全，定时开关小区大门，巡逻时发现火警、治安、交通事故及时处理，对可疑人员进行盘查。而丢失自行车属于治安刑事案件，应由公安机关负责处理，与物业公司无关。

双方意见不一，交涉没有结果，物业公司遂将魏某诉至法院，要求被告魏某给付上一年度物业服务费404元。

你认为法院应如何判决？

第十章　分类型物业管理

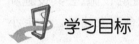学习目标

学习本章后,你应该能够:
1. 掌握住宅小区的含义、特点、功能及住宅小区物业管理的特点及内容。
2. 了解住宅低碳物业管理。
3. 了解农村住宅物业的特殊性及发展。
4. 了解写字楼的含义、类型及特点,掌握写字楼物业管理的特点与内容。
5. 掌握商业物业的类型与特点、商业物业管理的特点与内容。

第一节　住宅小区的物业管理

一、住宅小区的含义、特点及功能

(一) 住宅小区的含义

住宅小区是居住物业的一种主要形式,是指按照城市统一规划、建设达到一定规模、基础设施配套齐全、已建成并投入使用的相对封闭、独立的住宅群体或住宅区域。按人口和用地规模的不同,住宅小区可分为居住区、居住小区和居住组团三种规模。

表 10-1　住宅小区的分级

项　目	居　住　区	居　住　小　区	居　住　组　团
户数(户)	10 000—15 000	2 000—4 000	300—700
人口(人)	30 000—50 000	7 000—15 000	1 000—3 000

一个完整的居住区由若干小区组成。同样,一个完整的居住小区由若干居住组团组成。每一个级别均须配套建设相应数量和级别的公共服务设施。达到一定规模、基

础设施比较齐全的居住区称为住宅小区(含居住小区、住宅组团)。

(二)住宅小区的特点

住宅小区的特点与物业的特点在某种程度上是一致的,但是由于它专指住宅,强调一定区域多栋住宅的联合,因此更注重物业的整体性、相关性。住宅小区有如下特点。

1. 规划建设集中,使用功能多样

随着城市建设发展和居住水平的提高,原先分散的、功能单一的传统住宅小区,正在向集中化、综合化、现代化方向发展。现在的住宅小区,以居住为主体,配有商业、服务业、银行、邮电、办公、文教卫生等设施。为使小区内各种住宅、配套设施、公共设施和环境绿化能够相互协调、有机结合,住宅小区需统一规划,集中综合开发建设。住宅小区的这种特点,要求在开展多样化服务基础上实行统一管理。

2. 规划布局合理,配套设施齐全

住宅小区的地上建筑和地下设施是一个整体,地下各种管道设施,如上下水、煤气、热力、电缆等组成一个"网络体系",住宅小区内各类房屋建筑、房屋设备、地上、地下、室内、室外是一个庞大的不可分割的动态系统。即使同一幢房屋,也有若干个使用单位且使用性质和产权不同,由于房屋建筑结构无法分割,各种地上地下公用共同设施如供电、供暖、供气、上下水管道等无法分割,使得一个系统或一个部位出现问题会影响整个住宅的全面运作和使用,这一特点要求住宅小区必须实行统一管理。

3. 产权多元,管理复杂

随着住房体制改革和住房商品化的逐步实现,房屋住宅的产权结构发生了重大变化。一个小区或一幢住宅楼房的产权有可能是属于国家的,也可能是属于集体的,还可能是属于众多的个人所有。产权多元化格局是老住宅小区突出的特点,给小区管理带来了复杂性。

4. 社会化特征明显

一方面,住宅小区的许多公用设施、绿化等为全小区服务,已全部"社会化";另一方面,由于居住人口复杂,各行各业人员都参与其中,呈现社会化特征,因此小区管理较为复杂。

(三)住宅小区的功能

一个完整的住宅小区既有成片住宅、公共建筑配套的市政公共设施、生活服务设施、商业网点和室外绿化等生活的物质环境,又有人际关系和社会公德的社会环境,还有一定的经济环境,因此住宅小区是一个集居住、服务、经济、社会功能于一体的社会缩影。

1. 居住功能

居住是人类生存和发展最基本的条件之一,也是人类自身再生产的不可缺少的条件。住宅有为人们提供避风遮雨、繁衍后代的居住栖身之处的功能,这是住宅小区最重要也是最基本的功能。

2. 服务功能

城市经济的发展，城市规划、房地产综合开发要求小区的公用配套设施和小区的管理应能为居民提供多项目多层次的服务，具备完善和多样的服务功能。包括：教卫系统，如托儿所、幼儿园、小学、中学、医疗门诊、保健站、防疫站等；商业餐饮业系统，如饭店、饮食店、食品店、粮店、百货店、菜场等；文化、体育、娱乐服务系统，如图书馆、游泳池、健身房、电影院、录像室等；其他服务系统，如银行、邮局、煤气站、小五金、家电维修部。

3. 经济功能

首先，由于住宅小区管理是一种契约化信托式管理，体现着一种买卖交换关系，并且在管理中还开展房屋买卖租赁的中介经营服务，而房屋买卖和租赁体现了商品买卖交换关系，因此住宅小区经济功能便在买卖交换关系中产生。其次，由于随着城市住宅商品化的不断推进和深化，住宅商业化管理服务应运而生，住宅小区内所有的管理服务都是有偿的，便产生了住宅小区的经济功能，住宅小区的经济功能决定了住宅小区管理是经营型的。

4. 社会功能

住宅小区的居民以及为之服务的各种行政、商业、文体，还有一些社会团体、治安部门、商业服务业机构、文化教育部门、银行、邮电部门等，它们相互联系，或者执行社会管理职能，或者为居民提供相应的服务，共同构成住宅区的社会关系，形成了一个相互影响和相互制约的社会网络。住宅小区的社会功能是否完备，直接影响着小区人际关系和精神文明建设。

二、住宅小区物业管理的服务特点

（一）综合性

住宅小区内部的各个组成部分是一个整体，住宅小区管理服务的内容是一揽子的综合事务，既有房屋及房屋设备的管理，又有环境的维护管理，还有委托性管理服务和经营性管理服务，这样既可保证有效的成本控制，又能提高综合服务质量，使业主直接享受到物业服务的成果。

（二）服务性

住宅小区物业管理的目的是为居住在小区内的人们提供一个优美、安全、舒适、满意的居住环境。从事住宅小区管理的物业服务企业通过向居住在小区内的人们提供优质的服务，达到管理的目的。管理的服务性要求物业服务企业不仅要提供物业管理服务委托合同范畴内的基本服务，还要结合小区内的特点、业主的需求提供有针对性的个性化服务。

（三）专业性

住宅小区的管理既要有专门的机构，又需要具有专业技术和专项技能的工作人员参与，住宅小区管理的各专项工作如环境绿化、安全保卫等可以分包给各专业公司去做，这也体现了小区管理的专业性特点。

（四）经营性

住宅小区管理实行有偿服务是小区管理经营性的最集中体现。随着住宅市场的商品化，以及二级、三级住宅市场的发展，住宅小区管理必然要涉及住宅的出售、出租、代售、代租等经营性服务，围绕小区居民的各种需求也要开拓出各种经营性管理服务项目，这表明经营已成为居住小区管理中必不可少的项目。

三、住宅小区物业管理的内容

（一）房屋及房屋设备管理

房屋管理是小区物业管理的基础和本源。房屋管理的主要内容包括房屋结构与外观完整、完好的维护，房屋老化、损坏的检查、鉴定与修复，房屋内外装修的审批与约束，房屋使用管理，建筑内外的标志广告管理，房屋档案的建立与维护更新。在房屋使用管理中，一方面应要求业主（物业使用人）按建筑设计用途使用，不得随意改变房屋的用途；另一方面应规定业主（物业使用人）按房屋设计功能使用房屋，不得随意滥用，擅自改变房屋设计使用功能。此外，还应规定要求业主（物业使用人）按照房屋设备的系统功能使用，不得随意拆改和增添。房屋及房屋设备管理主要包括：

（1）房屋及配套设备设施的档案管理；
（2）房屋及设备设施使用、运行状态的监控、维修、养护管理；
（3）房屋及设备设施安全状态、更换、使用年限的管理；
（4）业主或使用人房屋装修管理等。

（二）环境管理

环境管理的主要任务是维护保持小区的宁静、舒适、整洁、优美。其具体内容主要包括卫生保洁、环境绿化美化、安全保卫、消防管理、停车及道路管理等。

1. 卫生管理

环境卫生是衡量住宅小区是否达到文明标准的一个重要指标。应对区内的马路、便道、绿化带、公共场所及时清扫保洁，设立卫生收集器具，及时收集、清运垃圾，及时对垃圾筒等卫生器具清洗消毒归位，加强防疫灭鼠、灭蟑螂、灭蚊蝇，加强对区内经营商户的卫生管理检查，保持区内清洁卫生。此外，还应重视树立居民讲卫生的社会风尚，让人人养成讲文明讲卫生的习惯，自觉维护小区的环境卫生。

2. 绿化管理

绿化管理主要是为维护小区的公共绿化，提供绿化养护服务管理。住宅小区的绿化是构成小区美丽环境的重要因素，它能调节小区内局部生态环境，同时也能促进物业的保值、增值。绿化管理的职责主要是保持绿地整洁，防止绿化被人为破坏；另外根据树木花草生长的自然规律进行适时的养护管理，对枯死的树木花草进行更换补种。

3. 保安服务

《保安服务管理条例》第二条规定,物业服务企业招用人员在物业管理区域内开展的门卫、巡逻、秩序维护等服务,即为保安服务。维护小区内的公共秩序,是为了给人们提供一个安全、宁静的生活环境。安全的小区环境是居民安居乐业的首要条件,也是关系到物业服务企业声誉的问题。

4. 消防管理

小区内居住成分复杂,加之商业店铺繁多,有发生火情的隐患,因此小区的消防管理不容忽视。首先,小区要贯彻国家和地方政府消防工作法令,制定严密的住宅小区内的消防设施布置。其次,物业服务企业坚持定期巡查检修制度和节假日重大活动的全面检查;另外,还要建立专职和兼职的消防组织,制定严格的消防制度和责任人制度;同时,还应在住宅小区内开展防火防灾的宣传教育。

5. 车辆管理

为保证住宅小区的生活安静、行人安全,保证小区内的道路、庭院、花草树木和其他公共设施不遭受破坏,对进入小区的各种机动车辆要进行管理。除特许车辆外,其他车辆进入小区应严格限制。为制止小区内车辆乱停乱放,破坏小区整体环境,应设立车辆停放点和日夜保管站,防止车辆被偷、被盗和丢失损坏;同时,应制定执行车辆破坏小区环境的处罚规定。

6. 市政设施维护管理

市政设施管理主要包括住宅小区内的道路及公共排水、排污管道和化粪池等设施的管理。住宅小区内各种公共市政设施遍布各个角落,其养护需要广大业主和住户的配合。通过设立报修渠道,并建立巡查制度,派专业人员巡逻检查,同时完善物业管理自动信息系统,使信息传递更快捷,能及时发现损毁并进行修复。

(三)特约、便民日常服务和多种经营服务

随着经济的快速发展和人民生活水平的日益提高及家庭劳动社会化趋势的加快,住宅小区的管理不应仅限于物业及环境的管理,而且还应开展各种特约服务、便民服务项目,向住户提供多层次的综合性服务。

特约服务是物业服务企业根据住户需要,利用专业特长,双方约定后提供的旨在方便住户的各种有偿的特约、特需服务,如室内清洁、土建维修装饰、代付水电煤气费、代订书报杂志和车船票、房屋代管、加电维修和家庭护理、接送小孩等。如果政府规定了收费标准的,按政府规定收费;如果政府没有规定收费标准,则由委托人与被委托人,即住户与物业服务企业之间协商确定,这类服务多以"保本微利"为收费原则。

便民服务指物业服务企业在小区内建立各种商业和交通网点以及文化娱乐和教育设施,为小区居民生活提供方便。便民服务多数具有经营性质,是物业服务企业发挥其企业职能和作用所开展的经营活动。

(四)精神文明建设

物业管理的内容不仅仅包括维修、管理以及特约和便民服务,还应在住宅小区内努力营造一种社区文化,创造一个环境幽雅、安全舒适、有良好人际关系的社会环境。从总体上讲,有以下几个层次。

(1) 开展精神文明建设,制定住宅小区居民精神文明公约。居民要自觉遵守住宅小区的各项规章制度,遵守和维护公共秩序;爱护公共财物,提倡居民邻里互助、文明居住、文明行为,关心孤寡老人和残疾人。

(2) 完善、充实娱乐场所和文体活动设施,开展丰富多彩的文体活动,丰富小区居民的业余生活,密切邻里感情,协调人际关系,促进安定团结和社会稳定。

(3) 建设高雅的社区文化,培育健康的社区精神。"社区"是地域、社会互助和社会关系的综合体,即一群居住于某一地理区域、具有共同关系和社会服务体系的一种生活共同体。"社区"精神,是住宅小区居民的精神状态和思想行为的综合反映,而社区文化则是社区精神的载体。建设高雅社区文化,培育健康社区精神,有利于社会的发展和进步。

四、住宅小区的低碳物业管理

(一) 低碳经济与住宅性能认定

低碳经济涉及房地产的可持续发展,是一个长远的战略决策。房地产开发除了软性的规定外,建筑的施工工艺,新技术、新材料使用,更可以减少巨大污染和能耗,实现碳的减排。

合理采用"低碳技术",推行住宅的产业化,进行住宅性能认定,能够降低成本。住宅产业性能认定指的是,对住宅的适用性能、安全性能、耐久性能、环境性能、经济性能五项指标按国家标准进行综合考评打分,分为 A(600 分以上)、B(300—600 分)、C(300 分以下)三个级别,其中 A 级住宅为性能好的住宅;B 级住宅为性能达不到 A 级但可以居住的住宅;C 级住宅为不适宜居住的住宅。A 级住宅按照得分由低到高分为 1A(A)、2A(AA)、3A(AAA)三个级别(600—750、750—800、800 分以上)。住宅性能认定是对住宅综合指标的考评进行分级,涵盖了包括用地与规划、结构、绿地、活动场地、各系统设备、节能、节材、噪音控制等房地产开发的各个环节,是推行住宅产业化和工业化、发展低碳经济的必由之路。

(二) 物业管理行业如何适应住宅性能认定

住宅性能的认定,势必造成大量新技术、新材料和节能环保设备的使用,如加拿大推行的以镀锌冷轧钢板材料为主的冷弯轻钢多层住宅(绿色、环保、可再生、抗震性能好)、荷兰推行的以废弃物为原材料建设的板楼、万科正在打造的低碳、微碳、中碳和精装修绿色住宅(组装工厂生产的房子)等,体现了新技术和新材料在房地产开发产业的推广和应用。房地产行业必须提高施工工艺和技术管理水平,才能适应开发的需要。作为房地产开发后续环节的物业管理行业同样也需要提高自身的专业服务水平,跟上时代发展的需要。具体可从以下三个环节着手。

1. 物业服务的前期介入

传统意义上,物业服务的前期介入可以从使用的角度,对房屋的规划设计、建筑物布局、户型结构、道路绿化、设备选型、智能化的设置、设备设施的验收调试等，给开发商提供建设性意见，并配合销售策划，直至承接查验，办理移交手续。针对住宅性能认定的物业项目，物业服务行业从业人员特别是管理和工程技术人员，应尽快关注低碳经济，紧跟科学技术发展的步伐，了解熟悉房地产开发的低碳技术、材料和设备的采用，成为低碳生活的倡导者和实践者，学习和掌握住宅性能认定的相关标准和要求，协助房产开发商做好住宅性能认定，大力推进节能、环保和绿色社区。

2. 物业的承接查验和接管

对物业的承接查验和接管，是物业服务企业熟悉住宅情况、发现问题的关键阶段。物业有关人员可以根据自己掌握的有关专业知识、住宅性能认定的有关标准，及时了解低碳社区的技术水准，熟悉性能认定的评定过程，发现存在的问题（如有关的绿色、环保、节能和低碳技术有没有按设计要求达到应有的效果），配合销售策划做好低碳房屋的营销，对业主做好小区低碳生活的宣传，使每个业主都对小区住宅的性能认定等级有必要的了解，使用好有关的设施和设备。

3. 物业的常规管理和服务

物业服务企业引领经过住宅性能认定的社区人们进行低碳生活，采用新材料、新技术和节能降耗环保设备等发挥应有的作用。这同时要求物业行业要更新观念，摒弃传统的物业行业属劳动密集型的认识，不断引进复合型人才，加大对工程技术人员和一线操作人员的培训，适应低碳生活的需要，提高管理服务水平，更好地服务绿色小区。

对现有的老物业，虽不能重新进行住宅性能认定，但更应该把能耗管理、推行低碳生活作为提高物业管理水平的重要举措。如与专业的能耗管理公司合作，进行节能降耗技术改造，在不投入资金或少投入资金的情况下，创造更大的经济效益；在社区倡导绿色环保生活，进行垃圾分类，减少白色垃圾、电子垃圾的污染，进行节能降耗知识宣传等。

五、农村住宅物业管理的特殊性及其发展

（一）农村住宅物业管理的特殊性

一般意义上的住宅物业管理是指城镇物业管理，农村住宅物业管理较城市物业管理有较大不同，这种不同是由于农村居住的特殊性及农村生活方式与城市有很大区别而形成的。根据我国现农村物业管理的特点，这种不同表现在以下几方面。

1. 农村住宅物业的管理以村为单位进行

城市物业管理一般以居住区、居住小区划分物业管理区域，农村物业管理一般以村为单位进行，这是由农村自然居住方式决定的。这一特点也形成了农村物业管理在很多情况下采用以村为单位的封闭或半封闭式管理。

2. 农村住宅物业管理在组织上以村委会为主成立物业管理站

农村住宅物业管理的这种特点在于农村基层组织的行政管理作用强大，在实施管

理时具有权威性、制约力强的特点。由于农村住宅物业管理的社会化程度比城镇低,这种模式在单一产权(尤其农村的公共资源设施设备)管理中,能有效体现其行政管理效用。

3. 农村生产生活特点决定其物业管理内容的不同

农村生产生活方式决定了其住宅物业与城镇物业管理有很大区别。比如,农村饲养家畜家禽,下埋设污水排放管道,一面连着村民的生活污水池,一面连着物业管理站的污水处理池,村民们的生活污水流到污水处理池,经过处理后达到国家二级排放标准,用于灌溉农田。这一过程说明农村的生活方式带来农村物业设备设施管理的不同。管理站一般除设污水处理池外,还设有垃圾处理场、发酵塔、沼渣车以及食用菌日光温室等内容,以便于物质的二次利用。

4. 农村住宅的综合物业管理需因地制宜进行

农村住宅的综合物业管理包括环境卫生、绿化、保安等管理应根据不同情况因地制宜处理。比如,对于村民住宅已集中规划、成片建设且容易封闭的农村,综合物业管理比较方便;对于村民住宅虽已集中规划、成片建设但不容易封闭的农村,主要做的物业管理工作是物业保洁管理及生活秩序的一般管理(如绿化管理、停车管理、主要公用设施设备的管理等);对于村民住宅尚未集中规划、成片建设的农村,物业管理工作是物业保洁管理,其他综合管理还难以进行。因此,农村物业管理应因地制宜,对具体的物业管理内容要区别对待。

(二)农村住宅物业管理的发展

1. 建立民营物业服务企业的模式

在物业管理市场中,民营经济具有广阔发展前景,潜力巨大。农村的公共资源管理,如供排水设施管理、农村道路建设和维护、农用机械的管理、农村房屋的维修和管理等,这些资源分布分散,规模不大,比较适合组建民营物业服务企业管理。民营物业服务企业以市场经济为导向,真正实行企业化经营、专业化管理、社会化服务的运行机制。机制新、体制灵活,能适应农村市场多方面的需求。

2. 发展委托管理型物业管理模式

这种模式是将农村物业由所有权人(业主)采用招投标或协议方式将已使用的物业(如供排水设施,农村道路、农用机械等)委托给专业管理公司进行管理,通过签订合同,支付费用,而享受物业管理服务。这种管理模式的特点是物业所有权和经营人是两个各自独立的法人,物业所有权与经营管理权两权分离。从长远看,委托管理型是农村物业管理发展的方向,因为这种模式符合物业管理的企业化、社会化和专业化的要求,同时可以引进市场竞争机制,促进农村物业管理的进一步发展。

3. 按现代化企业制度组建物业服务企业

在一些经济比较发达的农村,由于这里的城市化程度较高,各项物业设施丰富,房屋相对集中,经济实力相对雄厚,人们市场意识较强,条件比较充分,可以先从这些地方开始,组建农村的现代物业服务企业,完全按现代企业制度运行。在运作过程中,先从管理农村公共资源设备、设施等物业开始,然后结合当地特点,规模可由小到大、由点到面,服务项目可由少到多、由粗到细,突破一点,取得经验,逐步推广,全面开展。

第二节　写字楼物业管理

一、写字楼的含义、分类及特点

(一)写字楼的含义

写字楼是指各种政府办公机构和企事业单位办理行政事务和从事商业经营活动的楼宇或大厦,其主要功能是为业主或用户提供现代化的办公场所。写字楼大多坐落于城市中心或交通干道附近的繁华地区、商务区域,其建筑规模大、设施设备先进、环境优越、通信便捷、专业化程度高。写字楼在经营上或业主自用,或部分自用部分出租,或全部出租,都需要高水平、专业化的物业服务企业进行管理。

(二)写字楼的分类

按写字楼的规模、功能、综合条件和智能化程度的不同,可将写字楼划分为以下几类。

1. 按建筑规模划分

(1) 小型写字楼。建筑面积在1万平方米以下。

(2) 中型写字楼。建筑面积在1万—3万平方米之间。

(3) 大型写字楼。建筑面积在3万平方米以上。

(4) 超大型写字楼。建筑面积在10万平方米以上。

2. 按使用功能划分

(1) 单纯型写字楼。基本功能就是办公及配合商务需求配套的餐饮、商务中心等。

(2) 综合型写字楼。以办公为主,同时具备公寓、商场、展厅、餐饮、康乐中心等。

(3) 商住型写字楼。具有居住和办公两种功能,即居住、办公合二为一。

3. 按智能化程度分

(1) 非智能化写字楼。指设施、设备较简单的楼宇。

(2) 智能化写字楼。指具备高度自动化的楼宇,包括楼宇自动化、通信自动化、消防自动化、管理自动化、办公自动化。

4. 按综合条件划分

(1) 甲级写字楼。具有优良的地理位置和交通环境,楼宇具有一定的规模,品质(装修、配套设施设备标准)优良,空间舒适、实用,服务于高端承租人,配有高品质专业化物业管理,24小时保安、保洁、设备维修、租金具有很强竞争力,具有较强的收益能力。

(2) 乙级写字楼。具有良好的地理位置和交通环境,楼宇品质良好,配套齐全,有自然磨损存在,配有较好的物业管理,租金具有一定的竞争力,满足中等收入承租人的需求,收益能力低于同类新建物业。

(3) 丙级写字楼。物业已使用较长的时间,建筑物在某些方面不能满足新建筑条例和规范的要求,建筑物的自然磨损较大,功能陈旧,但能满足低端承租人的需求,能保持合理的出租率。

(三) 写字楼物业的特点

1. 办公单位集中,人口密度大

现代化的写字楼建设规模少则几万平方米,多则十几万甚至几十万平方米。有的写字楼内聚集着几十家甚至上百家办公单位,其中大部分是贸易、金融公司,成为一个区域经济贸易中心,每天有上千人在写字楼内上下班,加上来往的客户、酒家和歌舞厅的客人,日平均人流量数千人次,人口密度很大。

2. 设备系统先进,智能化水平高

为了保证写字楼正常运转、发挥功能、生活使用方便,写字楼一般都配备了各种复杂的设施设备,需要专业化的维护管理。

(1) 给排水系统。写字楼给排水系统由供水系统和排水系统组成。供水系统通常在地下室设有水池,由市政管网注入水,再由水泵加压送到楼顶水箱。水泵一般都有备用泵,维修水泵时可用备用泵,保证正常用水不受影响。排水系统由大楼内管网与市政管网相连,通过市政管网排出污水。

(2) 供电系统。写字楼通常设有高压配电房,由配电房给配电,大多采用双路供电。配电系统将提供所有设备和系统以及日常生活所需的电力,包括复印机、电梯、水泵、中央空调、电脑等。大厦实行 24 小时值班监控,并按规定进行检修,及时发现问题解决问题,消除安全隐患。

(3) 空调系统。较高级的写字楼通常安装中央空调,集中提供冷、暖气服务。空调管理主要是对冷却塔、空调机组、新风机盘管和管网进行管理和维护,实行 24 小时值班,并按规定进行日常管理和维护。

(4) 保安系统。写字楼通常在大楼出入口、电梯内、公共走廊安装有电视监控系统。管理人员在控制室通过屏幕对各处情况随时监控。大楼还安装有保安对讲系统,以便及时沟通各部位情况。

(5) 消防系统。消防管理是对消防设备和管网的管理,保证管网处于完好状态,一旦发生火灾能及时投入使用。高层的写字楼在发生火灾时,消防水压达不到楼宇高度,要靠楼宇自身的消防系统进行防范和扑救。消防系统包括烟感探头报警器、自动喷洒和排烟等部分。

(6) 电梯系统。通常一栋大楼配有多部电梯,除客梯外,还有货梯、消防梯等,群楼商场还有手扶电梯。电梯由计算机联网,这样可以缩短等候时间,提高设备使用效率。

(7) 通讯系统。为业主、客户提供和发送各种经营信息,如传真、网络、电话等,写字楼大都配备完善的通讯系统,通过安装综合布线系统、卫星通讯系统,实现通讯现代化。

（8）自控系统。随着"智能大厦"的出现，写字楼配备有高规格的设备设施，通过综合布线系统把各系统有机地联系在一起，使写字楼的智能化程度提高，通常把具备楼宇自动化系统、保安自动化系统、消防自动化系统、通信自动化系统、办公自动化系统称为5A智能化大厦，可以实现系统集成，使图文、数据、语音信息能够快速传递。

3. 功能齐全，设施配套

一般纯专业化的写字楼配有服务前台、大小会议室、酒吧、车库、商务中心、餐厅等设施。而综合性写字楼则配有商场、银行、邮电、娱乐、客房服务或公寓等配套设施，还会提供一些特约服务，能为客户的生活和工作提供很多方便，满足客户高效办公的要求。

4. 地理位置优越，交通条件良好

由于大城市交通方便、经贸活动频繁、信息集中通畅，所以各类机构均倾向于在大都市的中心地带建造或租用写字楼，以便集中办公、处理公务和经营等事项。以金融、贸易、信息为中心的大城市繁华地段，写字楼更为集中。另外，这些地段与公共设施和商业设施毗邻，有多种便利的交通方式（轨道交通、四通八达的公共交通）供来往人员选择，有足够的停车位使用。

二、写字楼物业管理的服务特点

写字楼是租户用来进行商务活动的场所，写字楼的日常管理，始终要围绕着客户的商务活动来付诸实施。首先要给客户提供一个舒适、整洁、安静、方便、安全的办公场所。

（一）智能化管理

现代写字楼规模大、功能多、设备先进，而且进驻的客户多为高端客户，对写字楼管理要求自然很高。随着"智能大厦"的出现，使写字楼的智能化程度提高，这种集中自动化控制，大大方便了楼宇的管理，但同时也使管理工作产生了新的特点并对其提出了新的要求。

（二）人性化管理

上班族每天在写字楼工作的时间大多为每天8小时，占全天时间的1/3。因此，在涉及办公环境、组成写字间、配备办公家具和办公设备时，既要符合科学的要求，更要体现人文关怀。利用科学技术塑造舒适的环境能调动人的积极性，提高工作效率，因而现代写字楼的人性是建立在科学性的基础之上的。

现代写字楼特点对物业管理人员提出了更高的要求。物业管理人员不仅要具有物业管理专业知识，还要具备较高的综合素质。为了给客户提供优质的服务，物业服务企业要对员工进行严格的礼仪训练。通过不断的培训和在实际工作中的锻炼，培养出一支高素质的物业管理队伍，以满足高档写字楼物业服务的需要。

三、写字楼物业管理的内容

（一）写字楼管理计划的制订

在写字楼管理计划中，首先，要明确物业服务企业的责任，即运用先进的管理知识和方法，以最佳方式保养和管理物业及其附属设施，令业主和租户有一个安全、舒适、方便的工作生活环境；其次，明确大楼使用前的准备工作和物业管理服务的内容；最后，制定物业管理财务、组织及人事制度。

（二）写字楼投入使用前的准备工作

物业服务企业与业主或大厦业主委员会签订物业服务合同，明确双方的责任、权利与义务，制定管理规约。物业服务企业要根据写字楼的特点及周边环境，编写物业管理维修公约，计算写字楼各部分所占的管理份额，使各单位使用者公平地负担管理费及管理维修基金。物业服务企业要草拟一切有关物业管理的文件，包括大楼各项制度、装修规定等。要从物业管理角度，向开发商提供合理建议，为日后的管理创造条件，同时要做好写字楼交接的各项准备工作。

（三）日常管理

1. 房屋建筑及设备的管理

房屋使用及维修养护管理是写字楼物业管理的重要工作内容之一。物业服务企业在客户入住时应该告知写字楼使用时的注意事项，并与客户签署使用公约。若客户要对写字间进行二次装修，物业服务企业有义务将装修中应禁止的事项告知客户，并监督其装修的过程，以确保楼宇结构和附属设施设备的安全。

设备管理是写字楼物业管理的关键，主要任务是保证办公大楼的通讯网络、供水、供电、供气、空调用水和电梯等设备设施的正常运转。因此，有必要建立健全各项管理制度，并组建一支技术熟练的专业队伍，同时建立各专业人员的管理值班制度，做到每天准时开启和关闭设备，做好日常的保养和修理，筹划建筑和设备的大修，确保各设备处于良好的运行状态。另外，在所管项目中大力推动节能减排工作。在日常管理中，科学调整设施设备的运行方式和运行参数，延长设施设备的使用寿命，提高能源效率，降低设备运行成本，主动排查高能耗及不符合环保要求的设施设备，并创造条件，推进设施设备的节能减排改造。

2. 安全管理

写字楼的安全管理主要包括治安管理和消防管理。安全管理在写字楼物业管理中占据着非常重要的地位。应制定全面的保安工作计划，建立有效的保安制度，消除一切危机或影响业主或使用人生命和身心健康的外界因素。物业服务企业必须建立好一支训练有素的保安队伍，并配备安保设备、门卫、停车场管理、监控室值班、定时和不定时的安全巡视，从各方面保证大厦24小时在保安人员的监控中。

消防管理对人员众多的写字楼来说是至关重要的。物业管理中除了要保证消防设施的完好和消防通道的畅通外，还要加强对员工和用户进行防火教育和宣传工作。要建立起一支以保安人员为主的业余消防队,遇到紧急情况,随时可以出动,控制火势蔓延,减少损失。

3. 卫生清洁管理

写字楼的租户对大厦,尤其是出入口、大堂、卫生间、电梯箱、公共通道等地方的清洁卫生要求非常高。要实行标准化保洁,制定完善的清洁细则,明确需要清洁的地方和清洁的次数、时间,并设有专人负责、监督。同时,应设立垃圾箱、果皮箱、垃圾中转站等保洁设备设施。

4. 绿化管理

绿色是生命之色,可以陶冶情操、净化环境。物业管理中通过组织、协调、督导、宣传教育等职能和加强绿化管理创造出一个清洁、安静、优美、舒适的环境,是写字楼物业管理的日常工作之一。绿化管理既是一年四季日常性的工作,又具有阶段性的特点,必须按照绿化的不同品种、不同习性、不同季节、不同生长期,以及根据多变量的客观条件,适时确定不同的养护重点,安排不同的措施落实,无破坏、践踏及随意占用绿地现象。

(四)租赁管理

物业服务企业有时受业主委托,代为管理写字楼的租赁业务。写字楼的客户除业主自用的部分之外并不是永久性客户,有较高的流动性。这就意味着现在的客户很有可能会在一个合同期后不再续约,为了保证较高的出租率,营销推广就是其工作的重要组成部分。租赁业务的主要工作包括:接待来访的潜在承租客,介绍写字楼的具体租赁工作,如与承租户联络、洽谈、签约;帮助客户和业主沟通等。

(五)商务服务

写字楼一般都设有商务中心,是物业服务企业为了方便客人、满足客人需要而设立的商务服务机构。写字楼的商务中心应配备一定的现代化办公设备,以提高工作效率和工作效益,主要设备及用品有:电视、电话、打印机、中英文处理机、传真机、电传机、电脑、装订机、口述录音机、影视设备、投影仪、屏幕以及其他的办公用品等。商务中心人员文化素质、品德修养要高,商务中心的服务是小区域、多项目的直接服务。客人对商务中心服务质量的评价,是以服务的精确、周到、快捷为出发点。要做到这几点,必须选用知识全面、经验丰富、有责任心的工作人员和制定一套健全的工作程序。

第三节　商业物业管理

一、商业物业的含义、分类及特点

(一)商业物业的含义

商业物业是指提供商品流通和运行之类经济流动的物业及其附属设施、设备。商业物业包括各类商场、购物中心、购物广场及各种专业性的市场等,其中,集商业购物、餐饮、娱乐、金融等各种服务功能于一体的大型商场物业也称公共性的商业楼宇。

(二) 商业物业的分类

1. 按建筑结构分

(1) 敞开式。指商品摆放在无阻拦的货架上,顾客可以直接取货挑选。包括大型停车场、小件批发市场、电子工业供应市场、开架方式存在的超市、仓储式购物中心及百货商场里的大型家电、服装柜台和书店等。

(2) 封闭式。指顾客购物时不能进入柜台里面直接挑选商品,而由售货员拿商品给顾客挑选。例如,我国一些大城市中的现代化商业场所、商厦、商城、购物大厦、购物中心、贸易中心等,特别是一些出售贵重物品如金银珠宝、钟表仪器等的商店或柜台多采用封闭式。

2. 按建筑功能分

(1) 综合性的商业购物中心。该物业除了购物以外,还包括娱乐活动、健身房、保龄球场、餐饮店、影剧院、银行分支机构等。

(2) 商住两用楼房。此类物业低楼层部位是商场、批发部等,高楼层为办公、会议室、住宅等。

3. 按建筑规模分

(1) 市级购物中心。建筑规模一般都在3万—10万平方米以上,商业辐射区域可覆盖整个城市,服务人口在30万人以上,年营业额在5亿元以上。

(2) 地区购物商场。建筑规模一般在1万—3万平方米之间,商业服务区域以城市中的某一部分为主,服务人口10万—30万人,年营业额在1亿—5亿元之间。

(3) 居住区商场。建筑规模一般在3 000—10 000平方米之间,商业服务区域以城市中的某一居住小区为主,服务人口1万—5万人,年营业额在3 000万—1亿元之间。

4. 按物业的档次分

(1) 经济型。指出售大众化的一般商品、价格一般较低、装修较为普通的物业,开支小、成本低。

(2) 豪华型。此类商业场所大多是出售高档商品的大型商场、高级商场乃至著名品牌的专卖店。其建筑风格独具风格,设备、设施齐全,装修豪华,设有彩色电视监控器、手动脚动应急报警开关、红外线区域设防系统以及消防系统、联网收款系统、空调系统、客货分用电梯、购物车辆、停车场等。

5. 按照产权性质分

(1) 临时转移产权型。投资者从房地产开发商手上获得一定年限的物业产权,到期后,开发公司退还投资款,收回物业。

(2) 统一产权型。以出租的形式经营物业。此类物业由于产权统一,使得招租、管理等内容也都统一化,便于管理,经营效果也比较好。

(3) 分散产权型。此类物业由于把产权出售给多个业主,形成多人共有产权。分散产权的小业主各自为政,缺乏统一的管理,无法树立整体经营的形象,经营的效果不理想。

（三）商业物业的特点

1. 建筑面积大、客流量大

商业物业的经营面积大,适于摆放各种商品,利于人员的流动和货物的搬运,也可保证应付突发事件时的紧急疏散。一般商场每天要接纳上万人甚至更多,顾客有开车的,也有骑车的,大量的机动车和非机动车给商场周边的交通管理和停车场管理增加了压力。

2. 建筑结构设计新颖、有特色

人们一方面希望在舒适、高雅的商业物业里享受购物乐趣,另一方面要求商业物业具有突出的个性和地区特色。因此,为了给顾客留下深刻的印象,有些商业场所在进出口处设有鲜明的标志,有些商业场所还配置有喷泉、瀑布、阳光走廊等。

3. 选址和规模应满足不同层次的需求

商业场所的选址和规模要依据城市人口的数量、密集程度、顾客的多少布局。商业场所的分散或集中要使每个企业都能拥有足够的销售范围和足够的消费者,以满足商业、服务企业对经济利益的要求。例如,高档商品店、高级餐馆等要选在人口密集、人流量大的繁华地段,还可以集中在一起建成商业街、食品街或购物中心等;日用小百货店、一般副食品商店或修理服务的设施,则可以分散在各居民区。

4. 规模功能合理化要求较高

商业场所随着流通现代化与商业现代化水平的提高,与人民群众生产、生活关系日益密切,从而人们要求商业场所的布局、规模、功能、档次等诸多方面,都要更加合理。所谓合理,是指合经济规律之理、合经济发展之理、合提高效益之理,即商业楼宇的建设要与所在地区的人口、交通、购买力、消费结构、人口素质、文化背景等特点紧密联系,应因地制宜地规划设计方案。

二、商业物业管理的特点

（一）保持环境舒适、美观

商业场所是人们休闲、娱乐的地方,相对办公大楼的气派、雅致,更追求热闹、休闲。往往在大空间、大间隔式的层面里显得商品琳琅满目,一览无余,外墙上、商场内的广告往往铺天盖地,有的还在广场上建造了喷水池,室内摆设花卉,设置小瀑布或高大的人工绿树等;商业楼宇的人流量和物流量较之其他物业来说大得多,因此,物业服务企业应有专人负责商业场所内的流动保洁,及时清除垃圾,保持场所内的清洁。

（二）保证设备设施正常运行

我国一些大中城市的购物大厦中,不仅水、电、卫生设备一应俱全,而且还设有高层电梯、自动扶梯、货梯和大型中央空调等现代化设备。保证商业场所的设备设施的正常运行是开展正常经营活动的前提。因此，应保障自动扶梯、垂直客货运电梯、空调、照明、消防、监控等设备设施的正常运转，保证供电系统不出突然性的停电故障，还要根据摊位易主以及装修频繁等特点做好装修管理工作。

（三）确保顾客消费便利

由于商业场所来往人员多、车流量大，为了给前来休闲、购物的顾客提供一个便利的环境条件，在管理中要有专人负责来往车辆的疏导工作，以保证顾客的出行方便。例如，大面积的停车场是大型商业场所必不可少的配套项目，地面停车位或地下停车库的设计必须视野开阔，令司机容易发现空位，停车方向和内部通道的设计也需合理利用。

（四）保障商业场所的安全

商业场所的客流量不仅大，而且人员构成比较复杂，由于人们在进出商业场所时不受任何限制，尤其是敞开式的商场堆满了商品，决定了保安工作非常重要。物业服务企业应通过完善的技防和人防措施，最大限度地保证业主、客户和顾客的利益，在防盗的同时注意策略，在保证顾客安全购物的同时注意消防安全。物业服务企业平时要做好消防设备设施日常维护保养工作，同时应制定并完善紧急情况下的应急措施，通过各项管理制度的切实执行，保证商业场所内消防通道的畅通。另外，还要加强易燃易爆商品的管理、清场后的商铺管理。

三、商业物业管理的内容

（一）选配承租客商

购物中心是一个商业结构群体，在楼层、摊位和经营时，应充分考虑各种商品的搭配和组合并保证质量，在吸引顾客购物的同时为租客提高经济效益提供条件。理想的承租户要能提供货真价实的商品和让顾客满意的服务，各承租户所经营的商品种类要配合整个商场的统一协调规划，另外承租户还要有足够和连续的支付租金的能力。

（二）租赁管理和合同管理

大型商业场所中有不少是采用柜台出租和层面出租，负责租赁经营的物业服务企业要以良好的管理服务业绩来推动租赁业务，负责管理服务的物业服务企业同样要以良好的管理服务业绩来促进经营单位的租赁业务，物业服务企业的现场管理部门，如经营部要加强各类合同、契约的起草、协调、实施和保管工作。

（三）设备设施管理

对商业场所的设备设施进行精心养护，及时维修是一项重要工作。要定期检查，建立制度，落实到人。客户电梯、货运电梯、自动扶梯的安全性要坚持检查，发现问题及时报修。空调、水电系统、卫生设备的日常检查要绝对保证正常的使用。

（四）安全保卫

商业场所的安保工作量大、质量要求高。中央监控室的值勤人员要以高度的责任心监督火灾报警装置和电视监控与录像工作，电视监控要对楼内与广场同时进行，要制定防止火灾、抢劫偷盗、流氓闹事等突发事件和恶性事件的应急预案并组织一定规模的演示。

（五）消防管理

首先要保证消防通道的畅通和安全门使用便捷，以便发生火灾时及时疏散人流。平时要严禁场内吸烟、动用明火或用电器烧水煮饭。要坚持对消防龙头、灭火器、消防通道的定期检查和不定期的抽查，确保专项设备的专项使用。消防管理要贯彻"预防为主，防消结合"的方针，另外还要制定各种消防安全的规章制度，让火灾发生的概率降为最低。

（六）清洁卫生管理

商业场所要设专职人员进行清扫工作，把垃圾杂物及时清理外运，随时保持场内卫生。此外，购物中心的招牌也要随时保持清洁亮丽、完整无损，对坏的霓虹灯要及时修复，以免影响商场的形象。场内各楼层适当地方要设置卫生箱、痰盂等洁具，每天要换洗，保持干净。

（七）车辆管理

对车辆的进出、停放进行有效的疏导和管理。有地下停车位的要注意车辆的进出安全。应设专人指挥汽车、摩托车、自行车的停放，保持良好的交通秩序。大门口及侧门要保持畅通，严禁流动摊贩在此经营和进行其他各种活动。

本章小结

本章介绍了分类型物业管理的特点和具体内容。对住宅小区、写字楼、商业场所物业的含义、特点和分类分别进行了探讨，针对不同类型的物业特点，确定相应的管理内容。其中，重点介绍了住宅的低碳物业管理和农村住宅的物业管理。通过对本章的学习，让读者掌握各类型物业管理的要点和重点，并进一步了解社会发展中出现的新的物业管理要求。

住宅小区　住宅低碳物业管理　农村住宅　写字楼　商业物业

复习思考题

1. 简述住宅小区物业管理的特点及内容。
2. 简述写字楼物业管理的特点及内容。
3. 简述商业物业管理的内容及特点。
4. 讨论题：谈谈你对推行住宅性能认定与住宅低碳物业管理关系的认识。
5. 讨论题：根据农村住宅的特点谈谈你对农村住宅物业管理的看法。

第十一章 物业管理资源经营

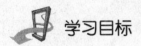学习目标

学习了本章后,你应该能够:
1. 掌握物业管理资源的定义,了解物业管理资源经营的基本思想。
2. 探讨物业管理资源经营的办法和物业服务企业经营利润增长途径。
3. 分析各类物业管理资源经营的过程。

第一节 物业管理资源的内涵

如果将物业管理仅仅理解为物业的日常管理,物业管理确实是微利行业,稍有不慎,就会亏损。虽有古人训"勿以善小而不为",然作为理性经济人的企业仍以财富最大化为目的。

直接服务于亿万消费者的物业管理就没有盈利的空间吗?回答是否定的,有行业,就有其生存和发展的空间。是否盈利在于物业管理者的视野和能力,在于对物业管理内涵的理解,在于对物业管理大势、中势、小势的判断,即是对国家政策方向、市场环境和经营的思维、评判以及决策的魄力。如果仅仅关注于物业管理日常的管理内容,就会感觉物业管理的利润空间非常狭窄。如果转换一种视角,将物业服务业所涉及的资源都纳入经营者的视野,物业服务的企业资源、物业资源、业主资源、文化资源等都将会成为财富的源泉,物业服务将是一片蕴含资源的广阔海洋,一座储满钻石黄金的富矿,一块尚未开垦的财富处女地,是21世纪最具有价值的投资领域之一。

物业管理资源经营是对物业管理中所涉及的人、物、财、知识、信息等无形资产和有形资产等进行经营,达到资本保值、增值的活动。

综观国内外物业管理的成长历程,物业管理经历了三个阶段。

第一阶段为物业实物管理阶段。该阶段物业服务企业只关心对物业的管理,很少

研究业主的需求变化，难以体现物业管理的价值。

第二阶段为服务经营阶段。将物业服务视为商品，按质论价，并将物业管理咨询服务视作物业管理技术之一进行出售。

第三阶段为物业管理资本经营阶段。将一切可以利用的要素，无论是有形资产还是无形资产，都作为经营资源。经营的范围不再是单一服务或单一商品，不再局限于一个行业或一个地区，而是把物业管理放到包含所有行业在内的整个市场中，从对自己一个企业的管理延伸到企业间的管理，从只依靠收取物业管理费扩展到联合社会资源开辟新的财源，以求物业管理资本的最快、最大增值。

一、物业管理资源经营的原则

在物业管理资源经营过程中应遵守以下原则。

1. 业主权益至上

物业服务企业易关注保护企业权益而忽视业主权益，忽视"顾客是上帝"理念的落实。忽视了业主，正如"皮之不存，毛将焉附"。竭泽而渔必导致物业管理的资源枯竭。

2. 财富最大化原则

要将物业服务中可利用的各种资源进行有效调动、合理配置，以期产生最大收益，达到企业财富最大化。

3. 物业管理规则

规则主要包括以下几个部分：一是法律法规，法律面前人人平等，任何一个物业服务企业都得遵守；二是市场规则，市场规则不以人的因素而转移，逆之而为，势必功败；三是行业规则，家有家规、行有行规；四是企业的管理办法、物业管理议事规则和管理规约。

4. 行业市场导向

既要关注物业产权交易市场的发展，又要关注物业使用权市场的发展。行业是条河，市场如大海，企业如江河湖海中的一条鱼；鱼失去了水不能生活，企业失去了市场环境不能生存。

5. 顺大势而为

将物业管理经营的对象和决策纳入整个国家、民族、社会发展的渠道之中，从中找出物业服务企业经营的创新点，以顺应时代潮流，担负起国家民主富强的历史使命。

二、物业管理资源经营的类别

物业管理资源经营的类别有很多，标准不同，分类的方法不同，结果也不同。按物业类型分，有住宅、写字楼、商场、酒店、工业、农业、特种物业管理资源经营；按规模分，有大型、中型、小型物业管理资源经营；按物业管理的资源类型分，有物业公司资源经营、物业资源经营、业主资源经营、物业管理文化资源经营等。

1. 物业公司资源经营

物业服务企业作为一个经济组织,它既有有形资源,也有无形资源,这些资源都可为企业创造财富。

2. 物业资源经营

将物业作为创造价值的源泉,对物业实物和价值的再开发,可提升物业价值。

3. 业主资源经营

业主资源是指物业服务企业可供经营的业主所拥有的资源,如业主的物业、知识、身份地位、信息、关系、商品服务需求等,业主资源归业主所有,受业主委托,物业公司对其进行经营。

4. 物业管理文化资源经营

主要是对在物业服务中所形成的文化资源进行开发利用,以提升物业或物业公司价值的经营活动。

5. 物业服务企业资本经营

广义的资本经营包括企业的一切经营活动,而狭义的理解是买卖产权、债券、银行信贷等行为。本章的物业服务企业资本经营是在资本经营狭义理解基础上进行的讨论,即是将物业服务企业资本投入其他的经营项目,或通过对企业资本的合理控制和理财,获得更多收益。

第二节 物业服务企业资源的经营

作为一个经济组织,物业服务企业既拥有资金、人员、物资、经营场所等资源,同时还拥有技术、管理、信息、品牌、商标等资源,这些资源均可以通过深度开发经营创造新的价值。

一、物业服务企业的资源

依据企业的表现特征和内在属性,物业服务企业的资源可以划分多个类别。

1. 人力资源

物业服务企业与清洁、保安、工程维修、绿化保养、停车场管理、会所管理、公寓管理等专业人员保持着密切的联系,网罗各种人才,鼓励多种人才开拓行业服务领域。不但可为企业增效,而且可提高员工的工作热情。

2. 设施设备资源

这里所说的设施设备,是归物业服务企业所有的设施设备,而非业主所共有的设施设备。充分利用该类设施设备可提高资源利用效益,节约固定资产投资。

3. 管理技术资源

物业服务企业通过理论探索和长期实践形成了一套行之有效的物业管理技术,将技术对外服务即可获利,该行为习惯性地被称为物业管理技术咨询服务。

4. 品牌资源

品牌是一个企业的重要无形资产,建立品牌的过程是一个长期而复杂的过程。形成一个品牌,意味着收益的增加和社会影响力的扩大。

5. 信息资源

物业服务企业在服务中积累了大量的历史和实时信息,这些信息既包括大量的历史资料信息,也包括实时的设施设备使用信息、业主的房屋信息、业主的需求信息。这些信息既是管理技术资源的有机组成部分,也是品牌的重要构成部分,可为物业服务企业进一步开发和利用。

6. 社会资源

社会关系既是企业重要的资源,也是企业发展的重要生产力。企业在生产经营过程中,对社会关系进行合理配置与开发利用,可提高物业服务企业各要素的利用效益。

除了以上的企业资源以外,还有企业的资金资源等,这将在物业管理资本经营的一节中讲述。

二、物业管理技术服务

物业管理技术服务是物业管理咨询服务的重要组成部分,是物业公司获取利润的一个重要增长点。从表面来看,其投入少而收益大,其实为了形成和提升技术,物业服务企业需要大量的前期研发投入,并经过市场检验,不断改进完善,才会形成自己独特的管理模式和技术。这种技术是物业公司管理层智慧的结晶,是其重要的无形资产和财富源泉。

(一)物业管理技术服务的关键

影响物业管理技术服务工作的因素很多,既有独特的富有成效的管理技术,也有市场强大的需求欲望,还需要一支团结协作的技术服务队伍。

1. 凝练独特的管理技术

物业公司在服务中要凝练行之有效的管理技术,对基本成熟的管理技术进行归纳总结和完善,有意识有目的地按预先规划进行管理技术的锤炼,并将独具特色的管理模式推广到不同的市场。其独特性是要求物业管理技术与其他公司的技术具有显著的差异性和实际可操作性。

2. 建立素质高、能力强的管理技术服务队伍

模式确定后,实施效果的决定因素就在于人。因此,需要建立一支善于发现问题、总结经验,善于沟通与表达、组织与管理,综合素质高、执行能力和思维能力强的管理技术服务队伍,才能够保证管理技术服务的有效开展。

3. 寻求恰当的合作伙伴

虽然技术服务将自身的信息优势、人才优势和管理模式结合起来指导其他的企业开展物业管理服务,但是如果合作的伙伴所具有的资源优势不在于社会关系、当地市场

的了解、良好的政策和政府背景,那么资源就难以实现强强组合,技术服务的效果将受到严重的影响,甚至会影响到技术服务的品牌价值。

4. 形成各司其职的合作关系

这包括了两层含义:一是形成了"责、权、利"清晰的分工或"制度"设计;二是各部门分工合作、各司其职。

5. 实施管理技术服务的梯度推进策略

任何一项技术转移过程都是从先进地区流向落后的地区,都是从先进的企业流向落后的企业,因此,在物业管理技术服务过程中,应根据接受服务企业所在地区的状况以及企业的现行管理模式,有针对性地对其落后的地方进行改进。

(二) 技术服务的模式和方法

1. 常见的物业管理技术服务模式

由于各物业管理技术服务公司的实力、人才、价值取向、经验的积累等各不相同,其市场占有率、发展方向也各有差异,导致所采用的物业管理技术服务的模式会千差万别。常见的物业管理技术服务模式有以下几种。

(1) 常规服务型。这一模式一般采用专业管理人员对物业提供日常管理技术服务。

(2) 方案输出型。根据接受服务方的要求,精心策划一系列的物业服务方案,并派专业人员对服务方案进行有效实施。

(3) 标准输出型。将物业服务程序、内容、应注意的问题进行标准化改造,标准化改造完成后形成规范或者规程,进而输出到其他企业。

(4) 专项服务型。专业性的物业服务企业根据自己的专业特长向客户提供特有专业服务,如绿化服务、保安服务、维护服务等。

2. 物业管理技术服务的一般方法

方法千差万别,关键在于选择适用于接受服务的企业实际情况的方法。

可供选择的方法大致有以下几项。

(1) 单人技术服务。由技术服务方派出一名资深技术服务人员到被服务方,具体指导物业服务业务工作。

(2) 多人技术服务。即管理技术服务方组成服务小组,在合同服务期内进驻物业管理现场,或者在现场遇到困难时由该组成员提供技术支持服务。

(3) 远程信息支持。管理技术服务方向被服务方提供图片、文字、视频等信息资料,或通过有线或无线方式,如电话、传真、网络等方式提供技术服务。

(4) 技术培训。由技术服务方派出相应管理技术人员到指定的场所进行短期或长期技术培训。

(5) 综合式技术服务。将以上的几种服务模式进行有效组合,对被服务方进行有针对性的专项或者全面的技术服务。

(三) 物业管理技术服务的主要内容

按照物业管理主要环节可以将管理技术服务的内容划分为:物业管理区规划布局

的选择与安排、物业建筑设计服务、景观设计服务、物业建筑设备顾问、物业配套设施顾问、物业施工安排、环保专业咨询、入住流程设计、人力资源顾问、房地产理财指导、会所经营指导、CI形象推广顾问、其他服务等。

按照物业管理活动的内容可以将管理技术服务划分为：

（1）工程类，包括规划、建筑、给排水、暖通、空调、电气、消防、综合布线、电梯、园林绿化、装修维护、项目经济评价等；

（2）管理类，包括质量管理、环境管理、人事管理、行政管理、安全秩序管理、财务管理、酒店式管理、档案管理等；

（3）营销类，包括物业代租代售、市场调查、营销方案的确定等；

（4）其他类，包括教育培训、人员更新、创优达标等。

三、物业管理品牌资源经营

品牌 Brand 来自古挪威语 Brandr，意思是打上烙印。无论是商品还是服务，都希望能在消费者的心里打上美好的烙印。美国市场营销学会关于品牌是这样定义的：品牌是一个名称、名词、符号或设计，或者是它们的组合，其目的是识别某个销售者或某群销售者的产品或劳务，并使之同竞争对手的产品和劳务区别开来。

例11-1 调查表明，一个知名品牌能将资源的价格提高20%—30%，甚至更高。有人认为可口可乐的品牌价值高达696.4亿美元。品牌是竞争力，品牌资源是最大的资源。品牌的背后蕴涵着产品、服务或者企业文化背景、情感、消费者认知等无形的价值。

物业服务企业作为服务行业的一个组成部分，每一次服务都会给业主一个烙印，良久的优质服务就会形成物业服务品牌，它既有利于自身的发展，也可以增加业主对物业服务的"满意度"、"美誉度"。如果房地产开发企业与优质品牌的物业服务企业相结合，将会促进房地产的销售，形成"房地产销售—物业管理—房地产销售"的良性循环，实现房地产开发企业与物业服务企业的双赢。

（一）物业管理品牌的构成

构成物业服务企业品牌的因素主要有：声誉、形象以及形成和影响公司声誉、形象的一系列因素，包括物业服务企业的特殊名称、注册资金、管理业绩、装备水平、社会评估、业主评价、政府意见等；负责人的管理经历、社会地位与影响力；管理层的素质；专业技术人员的职称或技术等级、经验、能力水平等；此外，还包括物业管理服务的项目、服务态度、服务深度、收费标准等方面。

（二）物业管理品牌的模式

从物业管理发展的现状来看，物业管理品牌可以划分为以下几种模式。

1. 特定类型物业管理品牌模式

这一类物业服务企业主要是针对于某一特定的物业类型,积累了丰富的管理经验,取得了显著的管理成效,备受世人瞩目,形成了品牌影响力。

2. 综合物业管理品牌模式

这一类物业服务企业并不限定某一类物业群体的管理,而是在写字楼、住宅楼、商业楼宇等各类物业管理领域皆有一定的号召力,形成了其综合品牌优势。

3. 延伸品牌模式

此类物业管理是由上游或由另一领域的品牌,延伸到物业管理领域而形成的。如万科物业品牌就是由万科地产品牌而形成。

(三)物业管理品牌塑造的原则

1. 以业主为本的原则

由于物业管理是以业主满意为主要目的,因此在物业管理品牌塑造的过程中应以业主为中心,为业主提供周到、满意的服务。

2. 求异原则

在塑造物业服务企业品牌形象的过程中,服务的个性化和独特性是十分关键的要素。过于相似的品牌易产生侵犯了其他法人知识产权之嫌。

3. 长期性原则

塑造品牌应与企业的经营战略理念保持一致,要形象体现出所管理物业的特色,让竞争者难以效仿赶超,而且长期使用,让消费者或各类业主难以忘怀。

(四)物业管理品牌塑造的方法

品牌不是单纯花钱做广告就可以塑造成功的,它需要经过长期积累和历史沉淀才能形成。物业服务企业的品牌由无数的业主、使用者用自己满意的经历,通过口碑效应传达到他人。

物业管理品牌塑造的方法因地域的不同而不同,因物业服务历史、特色、规模、水平的不同而不同。

1. 承载历史沉淀的美誉,确立品牌地位

在物业服务过程中,有些物业服务企业或房屋管理单位在国内某些区域的消费者心中已享有很高的声誉,积累了成熟的管理经验,其品牌应保留注册,以获取法律的保护,显示强势品牌地位。

2. 嫁接国内外知名品牌,孵化自主品牌

这种方式是将自己的品牌先与国内外知名品牌嫁接,待时机成熟,再独树一帜,树立自主品牌。

3. 借势造势,奠定品牌基石

借用国家评选优秀物业小区的机会,争优创先;或获得 ISO9000 国际标准质量体系认证、ISO14000 国际环境管理体系认证,以及 SA8000 社会责任标准、道德规范国际标准体系认证,OHSAS18000 职业健康安全管理体系认证;或获取某些高等级资质等。

同时,物业管理区域开展人性化、创新性活动,赢得业主和同行认可,并与传媒协同,进行大力宣传,树品牌形象。

4. 模仿、创新,提升品牌形象

通过与知名企业的合作,或者向先进的物业管理学习、考察,吸纳其先进的管理模式和办法,并勇于在实践中进行探索,发现问题,予以改进,实现认识上的飞跃,改进物业服务之不足,提升品牌形象。

5. 兼并、收购,塑造国际品牌

一些有实力的公司可以通过并购方式,获取品牌、技术、业主基础以及市场等,为我所用。逐步提高业主对物业服务企业的认知度,实现自主品牌国际化,塑造强势品牌形象。

(五)物业管理品牌经营的实施

我国物业服务企业大致可分两个层次:一是大多数物业服务企业处在"初级"层次。其主要特征是确保物业各项功能的正常使用、运行以及提供最基本的维修、绿化、保洁、护管服务,而且业主满意度不高,投诉多。二是少数一流物业服务企业迈进了物业管理的"高级"层次。在满足了物业管理最基本的"功能性"要求之后,企业重点转向了延伸服务。这类企业要提升或确保品牌地位,势必应采取有效的品牌经营策略。

1. 物业管理品牌经营的基本思路

物业管理品牌塑造完成后,品牌经营尤为重要,物业服务企业为了实现企业经营目标,就应该充分利用塑造成功的品牌,走创新之路,增强核心竞争力,激发企业活力,实现以品牌扩张为中心的无形资产保值、增值。

2. 物业管理品牌经营的途径

物业管理品牌的经营有多种途径,不同的市场环境、不同的经营目标、不同的企业有不同品牌经营的途径,如有的企业采取如下途径进行物业管理品牌经营活动。

(1)品牌延伸。将物业管理的品牌延伸至其他地域相同或相关行业,并对其进行有效的监督管理,使所有的同一品牌企业的管理、服务和技术水平皆能够符合物业服务企业的品牌要求。

(2)品牌入股。用品牌作为资本作价入股,组建合资公司或合作公司,扩大市场份额。这类合作因不需要资金投入,风险较小。其风险主要体现在两个方面:一是合资合作公司经营直接影响到物业服务企业的品牌形象;二是合资合作公司的亏损,品牌物业公司要承担相应的责任。

(3)品牌租用。即在一定时间内,将品牌租借给合作企业,在租期内,通过管理技术服务,提升合作方的技术管理水平,合作方向品牌出租方按照租用期的长短交纳相应的租金。

(4)品牌联合。品牌物业服务企业之间可以谋求资源的共享、品牌的共享,共同开展合作、共同营造氛围,以寻求更大的竞争优势。

(5)品牌扩张。品牌不仅可以在物业服务领域进行经营,而且还可以扩张到其他的行业和领域。如品牌向网络进行延伸,向房地产、装修、建筑领域进行延伸。

（6）品牌授权。品牌物业服务企业通过协议的方式授权给某些关联企业，取得该品牌的使用权，品牌物业服务企业收取品牌使用费，一般不参与该授权企业的经营管理活动，但对该授权品牌运营过程进行监督。

（7）品牌标准化。吸取了国际上最先进的品牌理念、运营模式，推行品牌物业服务标准化和IBS10000企业国际品牌标准体系，提升品牌物业服务的健康力、竞争力，加快品牌国际化的进程。

四、物业管理人力资源经营

21世纪最宝贵的资源是人才，人才来源于人力资源的开发与利用。人力资源具备有价值、稀缺、难以模仿、不可替代四方面属性。现阶段，人力资源的价值已成为衡量企业核心竞争力的重要标志之一。

（一）物业管理人力资源的种类

作为既是一门专业也是一门杂业的物业管理人力资源，具有层次多、方面广、储备丰富、不断提升等特性。目前物业管理劳动密集型和简单服务提供者的现状，限制了行业生存状况的改变与未来的发展。物业服务企业要加快步入创新驱动、内生增长的发展轨道，开创全新商业模式，实现向技术型和服务组织者转变，就需要各方面的人才。

（1）物业管理战略战术决策的高层次人才。一般为高层管理人员，包括物业管理董事局成员、总经理、副总经理等。

（2）实施物业服务企业的发展目标和企业战略战术决策的组织管理人才。一般为中层管理人员，肩负着物业公司日常管理服务的重任。

（3）物业服务企业的专业技术人员。他们拥有相应的技术职称，履行中层、基层管理职责，一般包括财务部、工程部、培训部的人员和设备设施维修人员、绿化养护人员等。

（4）操作人员。包括后勤服务人员、秩序维护员、清洁工等。

（5）其他人力资源。不为物业服务企业所有、但为其所用的人才，一般是合作企业的人才。

（二）物业管理人力资源经营的实施

物业管理人力资源经营是以合理配置物业管理人力资源为根本出发点，以提高企业人力资源的综合效能为目的，获取人力资本最大增值量，以促进物业管理区域效能的提高、管理水平的提升的经济行为。

人力资源经营产生的价值是知识、信息、技术的极大优化，合理配置存量、盘活和带动增量。一个高效率的人力资源经营模式可以用这样的循环链表示：吸引人→选用人→激励人→培养人→提升人→吸引人……，它们之间相互作用、相互补充，共同促进人力资源的开发利用效益的提高。

物业管理人力资源经营机制有以下几个方面。

1. 决策机制

所有人力资源管理工作都必须符合国家的法律、法规,有利于保护物业服务企业员工的合法权益。建立按需设岗、公开聘用、合约管理的新型用人制度。

2. 分类机制

对职工按实际工作能力和水平分为三至四类,分类考核、分类管理、分类经营。

(1) 高层、中层管理人才经营。可以充分利用讲座、会议、论坛、媒体专栏,扩大高层和中层管理人才的社会影响。同时,有组织地对外进行物业服务理念、管理知识的输出,也不失为一种人才经营的途径。

(2) 中低层管理人才的经营。将企业的管理技术、管理经验、管理数据进行归纳、总结,系统地进行分析,转化为物质载体,推向市场获利;或者进行管理技术输出,提高人力资源的利用效率,拓宽人们的视野。

(3) 操作人员经营。操作人员既可以为业主提供日常服务,如清洁人员提供保洁服务;也可以为业主提供特约收费服务,如提供卫生钟点工服务、送粮送水等家政服务。还可以利用操作人员进行一些社会公益性活动,提升物业服务企业的公众形象。

(4) 其他人力资源经营。以双赢为指导原则,开展经营活动。

3. 投入保障机制

由于人具有吸收外界知识、信息、技术的能力,只要提供必要的条件,其巨大的潜能就可以得到充分的释放,从而创造出超过自身价值的社会经济效益。一方面要保障他们获得与其能级相对应的报酬,另一方面还要保障有一定的教育投入。据前苏联学者普郎克推算,1961—1978年全世界教育水平每提高1%,社会劳动生产率就提高1.4%。中国科学院提出的人力资源能力方程式:人力资源能力系数=(文盲人数×1+第二产业人数×10+科学家工程师人数×100)/社会总人口。由此可见,人力资源能力的高低与教育的投入、社会的专业化分工与协作趋于精细带来的人在某一方面的素质和技能的提高密不可分。

4. 绩效考量机制

绩效考量是对员工在工作过程中表现出来的工作业绩、工作能力、工作态度以及个人品德等进行评价,并用之判断员工与岗位的要求是否相称。国外企业对人力资源考量设计有三大方面项目,即个人特征、工作行为和工作结果;对工作情况的考量时,将"考勤"(工作态度)与"考绩"(工作成果)相结合。

5. 激励机制

人的积极主动性取决于人的需求得到满足的程度。而人的需求期望的满足,取决于所在组织和社会给予的承认和报酬。激励分为正激励和负激励。激励机制主要是指依据与考绩结果相配套的奖罚制度、聘用晋升制度、任期制度、津贴制度等。增强员工的责任感、自尊感和成就感,使其遵循物业服务所要求的业绩规定和行为规范,提高其贡献力。

五、物业管理信息资源的经营

物业管理因面向业主,与社会生活的许多机构都有着千丝万缕的联系,掌握了十分宝贵的物业管理方面的信息资源,据此,开展各类物业管理信息咨询,按市场需求输出信息产品,获取收益即是物业管理信息资源经营。

(一)物业管理信息资源的收集与整理

1. 收集信息的原则与方法

(1)收集信息的原则。

原则一:围绕需求。即信息的收集围绕着业主和物业服务企业的需求而进行,并以延伸物业服务的产业链为主要目标,跟踪采集上游和下游产业信息,只要对业主、物业服务机构以及相关产业有用的信息都在收集之列。

原则二:点线面结合。只要有使用价值,都要将相应的基础数据、个案现状数据、历史数据、面上数据进行收集。

原则三:保密。即对收集到的信息必须保密,如在未经当事人同意的情况下,业主个人信息、企业商业机密等不得向外透露。

原则四:去伪存真。信息的真伪性需得到验证,保留真实信息。由于物业服务企业的主要活动以及业主所接受的服务主要在物业管理区内,因此,物业服务企业对许多信息的真伪都能够予以判断。同时,物业服务企业也必须向业主提供真实、诚信的服务。

(2)信息收集的方法。

方法一:搭建信息网站平台,开办信息论坛,充分利用现代网络的快捷与方便,了解和掌握最新的信息资源。

方法二:将物业管理人员日常的管理和服务信息进行归集与整理,将操作过程中的记录及每次活动原始数据记录予以保留,随时随地获取信息,培养员工的信息意识和信息思维。

方法三:对物业管理区和全体业主进行定期和不定期的调查,将调查结果进行加工整理、利用。

方法四:与专业调查公司合作,将调查的信息进行收集,定期更新。例如,人力部收集当地人员使用情况、工作时间、薪酬标准、人才需求状况等,财务部收集各物业公司成本和收益信息等。

方法五:建立奖惩制度。对遗漏重要信息的相关责任的部门和个人予以惩罚,对积极提供信息者给予奖励。

2. 信息的整理

主要包括以下内容:

(1)将所掌握的信息分门别类进行整理;

(2)根据收集和利用的目的,建立公司信息数据库,并建立好数据库之间的动态连接;

(3)及时将信息输入到对应的信息模块;

(4)将信息采集、整理、挖掘等模块组成完整的信息系统。

（二）物业管理信息资源经营的实施

信息资源经营主要有两个方面的含义：一是以信息作为生产要素，直接获取收益；二是以信息作为劳动手段和工具，促进物业管理效益的提高、经营业绩的改善。

1. 明确信息需求

信息资源经营应面向市场，信息需求的定位正确与否直接影响到信息资源的经营效益。对物业管理信息的需求主要来源于以下几个方面。

（1）置业者的需求。许多房地产置业者对物业的各种信息了解不尽完善，处于相对劣势。有的不了解房屋建筑方面的信息，有的不了解物业管理方面的信息。而置业投资又是一项投资额较大的行为，占公司或家庭财产的比重较大。因此，他们对这方面的信息有需求。

（2）业主的需求。随着生活水平的提高和社会的不断进步，新的业主需求不断涌现，如业主的旅游需求、休闲需求、保健需求、购物需求、家政需求、教育需求、理财需求、保险需求等都会日新月异。

（3）发展商的需求。发展商虽然在开发过程中与各类专业公司进行了合作，但其开发出来的产品是由物业服务企业进行管理。因此，物业公司比开发公司更了解业主需求。例如，业主对建筑布局的要求、业主对建筑外立面、小区道路、综合布线、光照，业主对建筑设备的品牌、型号的要求等都体现了市场对房地产的消费偏好。这些偏好能为发展商提供大量的需求信息。

（4）产品服务供应商的需求。与终端消费者建立一个畅通渠道，是供应商梦寐以求之事。而与消费者及业主联系最为紧密的机构就是物业服务企业，产品服务供应商可以从物业服务企业获取大量的、及时的、可靠的信息。

（5）同业的需求。物业服务企业在经营管理模式、满足业主需求的程度、物业管理经验积累方面各不相同，同行之间经常需要进行相互的交流与合作，交流一些管理手册、工作程序文件、岗位职责文件和一些规章制度条款，将有利于物业管理水平的提升。

（6）其他方面的需求。由于业主的职业、年龄、消费心理的不同，他们对社会服务、物业设备、环境及其配套等的需求各异。他们往往成为各类调查公司关注的重点对象，同时也能挖掘出业主其他方面的需求。

2. 信息资源的经营策略

信息资源经营中有以下策略。

（1）多重开发。物业服务信息资源可以从业主的视角或从物业服务企业的视角等进行多重开发、连续性开发。

（2）建立信息资源管理系统。建立较完整信息库和信息资源管理系统，增强信息的权威性和服务效率，满足物业服务的需求。

为提高信息资源经营的效率，可按以下几步建立相应的信息资源管理系统：

第一步，建立物业服务企业信息数据库；

第二步，建立信息需求信息库；

第三步，将前两库进行联系，即将第一个数据库的信息进行加工、处理，以满足第二个信息库的要求。

（3）提供个性化的信息服务。每个业主询问物业服务企业时都希望获得快速、准确的答复。高素质的信息工作者应掌握业主的历史沟通信息，始终与用户之间保持密切的联系，以便业主得到及时的反馈响应，并随时接受咨询，充实信息库内容，企业可从互动中开拓信息渠道，为特定的业主定制特约服务项目，培养业主的忠诚度。

（4）跟踪物业服务信息。通过跟踪物业日常管理、特约服务等信息，不仅能帮助公司对服务进行更好的管理，可以更准确地估计提供服务的成本和收入信息，还能使公司根据业主反馈的偏好信息改进现有服务和开发新的服务内容，公司可据此进行未来日常服务和特约服务决策，从而提高公司利润。

（5）宣传造势。通过信息传播，提高物业服务企业的影响力，确立物业服务理念，建立物业管理区共同的文化价值观。

除上述物业服务企业技术资源、品牌资源、人力资源、信息资源经营之外，还有社会资源经营和企业自有资产经营。

第三节 物业资源经营

物业资源是物业管理与服务的主要对象。物业资源，包括了物业规划、建筑设计、设备设施、地理位置、环境、所属空间等。在实际操作中，有些企业未充分认识到物业资源的属性，导致在经营过程中侵犯了业主的权益，引发了许多的问题，影响物业管理的正常发展。也有的企业缩手缩脚，没有充分认识到物业资源的再开发价值，导致了物业资源的浪费。

一、物业资源经营的理解

要了解什么是物业资源，首先要了解什么是物业。"物"是指由自然生成或人工形成、占有一定空间、可被人感触的有形体和有内容的客观存在体，或特定主体以外的周围客体即非我。"业"是指人们所从事劳作的部门、岗位，或是指归属于一定主体所有的成果财产。物业是指一定用地范围内已建成和确定业主权益，有特定四至界限的各类建筑及相配套的附属设备、设施、其他定着物以及相应的空间环境。它一般包括物业所涉及的土地、建筑物本身、附属设备、公用设施、公用空间、物业周边环境。既包括建筑物场地、建筑基础、墙、梁、柱、屋顶、物业管理区域内道路、停车场、绿化、上下管道、消防设施、电梯、安防设施，也包括楼梯间、走廊通道、户外墙面，还有会所、文体设施及其他社区环境。

物业资源经营可以从三个角度去理解：一是对原有物业的设计、场所、环境、功能进行改造或再开发，通过经营和其他方式产生新的价值；二是对物业及其配套设施的价值进行再开发，如通过物业的代租代售提高业主的权益收益，同时也增加了物业服务企业经营收入;三是通过物业管理服务,提升物业资源的质量,改善物业环境,以达到物业资源的增值。

物业服务企业可开发利用的物业资源有两类:一是业主认同由物业服务企业经营的共有产权物业中的共用物业资源;二是在征得业主同意的情况下,对单一产权物业进行有条件的经营。在实践操作中,要注意并不是所有的物业资源都能够开发利用。根据我国现行积累的物业管理经验,有些看似不能经营的物业资源,经过精心策划后也可以实施经营。其他地方或公司经营非常成功的办法,按部就班地执行,却可能惨遭失败。物业服务企业可以在取得相关权益人授权的情况下,进行多种形式的探索。

二、物业资源的经营原则及途径

物业资源的经营关系基本上是一种委托-代理关系,业主是委托方,物业服务企业是代理方,经营所得是佣金,或按契约所取得的报酬。在经营过程中,必须明确应遵循的原则。

1. 保护业主利益

在物业资源的开发利用中,必须取得相关权益人的授权,对单一产权的物业资源只需要接受一个业主的委托和授权即可,对共有产权物业,则需征得业主大会的同意,并签署相关协议,方可对该类资源进行经营。

2. 体现为业主服务的宗旨

接受业主委托是物业服务企业开展物业资源经营的前提和条件。离开了它,任何物业资源经营都难以经营。如果因为物业资源的经营而忽视了为业主提供高质量的服务,那么物业服务企业就失去了它存在的根基。

3. 合理规避风险

物业服务企业既面临着市场风险,也面临着政策风险,而且与业主生产生活密切相关,所以物业服务企业在进行物业资源经营时要做好风险管理工作,抵御可能产生的风险。

4. 合法经营

物业资源经营必须遵循我国现行的法律法规要求,如《物业管理条例》第五十五条明确规定:"利用物业共用部位、共用设施设备进行经营的,应当在征得相关业主、业主大会、物业服务企业的同意后,按照规定办理有关手续。业主所得收益应当主要用于补充专项维修资金,也可以按照业主大会的决定使用。"

5. 灵活经营

物业服务企业应利用时间赋予的机会、政策赋予的机会,灵活地对物业资源展开经营活动,如在前期物业管理阶段,产权的拥有者为物业发展商,业主大会尚未成立,此时只要物业经营行为不危及业主利益,不危及业主与发展商的关系,发展商一般不会干预物业资源经营的行为;一些物业资源经营也可以采用"先入为主"的策略,如在高层电梯内布置广告,应提前在业主入住之前,这样业主在心理上容易接受并认为其为有效的电梯装饰途径,如果在业主入住以后布置电梯广告,则会引发业主的反感。

6. 区别对待

针对不同的物业建筑风格和业主群体，采用不同的经营模式。例如，在别墅区内往往不进行普通餐馆的经营；对普通住宅物业不进行高档会所的服务，而往往进行日常生活类的经营，方便居民生活购物，改善消费环境。

7. 专业化经营

可通过专业化分支机构对物业资源的经营，降低经营成本，集中需求信息，整合社会资源，避免主业与副业的矛盾，提升物业服务专业水平。

三、停车场的服务经营

现阶段，我国不少物业服务企业对其服务区的停车场及其相关内容进行日常服务经营管理。

1. 停车场服务经营的法律基础

《最高人民法院关于审理建筑物区分所有权纠纷案件具体应用法律若干问题的解释》（法释[2009]7号）第五条规定："建设单位按照配置比例将车位、车库，以出售、附赠或者出租等方式处分给业主的，应当认定其行为符合《物权法》第七十四条有关'应当首先满足业主的需要'的规定。配置比例是指规划确定的建筑区划内规划用于停放汽车的车位、车库与房屋套数的比例。"第六条规定："建筑区划内在规划用于停放汽车的车位之外，占用业主共有道路或者其他场地增设的车位，应当认定为《物权法》第七十四条所称的车位。"

《物权法》第七十四条规定："建筑区划内，规划用于停放汽车的车位、车库应当首先满足业主的需要。建筑区划内，规划用于停放汽车的车位、车库的归属，由当事人通过出售、附赠或者出租等方式约定。""占用业主共有的道路或者其他场地用于停放汽车的车位，属于业主共有"，即建筑区划内规划车位之外的占道或增设的车位均应认定为共有车位。作为开发商和物业服务企业应注意此类车位无法销售或转让或附赠，此类车位只能由物业服务企业提供停车物业服务。物业服务企业在建筑区划内规划车位之外的占道或增设的车位，属于"改变共有部分的用途"的行为，应当按议事规则由业主共同决定。

2. 停车场的服务收费

在满足业主需要以外的停车场和业主同意由物业服务企业服务经营的停车场，应按有关规定办理相应证件，如经营性停车场许可证，按政府的收费标准进行收费，不得任意定价和涨价，也不能附带收取其他费用。停车场收费标准有如下几种核定途径：① 如果停车场的产权非业主所有，其收费标准由市价格主管部门根据停车场的建设成本和经营管理成本等情况确定。② 停车场产权为业主共有，收费标准应当征求业主的意见，由市物价管理部门根据停车场的管理成本确定。③ 业主已取得停车位所有权或使用权的，其管理服务费由停车场管理单位与停车位的产权人或使用人约定。经营者还要按照法律法规的要求，制定并严格执行停车场的管理制度。

3. 停车场经营风险

主要包括：

（1）车辆丢失风险；

（2）车辆损坏风险；

（3）物业管理区域内的交通事故风险。

防范停车场经营风险，主要是依靠物业服务企业忠实履行职责，增强风险意识。同时，物业服务企业应消除事故隐患，鼓励拥有机动车的业主向保险公司投保，进而分担风险，或者交由专业停车场经营公司进行管理。

除了机动车以外，物业服务企业也不能忽视摩托车、电动车和自行车的管理，摩托车、电动车和自行车的车主与机动车车主同为物业管理区域的业主，有同样的业主权益，况且一般的物业管理区域拥有摩托车、电动车和自行车的业主占有较大比例，物业服务企业切不可"嫌贫爱富"，否则将遭到业主的强烈不满。

4. 停车场的配套服务

除停车管理服务以外，物业管理区域停车场还可以应业主的需要，开设一些相关的配套服务项目。例如，充电服务、洗车服务、二手车经营服务、汽车精品经营服务、汽车代理、汽车美容、汽车装饰、汽车养护。

四、会所经营

物业管理区域会所管理的好坏直接影响到为业主服务的质量，另外还可以开辟新的利润来源。

1. 会所的概念

会所是指规划部门批准的配套用房中用于向业主提供商业、娱乐、文体等配套服务的场所。虽然会所为物业管理区域业主而建，但是否归属业主所有，还要根据业主与发展商的合同约定而分析。从会所的服务项目上看，一般包括健康体育项目、休闲项目、娱乐项目，从所提供的功能来看，它涵盖了体育、健美、卫生、心理、餐饮、娱乐等领域，并延伸到现代竞技、职业教育、商务培训、会展等方面。随着时代的发展，新的项目会不断充实到会所之中。

2. 会所经营的模式

根据会所的产权归属的不同，有的采用营利式经营形式，有的采用非营利型经营形式。具体的会所经营模式有以下几种。

（1）会员制模式。专业的会所服务商提供服务，业主购买"会员卡"进行消费，会所为会员所专有；会员除享受本会所服务外，还可享受同一会员制体系下的其他会所提供的资源。

（2）委托经营模式。将会所经营委托给其他服务商，实现运营的社会化和市场化，接纳来自市场的公共消费。对业主保留、赋予优先权、优惠权。

（3）独立经营模式。会所的独立运营商以专业的服务水准、独立的法律地位、自负盈亏的经济责任承接会所的运营。

（4）加盟运营模式。一个楼盘有多个会所加盟，一个会所服务于多个楼盘。业主凭一张卡就可以在多个不同类型、远近距离不等的会所享受优惠服务。

（5）"N+1"模式。该模式由一个主会所和N个分会所组成，每个分会所都是对主会所的补充，为业主提供更多的便利服务。

（6）主题会所经营模式。根据业主的喜好和需求以某一主题作为会所经营的主要方面，以提高专业化服务水平，如休闲会所、文化会所、健身会所等。

（7）外联式会所经营模式。物业管理区域会所与周边的公用设施实行横向联合经营，凭会员证享受优惠待遇。

五、社区广告经营

在物业管理区域中，广告如果运用得当既可以美化环境，也可以增加收入，还可以弘扬崇高的道德，传播精神文明，营造良好的物业管理区域环境。

（1）电梯广告。因乘电梯的时间不长，广告的设计内容应简洁明了、冲击力强。

（2）屋顶和外墙广告。其设计要服从物业项目的建筑结构和整体美观要求，不能影响业主的正常生产和生活。不仅要征得业主的同意，还得征求城市管理部门的同意。

（3）厅堂广告。可通过液晶显示、杂志架、壁挂、声音媒体、物品展示等形式发布广告内容。

（4）停车场广告。一般放置在停车场的出入口、岗亭，停车场四周的墙壁、立柱等位置。

（5）宣传栏广告。为了方便业主的生产生活，让业主了解物业服务企业一些公示性的通知，也可以为活跃社区文化而布置。

（6）展示广告。通过艺术雕塑、休闲椅、花草树木、伞具、户外器材设备等展示企业的形象，方便业主的生活，美化环境，传播先进文化知识。

除以上的广告形式以外，还包括社区路灯广告、指示路牌广告等形式。

六、其他物业资源的经营

物业资源经营的范围和内涵很多，除了以上的内容以外，还有基地建设经营、绿地再经营、摆台经营、仓储、信号中转、露天休闲场所、物业保值增值等一系列经营服务。

（一）绿地再经营

随着人们生活水平的提高，人们对环境的要求也随之提高。花草树木美化环境，是居家、陶冶情操的重要工具，进行花木的种植、租售、代养、代育、代管等业务前景广阔。

在经营过程中，物业服务企业要有目的地培植用来出售的花木，如集中一片苗圃地，用花圃栽种观赏植物；并由绿化园林专业人员进行指导和管理；种植的花草树木应贴近消费者的需求；要培育不同生长期和花期的花草树木；有一定的规模优势，并有一定的影响范围；业务应多样化，避免单一花木经营。

种植的场所有两种选择：第一是将物业管理区域内所有可利用的土地，都变成花木种植地，营造只见绿色、不见土壤的生态环境。第二是立体绿化，利用建筑空间，栽培花木，如屋顶绿化、阳台绿化、天台绿化、墙面绿化、室内绿化等，以增添绿色、减少建筑材料的辐射热，从而美化环境，减弱城市的热岛效应。

（二）基地建设经营

可充分整合物业管理区域各种既有的场地、设施、设备以及形成的无形资产等资源，建设成为对外开放的基地，有些基地可以免费提供参观服务，扩大物业服务企业的品牌知名度，增加企业的无形资产；有些基地建设可以收费获益。

这些基地在现阶段有以下几种类型。

1. 试验基地

物业管理区域既可以作为一些新开发的配套设施设备及建筑构件、材料、房屋设施设备的试验基地，也可以成为植物种植的试验基地。

2. 人才培养基地

将物业管理与服务的先进模式，通过耳濡目染的形式，传授给受训者，这批人将会通过口碑相传的方式，达到宣传物业服务企业的效果；同时，企业可通过与受训者的交流，吸纳先进的管理理论与方法，提高企业的活力，保持高昂的创新意识。

3. 参观考察基地

在物业服务行业享有较高知名度，或建筑风格独特、或建筑材料先进、或设计理念超前、或市场定位准确的物业，往往能够赢得市场，可供同业人士及市民参观考察。

4. 公益基地

物业服务企业可以与周边的中小学、机关、企事业单位合作，把物业管理区域建成绿化基地、植物领养基地、尊老爱幼的模范基地、社区共建基地等。

5. 影视基地

很多影视剧的拍摄需要外景地，搭建一个新景区耗资巨大。有特色的各类物业就成为了重要选择对象。虽然拍摄工作可能会对业主的正常生活和工作带来一定的影响，企业也会增加维持秩序的难度，但影视制作单位一般会付给相关报酬，或挂名宣传。除此以外，随着影视剧影响的扩大，物业管理区的影响也会随之扩大。

七、物业资源经营的注意事项

物业资源在经营过程中，物业服务企业应遵循物业资源经营的基本原则，充分利用业主委托给企业经营的物业资源，并注意以下事项。

（1）不得违反物业服务合同约定或者法律、法规、部门规章规定；不得违反业主大会、业主委员会依法作出的决定；不得擅自扩大收费范围、提高收费标准或者重复收费；不得损害他人合法权益。

损害他人合法权益的行为有以下几种：

① 损害房屋承重结构，损害或者违章使用电力、燃气、消防设施，在建筑物内放置

危险、放射性物品等,危及建筑物安全或者妨碍建筑物正常使用;

② 违反规定破坏、改变建筑物外墙面的形状、颜色等,损害建筑物外观;

③ 违反规定进行房屋装饰装修;

④ 违章加建、改建,侵占、挖掘公共通道、道路、场地或者其他共有部分。

(2) 改变共有部分的用途、利用共有部分从事经营性活动,以及为经营而改建、重建建筑物及其附属设施的事项应由业主共同决定。经营中涉及业主大会依法决定或者管理规约确定为共同决定的事项应当由业主共同决定。

(3) 将住宅改变为经营性用房,不得违反法律、法规以及管理规约,应当经有利害关系的业主同意。哪怕只有一位业主反对,一栋住宅楼内的其他业主也不应进行住改商。遵守规定并按规定办理住改商手续。其中"有利害关系的业主"是指整栋建筑物内的其他业主和能证明其房屋价值、生活质量受到或者可能受到不利影响的其他业主。比如,对安宁权造成影响、商业经营行为排放污染物、商业行为导致对公共部位和公共设施过度使用。

(4) 业主对物业共用部位、共用设施设备和相关场地使用情况享有知情权和监督权,有权了解物业服务合同履行情况、共有部分的使用和收益情况以及建筑区划内规划用于停放汽车的车位、车库的处分情况。物业服务企业、业主委员会等都可能成为信息公开的义务人,原则是"谁负责,谁公开"。

(5) 权利人有权请求擅自进行经营性活动的行为人将扣除合理成本之后的收益用于补充专项维修资金或者业主共同决定的其他用途。《物权法》第八十三条规定:"对任意弃置垃圾、排放污染物或者噪声、违反规定饲养动物、违章搭建、侵占通道、拒付物业费等损害他人合法权益的行为,有权依照法律、法规以及管理规约,要求行为人停止侵害、消除危险、排除妨害、赔偿损失。业主对侵害自己合法权益的行为,可以依法向人民法院提起诉讼。"物业服务企业在不侵害业主利益、协调好业主意见的情况下,充分挖掘物业管理区域可供经营的领域并获得收益用于补贴维修资金或者用于业主决定的用途,可谓是一个有利于各方的选择。

第四节 业主资源经营

物业管理与服务除了管理好建筑物及其配套设施与环境以外,还需要处理好与业主之间的关系,为业主提供优质服务。物业管理要想成为具有巨大潜力的行业,必须认识到业主在物业管理中的主体地位和重要作用,必须盘活业主资源。

一、业主资源

业主资源是指业主个人所拥有的、能为物业管理带来财富的丰富资源,如业主的房屋、业主的社会关系、业主的需求、业主的知识等。在处理好产权关系的基础之上,这些资源都可以通过有效的经营活动,为物业服务企业带来收益。业主资源主要有以下一些内容。

1. 业主的需求

业主有日常生产生活的需求、健康的需求、教育的需求、娱乐休闲需求,正是这些需求构成了社会消费的基础。

2. 业主的财产

业主的财产包括其拥有的有形资产如业主拥有的房屋,业主拥有的设备,业主的汽车、家具、家电乃至于业主的现金、存款、有价证券等,和业主的无形资产资源如业主的知识资源、业主的才艺、业主的声望、业主的公众形象、业主的社会关系等。

二、业主资源经营的方式

随着人们生活节奏的不断加快,城市功能不断增强,业主对物业管理区域的环境和配套要求越来越高,这就为物业服务企业开展丰富多彩的业主资源经营创造了条件、奠定了基础。仅从业主需求资源经营而言,有以下几种经营方式。

1. 特约服务

为了满足业主需要,同时为增加物业服务企业收入,很多企业开展了特约服务,即在物业服务合同约定的范围之外,受业主委托,物业服务企业为业主提供特约服务(见表 11-1)。

表 11-1 特约服务经营项目示例

服务项目	服务说明	收费参考标准	备注
家政服务	每周 2 次清洁卫生、洗衣服、熨衣服	钟点服务:9—13 元/小时	
维修服务	根据维护的对象和难度进行收费		
问讯服务	向业主提供所要查询的信息	免费	
外出取物、代购服务	物业管理区域周边(步行 5 分钟范围)商场、超市代购免费,否则收取服务费及交通费,并提前预付	9 元/小时+往返交通费	填写委托代办单
预约代订服务	通过电话、网络预订免费	免费	
代订报刊、杂志	请客户预付款,免收代订服务费	免费	填写委托代办单
EMS 特快专递服务	预付邮寄费,多退少补	1 千克内预收 50 元,1 千克以上 100 元,以此类推	填写委托代办单
订票服务(机票、火车票)	送票上门	预付票款及订票服务费	填写委托代办单
代订搬家公司	提供搬家公司联系方式	免费	

续 表

服务项目	服 务 说 明	收费参考标准	备 注
行李车服务	客户自己取用	免费	办理借用手续
小维修工具借用	常用小工具免费用,大型工具不外借	免费	填写工具借用单
租车服务	提供租车公司联系方式	免费	
打印服务	中文打字,A3纸及A4纸	A4:1元/张;A3:2元/张	开收据
发送电子邮件	电子邮件代发送	3元/次	
复印服务	A4,A3纸复印	A4,0.2元/张;A3,0.3元/张;复印缩小,0.4元/张	开收据
传真服务	市内、国际、国内传真	市内2元/张;国际国内5元/张+长话费	开收据
洗车服务	水洗(干洗费用稍高)	10—15元/辆	
汽车打蜡	含打蜡材料	50元/辆	
看护病人	物业管理区域内居家看护	9—13元/小时	
家教服务	在校优秀大学生辅导	20—40元/小时	
家庭绿化咨询服务	专业技术人士指导	20—30元/小时	

注:特约服务收费标准依当地市场情况而定,此表仅作参考。

2. 服务集成

服务集成来源于IT行业,物业管理在满足业主需求资源的过程中,搭建专业的信息服务平台,让业主的需求与社会服务实现对接,并从社会服务的提供方获取佣金收入。物业服务企业在此过程中,不直接向业主提供有形服务,而是作为信息的收集者、服务的统筹者和组织者,提供间接服务、人文服务和信息服务,组织和落实社会专业服务,使业主的需求得到满足。

3. 社区商业

为了满足本物业及周边物业居民消费的要求,挖掘业主群体巨大的消费潜力,大型物业公司可以在物业管理区域内进行商业活动,其经营不仅面向物业管理区域业主和物业使用者人群,并向周边居住群体辐射。

在以上三种经营方式中,特约服务方式较为广泛,现行的物业服务企业积累了一定的经营管理经验,但其收益非常有限;服务集成以点对点的服务形式,满足客户的个性化需求,目前一个物业服务企业往往要面对成百上千的业主,现阶段的实施难度相对较大;社区商业是一种常见的、为业主所接受的、满足大众性消费的经营形式。

三、社区商业经营

社区商业是一种以社区范围内的居民为服务对象,以便民、利民,满足和促进居民综合消费为目标的属地型商业。社区商业所提供的服务主要是社区居民需要的日常生活服务，这些服务具有经常性、便利性特点。

社区商业的潜力巨大，物业服务企业有得天独厚的条件：熟悉区域内情况，如住户多少、住户的年龄构成、收入状况、消费习惯等，并且拥有丰富的人力资源，具有开展物业管理区域商业经营活动的基础。

（一）社区商业经营活动层次

社区商业最早诞生于20世纪50年代的美国。当时由于家庭汽车的普及以及交通便利，城市居民大量向郊区扩散，为郊区新建居住区居民服务的社区商业由此产生。60年代波及英国、法国、日本等国家。70年代，新加坡的社区商业也开始大规模发展。

国外的社区商业主要经历了以下几次演变：最初以小型百货和杂货店为主；70年代以折扣店和五金、家具等专业店为主；90年代，演变为以品牌店、书店、体育办公用品店等为新兴的主力商铺；现在，社区商业中心的零售商们联合扩大经营范围，不仅增强"一站式"购物能力，还向社区居民提高丰富的服务项目和休闲娱乐项目。有些社区购物中心正形成以复合的折扣店和品牌店为主的能量中心（power center）。

目前，国内的社区商业普遍带有浓厚的住宅底商特点。部分发达城市，如上海、北京、深圳等，吸取国外成熟的社区商业模式的先进理念，已经开始出现了"社区购物中心"、"生活广场"、"娱乐休闲一条街"等众多社区商业项目，国内的社区商业设施正朝着成为一种综合建筑、景观、空间、声音的体验式场所方向发展。

根据物业服务企业动用的资源的多少为依据，可将社区居民的需求划分为两个层次：第一个层次是物业服务企业的增值服务。物业服务企业利用自身资源满足业主及周边消费群体的需求，从中获取一定的经营收益，如业主外出时委托物业服务企业代看宠物、代养植物。第二个层次是社区商业经营服务，如在社区内建超市、医疗诊所、储蓄点、洗衣店、快餐店等。

（二）社区商业经营服务项目

社区商业经营服务项目丰富多彩，常见的服务项目主要是依据业主的日常需求而定的。

1. 购物

社区商业提供的商品包括便利品和选购品，主要有杂货、衣服、鞋帽、家具、家电、建筑材料、珠宝饰品、礼品、酒类等，商品的档次根据所服务社区的经济状况而定，一般以中档品为主。

（1）服饰装扮类：熨衣、补衣、改衣、制衣、洗衣；衣服、鞋帽及服饰特色专营店、皮衣皮鞋护理店；美体、美足、美甲、美疗、保健按摩、美容美发、精品饰物等。

（2）家装商品类：建筑材料、家具、家电、小五金等。

（3）生活礼品类：杂货、烟、酒、水果等。

（4）情感类：送花、送蛋糕等。

2. 家政服务

（1）生活服务类：洗衣、做饭、修鞋、裁剪。

保洁类：室外外墙、玻璃、道路、广场、健身器械、栏杆、花坛等清洁、消毒工作，荒地清除杂草、垃圾杂物等；室内楼道、扶手栏杆、地毯、窗户、卫生间、大理石、豪华灯具、办公桌椅、车库及其他装饰物清洁保养、消毒工作。

（3）安装维修类：代装防盗门，淋浴器、晒衣架等设备安装，封阳台，安装与维护智能报警装置，管道疏通，小五金安装及修理，阴沟清理，水电安装及修理，铝合金制作、防盗笼制作。

（4）装饰装修类：室内装潢，油漆粉刷，厨房改造，家具制作，广告、灯箱、招牌制作等。

（5）家庭护理类：独立或协助护理婴幼儿、老年人中长期陪护、护理家庭病人。

（6）家庭绿化类：盆景造型、家庭花卉、花艺咨询，花木出售、出租与养护等。

（7）其他：搬家服务、汽车保养护理、理财投资咨询等。

3. 医护服务

（1）家庭医护类：以家庭成员健康为目的，制订家庭病人疾病治疗护理方案，建立家庭医护档案，并提供保健知识、疾病预防、上门护理、保健、日常理疗等服务。

（2）中医保健类：满足中老年业主的健康需要，设立专业中医保健、针灸治疗，提供定期或约定服务。

（3）专业医护类：以有相关医护证书和临床护理经验，或在医院妇产科、内儿科工作过多年的主管医、护师为主体，针对高收入家庭需要的特别保健、营养等服务工作，提供家庭医生。

（4）药品服务类：开设药房、医药配送。

（5）宠物病防治：开办宠物医院、宠物健康咨询等。

4. 餐饮食品服务

各种类型的餐饮食品服务，如快餐、酒吧、咖啡屋等不仅解决了人们购物、娱乐过程中的饮食问题，也是朋友们约会、休闲的良好场所。

（1）餐厅类：早餐专营、快餐店、特色餐馆、酒吧、茶吧、咖啡屋等。

（2）配送类：早中晚餐料理、配送，新鲜蔬菜、水果配送，饮用水配送，食用油和粮米配送，牛奶、饮料配送等。

（3）代理服务类：代定代办豪华家庭宴会、市内各大餐馆订位、酒店饭店预订、为客户举办酒会、饮食消费咨询等。

（4）后勤类：燃料供应、粮油供应、瓜果蔬菜供应、油盐酱醋供应、烟酒糖茶供应、锅碗瓢盆供应、小型超市、其他厨房用品等。

（5）其他类：饮料食品自动售货服务。

5. 公共服务

（1）公共事业类：中小幼儿园、银行、邮政、电信、图书阅览室、警察所、医疗中心等公共事业。

（2）交通代理类：机票、火车票、船票、汽车票票务代理，接送代理，租车代理，旅游代理、驾校代理等。

（3）其他：家教代理、补习班、兴趣班、棋牌游戏室、文艺表演室、健身房、滑冰场、体育活动场所等。

6. 商务服务

针对写字楼、公寓等，商务服务日益重要。例如：提供配有音响、麦克、多媒体投影仪、幕布、白板、宽带等设施设备的各种会议室；提供包括 DHL，FedEx，UPS，EMS 和 TNT 等国际快递公司，还有本地的快递公司在内的各种服务，为客人在国际、国内、市内范围传送文件及其他物品；提供个人电脑、笔记本电脑、喷墨和激光打印机及传真机等办公设备供客人租用；有高速、普通纸传真机可供客人使用；安排特殊文件、彩色复印、宣传品、宣传册、名片和信纸等印刷服务；有经验、专业的、无语言障碍的员工将提供热情的秘书方面的协助及高水平的打字、速记、文字处理等工作，还可按小时或按天提供翻译帮助；备有大、中、小型以及各种车款供接站、送站、商务租车服务；交通票务代理，代售武术、京剧、杂技等表演票；具有鲜花以及周边旅游预订、IC 卡、上网卡、IP 卡、信封、邮票、明信片、地图、杂志、冲洗胶卷等服务。

四、物业的租赁和代售

物业的租赁既可以由业主来进行，也可以由业主委托具有相关资质的中介机构或物业服务企业将物业一定时期的使用权让与他人，代为收取租金和佣金或差价。

（一）物业的租赁

物业租赁是指出租人将物业提供给承租人使用，承租人向出租人交纳一定的租金，并在租赁关系终止后，将物业返还给出租人的行为。在物业服务企业的经营范围中，它一般是指二手房的租赁活动。

业主授权租用者在规定的期限内占用物业，物业租赁便产生了。租赁以合同形式存在，合同权利被看作个人的财产权利。租赁合同规定了业主和租户双方的责任，租户只拥有暂时的物业占有权，而没有所有权。这就是为什么租约条款中必须申明，在未经所有者授权的情况下，租用者不得变卖、转租或将物业用作贷款抵押的原因。

随着人们生活水平的提高，业主将富余的不动产资源进行出租，或者以租养租，或者以租养车，或者以租还贷，或者用于补贴家用，以获取收益。虽然市场上已有专业的中介公司对物业租赁进行经营，且它们运作较规范成熟，具有较大的市场份额，但物业服务企业具有贴近业主需求的优势，能够及时掌握租赁房源信息，缺陷是承租方的信息难以掌握。因此，如果将物业服务企业与中介代理公司进行租赁经营的合作，将会弥补物业公司开展此类经营的缺陷。

（二）物业租赁的形式

物业租赁方式按照物业用途不同，可分为住宅物业、办公物业、商业物业和生产物业等租赁。其中，住宅物业租赁最为常见，随着市场经济的发展，商业、办公物业租赁也日益增多。按照承租人的国籍不同,可将租赁分为国内物业租赁与涉外物业租赁。按照物业租赁期限确定不同,可分为定期租赁、自动延期租赁和不定期租赁;长期租赁和短期租赁。

1. 定期租赁

定期租赁是最常见的租赁形式。它包含确切的起租日期和结束日期,租期可以是一个星期,也可以是年。当期限届满,租约自动失效而不需要预先声明,租用者必须把产权交还给业主。定期租赁不因业主或租赁者死亡而失去法律效力,即权益的归属形式不变。因为固定期限租赁有确切的终止日,因此如果业主希望通告租户租约期满搬迁,租约上必须注明截止日期。

2. 自动延期租赁

自动延期租赁又称周期性租赁,除非租约一方提出要中止合约,否则将自动续约。租约按周、月、年的周期延续,中止通知应与周期对应。自动延期租赁可由双方根据协议达成,租约中止的提前时间可以是一个月到六个月不等,该形式的租赁行为不因租约一方的死亡而失效。当物业所有者与租赁者之间的租赁行为,在本期租赁期限到期时以相似的租赁条件或约定条件自动延续时,协议就达成了。许多居住租约既包含定期租赁,又包括延期租赁。一般开始于定期租赁(半年或一年),然后转为周期性租赁。周期性租赁是租用者按租赁约定所规定的期限已经到期,或租约中指明延期租赁期间,租赁者依旧按原来的方式占用物业,并照常按期交纳租金的租赁行为。在这种情况下,实际上租金的交纳周期就自动延续到了下一期限,即如果租金是按月交纳的,则延期也是按月进行的。

3. 不定期租赁

不定期租赁指业主随时可要求收回房屋。租赁当事人对房屋租赁期限没有约定,依照法律规定仍不能确定的,视为不定期租赁。不定期租赁的当事人可以随时解除租赁合同,但出(承)租人解除租赁合同应当在合理期限前通知承(出)租人,一般应提前1—3个月通知,以便承租人有充足的时间找到合适的房源,出租人安排后期的物业使用。

(三)物业租赁的条件

房屋出租人应当是依法取得房屋所有权、经营管理权或者其他依法有权出租房屋的自然人、法人或者其他组织。

从事物业租赁代理的物业服务企业或其他经纪机构,应租赁符合出租条件的物业,不得居间代理不符合出租条件的房屋;接受租赁委托业务时,应当告知租赁双方当事人办理租赁合同登记备案手续,并协助做好物业租赁管理工作;代理出租房屋,应当与业主或其代理人签订出租代理合同,代理合同应当明确委托的具体事项及办理租赁合同登记备案手续的责任方;将所代理的房屋出租给承租人使用,应当与承租人签订房屋租赁合同,房屋租赁合同应当注明该物业的权属情况及委托—代理关系。

物业租赁代理的物业机构或其他经纪机构不得出租有下列情形之一的物业:

(1)未依法取得房屋所有权证书或其他合法来源证明的;

(2) 权属有争议的；

(3) 共有房屋未取得其他共有人书面同意的；

(4) 依法被查封的；

(5) 经鉴定属于危险房屋不能继续使用的；

(6) 改变房屋用途，依法须经有关部门批准而未经批准的；

(7) 法律、法规规定禁止出租的其他情形。

(四) 物业租赁价格的确定

物业的租赁价格即是房屋租金，是房产价格的特殊形式，也是对物业使用权分期出售的形式。租金(租赁价格)不同于出售价格，后者可以通过一次交换实现房屋的全部价值，租金是通过出让使用权，分期实现房屋的价值。由于物业租赁过程中转移的是房屋的使用权而非所有权，因此，物业的修缮、管理以保证物业的正常使用就成了物业租赁过程中必须进行的活动。如果在物业租赁合同中，出租人负责房屋的维修管理，那么物业出租人必须投入修缮劳动，并追加到房屋的价值中，再以租金的形式转嫁给承租人，即租金中就应包括物业的修缮费。

恩格斯在《论住宅问题》中说："租金的构成部分是：① 地租；② 建筑资本的利息，包括承造人的利润在内；③ 修缮费和保险费；④ 随着房屋逐渐破旧无用的程度以每年分期付款的方式支付的建筑资本补偿费(折旧费)，包括利润在内。"从理论上分析，我国物业租赁价格由折旧费、修缮费、管理费、税金、利息、利润、地租和保险费八项因素构成。

1. 折旧费

折旧费是用货币表现的物业资产在使用期间因损耗而减少的价值。房屋用于出售时可一次性或以分期收款的方式收回房屋兴建的全部投资。但房屋用于出租时，只能把建筑房屋的投资按年或按月分摊到房租中，通过收租逐步收回建房投资，故折旧费又被称为补偿房屋建筑费用的偿还金。把历年提存的折旧费积累起来，在房屋使用年限终了时，作为更新改造基金，重新投资兴建房屋。

2. 修缮费

修缮费是各类房屋在耐用年限内，为保证正常使用，对房屋的各部分进行合理的维修所需要的费用。修缮劳动是房屋在出租过程中追加的劳动，修缮劳动创造的价值应得到补偿，故房租中应包括修缮费。年修缮费用以房屋耐用年限内的修缮总额按耐用年限平均计算。计算修缮费是一个比较复杂的问题，全国各城市也不统一，基本方法有造价比例法、部件更新周期法、面积定额法、定期轮修法等。

(1) 造价比例法是按房屋造价的一个合适的比例作为物业的修缮费。

(2) 部件更新周期法是按房屋各组成部分的部位和建筑材料，确定其使用更新周期和更新费用，各部件更新费用之和按房屋使用年限平均即为年均更新费，再加年小修费用，就得出年修缮费总额。

(3) 面积定额法是以物业每平方米面积每年修缮费的定额计算修缮费的方法。

(4) 定期轮修法是按照房屋定期轮修的要求及标准，制定耐用年限内所需的修缮总费用，再以耐用年限平均，得出年修缮费额。

3. 管理费

管理费是对出租物业进行必要的管理所需的费用,是一种正常的支出,故应计入房租中,管理费因地区的不同而不同。

4. 税金

税金包括房产税、印花税、营业税及附加等。税金是房屋出租者向国家缴纳的费用,是一种实际支出,应由承租人承担。

5. 利息

利息是指建筑投资的利息。

6. 利润

出租既然是一种经营活动,承担了一定风险,它就应分享到生产过程中转移来的一部分剩余价值,而且修缮劳动和管理劳动本身也创造了剩余价值,这两部分剩余价值就是出租房屋的利润。

7. 地租

土地是物业的重要组成要素,使用物业必然同时使用土地,所以物业租赁价格中应包括地租成分。

8. 保险费

物业保险是整个社会保险的组成部分,是指以物业作为标的物,根据订立的经济合同,对特定的灾害事故造成的经济损失提供资金保障的一种经济形式,属于财产保险的范畴。保险费是指被保险人参加保险时,根据其投保时所定的保险费率,向保险人交付的费用,是出租者为防止物业遭受意外的风险损失而向保险机构支付的正常费用。

（五）物业的代售

当物业服务企业受业主或房地产开发企业的委托,开展物业代售活动前,受托机构应当依法取得从事房地产中介服务的营业资质;应当与委托方订立书面委托合同,委托合同应当载明委托期限、委托权限以及委托人和被委托人的权利、义务;受托机构销售物业时,应当向买受人出示物业的有关证明文件和物业销售委托书;如实向买受人介绍所代理销售物业的有关情况。受托机构不得代理销售不符合销售条件的物业;不得收取佣金以外的其他费用;代售人员应当经过专业培训。

要成为一个优秀的物业代售人员,就必须争取每一位客户。要争取物业购买者,就应把握客户的心理特征,掌握物业代售的技巧。

1. 市场研究

（1）购房者研究。

每一个具体的消费者都将是物业代售企业利润和销售人员收入的来源,当今的购房消费者越来越理性、专业,他们对物业的一些专业术语耳熟能详。要把握消费者的需求心理及消费特征,就需要对购房者进行仔细的研究、分析。对消费者的研究和分析主要包括以下几个方面:第一,目标客户群分析。根据物业的定位、价格定位、目标客户群体定位来推敲物业管理区域的主力客户群体的职业类别、年龄范围、月均收入、文化品位、购房需求等,根据主力客户群体的共同特征来规范自己的语言、仪表、行动等,以建立与客户交流的平台。第二,消费者分析。根据来访消费者的举动、言行、仪表、态度,迅速分析购房消费者的消费特点、购房喜好、购房的欲望、购房的决心,针对不同的购房消费者,施展不同的诱导方法,以便于达到让其购房的目的。第三,随从者分析。往往有决心买房的消费者,在看房时,会带一些亲戚朋友,他们或是和消费者的关系比较亲密,或是在购房方面比较专业。这些随从者的意见对消费者的消费决策显得尤为重要,注意随从者,观察并分析随从者的言谈、举止,让随从者先认同产品,可以达到事半功倍的效果。

(2) 物业条件研究。

物业的条件由区位、实物和物业经济属性组成。具体包括:物业的地理位置、物业的山水环境,周边的道路情况,空气质量,公交车的班数、起止时间、间隔时间,商业设施的完备程度,如附近的购物商场规模、购物环境、可及度,中小学校教学质量、学校知名度;物业的占地面积、形状、物业容积率、建筑密度、绿化率、车位数、物业管理区域的规划(几栋多层公寓、几栋别墅)、园林景点、物业的户型结构、建筑外观、建筑设施设备、装修状况、建筑面积、物业的售价等。

(3) 市场环境分析。

物业市场环境分成市场大环境和市场小环境。政治、经济、社会、法律等方面组成大环境。小环境指物业的环境、地点、物业市场状况。

(4) 竞争物业的分析。

竞争物业主要是指本物业一定范围内,与本物业具有可比性的楼盘,竞争产品的分析内容与本物业条件的分析内容相近。

2. 代售前准备

充分了解本物业的优缺点、大小环境。分析激发客户购买心理的切入点,如物业符合购房者的要求;物业的价格与效用之比较低,物超所值等。向同一楼栋和同一物业管理区域的业主发布信息。对客户可能提出的问题做好准备,并进行模拟问答。

3. 掌握代售技巧

主要包括:

(1) 把握几点原则。

以客户的角度分析物业;强调物业环境和物业服务的优势;挖掘物业增值潜力;合理定价;诚信为本,取信客户;攻心为上,不与客户发生正面冲突,可采用迂回战术;提供让客户满意的服务。

(2) 技巧。

在向潜在购房者推销物业时,应勤整理、多引谈、多带看、快回答、套亲近、抓对象。勤整理即是对业主委托的物业应打扫干净、整洁。多引谈即是引导与客户的谈话内容,态度一定要亲切,然后留下客户的联系方式和地址,了解客户的职业和工作单位等。多带看即是带着客户到物业现场看,看房屋时,先看缺点,再看优点,在优点处多停留,房屋的优点大部分在主卧室、客厅、餐厅,这是花费最多的地方,会引起客户布置房间的联想。快回答即是回答客户的提问要迅速,业务人员一旦犹豫,就给客户胡思乱想的机会。套亲近即是以善意及诚意待人,俗话说礼多人不怪,代售人员可以借同姓、同乡、同学、同宗,产生亲切感,拉近彼此之间的距离,力求信息沟通的顺畅。抓对象即是要把握说服对象,按照 M. A. N 原则,对症下药,MAN 是指 M(money)即出钱的人、A(authorety)是有权决定的人、N(need)是有需求的人。

五、业主的动产及无形资产资源的经营

在实践中,业主不动产的代租、代售活动较多,而业主的动产和无形资产资源的经营却较少涉及,需要在理论和实践上进一步地探讨。

业主的动产很多,大至汽车、家电、家具,小至桌椅板凳、少儿玩具。有时业主因消费偏好的改变,或因经济条件的变化,或因子女的成长,业主动产资源的效用也会发生变化,有些"弃之可惜,食之无味",有些"用时方恨少,急时方恨稀"。动产资源的盘活就成为业主所关心的问题,物业服务企业就可以通过经营将其变化为另一种价值表现形式;既能满足业主处理该类动产资源的愿望,又能够提高其他业主的消费效用水平,同时,增加物业服务企业的经营收入。这种经营活动也被称为"二手物品"经营。

"二手物品"经营随着经营内容的不同有不同的分类,如二手家电经营、二手汽车经营、书画作品经营、玩具经营等。其经营的基本原则,是使业主的收益趋于合理,同时切忌不合法产品进入经营领域。在经营方法上,应根据业主情况和企业所掌握的资源进行灵活选择,一般而言,在经营初期,物业服务企业可以和社会上专业的二手物品经销商签订协议,由物业服务企业将收购的业主二手物品直接送到经销商处,随着经营规模的扩大,可以独自经销。在这过程中,需要物业服务企业的工作人员具备物品价值的评估知识。

在业主无形资产资源经营的内容中,业主的知识资源经营是目前尚未开发的"处女地",业主知识资源经营的内容较为广泛,其经营的内容主要根据所服务的业主群体中蕴涵着的深厚而渊博的知识资源而定,如业主的"艺术作品"、业主的"商务演讲"、业主的"知识产品的研发"、业主的"教育资源利用",与具有"维修技能和专长"的业主及具有管理才能的业主进行物业服务方面的合作。

在业主知识资源经营的过程中,应注意以下几点:一是在国家允许的经营范围内,应在取得相关资质和条件后,方可开展经营活动;二是注意保护业主的个人隐私;三是注意保护业主的知识产权;四是采用自主自愿的原则;五是对知名人士知识资源经营,应与其各自的经纪公司进行联系,演艺界、体育界和明星都有自己的商业计划和经纪人,物业服务企业很难进入,稍有不慎将招致一些纠纷。

在业主社会关系资源的经营过程中,可以利用业主的社会关系,解决物业服务企业经营过程中所遇到的难题,塑造物业服务企业品牌,挖掘业主的关联社会关系为之服务。

第五节 物业管理文化资源经营

文化产业是为社会公众提供文化、娱乐产品和服务的活动,以及与这些活动有关联

的活动的集合。其内容十分广泛,它的基本内容包括教育业、文化娱乐业、传媒业、出版业、实用美术业、文化中介业、会展业、艺术品业、文化娱乐产品设备材料业、文化管理和研究等服务业等。

物业管理文化资源经营是以物业管理为载体,利用多种途径实现文化娱乐产品的部分功能,达到获取收益的目的。物业管理的文化资源在物业管理区域中客观存在,是整个文化产业中的有机组成部分,或具有公益性质、或具有商业性质。公益性的物业管理文化即可以由各级政府及其相关部门来传播,也可以由企业和社会的公益行为来推广。虽然公益性的物业管理文化不直接产生经营效益,但它对物业服务水平的提高,塑造企业品牌有巨大的正效应。

除以上公益性的物业服务文化活动以外,还有的文化活动是以产生经济效益为目标,体现出物业管理文化的商业属性。

一、物业管理文化资源经营程序与方法

(一) 物业管理文化资源经营的原则

主要包括:

(1) 正确认识文化资源的价值,要对文化资源的无形价值和有形价值进行准确的评估。

(2) 处理好开发与保护的关系。文化资源体现了人们的一种传统和习惯,在经营过程中,需要保护其独特性,同时要对蕴含其中的潜在价值进行挖掘和开发,以符合市场的需求。

(3) 维护业主的合法权益,坚决不做盗版、剽窃等非法经营活动。

(4) 弘扬社会先进文化,促进社会进步。

(5) 老少结合,大小结合,雅俗结合,引领与普及相结合。

老少结合。在物业管理区域开展文化资源经营应该抓住老人与儿童这两个大的群体,带动中青年人参与文化活动。一般在物业管理区域内中老人和儿童活动所占的比例较大,参与文化活动有充裕的时间,老人和孩子实现文化需求的最主要的场所在物业管理区域,对区域性的关注和依赖远胜过中青年人。

大小结合。这里的"大"是指大型文化活动,需精心策划组织,其参与者众、影响面广;"小"是指小型文化活动,即那些常规的、每日每周都可能开展的、又有一定的组织安排的文化活动。大活动不能没有,也不能过于频密。小的活动以兴趣为纽带,以持久为目标。小活动的组织要充分利用已有的资源,尽可能地节约开支,并且注意不要噪音扰民。

雅俗结合。是指文化活动应当注重业主不同层面的需求,既有"阳春白雪",又有"下里巴人"。文化活动应该百花齐放,满足不同层次的兴趣爱好,兼顾不同类型的文化品位。这就要求物业服务企业要充分做好文化调查工作,摸清文化服务需求,雅不能曲高和寡,俗不可以俗不可耐,一定要雅俗共赏。

引领与普及相结合。文化资源经营不仅要有超前的意识、发展的眼光、整体的目标,而且要有预见性、领先性,更要有周密的安排、落实和检查。物业管理区域文化对塑

造物业管理区域精神、引导生活方式等方面具有极其重要的作用。物业服务单位被誉为新生活方式的"领航者",应当审时度势,把握时代的脉搏,以敏锐的目光洞察将要面临的变化,超前一步为业主提供文化服务,向科技知识型发展,如开展克隆科普展、智能住宅展,开设科技活动中心,建立科技图书馆等。

除了上述几个原则之外,文化活动还要做到教与乐相结合、虚与实相结合、内与外相结合等。

(二)物业管理文化资源经营的程序

经济文化一体化是21世纪的发展趋势和新的经济增长点,随着知识经济时代的到来,文化作为重要生产资料和战略资本,在企业经济构成中所占比重将逐步增大。目前,西方发达国家企业的文化资产一般要占资产总量的40%左右,许多国际大公司的无形资产已经大大超过了有形资产。跨国公司扩张、进入其他国家的重要途径就是沿着"产品输出-资本输出-文化输出"的线路进行。可以说,一个企业创造和拥有文化资源的多寡以及对其经营的好坏,将决定其在市场竞争中的地位。

物业管理文化资源经营程序大致如下:

(1)提出申请。凡期望经营文化资源的单位和个人,必须向政府文化、经营主管部门提出申请,并出具下列证明材料:文化资源经营的申请报告;经营场所、注册资金等有关证明资料;文化经营的主要负责人或者法定代表人的身份证明、照片以及姓名、住址、联系电话;技术人员和工作人员名册等。

(2)政府文化、经营等职能管理部门对其申请材料进行审查。

(3)符合规定要求的文化经营申请机构到规定地点办理有关手续,领取"文化经营许可证"。

(三)物业管理文化资源经营的方法

1. 与文化产业机构合作

如果物业服务企业没有历史的沉淀,那么其在文化资源产品的生产和发行方面,相对于文化产业经营机构的而言往往处于劣势。因此,需要与相关机构合作,以弥补其缺陷,扩大社会影响。

2. 创建物业服务文化品牌和文化产业

物业服务企业可以通过开展丰富多彩的文化活动,形成自己独特的物业服务模式和文化品牌。

3. 销售文化产品

将常规的文化产品引入社区,摆台销售,还可以通过物业管理区域内的广播、公告栏等传播文化产品信息。

二、物业管理教育培训资源的经营

物业管理的教育资源是指围绕物业服务行业及其相关领域的教育培训要素。由浅入深、循序渐进的物业管理教育培训体系,能够使受训人员夯实理论与实践功底,逐步完善知识结构,提高工作能力。另外,物业管理发展的制度环境和法律基础还在不断完善,物业管理活动中新技术、新方法不断涌现,有必要对物业服务业人员实行教育培训,以了解行业近期动态,熟悉新的法律法规,掌握新的技术方法等。

教育培训的内容主要由物业管理相关法律法规知识、客户沟通、房屋管理、人力资源管理、财务核算、房屋维修技术、口头与书面表达能力及电脑技能等物业管理知识的学习和技能的训练;项目研究能力的培养;房地产管理方面立法、合同管理、成本管理、项目管理等方面的内容。通过教育培训,使培训对象逐步拥有一名物业管理人员须具备的职业素质和知识结构。

从物业服务业的角度而言,教育培训工作分层分级进行:第一是物业服务从业人员上岗资格培训;第二是物业管理师的教育培训;第三是物业管理经理岗位培训;第四是物业服务从业人员继续教育培训;第五是物业服务专题教育培训。

从物业服务企业的角度而言,物业管理教育培训主要有三大类:第一类是由物业服务企业所负责的、面向内部员工的教育培训,简称内训;第二类是由政府或者社会机构对物业服务企业员工的培训;第三类是本企业负责的面向本企业外部的教育培训,简称外训。

为不断改进物业服务质量,物业服务企业应经常性地开展以下教育培训活动。

1. 上岗培训

物业服务企业对初次进入本物业服务企业的人员,应加强法律、规章制度、管理程序的学习、服务标准的学习;同时,应让所有物业服务人员获取相应的资格证书,保证持证上岗。

2. 针对企业需要进行培训

为了适应物业管理不断发展的需要,培养更多的物业管理人才,对任何一项新的管理模式的推行和管理制度的变更、管理技术的发展、新的设施设备的采用,都应组织相关人员进行培训。

3. 邀请物业管理顾问进行培训

让具有丰富物业管理经验、掌握先进物业管理技术的专家、学者对员工从理念、模式、文化培育等全方位进行培训,使受训企业的管理和服务水平达到或者是跟上先进的物业管理要求。

三、物业管理媒体经营

所谓媒体,是指信息介绍、传播的平台。传统的媒体一般包括报纸、期刊、电视、广播、网络、户外媒体如路牌灯箱的广告位等。随着科学技术的发展,逐渐衍生出新的媒体,如IPTV、电子杂志等。

媒体按形式划分为:一是平面媒体,主要包括印刷类、非印刷类、光电类等;二是电波媒体,主要包括广播、电视广告(字幕、标版、影视)等;三是网络媒体,主要包括网络索引、平面、动画、论坛等。

国际电话电报咨询委员会 CCITT（Consultative Committee on International Telephone and Telegraph）把媒体分成五类：一是感觉媒体（perception medium），指直接作用于人的感觉器官，使人产生直接感觉的媒体，如引起听觉反应的声音、引起视觉反应的图像等；二是表示媒体（representation medium），指传输感觉媒体的中介媒体，即用于数据交换的编码，如图像编码（JPEG，MPEG 等）、文本编码（ASCII 码、GB2312等）和声音编码等；三是表现媒体（presentation medium），指进行信息输入和输出的媒体，如键盘、鼠标、扫描仪、话筒、摄像机等为输入媒体，显示器、打印机、喇叭等为输出媒体；四是存储媒体（storage medium），指用于存储表示媒体的物理介质，如硬盘、软盘、磁盘、光盘、ROM 及 RAM 等；五是传输媒体（transmission medium），指传输表示媒体的物理介质，如电缆、光缆等。

我们通常所说的媒体包括其中的两点含义：一是指信息的物理载体（即存储和传递信息的实体），如书本、挂图、磁盘、光盘、磁带以及相关的播放设备等；另一层含义是指信息的表现形式（或者说传播形式），如文字、声音、图像、动画等。

无论是平面媒体还是电波、网络媒体，对其进行有效经营，皆可带来有效收益。

物业管理媒体经营的主要内容包括两个方面：一是以物业管理知识及物业管理区域内所发生的重大事件、典型事迹、人物为主要素材；二是以社会性的，并与物业、业主相关的重大事件为主要素材。以上两者皆以物业服务对象为目标消费群体。

物业管理媒体可分为向企业内部和业主发行的内部媒体，以及向社会公众发行的社会媒体两类。

1. 物业管理内部媒体经营

它是指非公开发行，由物业服务企业主办，以改善服务和利于企业经营为宗旨的媒体。它一般限于企业内和业主范围内赠阅、交流、传达信息等。物业管理内部媒体的主要形式一般有报纸、期刊、简报、书籍、宣传碟片、宣传单、宣传栏、广播系统等。简报、书籍、宣传碟片、宣传单、宣传栏的经营难有获利空间，但有利于改善物业服务质量、提高管理水平、沟通企业与业主之间的信息、提升企业品牌形象。

2. 物业管理社会媒体经营

物业管理社会媒体是指物业服务企业或其关联投资机构创办，以物业管理服务对象为目标消费群体的公开发行的媒体。主要有电视、广播、网络及公开发行的报纸、期刊、DM 杂志。公众广播电视属于垄断资源、专业经营范畴，物业服务企业经营的媒体以报纸、期刊、网络为主，尤以网络经营的效益为最佳。

除了教育培训、媒体传播等文化经营的传播以外，物业管理图书、音像制品和物业服务企业策划等相关文化资源经营也逐步兴起和发展。

第六节 物业服务企业资本经营

资本经营是把企业所拥有可以经营的价值资本，如有形资本和无形资本等，通过优化配置，采用流动、收购、兼并、重组、资产剥离、参股、控股、托管、交易、转让、租赁、战略联盟等途径进行有效运营，以最大限度地实现资本增值目标的一种经营管理方式。

物业管理的资本经营是将物业管理资本，投入到可以获得更多收益的、与物业管理相关的经营活动中。从广义而言，物业服务企业资源的经营、物业资源的经营、业主资源的经营、物业管理文化资源的经营均属物业管理资本经营的范畴。

本节的物业管理资本经营主要是从狭义的物业管理资本经营角度出发，从物业服务企业理财、资本扩张、投资经营等角度分析物业管理资本经营的内容。

一、物业服务企业理财

物业服务企业经营得好就能获得较好的收益，如果企业对其管理不善，也会使企业陷入困境。理财即为管理财务，物业服务企业理财是指对物业管理所涉及的财务进行科学和合理的管理，使之适应企业经营管理的需要，进而产生最大的效益。本节是在物业企业财务管理基础之上进行的中高级财务管理活动。依据的基本理论主要是资本结构（capital structure）理论、现代资产组合理论与资本资产定价模型（CAPM）、期权定价模型（option pricing model）理论、有效市场假说（efficient markets hypothesis）、代理理论（agency theory）、信息不对称（asymmetric information）理论。主要内容包括两个方面：一是面向物业服务企业内部的财务管理，主要有财务分析、经济活动分析、成本控制、合理避税处理、风险控制等；二是面向社会外部的理财经营，主要有筹资、融资等。

（一）财务分析

1. 财务分析的内容

物业服务企业的财务分析是对一定时期内的经济活动过程和结果进行比较，运用分析对比的方法找出存在的问题和原因，提高经营管理的水平。财务分析贯穿于物业服务经营的各个环节，按分析目的可以将其分为预测性分析、控制性分析、总结性分析。按分析的对象可以将其分为专题分析、部门分析、全面分析。

（1）预测性分析，是在项目经营活动开始的时候，对项目预期的经济效应、经营成果进行事前推测与判断。

（2）控制性分析，是指对项目经营活动中的重要环节进行分析，揭示活动过程中已出现和潜在的矛盾和问题，及时纠偏，以便于物业服务活动按预期目标进行。

（3）总结性分析，一般在财务结算期，或月末、季末、年末，或项目经营期末对财务状况进行分析、比较，找出经营中存在的问题，总结物业服务经营活动中的经验，以便于指导类似经营活动。

（4）专题分析，是对某特定问题或特定项目进行分析，如物业管理效益分析、物业管理的风险分析等。

（5）部门分析，主要是对公司内的某一具体核算单位，或核算内容进行分析，如保洁部的财务核算分析。

（6）全面分析，是针对物业服务企业整体的财务状况进行分析。

除以上分析内容外,还有资产负债表分析、损益表分析、现金流量分析,横向分析、纵向分析和综合分析等。

2. 财务分析的方法

财务分析的方法有许多,如报表分析法、结构分析法、异动分析法、回归分析法、杠杆分析法、比率分析法等,主要的分析方法有以下几种。

(1) 比较分析法。对一个或一个以上数据进行比较,揭示财务活动中存在的规律和问题。如本期指标与历史指标的对比、各部门核算指标的对比、本企业指标与同类企业指标的对比等。

(2) 平均分析法。用平均数来反映物业服务经济属性的平均水平,从而探求普遍规律,如保安费占总的物业管理费用的比例、人工费占总的物业管理费用的比例等。

(3) 平衡分析法。对企业收支关系、借贷关系、生产销售关系,按平衡协调原理进行比较分析。

(4) 因素替换分析法。替换经济分析算式中相关变量的值,确定该因素变化对经营效应的影响程度,以找出影响经营成效的关键因素。

(5) 趋势分析。揭示财务状况和经营成果的变化及其原因、性质,帮助预测未来。用于进行趋势分析的数据既可以是绝对值,也可以是比率或百分比数据。

(6) 动态模拟法。借助计量经济学的模型,采用计算机等手段分析多因素对经营效益的影响。

(二) 经济活动分析

1. 经济活动分析的必要性

经济活动分析是利用一切核算和计划资料,在深入调查的基础上,对经济活动过程及其结果进行系统、全面的比较分析,总结经验,找出差距,以进一步提高物业管理资源经营水平和经济效益。

(1) 有利于全面掌握物业管理资源经营状况,为改进物业管理资源经营水平提供依据。经济活动分析是利用一系列技术经济指标,将物业维修项目施工、物业服务、资金运用、成本控制以及取得的利润与计划水平、先进水平进行对比分析,对项目服务情况作出合理评价,为进一步改善项目管理提供决策信息。

(2) 有利于促进物业管理资源依法经营。国家的法律、法规和标准制度是物业管理与服务的基本准则,通过分析可以促进依法经营,也有利于上级单位及投资者更好地了解和监督经济活动。

(3) 有利于提高全员参与经济核算的意识。经济核算是管理的基础,经济活动分析服务于物业管理。只有在全面经济核算的基础上,对任务总目标进行层层分解,落实岗位责任制,才能促使相关责任部门事前算好承包账,事中算好成本账,事后算好分配账,充分激发职工的成本意识和质量意识。

(4) 有利于物业服务企业改进工作。通过经济活动分析,可以找出充分利用现有物质条件完成责任目标的有效途径,从而发挥自身优势,挖掘内部潜力,有效控制成本支出。同时,可以把影响物业管理服务活动的各项主、客观因素区分开来,明确经济责任。

2. 经济活动分析的内容

物业管理经济活动分析的内容,包括物业服务工程项目分析、成本分析、资金分析、期间费用分析和利润分析五部分。

(1) 工程项目分析。包括项目进度分析、安全质量分析、劳动生产率分析、机械设备利用率分析和工程材料采购与消耗分析。

第一,项目进度分析:主要是分析物业服务计划的完成程度、主要实物工程量、工期指标的完成情况;分析比较项目进度与计划进度的关系,找出影响项目进度、服务进程的因素。

第二,安全质量分析:主要是分析物业维修和保养工程以及服务质量的优良率、合格率是否达到合同和国家规定标准;物业管理范围内的安全是否达到合同规定的标准。对造成安全或质量事故的原因和损失等应进行详细分析。

第三,劳动生产率分析:主要是分析劳动力对完成计划的影响,分析劳动力需要量、出勤率、劳动生产率以及各类人员的构成比例。

第四,材料采购与消耗分析:主要是分析材料采购计划、材料消耗定额完成情况;分析材料采购成本与预算成本之间差额,找出产生价差和量差的原因,为材料价差索赔寻找依据;分析材料储备与任务的比例关系。

(2) 成本分析。主要是利用成本降低额和成本降低率指标,将实际成本中的人工费、材料费、机械使用费、其他直接费、间接费等成本要素与计划成本对比分析,揭示成本节超原因。

第一,人工费分析:从直接从事物业服务活动人员工资、奖金及职工福利费等成本的价差和量差两方面进行分析。工资价差就是分析实际日工资与定额日工资之间的价格差额;工资的量差就是分析定额用工与实际用工之间的数量差额。

第二,材料费分析:就是考核分析在物业管理活动中直接消耗的各种材料、辅助材料、燃料和动力、构配件、零件、低值易耗品、包装物等定额材料单价与实际材料单价之间的价格差;考核分析定额用料数量和实际用料数量的数量差;分析采购、运输、管理对材料成本构成的影响。

第三,间接费分析:主要是分析物业管理单位管理人员的工资、奖金及职工福利费、固定资产折旧费及修理费、水电费、取暖费、办公费、差旅费、邮电通讯费、交通运输费、租赁费与完成管理服务产值和面积之间的比例关系;分析预算定额与实际用量之间的价格差和数量差,并查找原因。

(3) 资金分析。主要是根据工程规模,对资金占用结构和资金利用效果的分析;研究如何搞好资金投放,提高资金利用率,并分别进行固定资产、流动资金利用效果分析。

第一,对固定资产分析:主要是分析固定资产占全部资金的比例、构成变化、基本折旧、大修基金提取情况;分析固定资产使用费对工程成本的影响程度。

第二,对流动资金分析:主要是分析流动资金的来源和运用情况,利用银行借款、内部融资等资金的使用情况。特别要重视结算资金的分析,及时清理债权、债务,避免出现呆账、死账,充分发挥资金的利用效果。

第三,代管基金分析:代管基金是指企业接受业主委员会或者业主、使用人委托代管的房屋共用部位维修基金和共用设施设备维修基金。这项分析主要检查房屋共用部位维修基金是否专项用于承重结构部位(包括楼盖、屋顶、梁、柱、内外墙体和基础等)、外墙面、楼梯间、走廊通道、门厅、楼内存车库等房屋共用部位的大修理。检查共用设施设备维修基金是否专项用于共用的上下水管道、公用水箱、加压水泵、电梯、公用天线、供电干线、共用照明、暖气干线、消防设施、住宅区的道路、路灯、沟渠、池、井、室外停车场、游泳池、各类球场等共用设施和共用设备的大修理。分析共用部位维修和共用设施设备维修是否及时,基金运用是否合理。

代管基金应作为企业长期负债进行管理,专户存储,专款专用,并定期接受业主委员会或者业主、使用人的检查与监督。这项分析应检查代管的基金保值与增值状况,核算代管基金的营运效果,分析经业主委员会或者业主、使用人认可后,转作代管基金滚存使用和管理的代管基金利息净收入的利用效果。

第四,资金效果分析:即分析资产利用的有效性和充分性。主要是分析总资产周转率、流动资产周转率、固定资产周转率、应收账款周转率、应收账款周转天数、存货周转率、存货周转天数、资金利润率、投资报酬率以及加强资金管理应采取的措施及效果。

(4) 期间费用分析。主要是对项目的上级管理费用及财务费用的分析。

第一,管理费用分析:主要是对比分析计划与实际情况之间的差额及其原因,分析管理费开支与完成产值的比例关系。

第二,财务费用分析:主要是分析和评价筹资成本情况及财务费用对项目经济效益的影响程度;分析市场利率与筹资成本的关系,为未来减少筹资成本寻找措施。

(5) 利润分析。主要是利用利润总额、利润的构成、利润指标分析利润计划完成情况,综合衡量项目施工生产活动的最终成果,以便寻找创造更大的利润途径。

第一,利润构成分析:主要是分析年度利润指标的构成和完成情况;分析物业服务收入、物业经营收入对主营业务利润的影响,分析主营业务利润和其他业务利润、投资净收益的形成过程及对利润总额的影响程度;分析促进和影响利润计划完成的原因。

第二,利润水平情况分析:主要是分析成本利润率、产值利润率、总资产利润率、净资产报酬率等指标情况。

(三) 物业管理中的成本控制

近几年随着人们生活水平的不断提高,人们对物业服务的要求也越来越高,与此相适应的社会化、专业化、市场化、经营型的物业服务业也成为一种朝阳产业。虽然是朝阳产业,但企业的利润却不高,处于微利状态,有些物业服务企业还处于亏损状态。针对这种状况,物业服务企业除了进一步提高物业管理费的收缴率、进一步开发经营物业管理资源以外,控制成本就成为物业服务企业内部管理的重中之重。

1. 加强人力资源成本的控制

知识经济的兴起使物业管理对技术化、知识化的要求越来越高。同时,对人力资源的管理就成为控制成本的重要部分。

(1) 人力资源成本。是一个企业组织为了实现自己的组织目标,创造最佳经济和社会效益,而获得、开发、使用、保障必要的人力资源及人力资源离职所支出的各项费用的综合。它由以下几个方面所构成。

第一,人力资源获得成本,是企业在招募、选择、录用和安置人力资源时所发生的费用。其包括人员的招聘费用(广告费、设摊费、面试费、资料费、培训费等)、选拔费用(面谈、测试、体检等)和录用及安置费(录取手续费及调动补偿费等)。

第二,人力资源的开发成本,即要使员工达到符合具体工作岗位要求的业务水平和工作技能而支付的费用。包括员工上岗教育成本、岗位培训及脱产学习成本等。

第三,使用成本是企业在使用职工的过程中发生的成本,包括维持成本、奖励成本、调剂成本等。

维持成本是保证人力资源维持其劳动力生产和再生产所需的费用,是职工的劳动报酬,包括职工计时或计件工资,以及劳动报酬性津贴,如职务津贴、生活补贴、保健津贴、法定的加班加点津贴、劳动保护费、各种福利费用、年终劳动分红等。

奖励成本是为激励企业职工,使人力资源发挥更大作用,对其超额劳动或其他特别贡献所支付的奖金,这些奖金包括各种超产奖励、革新奖励、建议奖励和其他表彰支出等,奖励成本是对企业职工超额劳动所给予的补偿。

调剂成本是调剂职工的工作与生活节奏,消除疲劳,满足职工精神生活上的需求,稳定队伍并进而影响和吸引外部人员进入所发生的费用支出。包括疗养费用、娱乐及文体活动费用、业余社团开支、节假日开支费用、改善企业工作环境的费用等。

第四,人力资源保障成本,是保障人力资源在暂时或长期丧失使用价值时的生存权而必须支付的费用,包括劳动事故保障、健康保障、退休养老保障、失业保障等费用,这些费用往往以企业基金、社会保险或集体保险的形式出现。这种成本只是保障人力资源丧失使用价值时的生存权,这种成本是人力资源无法发挥其使用价值时,社会保障机构、企业对员工的一种人道主义的保护。

第五,人力资源的离职成本,是由于职工离开企业而产生的成本,包括离职补偿成本、离职低效成本、空职成本等。

离职补偿成本是企业辞退职工,或职工自动辞职时,企业所应补偿给职工的费用。离职前低效成本是职工即将离开企业而造成的工作或生产低效率的损失费用。空职成本是职工离职后职位空缺的损失费用。

(2)人力资源成本的计量方法。主要包括以下几种。

第一,原始成本法,亦即实际成本法,是以取得、开发、使用人力资源时发生的实际支出计量人力资源成本的方法。其优点是取得的数据比较客观,具有可验证性,易为人们所理解和接受。其不足之处是人力资源的增加和摊销与人力资源的实际能力增减无直接关系;根据会计报表上的人力资源价值进行分析,其结论与人力资源的实际价值会产生差异。

第二,现实重置成本法,是以在当前物价水平下,重新录用达到现有职工水平的全体人员所需的全部支出为企业人力资源的资产值,它反映了企业在当前市场水平下人力资源的全部投资。其缺陷是脱离了传统会计模式,难以为人们所接受;需要实时更新数据,增加了工作量。该方法主要适用于对企业人力资源成本的分析、预测和决策。

第三,机会成本法,是以职工离职或离岗使单位因该岗位空缺而蒙受的经济损失,作为人力资产损失费用的计量依据。这种方法的优点是机会成本更近似于人力资源的经济价值,便于正确估价人力资源的成本,而且数据比较容易获得。其缺陷是偏离传统会计模式,核算工作量也较大。

(3) 有效控制人力成本的理念。其主要理念如下:

第一,树立正确的人才观。许多企业一提人才就是高精尖人才,但实际上大多数物业服务企业大量需要的是适用人才。只要符合岗位规范的要求、能胜任工作岗位的需要并具有创新能力的人就是适用性人才。在使用人才时应注意:其一,没有无用之人,只有用错之人;其二,在选拔人才上,要重能力而不是重学历;其三,培养人比引进人更重要,企业需要的大多数人才要自己培养,高薪聘请特殊人才只应是少数;其四,因事用人,职高、中专水平就可以胜任的工作就不必聘用大专生或本科生、研究生,对需要高素质、高能力才能完成的工作岗位如工程、财务、人事培训等就不应降低标准用人,否则对企业长远的发展及高级管理人员的培养非常不利。

第二,调整组织结构。因地制宜、合理有效地设置公司职能部门,科学、合理地使用人力资本是降低物业服务企业成本切实有效的方法和手段。从劳动生产率的角度而言,物业服务管理的全过程有90%的工作量由管理处负责完成。因此,物业服务企业职能部门的设置应以精干、高效为宜,部门越少、人员越精越好。机构庞大、人员冗杂是极大的资源浪费,不但增加了成本,还增加了内耗,降低管理效益。

物业服务企业应推行扁平式的组织结构,避免机构的重叠性和无效性。要明确规定每一个部门的职能,规定实现这些职位能必须设立的岗位,规定每一个岗位应承担的工作责任;并且部门之间、岗位之间必须衔接,从而形成整个组织合理的业务流程,提高工作效率。同时,每一个职位都要有明确的职位说明书,要做到各个岗位职责清晰、权责到位、分工明确和考核有据,能够进行有效和科学的考核,真正做到"人人有事干,事事有人干"。

第三,稳定员工队伍。在市场经济条件下,人员的稳定是相对的,流动是绝对的,但流动应在一个合理的范围内(一般性企业应为每年10%左右)。企业员工的异常流失,不仅会增加招聘人员所花费的时间和精力,带走技术、市场及其他资源,甚至可以影响到其他员工的士气和整个组织的气氛。

第四,提升员工素质。企业要降低人力资源成本固然需要尽量减少员工的数量,但是最重要的是提升员工的素质,增大知识型和技能型员工的比例,使员工的素质与其岗位相匹配,提高工作效率。人员素质的提高是指人员综合素质的提高。其一是培养员工的敬业精神和正确的价值理念;二是要加强知识学习和技能的提高。

第五,挖潜减雍。物业服务企业要从人力资源利用思想上、从标准化作业上、从管理制度上、从技术进步上、从激励机制上挖掘人力资源潜力,精简岗位富余人员,最大限度地用好每一个员工。

2. 以规模优势控制成本

物业服务企业的规模也并非越大越好,现阶段对企业合理规模的确定有重要指导意义的思想有三类:一类是马克思的经典观点;一类是新古典经济学派的观点;还有一类是新制度经济学派的观点。

在马克思的经典著作中,对企业规模的论述开始于对资本主义协作生产的评价,他认为能进行分工协作的企业规模是最小的企业规模。大规模始终与高效益相联系,企业的规模有着无限扩大直至垄断整个产业,进而把整个社会生产统一于一个社会化大工厂的趋势。而制约企业规模的因素只有两个:一是资本和生产资料的相对集中程度;二是技术因素。

新古典经济学派则用生产函数和成本函数来研究企业的规模,核心是寻求企业的最佳规模。该观点认为,规模经济效益以及对垄断利润的追求构成了企业扩张的动机,在利润最大化的假设下,企业可简化为一个投入-产出的转换器。当企业产品或服务的边际成本等于边际收益时的规模就是企业的最佳规模。随着企业规模的逐渐扩大,边际效益递减规律最终要发挥作用而出现规模不经济。另外,政府对垄断的限制和技术因素的存在都会影响到企业规模的扩张。

新制度经济学派在企业规模理论方面的突出贡献是引入交易费用这一概念研究企业规模。科斯提出企业的最大规模为企业将倾向于扩张到在企业内部组织一笔额外交易的成本等于通过在公开市场上完成同一笔交易的成本,或者在另一个企业中组织同样交易的成本为止。

3. 通过科技手段来降低物业服务成本

现阶段物业管理仍是一种粗放型的管理,管理层次低,智能化水平低,基本处于简单的手工操作阶段,需要耗费大量的人力、物力。因此,应用现代化的手段,增加物业管理的科技含量,提高物业管理质量是发展的必由之路。例如,在道口增设电脑自动收费系统,在物业管理区域内设立巡更机、监控等智能化管理设施。

4. 节能降耗

物业服务企业要做好开源节流工作,抓好关键环节的成本管理,如耗材、水电费等的管理。可以通过对水、电的测算来防止公共设施设备的露、冒、滴、漏等情况发生,更换声光控开关、改进线路等办法来节约水、电;充分挖掘公司内部的节约潜力,做到处处精打细算,增收节支,把浪费、不必要的耗损减少或杜绝。

5. 加强维修费用控制

维修费用包括公共部位维修费用和日常维修费用,在物业服务企业的成本中占很大比重。若在物业管理中控制了维修费用就可能在很大程度上控制物业管理费的支出,维修工作的好坏也直接影响到物业管理的水平。因此,物业服务企业应要求各管理处认真编制维修费用的全年预算,同时建立和完善维修费用审批、核算制度。

(1) 签订定期合同。与服务优质、价格合理、讲信誉的维修公司签订定期合同,不但服务质量可得到保证,还可得到价格上的优惠。

(2) 采用竞争招标方式。对大项目的维修要实行竞争招标,通过维修单位提供的服务内容、价格的比较,挑选出合适的单位来为公司服务。

(3) 把握好维修时间。平时注意小修理,别让机器超负荷运转后才修理。

(4) 做好维修行业的信息调查和信息收集。只有及时掌握市场的价格信息、技术信息,才有办法决定是自修还是外修。比如,对于小修、中修工程,可以由公司各管理处的工程维修人员来组织完成。

6. 强化成本考核，建立激励约束机制。

为保证物业服务企业全年目标成本的实现，财务部应对各管理处的成本指标进行考核，各管理处对职工个人实行定期考核，并通过成本管理责任制考核，使各管理处的预算成本执行情况与单位、个人利益结合起来。还要把对各管理处领导的考核任免同加强成本管理结合起来，充分发挥机制的约束和激励作用，从而推进物业公司成本管理水平不断提升。

物业服务行业已经进入高速发展和迅速扩张的时期，其发展前景是相当广阔的，面临的机遇是十分难得的。在这种特殊的历史时期，物业服务企业一定要把握时机，在发展的同时，抓好企业的成本管理。成本管理贯穿企业管理的全过程，企业要做到事前有目标、事中有控制、事后有考核，同时还要根据现代企业管理制度的要求，树立全新的成本管理理念，明晰物业服务企业产权，保证物业管理资产的独立运作，让物业服务企业真正地成为市场主体，独立运作，实现自我发展。

（四）合理避税

合理避税是纳税人根据政府的税收政策，通过经营结构的调整、交易活动的安排、纳税方案的优化，以合法减轻物业服务企业的税收负担。常见的方法有以下几种。

1. 投资方案节税法

物业管理机构在从事其经营活动中，需要不断地投入资金，利用税法中对投资项目税收的减免优惠政策，合理制订投资方案，以达到合理避税的目的。如物业服务企业与外资合作、企业与企业之间提供产品、开发高科技项目等。

2. 材料计算节税法

材料费用的计算方法直接影响成本的高低，进而影响利润和所得税。材料费计入成本可采用"先进先出法"、"先进后出法"、"折中计算法"等。方法不同，计算出的利润值也不同。一般而言，在材料价格不断上涨的情况下，采用"后进先出法"、"先进后出法"。后进的材料先出，计入的成本较高，核算的利润值较低。

3. 选点节税法

物业服务企业可以通过在有税收优惠政策的地域进行选址，以利用当地的税收优惠政策，减轻物业管理的税负。如在革命老根据地、在经济特区、在西部等设立企业总部或者分支机构，就可以享受到相关的优惠政策。

4. 租赁节税法

租赁相关的设备或者房屋，可以获得一系列的收益。一是提高资金的利用效率，避免大批资金沉积在某一固定资产；二是不承担固定资产的经营所带来的风险；三是可以将租赁的费用计入成本，减少核算利润。

5. 筹资方案节税法

物业服务企业的经营活动需要大量的资金，筹资方案不同，税负也不同。合理地设计筹资方案有利于增加企业经营利润，合理避税。

6. 信托节税法

将非优惠区的财产挂在某一特别税收优惠地区的信托机构名下,以达到节税的目的。

此外还有技术改造节税法、费用分摊节税法。各物业服务企业可以根据实际情况选择相应的避税方法。

二、物业管理资金经营

物业管理资金经营包括筹资和资金的增值经营等内容。

1. 筹资

"借鸡下蛋",借用别人的资金来经营。在项目的投资回报率高于借款利率时,可以借助金融杠杆的正效应获得更高的收益。企业常见的筹资渠道有企业的经营收入、银行借贷、抵押贷款、发行债券、发行股票等。

2. 资金的增值经营

当物业服务企业的资金满足了物业服务的各项需求后,仍有部分余额,则可将其进行各种资金经营以获益。如融出资金、证券投资、期货投资、外汇买卖、艺术品投资、贵重金属买卖等。

3. 业主资金的经营

如果对业主的资金放任不管,不对其进行有效的经营,则业主资金会随着时间的推移而贬值,在保证资金安全的情况,应对其进行运作使其增值。

三、物业服务企业扩张

企业扩张是指企业势力、范围的扩大。对物业服务企业而言,最重要的扩张形式就是管理规模的扩张,这也符合物业管理规模化发展的趋势。规模扩张有很多好处:一是可以使企业的资源配置合理化;二可使企业的效益随着规模增大而扩大;三有利于提高物业管理的服务质量;四是可使企业的平均劳动成本下降进而增加企业的利益。

(一)规模扩张的原则

1. 行业相关性原则

物业服务企业在某一领域形成了一定的品牌以后,它在业内的影响较大,它对一定领域的渗透性增强,竞争力较大。那么,在承接其他相同物业服务时,其将有强大的竞争优势。同时,可以利用其管理经验和人才优势将规模扩张到其他相邻领域,如住宅物业服务企业向酒店业管理、写字楼管理、办公楼管理、学校公寓管理、医院管理扩张。

2. 效益原则

规模扩张的目的是为了获取规模经济,如果规模扩张带来的管理成本、质量控制成本、品牌维护成本、信息成本大于规模扩张所带来的收益,那么就失去了规模扩张的价值。

3. 标准化原则

由于规模扩张输出的是物业服务模式、物业管理技术,因此将其标准化并推广,会减少扩张的成本,促进企业规范化管理,有利于提升物业管理的无形资产价值和社会影响力。

4. 本地化原则

每一个区域都有一定的区域文化和区域特征,物业管理应充分满足当地业主的需求,而不是将一个标准化的模式简单地进行复制。

5. 门槛原则

在一定的集权管理模式下,任何一个管理企业的规模都是有一个最佳的范围,超过这个范围,企业的扩张就会成为无效的扩张,企业的边际成本就会大于边际收益。

(二)扩张的形式

企业的扩张分为内部扩张和外部扩张。企业内部扩张是指企业依赖自身利润的再投入及在相应的融资政策下通过内部各因素的改善而实现的企业扩张行为。企业内部扩张主要是围绕企业产品服务、技术、人才、资本运行质量等各因素进行,其主要特点是产权结构不发生变化,不需要其他企业介入。企业利润再投入是企业内部扩张的基础,提高资本运行质量是企业内部扩张的核心。同时,企业内部扩张也为外部扩张奠定了基石。企业外部扩张是指依赖与其他企业的合作,或对其他企业的控制实现的扩张行为。其主要特点是改变了企业的产权结构,实现了企业股权结构多元化。因此,股权结构多元化是企业外部扩张的基本标志,协调与稳定是企业外部扩张的核心,企业兼并、重组、联合是外部扩张的主要方式。

1. 兼并

物业服务企业通过兼并和重组达到扩张的目的,它既是一条便捷之道也是一条高风险之道。因此,在兼并重组之前,物业服务企业应认真地分析被兼并方的品牌、资金、市场、人才、管理等诸多因素,在兼并过程中可采用以下几种形式。

(1)持股渗透:通过参股达到扩张市场的目的,并通过各种途径获利,如通过参股向对方推荐企业的技术等。

(2)品牌连锁:用特许加盟的形式,将目标企业统一到一个品牌上来,从而形成企业集团,这种兼并方式保证了被兼并方人、才、物相对独立,但实行统一的管理和服务模式,采用同一的品牌。品牌连锁即可以在物业服务企业间进行,也可以扩展到与之相关的领域实行,如保安服务公司、设备维修公司等。

(3)完全兼并:完全兼并可以占有对方现有的物业市场,输出管理技术,吸纳相关的人才、技术和资金,扩大企业的经营规模。

2. 重组

物业管理经过近几年的发展,企业重组已不仅限于优胜劣汰、以大吃小的范畴,新的趋势表明,物业服务企业重组将向跨区域、跨企业、品牌高度集中发展,重组的目的是为了更好地实现企业的发展战略,通过资产重组实现产权的多元化是建立现代产权制度、扩大企业规模、提高企业竞争能力和参与资本市场的重要途径。

根据物业服务行业的特征,概括地说有三种资产重组方式可供选择。

(1) 以项目管理为基础的资产重组。

以项目管理为基础进行资产重组就是对公司所管理的物业项目进行人员、设备和资金的合并,使之达到合理的规模。在这种资产重组中必须要解决好两个方面的问题:一是寻求项目规模经济利益;二是应当重点发展自己的核心业务。而通过战略联盟等方式将某些专业化强且暂时不经济的业务剥离出去,这样做有利于培育自己的核心竞争能力。

(2) 以专业化服务为基础的资产重组。

以专业化服务为基础的资产重组是按照物业管理的业务内容组建专业化服务机构,对公司所管辖的物业管理项目以及其他物业服务企业提供专业化服务。以专业化服务为基础的资产重组的目的不是寻求项目管理的规模化经营,而是寻求专业化分工所带来的资源配置效率和管理效率提高的好处。比如,企业可以保安、保洁、设备维修、园林绿化、网络管理等物业管理的核心业务以及其他辅助业务为基础,组建相应的服务部门和业务部门,配备必要的人员、设备和资金,单独进行成本核算。

(3) 综合性资产重组。

综合性资产重组方案可以有效发挥资产重组的资源配置效率和规模化经营效率,同时克服第一、第二种资产重组方案的不足。具体的做法是:首先,以项目为基础对人员、组织机构和资产进行重组,形成项目管理的基本框架结构;其次,在资产重组的过程中根据每一个物业管理项目的具体情况确定各自的核心业务,形成具有核心竞争力的企业内专业化分工的经营特色;再次,在企业内专业化分工和特色经营的基础上实现资源共享,形成准矩阵形结构,即每一个项目都向其他项目提供核心业务的管理服务,实现企业内以项目为基础的"业务联盟"。

3. 联合

物业服务企业间的联合有两种形式:一是松散式联盟,二是紧密型合作。联合的目的既可在现有的基础上实现资源共享,也可寻求企业间优势互补,增强市场竞争能力。不论采取哪种形式,最终的目的都是最大限度地优化资源配置,使企业从中得到最大收益。

(1) 紧密联合:由两个及以上物业服务企业达成紧密合作协议,统一经营、统一服务标准,共享物业管理的人才和技术等资源。

(2) 松散联盟:既可以是几家物业公司战略联盟,也可以是以网络平台为基础的虚拟联盟。企业之间根据需要,在人才、技术和业主资源、物业资源方面进行一定的合作,以最大限度地节约资源,为企业带来尽可能大的效益。

联合不仅集合了人力资源、技术资源和品牌资源,更大的好处在于相应地占据了规模优势,将大量的物业资源纳入麾下,为资源的开发和利用提供了一个基地。

(三) 注意要点

在物业服务企业的扩张过程中,要注意以下几点。

1. 有利于实现企业发展战略

如以项目管理为基础的公司可以通过购并其他项目管理公司而扩大经营规模;而以专业化服务为基础的公司可以通过购并其他专业化服务公司而扩大自己的服务范围。

2. 有利于提高企业的资源配置效率

企业之间的合并应当能够实现资源互补,比如不同的专业化物业服务企业之间的合并可以迅速地实现公司的资源互享并形成综合管理能力。企业之间的收购则要能够加强或者形成公司的核心竞争能力,弥补公司的业务空白。比如网络化的经营适应信息技术的发展,对物业管理提出了新的挑战,而物业服务企业要迅速地形成自己的网络经营能力,除了可以自己建立网络系统之外,还可以通过购并的方式收购现有的与物业服务相关的网络公司,这不仅可以进一步实现产权多元化,还可以扩大资产规模并节约企业的投资成本。

3. 不可盲目扩张

扩张之前应进行周密的调查和详尽的分析,对于绝大部分服务项目来说都有一个基本的合理经济规模,盲目的扩张无疑于自寻死路。

4. 扩张不忘博采众长

任何一个企业不论规模有多大,都不可能提供全方位的各种服务,而且增加服务项目不一定就能增加盈利,要注意广结天下缘、博采同行长。

5. 理清本企业和关联企业的关系

在扩张时,要把握清楚本企业和关联企业的经营状况。比如企业的经营现状是否存在着扩张需求、企业扩张是否是改善企业经营状况的最佳途径、所采用的资产调整方式是否合理、资产调整中和调整后的有关整合手段是否合理等。同时还要对企业进行财务分析,高效率的扩张应该能够使企业产生短期和长期的财务效益,尤其是应该使企业的一些重要财务指标,比如净资产收益率、总资产收益率、每股收益等在相当长的一段时间内得以提高。否则,物业服务企业的扩张行为就缺乏财务可行性。

本章小结

本章是为了扩充读者的视野,根据现阶段物业服务的延伸要求,探索性地将物业管理过程中所涉及的资源,纳入物业服务经营的范畴之中。本章在界定了物业管理资源内涵的基础上,对物业服务企业所拥有的资源、物业管理区域内所拥有的资源、可利用的业主资源、物业管理文化资源进行了分析,从物业管理的角度对这些资源的进一步开发、利用进行了探讨。通过对物业管理资源经营的分析,让读者不仅能加深对物业管理一般工作的理解,而且还能为实现财富最大化目标提供点滴创新性想法,激发业内人士的工作潜力及从事物业管理的热情。

关键词

物业管理资源　文化资源　企业资源　物业资源　业主资源　文化资源　资本运营

复习思考题

1. 选择正确答案（只有一个答案是正确的）

（1）代办物业租赁属于物业管理的（　　）。
　　（A）常规性的公共服务　　　　（B）针对性的专项服务
　　（C）委托性的特约服务　　　　（D）授权性的管理服务

（2）信息资源经营主要是利用信息的基本属性，（　　）获取收益，促进企业的管理效益的提高、经营效益的改善。
　　（A）以信息作为生产要素　　　（B）以信息作为劳动手段
　　（C）以信息作为劳动工具　　　（D）以上的（A）、（B）、（C）

（3）绿化养护人员在物业管理人力资源的种类中归属于（　　）。
　　（A）中层管理人员　　　　　　（B）技术人员
　　（C）操作人员　　　　　　　　（D）其他人力资源

2. 什么是物业管理资源，它与业主资源之间有何区别？

3. 简述物业管理技术服务的关键、模式和方法。

4. 物业管理品牌塑造的方法有哪些？

5. 试分析所在城市一物业管理区域内所拥有的物业资源及其开发、利用的途径。

6. 举例说明各种业主资源经营的方式在实际中的应用。

7. 物业的租赁和物业的代售有联系吗？为什么？

8. 试简述物业管理文化资源经营程序与方法。

9. 比较各种合理避税手段的优缺点。

10. 以一个物业服务企业为例，剖析其物业管理资本经营的经验和教训。

参 考 文 献

[1] 张贵辉. 路漫漫其修远兮——中国物业管理二十年. 城市开发,2003,9

[2] 方泽青. 探析我国物业管理的发展方向. 城市开发,2006,5

[3] 《物业管理发展研究》课题组. 设施管理：超越物业管理的新模式. 广东培正学院学报,2006

[4] 赵善嘉,诸建华,薛明俊. 智能建筑物业管理教程. 上海：上海人民出版社,2003

[5] 崔琦,刘黎虹. 智能化小区物业管理研究. 吉林建筑工程学院学报,2005,6

[6] 季如进. 物业管理. 北京：首都经济贸易大学出版社,2004

[7] 李宗锷. 香港房地产法. 香港：商务印书馆香港分馆,1988

[8] 周珂. 物业管理法教程. 北京：法律出版社,2004

[9] http://www.pmedu.net/phtml

[10] http://www.ehomeday.com/cyfw/view.asp?id=10114

[11] 陈德豪. 物业管理理论与实务. 广州：广东经济出版社,2005

[12] http://www.pmaaa.com/Article/ShowArticle.asp?ArticleID=42

[13] http://www.pmaaa.com/Article/ShowArticle.asp?ArticleID=41

[14] http://www.pmaaa.com/Article/ShowArticle.asp?ArticleID=33

[15] 康芒斯. 制度经济学. 北京：商务印书馆,1973

[16] 张无常. 经济解释——张五常经济论文选. 北京：商务印书馆,2000

[17] 张维迎. 产权、政府与信誉. 上海：三联书店出版社,2001

[18] 刘诗白. 产权新论. 成都：西南财经大学出版社,1993

[19] 斯韦托扎尔·平乔维奇. 产权经济学. 北京：经济科学出版社,2000

[20] 朱爱华,张彦,陈佩华. 物业管理. 北京：社会科学文献出版社,2002

[21] 黄安永. 现代房地产物业管理. 南京：东南大学出版社,2000

[22] 王青兰,齐坚. 物业管理理论与实务. 北京：高等教育出版社,1998

[23] 李福平. 物业管理学. 北京：高等教育出版社,2002

[24] 谭善勇. 物业管理市场：理论与实务. 北京：首都经济贸易大学出版社,2001

[25] 左令. 物业管理与委托-代理理论. 新观察,1999,3

[26] 张继焦,帅建淮编著. 成功的品牌管理. 北京：中国物价出版社,2002

[27] 丹尼斯·C·缪勒(Dennis C. Mueller). 公共选择理论. 杨春学,等译. 北京：

中国社会科学出版社,1999

[28] 汪翔,钱南.公共选择理论导论.上海:上海人民出版社,1993

[29] 宋东亮.公共选择理论应用于居民小区物业管理之研究.集团经济研究,2005,1

[30] 张明亮,韩力,朱健.试论物业管理过程中"服务"与"管理"的关系.技术经济与管理研究,2004,3

[31] 左令.物业管理与公共选择理论.中外房地产导报,1999,2

[32] 雷晓明.市民社会、社区发展与社会发展——兼评中国的社区理论研究.社会科学研究,2005,2

[33] 王彦辉.国外居住社区理论与实践的发展及其启示.华中建筑,2004,4

[34] 世界社区理论与实务经典.社区,2001,7

[35] 范会芳.社区理论研究:桑德斯的三种模式.社会,2001,10

[36] 左令.物业管理与社区理论——物业管理基础理论之五.中外房地产导报,1999,5

[37] 张京祥.国外城市居住社区的理论与实践评述.国外城市规划,1998,2

[38] 朱婧."社区"解读.社科纵横,2005,5

[39] 徐琦.社区的概念与理论起源.运城学院学报,2005,1

[40] 肖艳.中国社区建设不同思路之比较研究.福建论坛(经济社会版),2000,10

[41] 娄成武,孙萍.社区管理.北京:高等教育出版社,2003

[42] 万华,朱嘉蔚.我国企业品牌塑造模式探讨.商场现代化,2006,6

[43] 胡盛仪,陈小京.构建和谐社区的若干思考.湖北社会科学,2005,12

[44] 李丽君.努力构建和谐社会的社区基础.湖南师范大学社会科学学报,2005,5

[45] 马建珍.加强社区建设 实现社会和谐发展.中共南京市委党校南京市行政学院学报,2004,1

[46] 吴铎.城市社区工作读本.北京:城市出版社,2003

[47] 黎熙元,何肇发.现代社区概论.北京:人民出版社,2004

[48] 袁秉达,孟临.社区论.北京:中国纺织大学出版社,2002

[49] 陶铁胜.社区管理概论.上海:上海三联书店,2002

[50] 成虎.工程项目管理.北京:中国建筑工业出版社,2001

[51] 邹晓燕.浅论房地产品牌的塑造.经济师,2006,5

[52] 赵勤.论企业品牌形象的塑造.企业经济,2006,2

[53] 黄彤彤,权锡鉴.品牌形象塑造的原则和策略.商业时代,2004,3

[54] 朱爱华,张彦,陈佩华.物业管理.北京:社会科学文献出版社,2002

[55] 郭绍延."矩阵式"管理模式在物业服务企业中的应用实践.中国物业管理,2000,3

[56] 匡小平.运用项目管理方法指导物业管理走出困境.住宅科技,2002,3

[57] 牛本元.持续发展导论.北京:中国环境科学出版社,1993

[58] 叶天泉.论我国物业管理可持续发展战略.中国房地产,2000,1

[59] 林善功.构筑物业管理健康发展的运行机制.福建建筑,2003,4
[60] 武智慧.试论我国物业服务企业的可持续经营.管理科学,2004,4
[61] 海林.物业服务企业可持续发展的利器——企业文化.物业广角,2003,2
[62] 高富平,黄武双.物业权属与物业管理.北京:中国法制出版社,2002
[63] 滕佳东.基于Internet的企业信息化经营模式,2004,10
[64] 王在庚,白丽华.物业管理学.北京:机械工业出版社,2001
[65] 邹益华.海外物业管理.南京:东南大学出版社,2001
[66] 张淑清,陈俊玲.物业管理与社区管理.邯郸职业技术学院学报,2003,3
[67] 许定军.物业管理在城市管理中的地位与作用.特区理论与实践,1997,3
[68] 庞永师.论社区服务与物业管理.广州大学学报(综合版),2001,5
[69] 尤建新.现代城市管理学.北京:科学出版社,2003
[70] 马彦琳,刘建平.现代城市管理学.北京:科学出版社,2003
[71] 硕士论文.物业项目管理流程及行业发展研究.北京:对外经济贸易大学,2004
[72] 秦甫.现代城市管理.上海:东华大学出版社,2004
[73] 方芳,吕萍.物业管理.上海:上海财经大学出版社,2003
[74] 王秀云,李莉.物业管理.北京:机械工业出版社,2004
[75] 章云兰.虚拟经营:中小型信息机构参与全球化竞争的战略选择.情报杂志,2005,4
[76] 刘昌斌.物业管理实务.北京:机械工业出版社,2005
[77] 周宇.现代物业管理.大连:东北财经大学出版社,2005
[78] 林国强.物业档案管理初探.中国房地产,2001.10
[79] 徐鸿涛.物业管理新解.北京:机械工业出版社,2004
[80] 董藩,周宇.物业管理概论.北京:清华大学出版社,2005
[81] 谭善勇,郭立.物业管理理论与实务.北京:机械工业出版社,2005
[82] 谭善勇.物业管理.北京:机械工业出版社,2004
[83] 潘茵.社区物业管理.北京:电子工业出版社,2004
[84] 潘茵.物业管理基础.北京:机械工业出版社,2006
[85] 赵秀池,谭善勇.住宅小区与大型商厦物业管理.北京:经济科学出版社,2003
[86] 齐坚.物业管理教程.上海:同济大学出版社,2004
[87] 龙惟定.物业设施管理与暖通空调.暖通空调,1998,4
[88] 伍培,程志荣.建筑小区给排水设施的物业管理.中国给水排水,2001,10
[89] 陈浩义.信息服务机构经营决策模式分析.情报理论与实践,2005,4
[90] 黄彤彤,权锡鉴.品牌形象塑造的原则和策略.商业时代,2004,33
[91] 叶天泉,柴保国,刘敏.论物业管理品牌发展战略.中国房地产,2003,5
[92] 赵善嘉,诸建华,薛明俊.智能建筑物业管理教程.上海:上海人民出版社,2003
[93] 王秀云,吕迎春.物业管理理论与实务.北京:清华大学出版社,2006

[94] 王荷.经营之道.北京：机械工业出版社,2006

[95] 王佑辉.物业管理国际质量标准.武汉：华中科技大学出版社,2004

[96] 崔琦,刘黎虹.智能化小区物业管理研究.吉林建筑工程学院学报,2005,6

[97] 陆克华.美国及香港物业管理职业资格制度考察报告.中国物业管理,2004,2

[98] 周宇.现代物业管理实务.北京：中国经济出版社,2009

[99] 滕永健.物业管理实务.上海：华东师范大学出版社,2009

[100] 中国物业管理协会,关于认真贯彻《政府工作报告》精神大力发展物业服务的若干意见.2010,3

[101] 龙惟定等.物业节能与低碳物业.物业经济,2010,2

[102] 李启明,欧晓星.低碳物业概念及其发展分析.物业经济,2010,2

[103] 辛章平,张银太.低碳经济与低碳城市.城市发展研究,2008,4

图书在版编目(CIP)数据

物业管理——理论与实务/李斌主编. —2 版. —上海:复旦大学出版社,2012.9
(复旦博学·21 世纪工程管理系列)
ISBN 978-7-309-09177-9

Ⅰ.物… Ⅱ.李… Ⅲ.物业管理-高等学校-教材 Ⅳ.F293.33

中国版本图书馆 CIP 数据核字(2012)第 200457 号

物业管理——理论与实务
李　斌　主编
责任编辑/罗　翔

复旦大学出版社有限公司出版发行
上海市国权路 579 号　邮编:200433
网址:fupnet@fudanpress.com　http://www.fudanpress.com
门市零售:86-21-65642857　团体订购:86-21-65118853
外埠邮购:86-21-65109143
上海市崇明县裕安印刷厂

开本 787×1092　1/16　印张 24.25　字数 518 千
2012 年 9 月第 2 版第 1 次印刷
印数 1—4 100

ISBN 978-7-309-09177-9/F·1862
定价:40.00 元

如有印装质量问题,请向复旦大学出版社有限公司发行部调换。
版权所有　侵权必究